Livre visuel

Windows 10

JEAN-FRANÇOIS SEHAN

FIRST
Interactive

Livre visuel – Windows 10

12, avenue d'Italie
75013 Paris - France
Tél. 01 44 16 09 00
Fax 01 44 16 09 01
Courriel : firstinfo@efirst.com
Internet : www.editionsfirst.fr

ISBN : 978-2-7540-7614-2
Dépôt légal : octobre 2015
Mise en page : MADmac
Imprimé en France par Pollina - L73511

Table des matières

Présentation

Chapitre 1. Entrer dans l'univers de Windows 10

Chapitre 2. Découvrir le bureau et la barre des tâches

Chapitre 3. Utiliser les applications et gérer les documents

Chapitre 4. Explorer l'ordinateur

Chapitre 6. Préserver vos données

Chapitre 7. Exploiter les images et les photographies

Chapitre 8. Profiter de la musique et de la vidéo

Chapitre 9. Naviguer sur Internet

Chapitre 10. Se connecter au nuage

Chapitre 11. Configurer le menu Démarrer et le bureau

Chapitre 12. Configurer Windows

Chapitre 13. Dépanner et maintenir en forme votre ordinateur

Chapitre 14. Sécuriser votre ordinateur

Chapitre 15. Partager l'ordinateur en famille

Index

Présentation

L'ordinateur vous a toujours paru un monde mystérieux et fascinant ? Votre dernière acquisition, un ordinateur flambant neuf équipé de Windows 10, vous semble un inconnu à apprivoiser ? Vous brûlez d'envie de parfaire vos connaissances, acquises il y a longtemps, ou sur une version précédente de Windows ? Alors, ce livre est fait pour vous ! Vous découvrirez, qu'après tout, l'informatique avec Windows 10, ce n'est pas si compliqué que ça ! En effet, après la lecture et la mise en pratique des étapes proposées ici, vous en saurez bien plus que la majorité des utilisateurs !

À qui est destiné ce livre ?

Cet ouvrage s'adresse aussi bien aux utilisateurs initiés qu'aux débutants. Il a pour but de vous faire découvrir le système d'exploitation Windows 10, et, à travers lui, les possibilités que vous offre votre ordinateur. Si ce dernier simplifie les tâches courantes des utilisateurs, il reste cependant une machine complexe. Ce livre, détaillé et précis, explique chaque fonction dans un langage clair, vous permet d'avancer pas à pas et d'acquérir en peu de temps toutes les notions indispensables pour maîtriser efficacement votre ordinateur.

Un livre visuel

Dans un souci pédagogique, toutes les actions à réaliser sont décrites étape par étape et agrémentées systématiquement de copies d'écran.

Il n'est donc pas nécessaire de lire l'intégralité du livre pour réaliser très facilement chaque tâche. De plus, une table des matières et un index vous permettront de retrouver rapidement la procédure qui vous intéresse.

> Des paragraphes spécifiques, sous forme de notes (comme le présent texte), fournissent des informations sur les termes employés, des conseils d'utilisation ou des astuces pour aller plus loin.

Contenu de ce livre

Les chapitres 1 à 6 abordent toutes les notions élémentaires nécessaires à l'utilisation de Windows 10. Bien qu'élémentaires, ces notions sont fondamentales pour bien maîtriser votre ordinateur. Vous devez donc les étudier avec soin pour poursuivre sereinement la lecture des chapitres suivants. Mais ne vous en faites pas ! Toutes ces bases sont très simples à assimiler en quelques heures de pratique.

Les chapitres 7 et 8 traitent du multimédia : musique, vidéos et photographies. De la gestion de vos photographies à la lecture d'un CD audio ou d'un DVD vidéo en passant par la gravure de MP3, vous découvrirez tout ce qu'il faut connaître de cet univers fascinant.

Les chapitres 9 et 10 vous emmènent dans l'univers d'Internet, à travers la navigation sur le Web ou le partage de données dans le « nuage ». Aujourd'hui, il devient difficile de se passer de cet outil en constante évolution. Vous verrez qu'il est facile de communiquer avec le monde entier ou de trouver en quelques instants les renseignements qui vous sont nécessaires.

Les chapitres 11 à 14 proposent toutes les informations indispensables pour adapter Windows 10 à vos goûts, sécuriser votre navigation sur Internet ou configurer et maintenir en forme votre ordinateur.

Le chapitre 15 vous apprend à partager votre ordinateur avec d'autres utilisateurs.

Bonne lecture !

Entrer dans l'univers de Windows 10

1

Votre nouvel ordinateur est équipé de Windows 10. Ce premier chapitre vous permettra, si cet univers vous est totalement inconnu, de faire connaissance avec les éléments de base qui composent son environnement.

Dans ce chapitre :

- Accéder aux applications
- Utiliser le menu Démarrer
- Parcourir le menu Toutes les applications
- Rechercher une application
- Découvrir l'écran de démarrage
- Gérer les fenêtres des applications
- Découvrir les éléments des fenêtres
- Utiliser les boîtes de dialogue

Accéder aux applications

Le bureau de Windows (l'écran après le démarrage) propose des icônes, petits dessins représentant les applications, pour ouvrir ces dernières (traitement de texte, lecteur multimédia, *etc.*). Comme toutes les applications n'y sont pas présentes, Windows propose aussi le menu Démarrer pour les dernières utilisées et le menu Toutes les applications pour toutes celles présentes dans votre ordinateur.

Utiliser le menu Démarrer

1. Cliquez le bouton **Démarrer** dans la barre des tâches (en bas à gauche de l'écran).

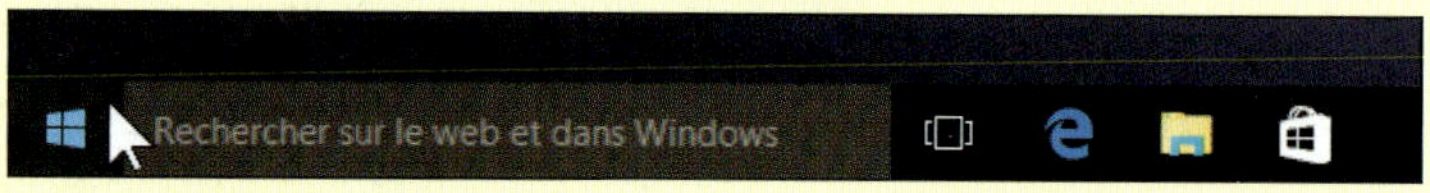

2. Cliquez dans la liste de gauche l'icône de l'application.

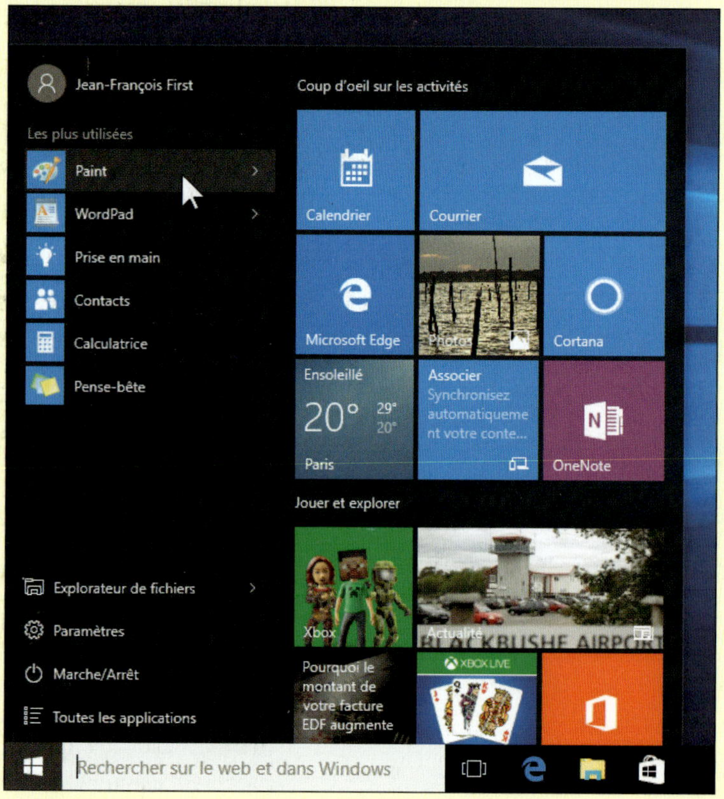

3. L'application s'ouvre dans un cadre appelé *fenêtre*.
4. Un bouton pour l'application s'affiche dans la barre des tâches.

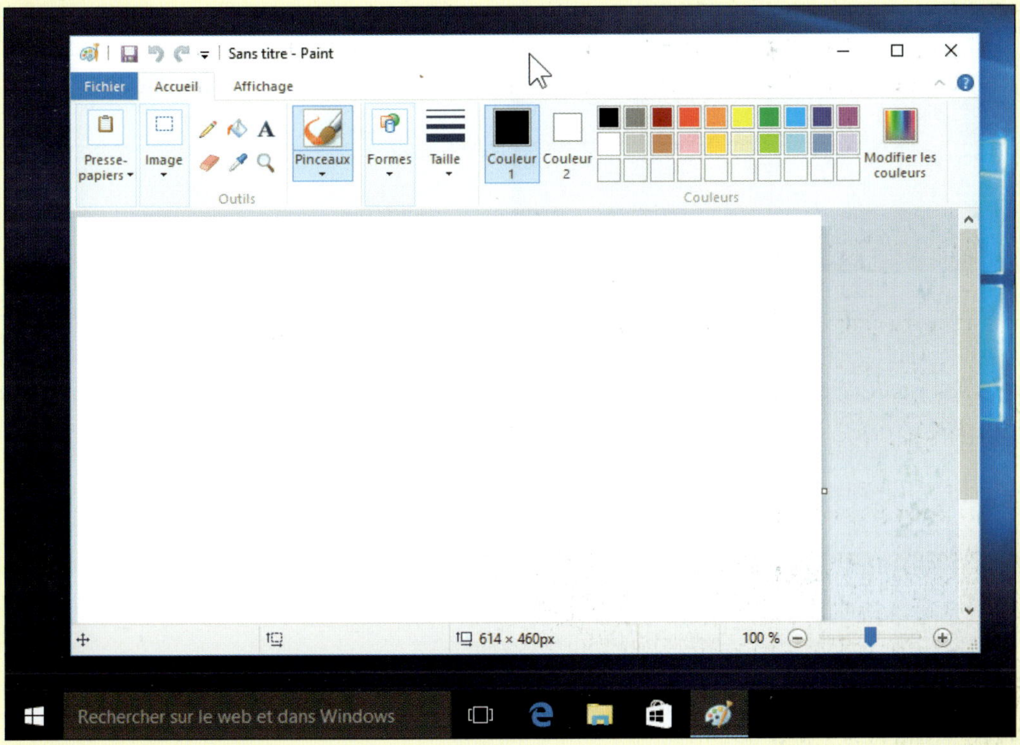

Les icônes sont en réalité des liens vers les programmes. On les appelle aussi *raccourcis*. Cette technique permet d'ajouter des liens vers un même programme à des endroits différents (le bureau et le menu Démarrer, par exemple). De plus, la suppression de ces icônes ne supprime pas le programme lui-même.

Utiliser le menu Toutes les applications

Si vous n'avez pas trouvé votre application sur le bureau ou dans le menu Démarrer, il est nécessaire d'utiliser le menu Toutes les applications.

1 Cliquez le bouton Démarrer .

2 Cliquez **Toutes les applications**.

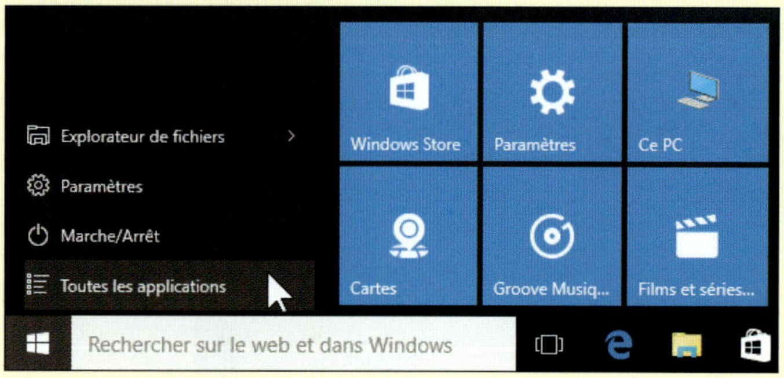

3 Faites défiler la liste avec la roulette de la souris ou la barre de défilement verticale pour rechercher l'application.

4 Cliquez dans la liste l'icône de l'application.

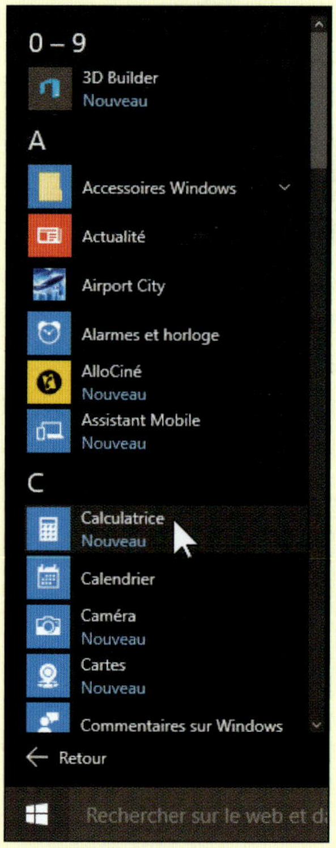

5 Si vous ne trouvez pas l'application à l'étape **3**, c'est qu'elle se trouve dans un dossier. Cliquez le dossier de l'application.

6 Cliquez l'icône de l'application dans le dossier.

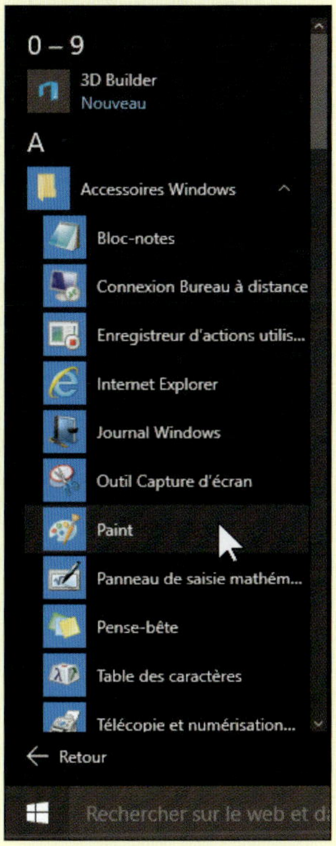

Trouver rapidement une application

1 Cliquez le bouton **Démarrer ➜ Toutes les applications**.

2 Cliquez une lettre dans la liste.

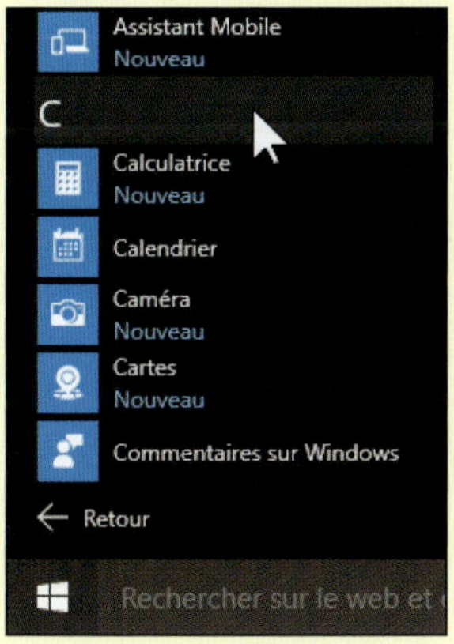

3 La liste **Toutes les applications** est remplacée par un alphabet. Cliquez la lettre correspondant au nom de l'application.

4 Cliquez dans la liste l'icône de l'application.

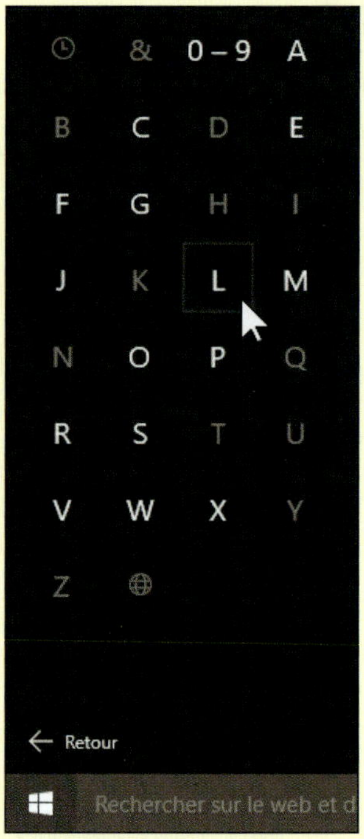

Naviguer dans le menu Démarrer

1 Cliquez le bouton **Démarrer** ➜ **Toutes les applications**.

2 Pour revenir au menu Démarrer, cliquez le bouton **Retour**.

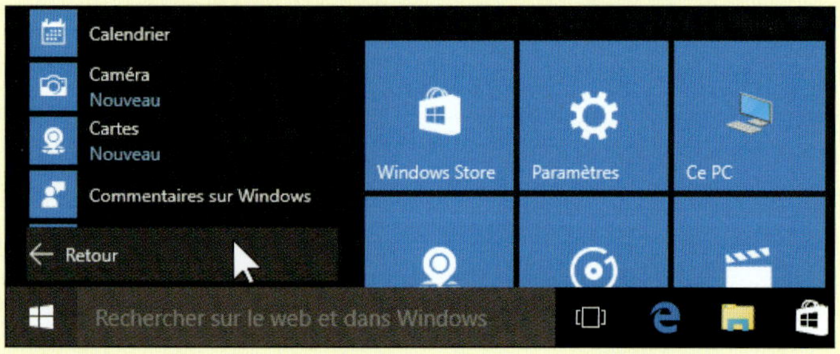

3 Pour fermer le menu Démarrer, cliquez simplement le bouton **Démarrer**.

Rechercher une application

1. Cliquez la zone **Rechercher** à droite du bouton **Démarrer** .

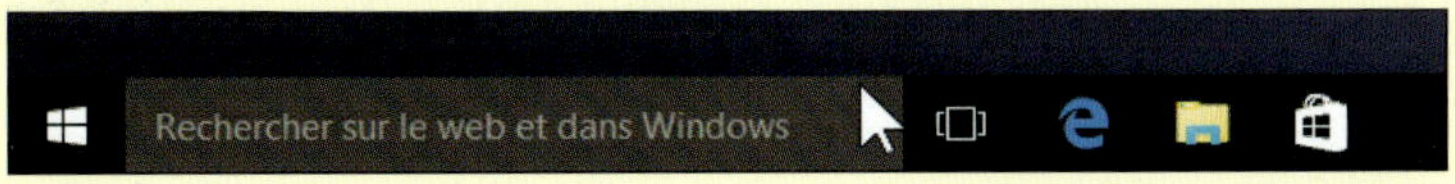

2. Tapez le nom de l'application, même partiellement.

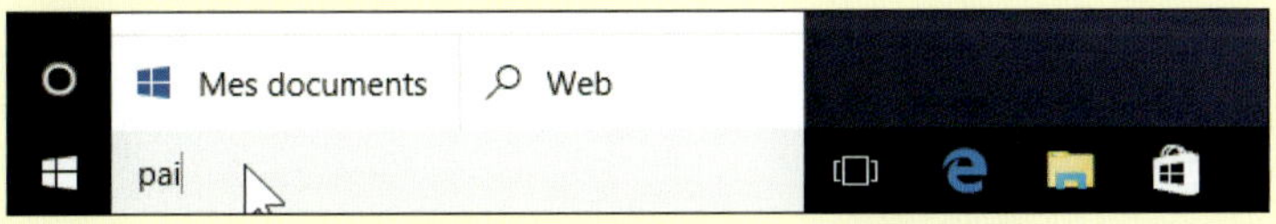

3. Une liste affiche les résultats de votre recherche. Les applications sont placées en début de liste. Cliquez le nom de l'application dans la liste.

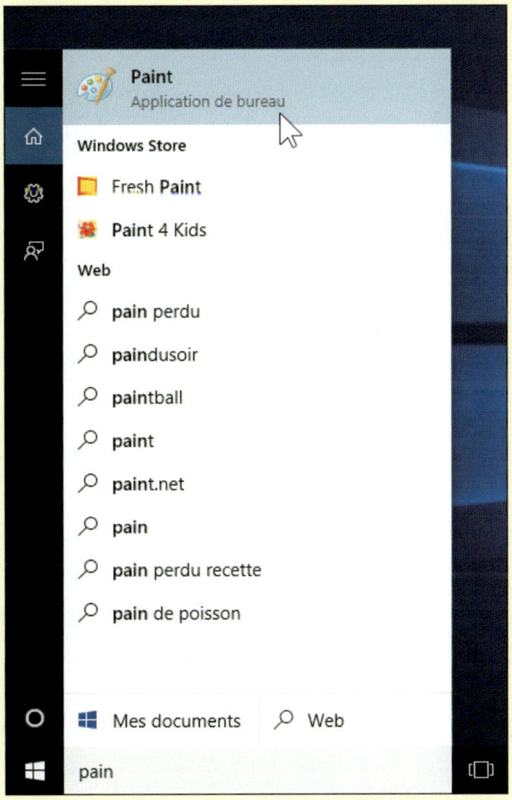

Utiliser les icônes du bureau

1 Sur le bureau sont placées des icônes (des dessins) qui ont le même rôle que les liens dans le menu Démarrer. Double-cliquez l'icône de l'application à ouvrir (deux clics rapide avec le bouton gauche de la souris).

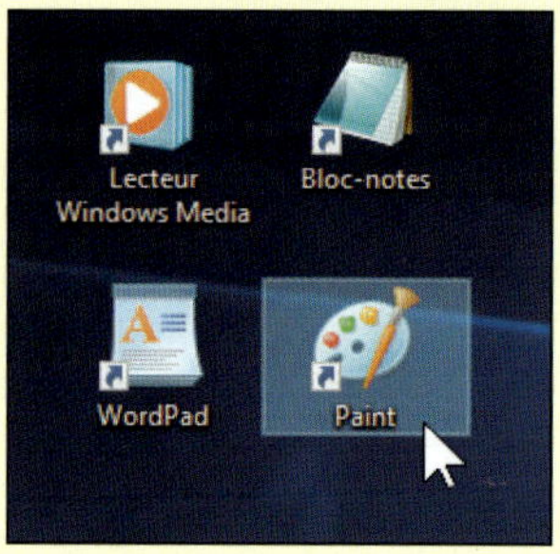

Consultez le chapitre **2** pour ajouter des icônes sur le bureau.

2 L'application s'ouvre dans une fenêtre. Un bouton de cette application apparaît dans la barre des tâches.

Cette barre permet donc de voir les applications en cours d'exécution, mais aussi de passer de l'une à l'autre.

Les boutons des applications en cours sont soulignés. Il existe en effet des boutons qui permettent d'ouvrir des applications, mais qui ne sont pas en cours d'exécution. Tant que ces boutons ne sont pas soulignés, l'application n'est pas active. Par défaut, la barre des tâches propose quatre boutons : pour afficher les tâches et changer de bureau, **Microsoft Edge** pour naviguer sur le Web, **Explorateur de fichiers** pour parcourir le contenu de votre ordinateur, et **Windows Store** pour télécharger de nouvelles applications. Pour modifier les applications présentes en permanence dans la barre des tâches, consultez le chapitre **2**.

Découvrir l'écran de démarrage

En plus des liens vers vos applications, le menu Démarrer propose, dans sa partie droite, des « vignettes » (des carrées et des rectangulaires avec des dessins ou des images). Elles correspondent à des applications mises à votre disposition. Le nombre de vignettes varie en fonction de l'installation de Windows et des programmes déjà installés sur votre ordinateur. Cette partie du menu Démarrer est appelée *écran de démarrage*.

Utiliser l'écran de démarrage

1. Cliquez le bouton **Démarrer** .
2. Faites défiler les vignettes avec la roulette de la souris ou la barre de défilement verticale.

3 Cliquez une vignette pour ouvrir l'application correspondante.

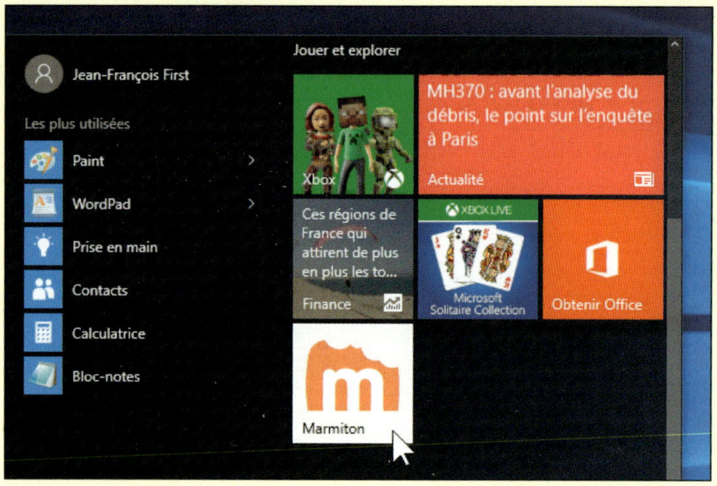

Agrandir l'écran de démarrage

1 Cliquez le bouton **Démarrer** ⊞.

2 Pointez le bord droit de l'écran de démarrage. Le curseur de souris prend la forme ⟺.

3 Cliquez et faites glisser pour agrandir ou réduire la taille de l'écran de démarrage.

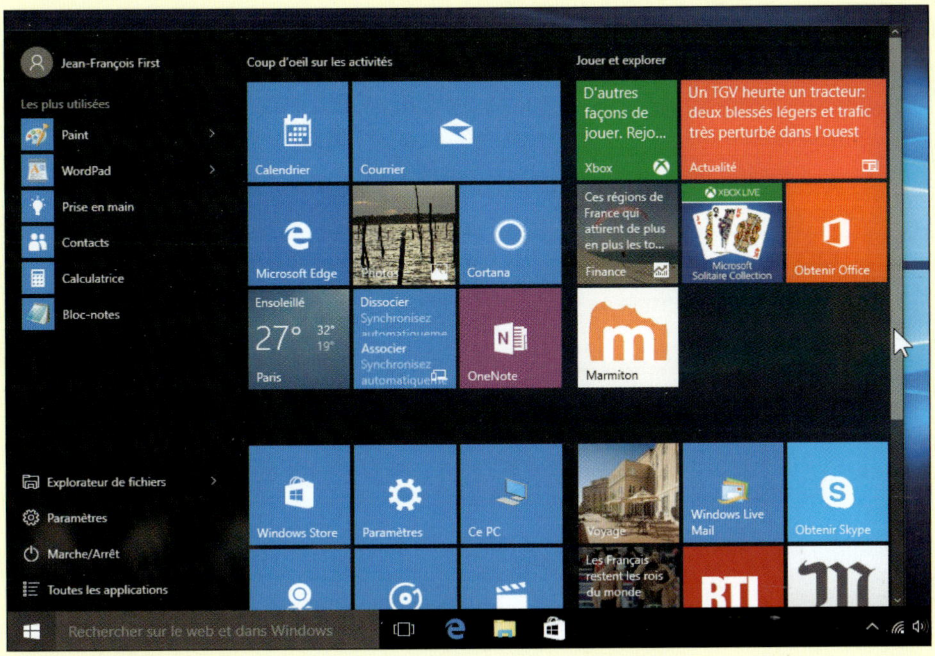

Afficher le menu Démarrer en plein écran.

1 Cliquez le bouton **Démarrer** → **Paramètres**.

2 Cliquez **Personnalisation**.

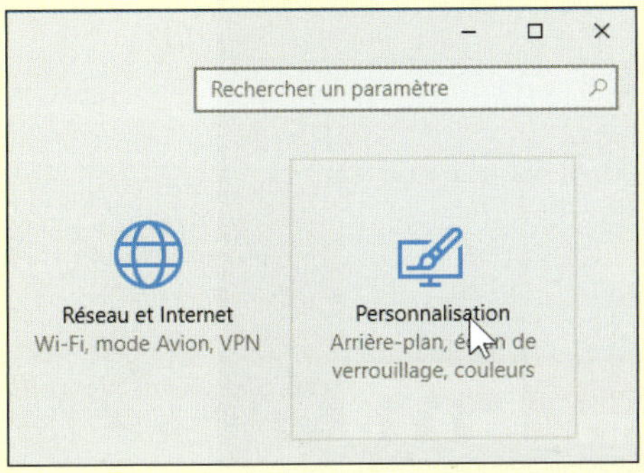

3 Cliquez **Accueil** dans la liste de gauche.

4 Cliquez l'option **Utiliser le menu Démarrer en plein écran** pour l'activer.

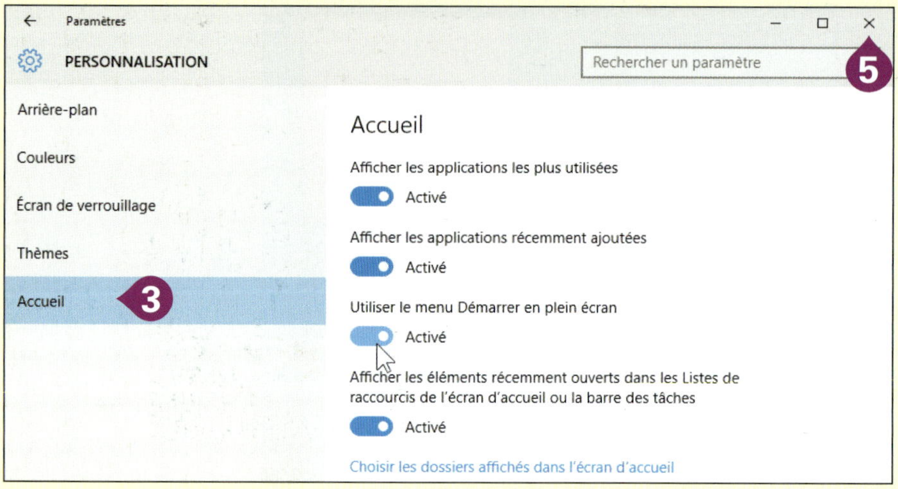

5 Cliquez le bouton pour fermer la fenêtre des paramètres.

6 Cliquez le bouton **Démarrer**. Le menu Démarrer s'affiche en plein écran.

7 Pour afficher le menu **Toutes les applications**, cliquez le bouton en bas à gauche.

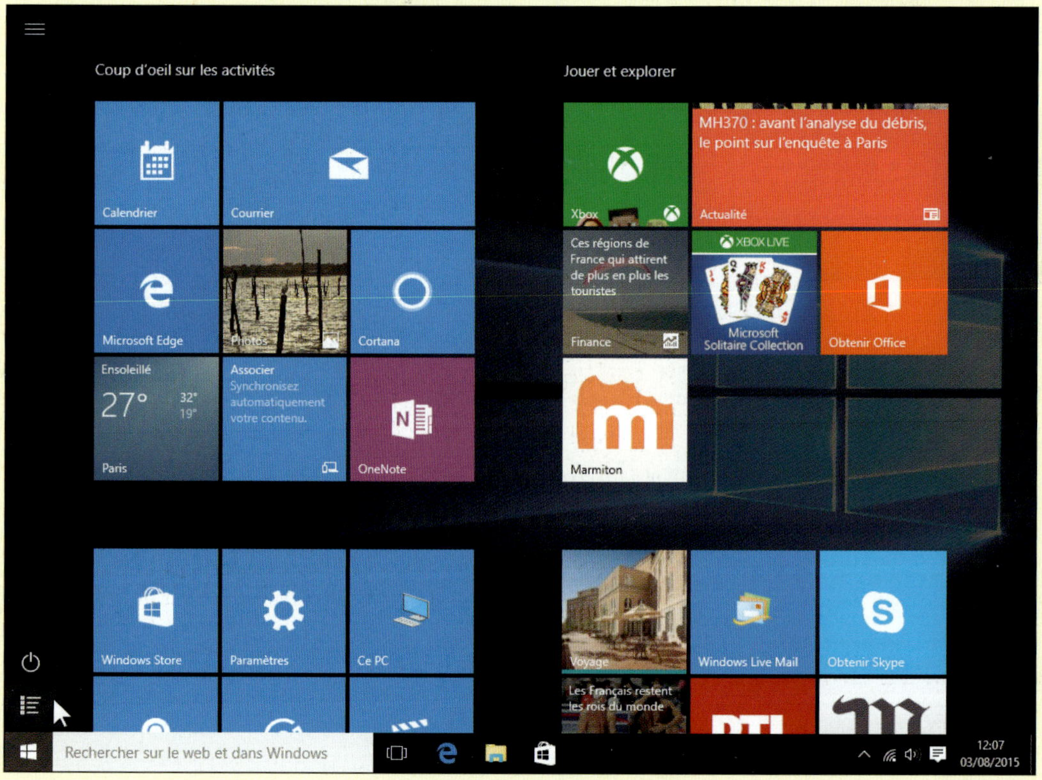

8 Pour afficher le menu **Démarrer**, cliquez le bouton en haut à gauche.

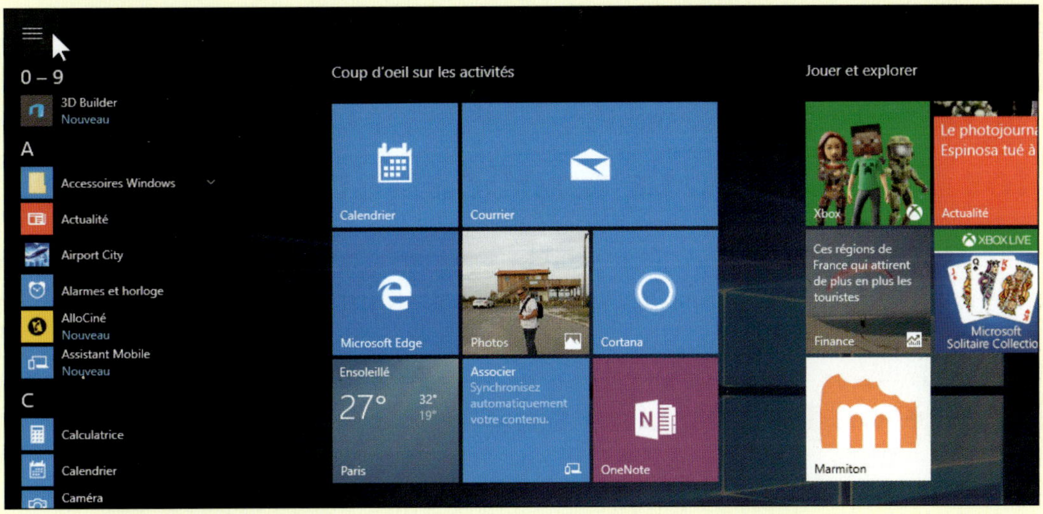

9 Appuyez sur la touche **Echap** pour revenir à l'écran de démarrage.

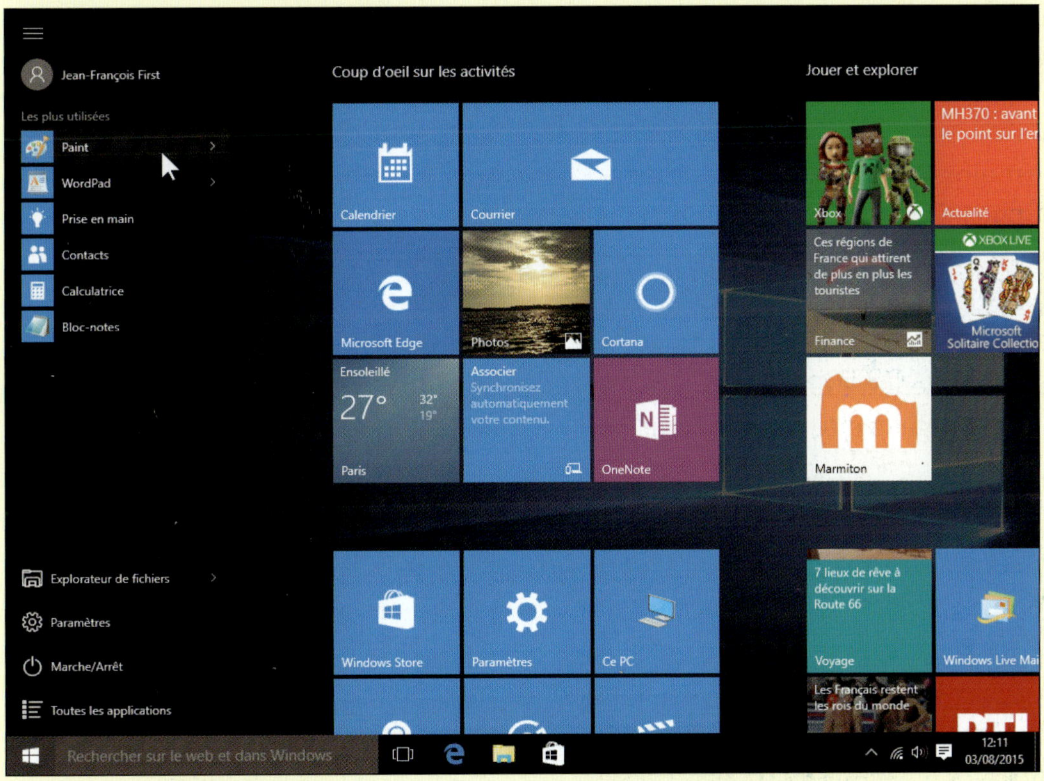

10 Appuyez sur **Echap** ou cliquez le bouton **Démarrer** pour fermer le menu.

Pour revenir au menu normal, répétez les étapes **1** à **4** pour désactiver l'option **Utiliser le menu Démarrer en plein écran** .

Modifier les fenêtres des applications

Une fois votre application ouverte dans une fenêtre, vous pouvez modifier sa taille et sa position à l'écran. Cela permet aussi de gérer plusieurs applications ouvertes en même temps.

Agrandir, réduire ou fermer une fenêtre

1. Pour réduire une fenêtre, cliquez le bouton – en haut à droite de l'application.

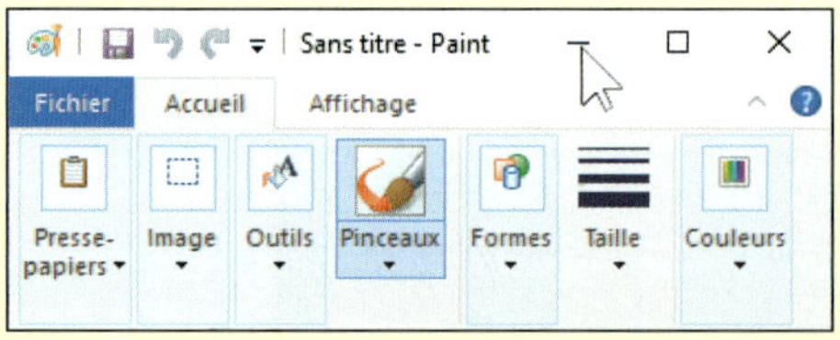

2. La fenêtre est alors masquée et non fermée. Elle reste accessible par son bouton dans la barre des tâches (le bouton est encadré).

3. Pour agrandir une fenêtre de manière qu'elle occupe toute la surface de l'écran, cliquez le bouton □ en haut à droite de l'application.

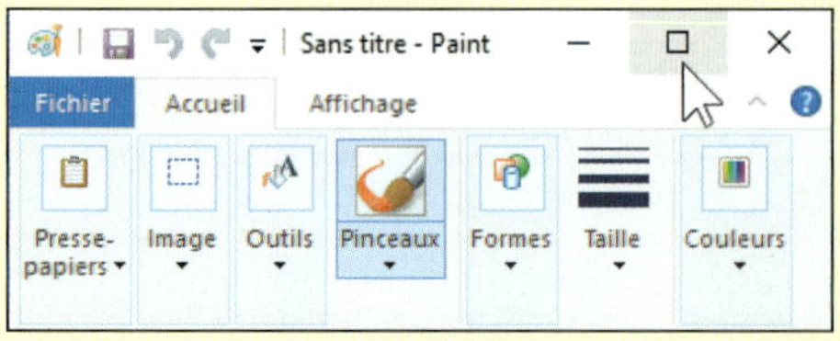

4 La fenêtre de l'application masque alors toutes les autres fenêtres.

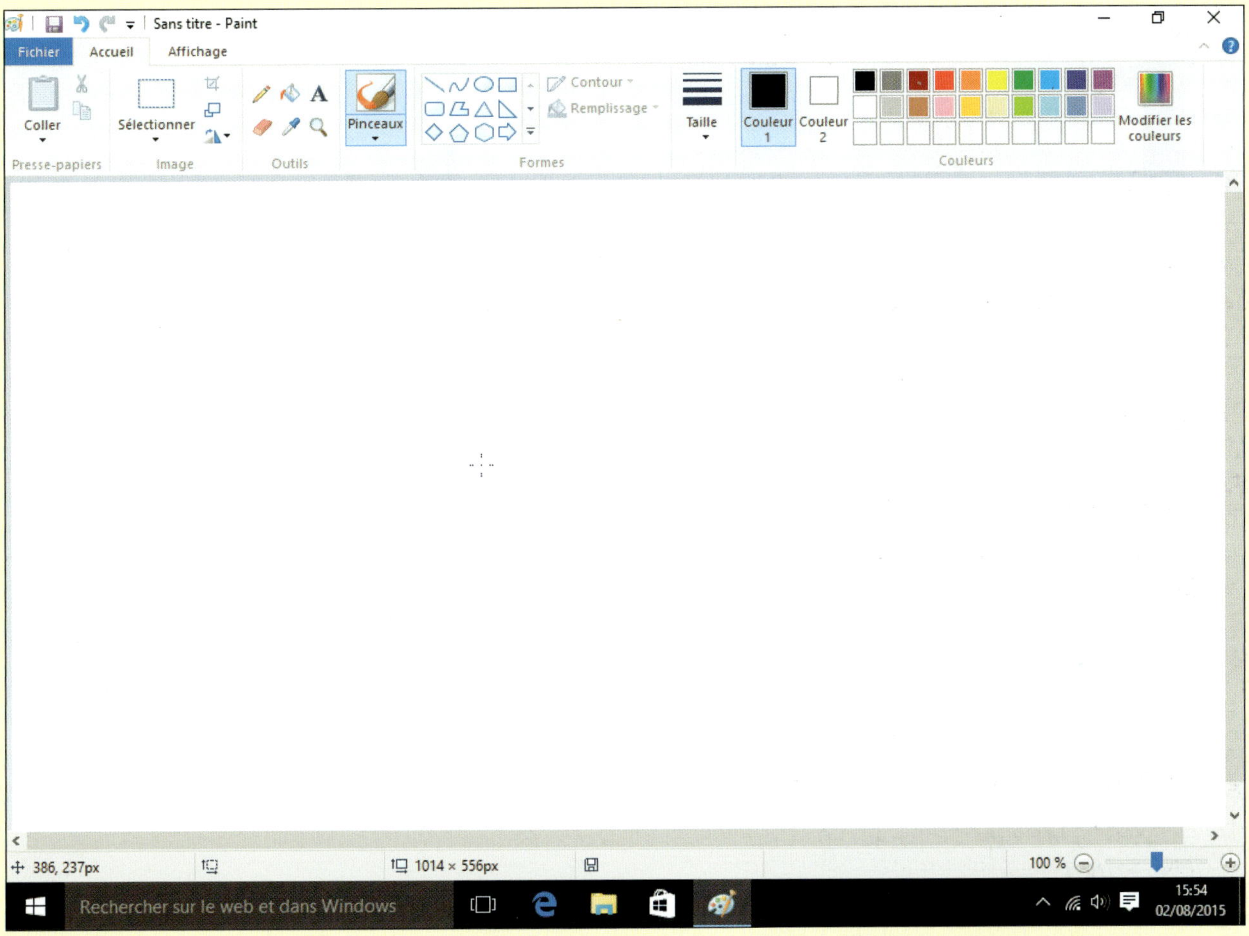

5 Pour restaurer la fenêtre à sa taille d'origine, cliquez le bouton en haut à droite de l'application.

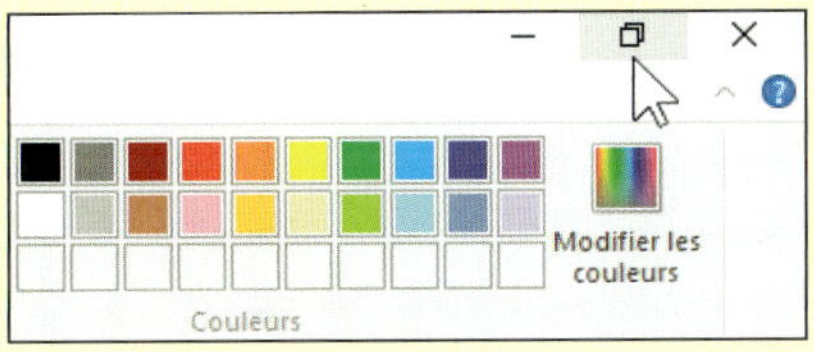

Les boutons et alternent. Le bouton est visible quand la fenêtre est agrandie, et le bouton est visible quand la fenêtre est à sa taille initiale.

6 La fenêtre de l'application retrouve sa taille initiale avant d'être agrandie.

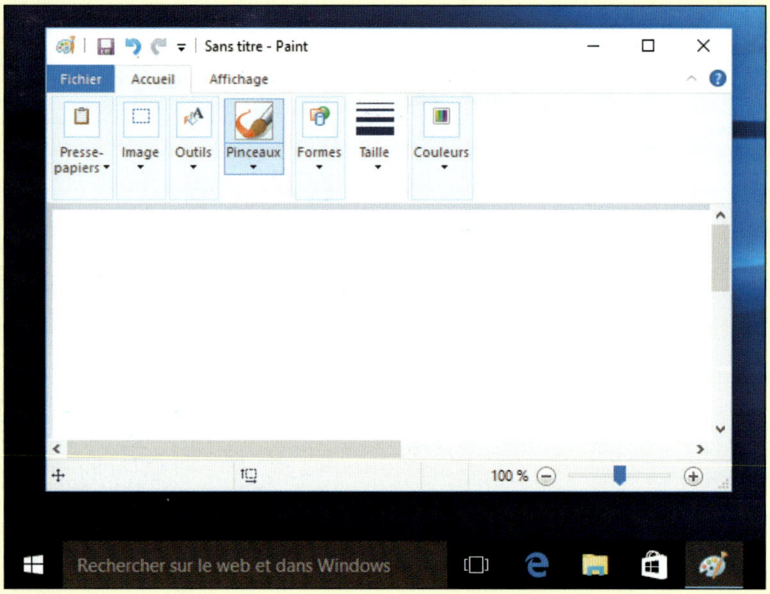

7 Pour fermer définitivement l'application, cliquez le bouton × en haut à droite.

8 Fermer une fenêtre revient à terminer l'application. Si vous avez des documents non enregistrés, vous êtes invité à effectuer une sauvegarde. Suivez alors les instructions à l'écran.

Au lieu d'utiliser les boutons ☐ et ⧉, vous pouvez agrandir ou restaurer rapidement une fenêtre en double-cliquant sa barre de titre (nom du document et nom de l'application, **Sans titre – Paint** dans les exemples).

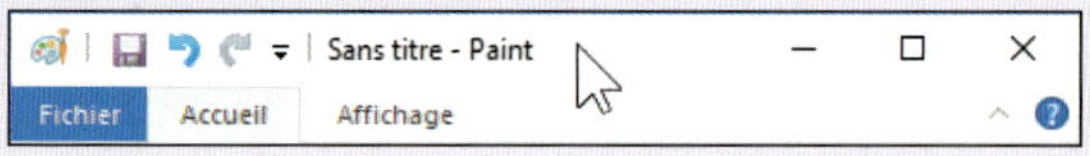

Déplacer une fenêtre

1 Pour déplacer une fenêtre, cliquez et faites glisser la barre de titre (là où se trouve le nom de l'application). Vous ne pouvez pas déplacer une fenêtre agrandie puisqu'elle occupe déjà toute la surface de votre écran ; vous devez au préalable la restaurer en cliquant le bouton .

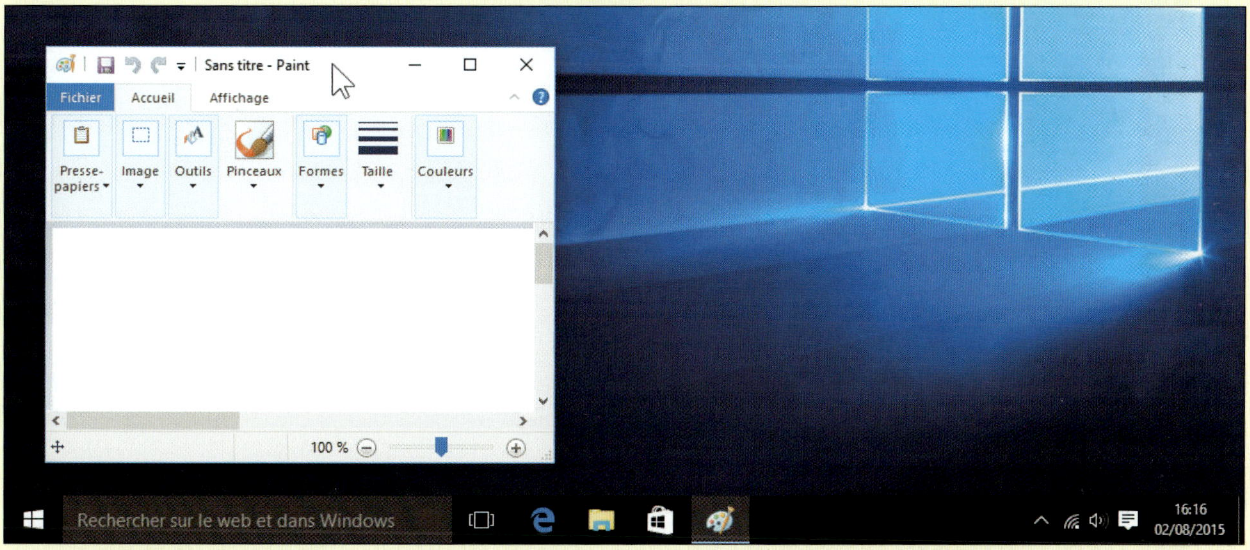

2 Relâchez le bouton de la souris quand la fenêtre se trouve à l'emplacement désiré.

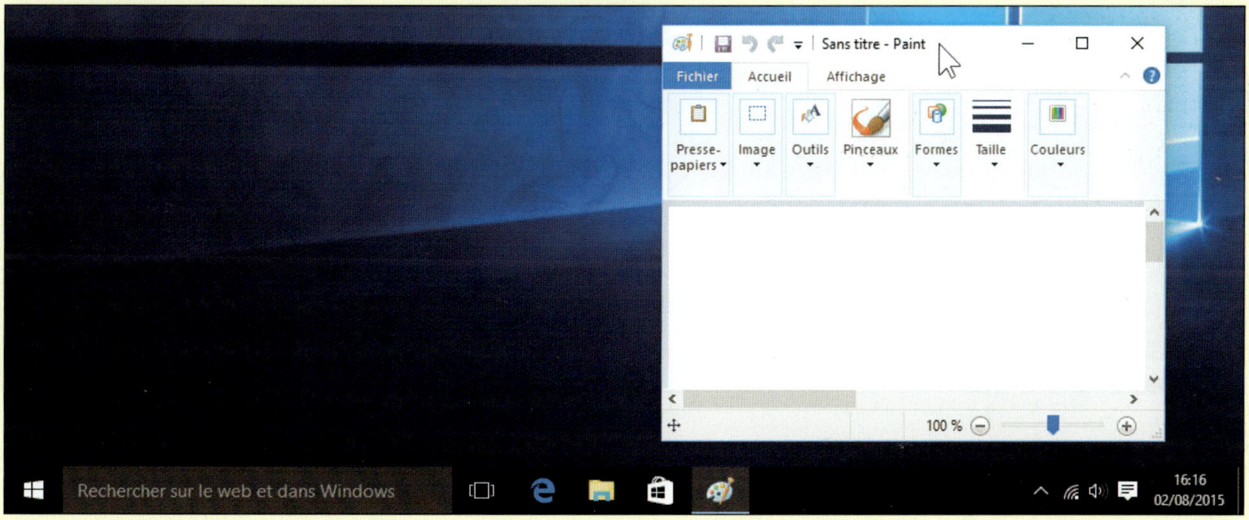

Redimensionner une fenêtre

1 Pour modifier sa largeur, pointez le bord gauche ou droit de la fenêtre. Le curseur prend la forme ⇔.

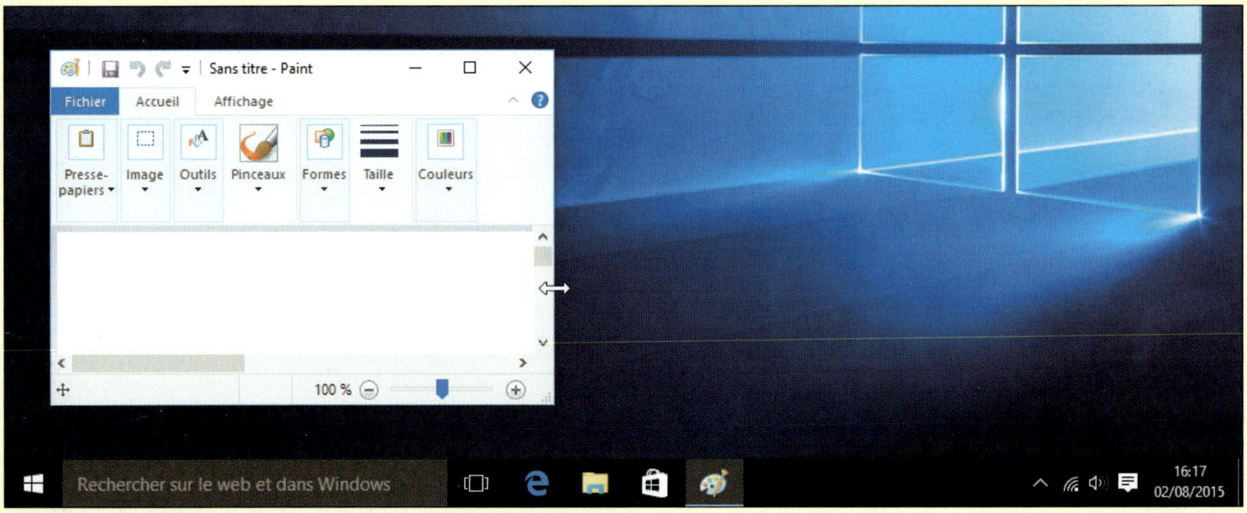

2 Cliquez et faites glisser pour modifier la largeur de la fenêtre.

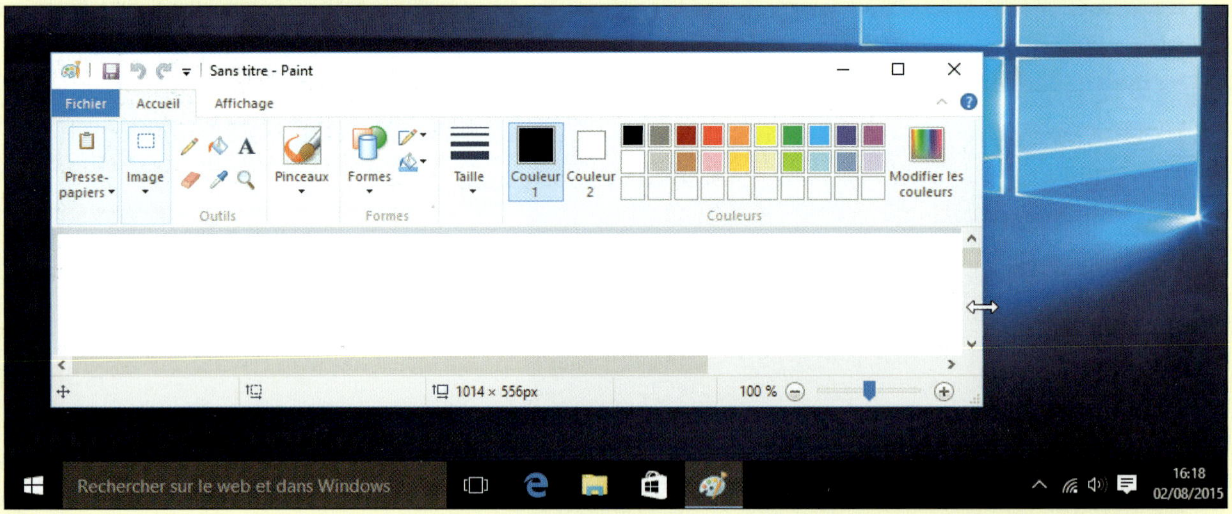

3 Pour modifier sa hauteur, pointez le bord en haut ou en bas de la fenêtre. Le curseur prend la forme ⇕.

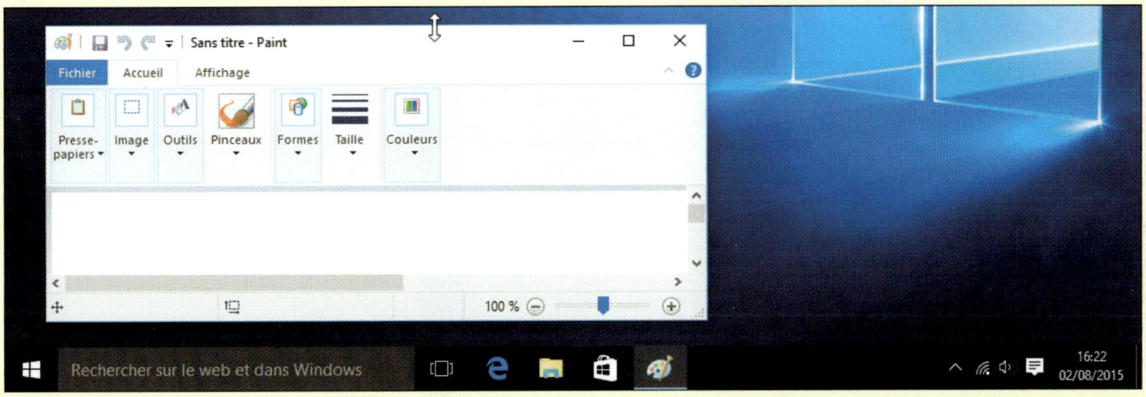

4 Cliquez et faites glisser pour modifier la hauteur de la fenêtre.

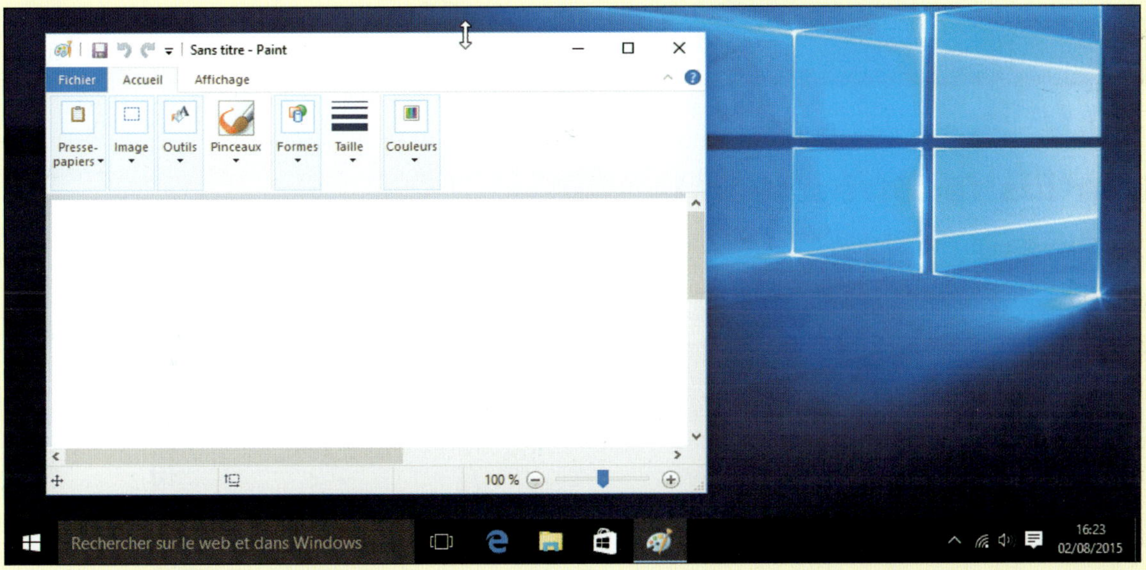

5 Pour modifier en même temps sa largeur et sa hauteur, pointez un des quatre coins de la fenêtre. Le curseur prend la forme  ou .

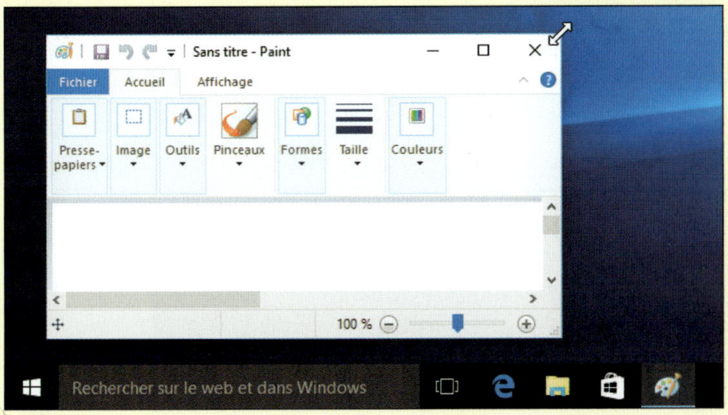

6 Cliquez et faites glisser pour modifier la hauteur et la largeur en même temps.

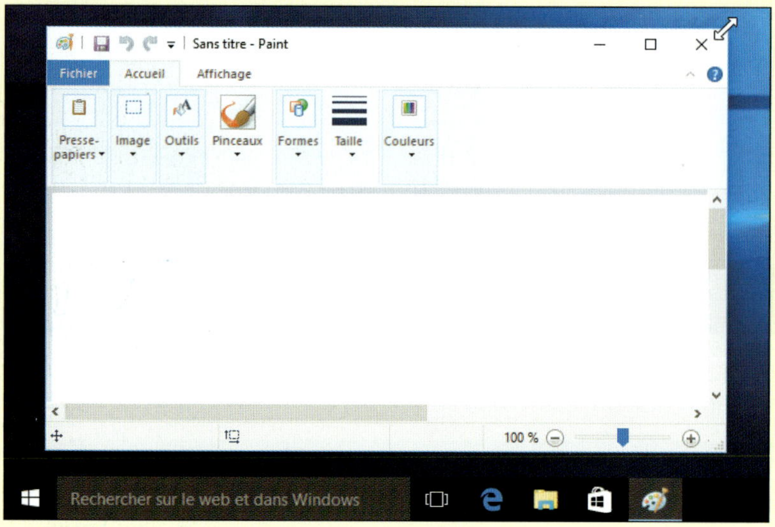

Déplacer les fenêtres avec la souris

1 Pour qu'une fenêtre utilise la moitié de l'écran, cliquez et faites glisser sa barre de titre vers le bord gauche ou droit de l'écran.

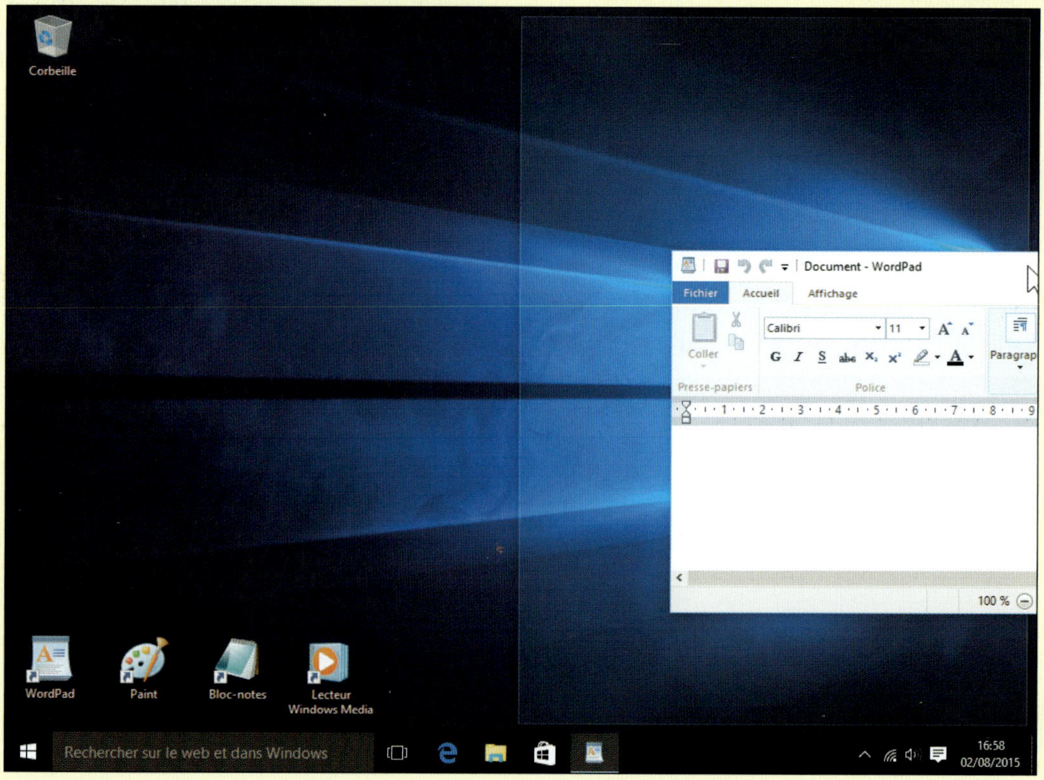

2 Pour qu'une fenêtre couvre tout l'écran, cliquez et faites glisser sa barre de titre vers le bord supérieur.

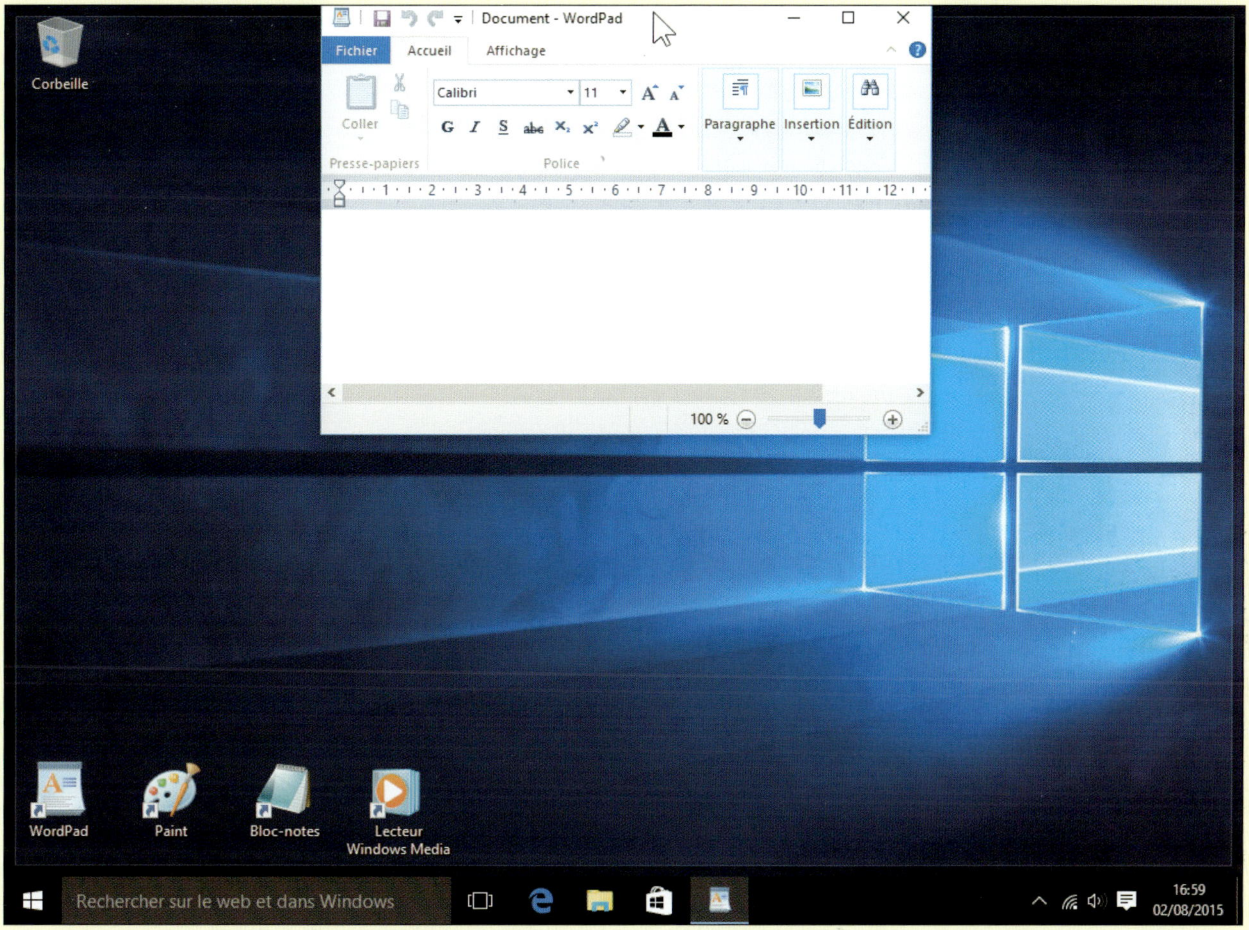

3 Quand une fenêtre est agrandie, cliquez et faites glisser sa barre de titre vers le centre de l'écran pour la réduire.

Déplacer les fenêtres avec le clavier

1 Pour placer successivement la fenêtre à gauche, au centre, ou à droite de l'écran, appuyez plusieurs fois sur les touches ⊞ + **Flèche gauche** ou ⊞ + **Flèche droite**.

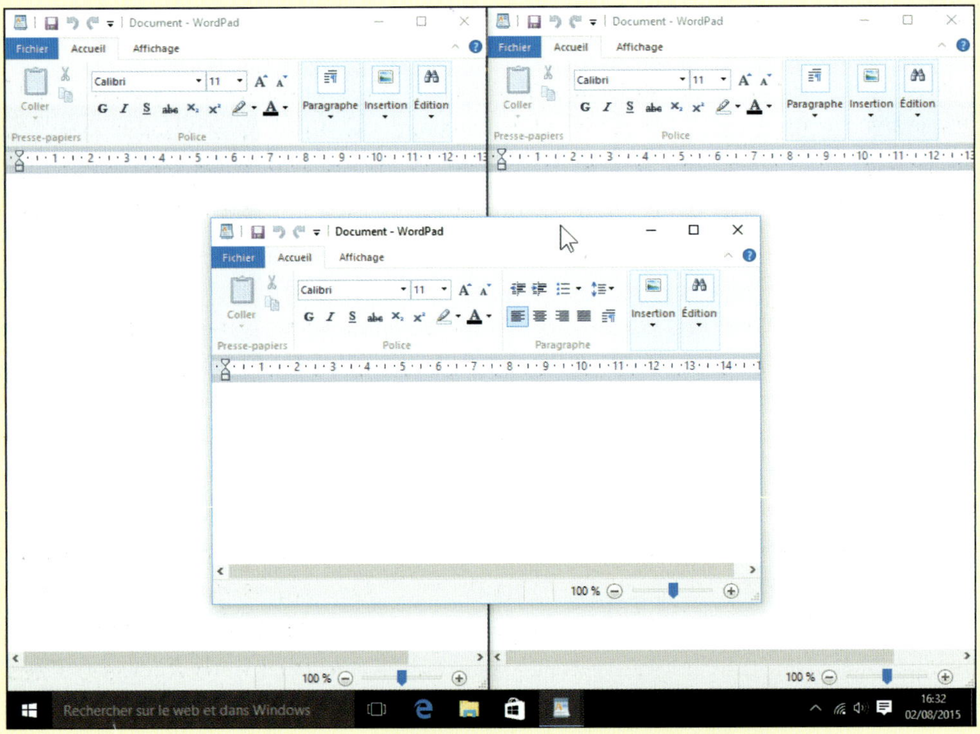

2 Pour agrandir, restaurer ou réduire la fenêtre, appuyez plusieurs fois sur les touches ⊞ + **Flèche haut** ou ⊞ + **Flèche bas**.

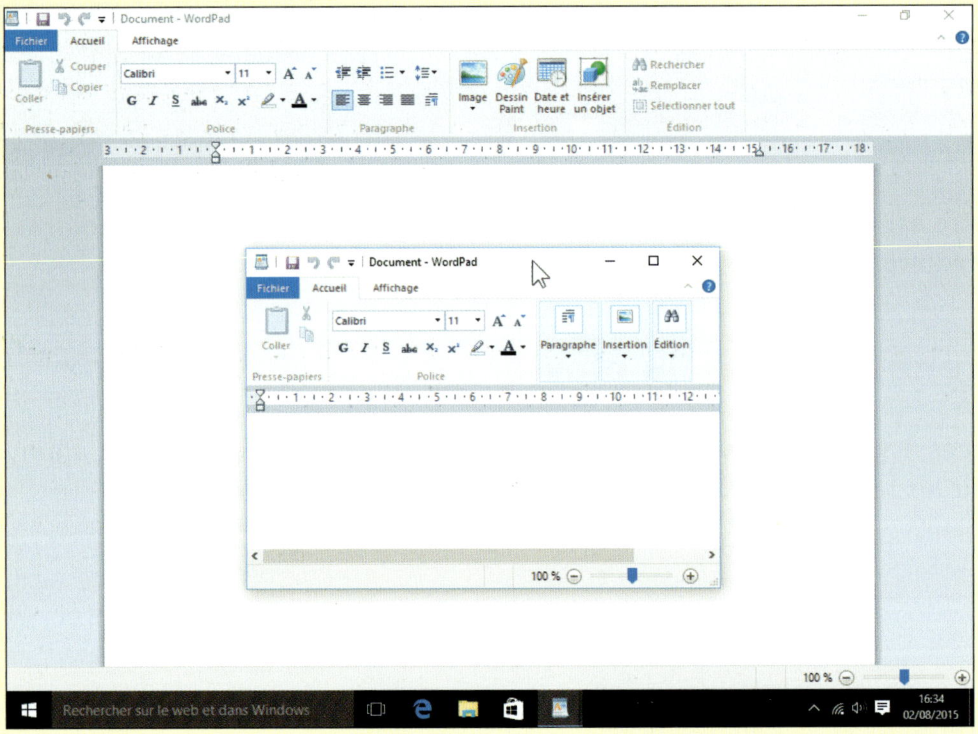

Découvrir les éléments des fenêtres

Les applications s'ouvrent dans des cadres appelés *fenêtres*, d'où le nom de *Windows*, « fenêtres » en anglais. Ces fenêtres sont constituées de divers éléments que nous allons passer en revue. Les applications proposent actuellement deux façons d'accéder aux commandes : l'ancien système avec des menus et des barres d'outils, et le nouveau système avec un ruban qui regroupe l'ensemble des commandes.

1. Située en haut des fenêtres, la **barre de titre** indique le nom de l'application et éventuellement le nom du document. C'est donc le moyen de repérer rapidement le contenu d'une fenêtre.

2. Le **Ruban** regroupe presque toutes les commandes disponibles pour gérer l'application. Il remplace les menus et les barres d'outils devenus trop nombreux dans les anciennes versions. Le ruban est en fait une barre d'outils dont chaque catégorie est accessible par des onglets. Dans chaque onglet se trouvent des groupes contenant des boutons ou des listes d'actions à réaliser.

3. Les applications avec un ruban conservent au moins une barre d'outils : la barre d'outils **Accès rapide**. Par défaut, elle ne propose que quelques boutons pour les tâches courantes (enregistrement, annulation d'une action, *etc.*). Vous pouvez la modifier facilement pour l'adapter à votre façon de travailler.

4. Situé en haut à gauche, l'onglet **Fichier** donne accès aux commandes classiques comme l'ouverture, l'enregistrement ou l'impression des documents.

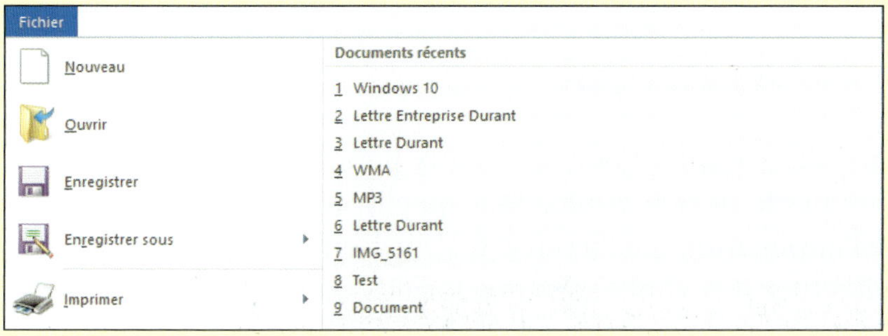

5 Située en bas des fenêtres, la **barre d'état** donne des indications sur les opérations effectuées par l'application ou des renseignements sur le document.

6 Si la fenêtre de l'application ne permet pas de voir l'intégralité du document, des **barres de défilement** apparaissent, soit à la verticale (des éléments sont cachés en haut et en bas), soit à l'horizontale (des éléments sont cachés à droite et à gauche).Pour déplacer le document lentement, cliquez les flèches aux extrémités. Pour vous déplacer à l'endroit de votre choix, cliquez et faites glisser le curseur. Pour vous déplacer rapidement, cliquez les parties claires (en dehors des flèches et du curseur).

7 Dans les anciennes applications, la **barre de menus** regroupe toutes les fonctions de l'application. Pour accéder à une commande, cliquez le nom du menu puis la commande dans la liste qui s'ouvre. Si le menu ne s'affiche pas dans votre application, appuyez au préalable sur la touche **Alt**.

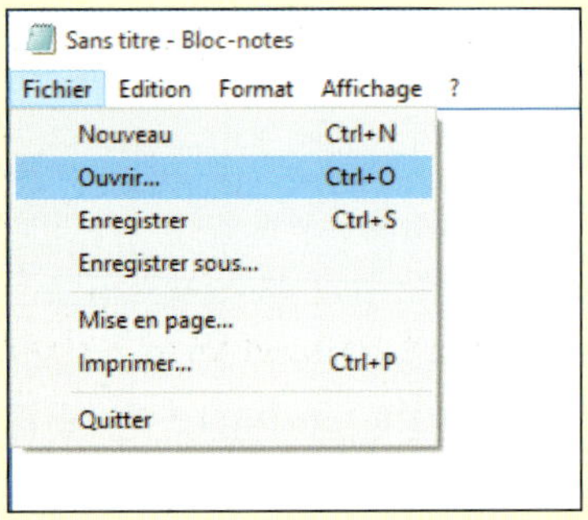

8 Les **barres d'outils** regroupent les commandes les plus utilisées pour vous épargner de chercher dans les menus. Chaque bouton contient un dessin qui représente la commande à exécuter.

Utiliser les boîtes de dialogue

Une boîte de dialogue est une petite fenêtre qui donne accès aux paramètres et aux options d'une application. Elle n'est ni redimensionnable ni réductible. Tant qu'elle est ouverte, il est impossible d'accéder à la fenêtre principale de l'application qui l'a ouverte. Une boîte de dialogue est composée de divers éléments permettant d'effectuer des choix sous des formes différentes.

1 Les **cases d'option** sont toujours par groupes de deux au minimum. Au moins une des cases est cochée. En cochant une nouvelle case, vous décochez automatiquement celle précédemment sélectionnée.

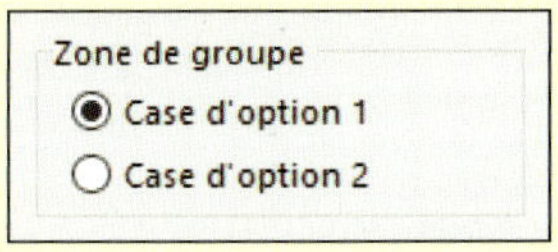

2 Les **cases à cocher** sont indépendantes les unes des autres. Vous pouvez cocher ou décocher une case sans modifier le contenu des autres cases.

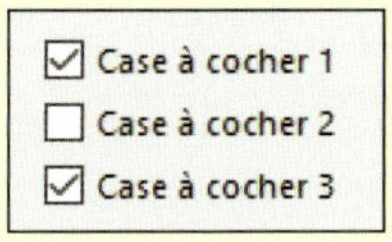

Dans certains écrans, comme les Paramètres Windows, les cases à cocher sont représentées sous la forme d'un curseur **Désactivé** ou **Activé**.

3 Les **zones de texte** permettent de saisir des textes, des nombres, des mots de passe, *etc.* Cliquez la zone puis tapez votre texte au clavier.

4 Les **zones de liste** permettent de sélectionner une valeur parmi celles proposées. Vous ne pouvez pas saisir d'autres valeurs.

5 Les **listes déroulantes** n'affichent qu'une seule valeur. Pour la choisir, cliquez la flèche en regard afin d'afficher la liste des valeurs disponibles. Certaines listes déroulantes dites « modifiables » permettent de saisir des valeurs autres que celles proposées.

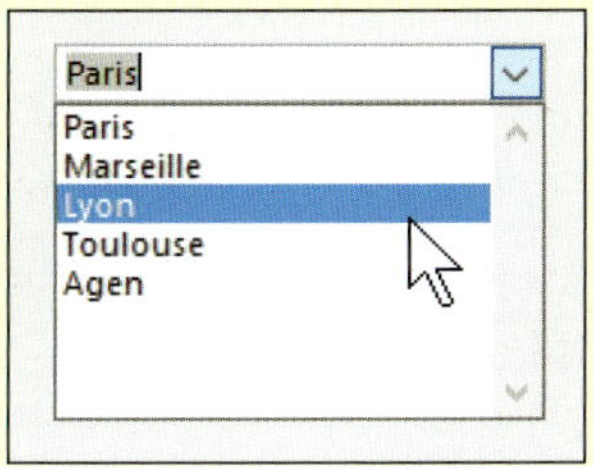

6 Les **listes combinées** associent une zone de texte et une zone de liste. Vous pouvez saisir une donnée ou la choisir directement dans la liste au-dessous.

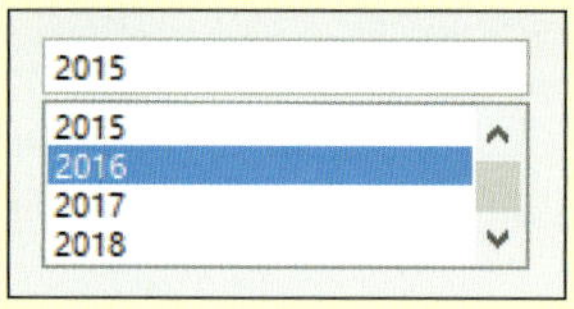

7 Les **compteurs** permettent de saisir des nombres. Tapez directement le nombre dans la zone de texte associée ou cliquez les flèches en regard pour augmenter ou diminuer la valeur.

8 Si les paramètres modifiables sont très nombreux, ils sont regroupés par thèmes dans des **onglets**, comme dans un répertoire. Cliquez ces onglets pour trouver les valeurs à modifier.

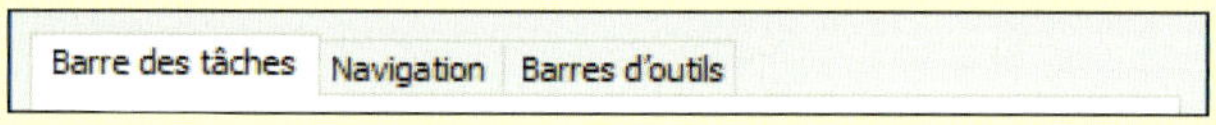

Découvrir le bureau et la barre des tâches

2

Ce chapitre vous dévoile l'essentiel des éléments nécessaires pour maîtriser la barre des tâches et le bureau. Citons, entre autres, l'ajout de vignettes dans l'écran de démarrage, le réglage de la date et du son, la modification de la barre des tâches ou la fermeture de Windows.

Dans ce chapitre :

- Accéder plus facilement aux applications
- Changer d'application avec la barre des tâches
- Afficher les tâches et changer de bureau
- Ancrer deux ou quatre applications
- Modifier la barre des tâches
- Gérer la zone de notification
- Modifier la date et l'heure
- Régler le son
- Quitter un programme récalcitrant
- Fermer, redémarrer ou mettre en veille l'ordinateur

Accéder plus facilement aux applications

Comme on utilise souvent les mêmes applications, il est plus simple de créer des raccourcis définitifs dans l'écran de démarrage, dans la barre des tâches ou sur le bureau.

Épingler une vignette dans l'écran de démarrage

1. Cliquez le bouton **Démarrer → Toutes les applications.**

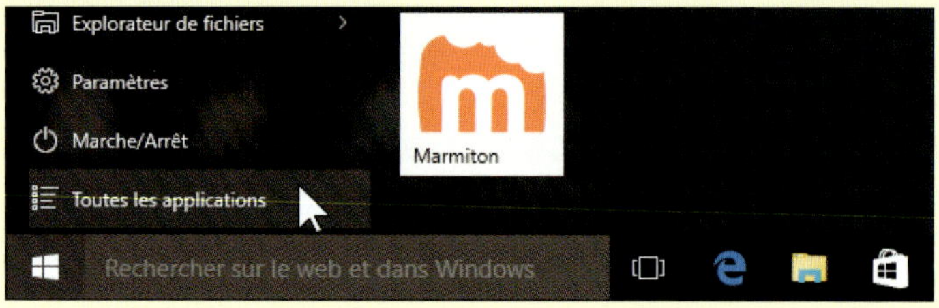

2. Recherchez puis cliquez le lien de l'application avec le bouton droit.
3. Cliquez **Épingler à l'écran de démarrage** dans le menu contextuel.

4 Dans cet exemple, on ajoute un raccourci dans l'écran de démarrage pour l'application WordPad. Windows affiche ensuite l'écran de démarrage à la position de la nouvelle vignette.

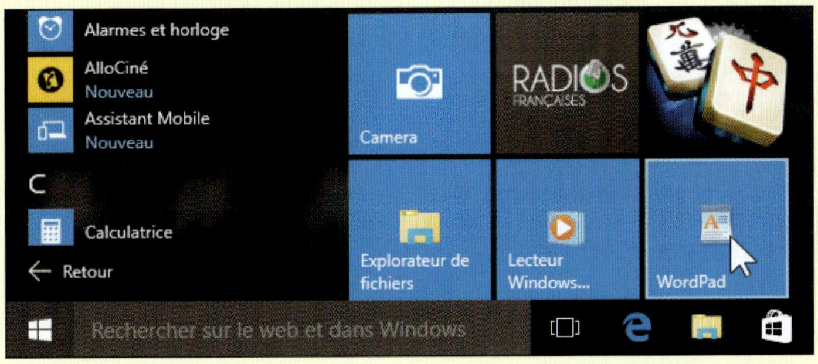

Pour supprimer une vignette dans l'écran de démarrage, cliquez-la avec le bouton droit, puis cliquez **Supprimer du menu Démarrer** dans le menu contextuel.

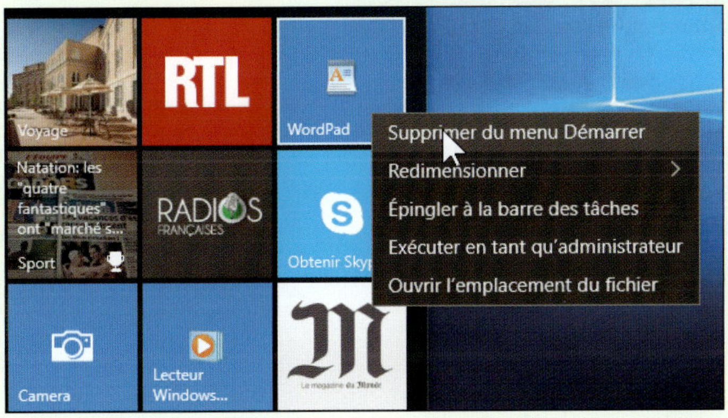

Épingler un raccourci dans la barre des tâches

1 Cliquez le bouton **Démarrer → Toutes les applications**. Vous pouvez aussi utiliser les vignettes de l'écran de démarrage.

2 Recherchez puis cliquez le lien ou la vignette de l'application avec le bouton droit.

3 Cliquez **Épingler à la barre des tâches** dans le menu contextuel.

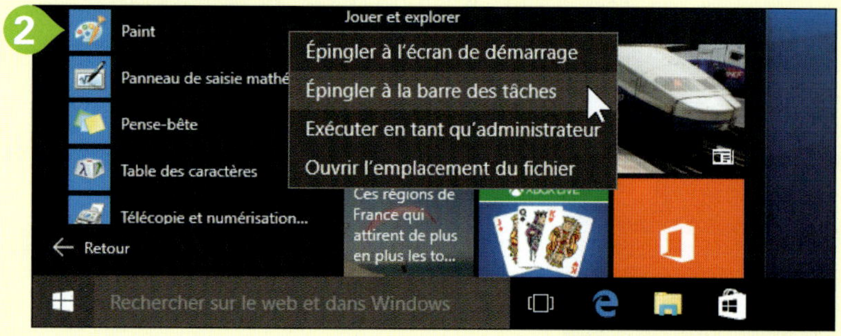

4 Dans cet exemple, nous avons ajouté dans la barre des tâches des raccourcis vers les applications Paint et Météo. Notez que cette dernière est une application Windows Store et non une application de bureau comme Paint. On y retrouve aussi les trois applications épinglées par défaut : Microsoft Edge, l'Explorateur et Windows Store.

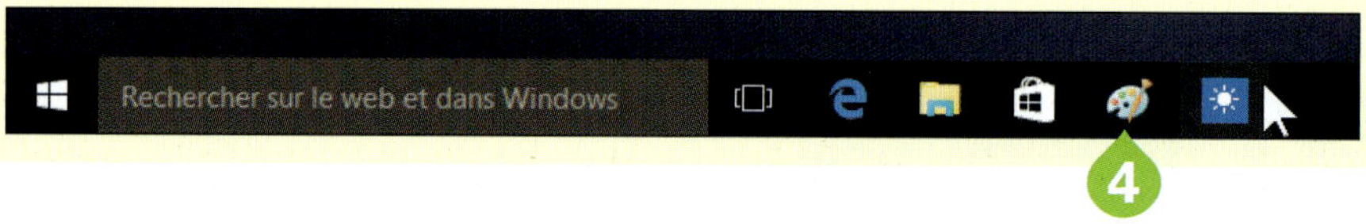

Pour supprimer un bouton de la barre des tâches, cliquez-le avec le bouton droit de la souris, puis choisissez la commande **Détacher de la barre des tâches** dans la petite fenêtre qui s'affiche. Si vous êtes dans l'écran de démarrage ou le menu Toutes les applications, cliquez **Détacher de la barre des tâches** dans le menu contextuel.

Ajouter une icône sur le bureau

1 Cliquez le bouton **Démarrer** → **Toutes les applications**. Vous pouvez aussi utiliser les vignettes de l'écran de démarrage.

2 Recherchez puis cliquez le lien ou la vignette de l'application avec le bouton droit.

Seules les applications traditionnelles peuvent posséder une icône sur le bureau. Les applications Windows Store ne sont pas concernées.

3 Cliquez **Ouvrir l'emplacement du fichier** dans le menu contextuel.

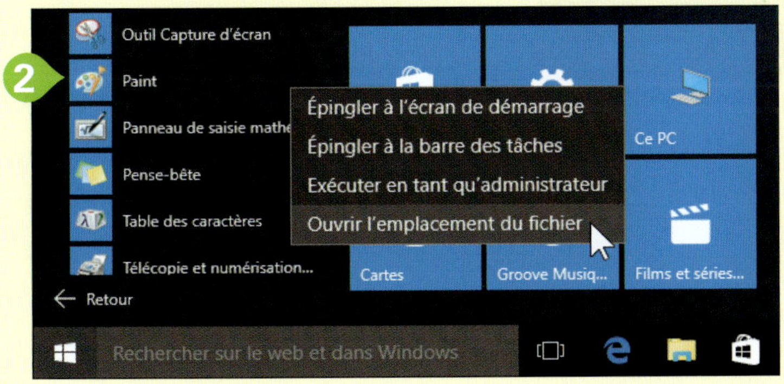

4 Windows ouvre l'Explorateur (consultez le chapitre **4** pour plus de précisions). Cliquez avec le bouton droit le nom du raccourci actuellement sélectionné dans l'Explorateur.

5 Dans le menu contextuel, cliquez **Envoyez vers → Bureau (créer un raccourci)**.

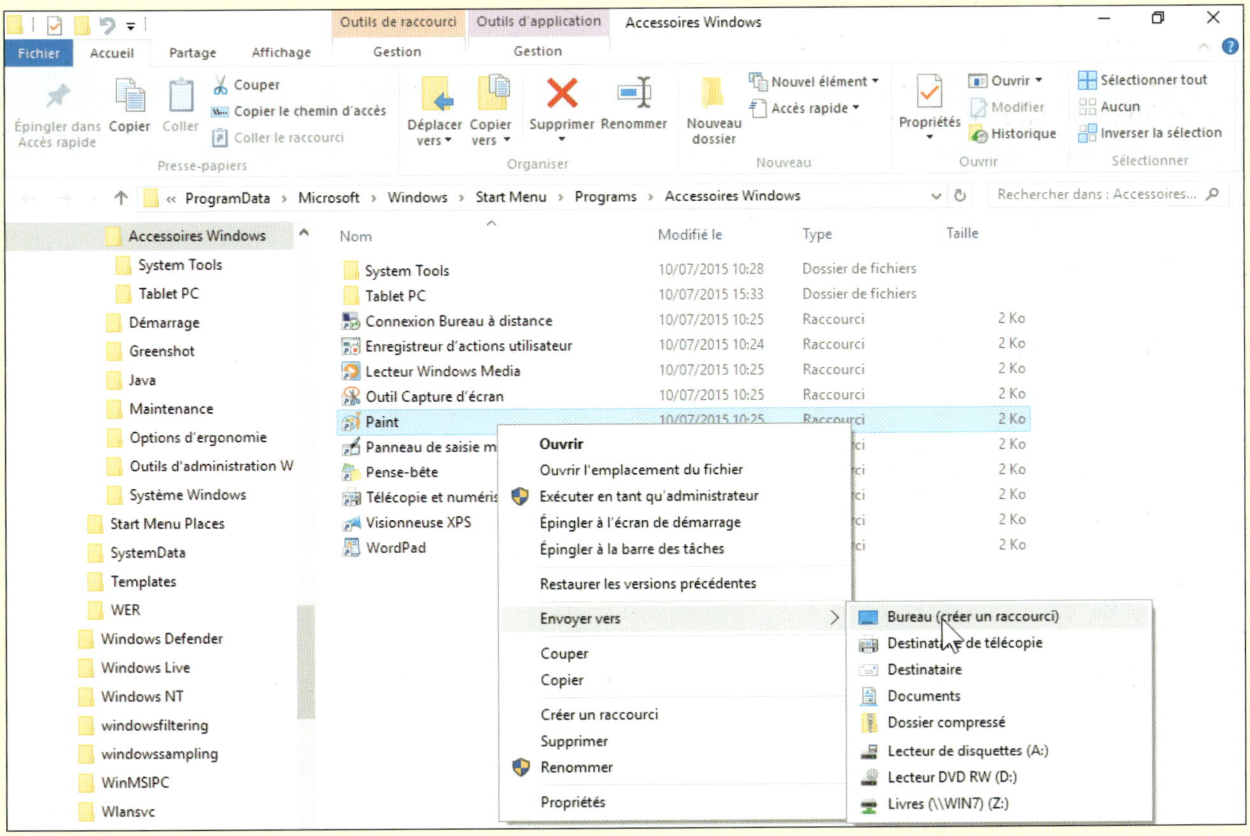

6 Dans cet exemple, nous avons ajouté un raccourci sur le bureau pour Paint, mais aussi pour WordPad et OneDrive.

Pour supprimer une icône de raccourci sur le bureau, cliquez-la pour la sélectionner, puis appuyez sur la touche **Suppr**.

Changer d'application avec la barre des tâches

Si la barre des tâches et le menu Démarrer permettent d'ouvrir vos applications, elle donne aussi accès à celles en cours. En effet, comme nous l'avons vu au chapitre 1, Windows permet d'ouvrir plusieurs applications en même temps. Permettre de passer de l'une à l'autre est le rôle principal de la barre des tâches.

Changer d'application

1 Ouvrez au moins deux applications.

Pour ouvrir une application, consultez le chapitre précédent.

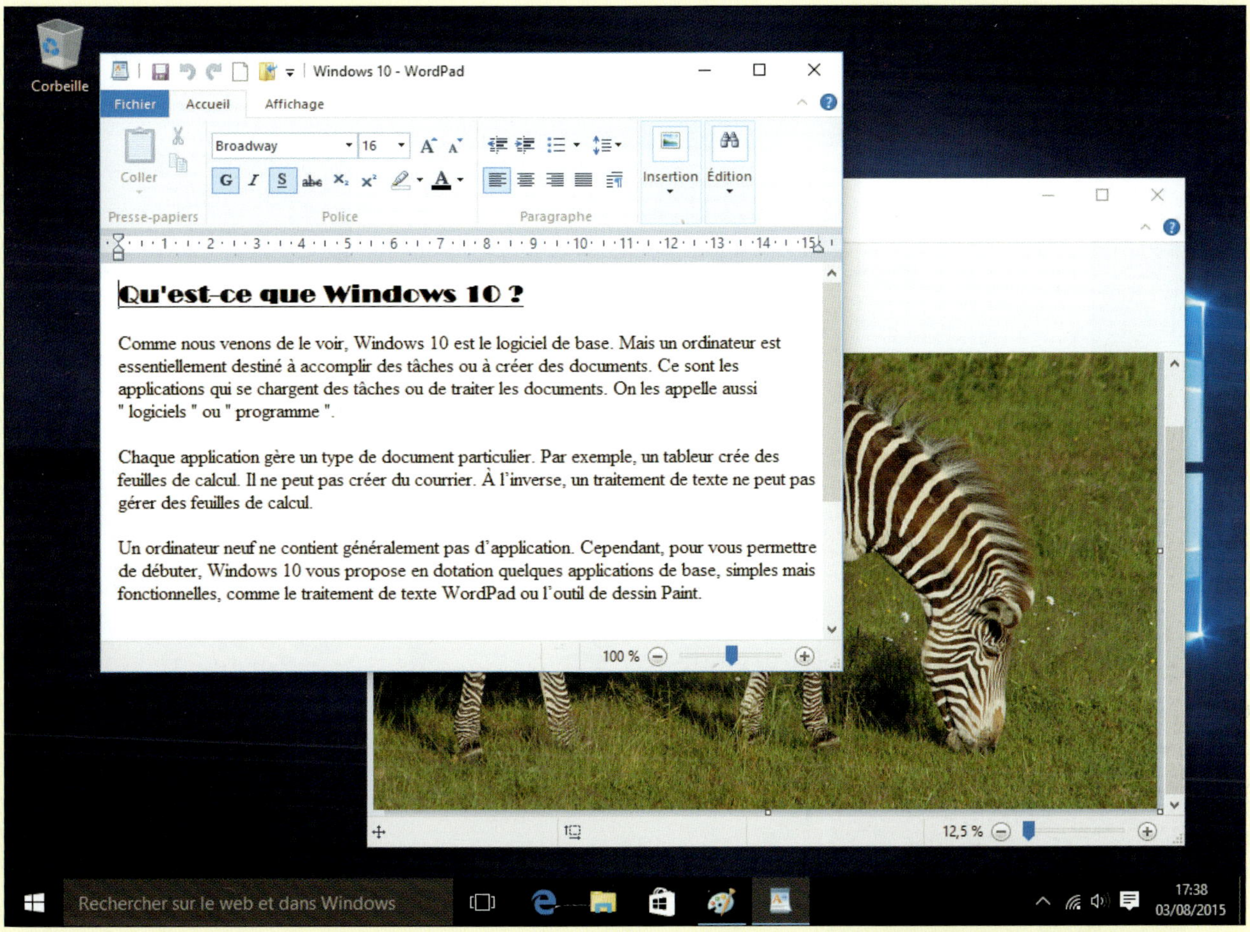

2 Pour chaque application, un bouton apparaît dans la barre des tâches. Le bouton en surbrillance et souligné correspond à celui de l'application active, c'est-à-dire celle au premier plan (les boutons qui ne sont pas soulignés correspondent à des raccourcis et non à des applications en cours d'exécution).

3 Cliquez dans la barre des tâches le bouton de l'application à placer au premier plan. La fenêtre de l'application choisie passe au premier plan.

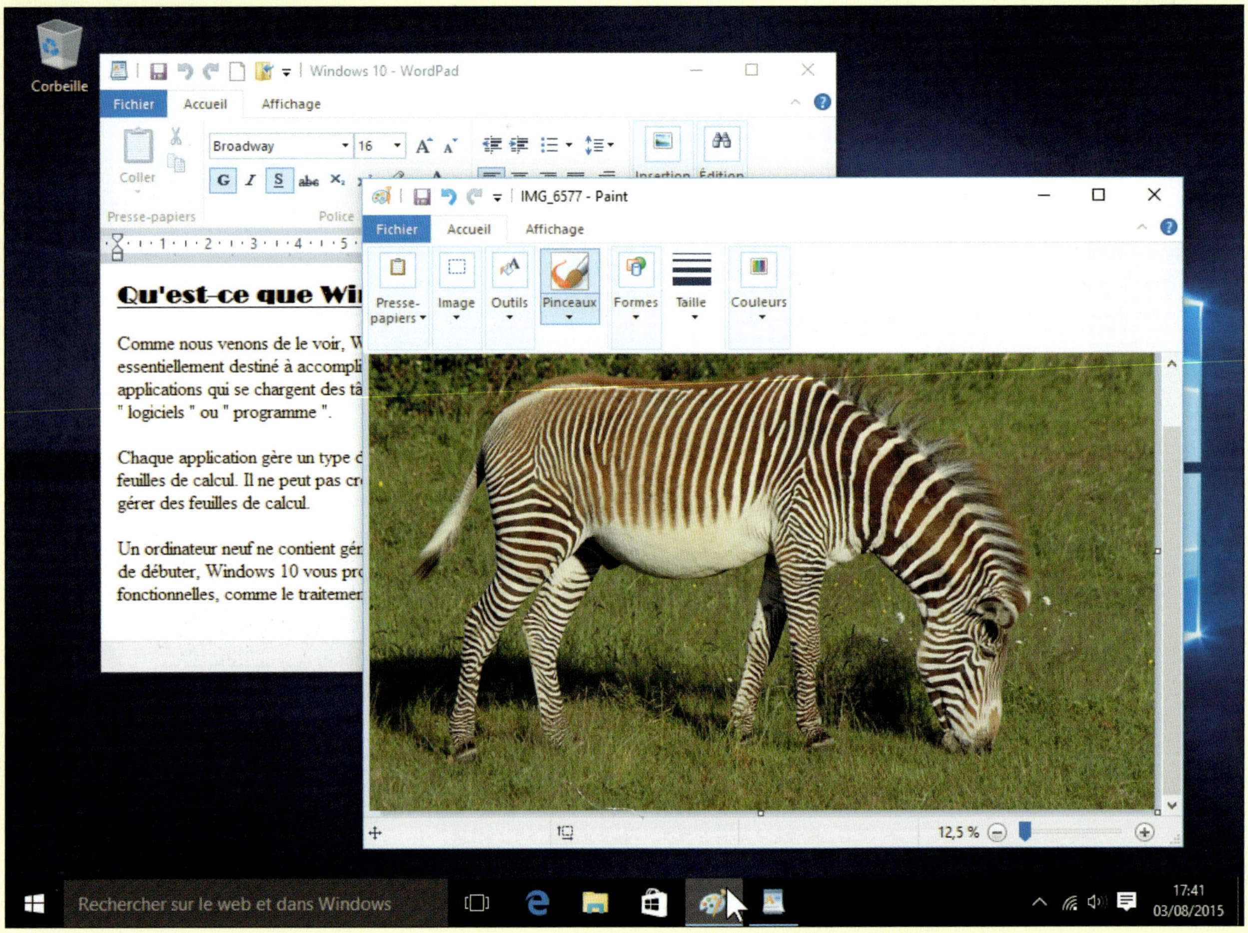

4 Son bouton est en surbrillance, celui de l'autre application ne l'est plus.

5 S'il y a trop d'applications ouvertes en même temps, les boutons sont répartis sur plusieurs lignes. Cliquez les flèches du bouton pour changer de ligne.

6 Pointez le bouton d'une application pour l'afficher dans une petite fenêtre. Si une application est ouverte plusieurs fois, plusieurs fenêtres s'affichent.

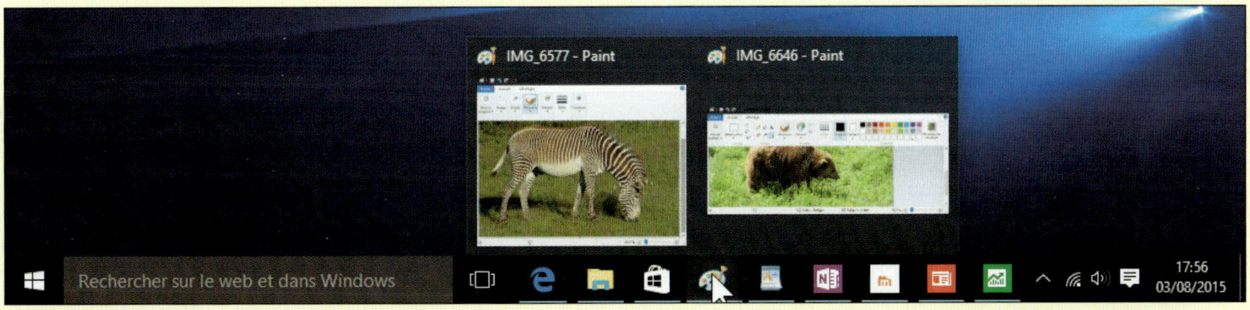

7 Vous pouvez changer rapidement d'application en maintenant la touche **Alt** enfoncée, puis en appuyant plusieurs fois sur la touche **Tab** pour choisir l'une d'elles. Une fenêtre avec les icônes des applications en cours et le nom de l'application choisie vous y aidera.

8 Relâchez la touche **Alt** quand l'application voulue est sélectionnée.

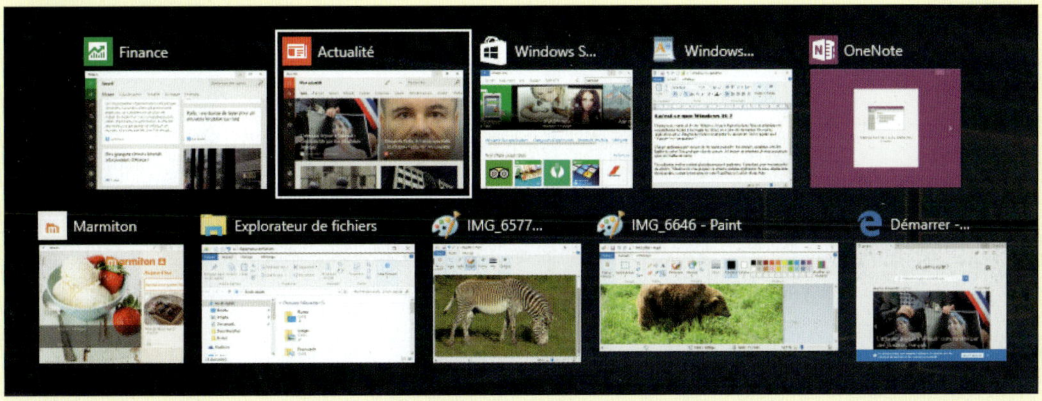

Afficher les tâches et changer de bureau

Avec l'écran des tâches, vous pouvez basculer rapidement entre les applications ouvertes sans passer par la barre des tâches. Pour séparer les tâches en cours, par exemple vos applications bureautique (Word, Excel, *etc.*) de celles mises à jour automatiquement (Courrier, Actualité, *etc.*), Windows vous propose de les afficher sur des bureaux distincts.

Afficher les tâches

1 Cliquez **Affichage des tâches** dans la barre des tâches.

2 Windows affiche les tâches en cours sous forme de vignettes. Cliquez la vignette de la tâche à placer au premier plan.

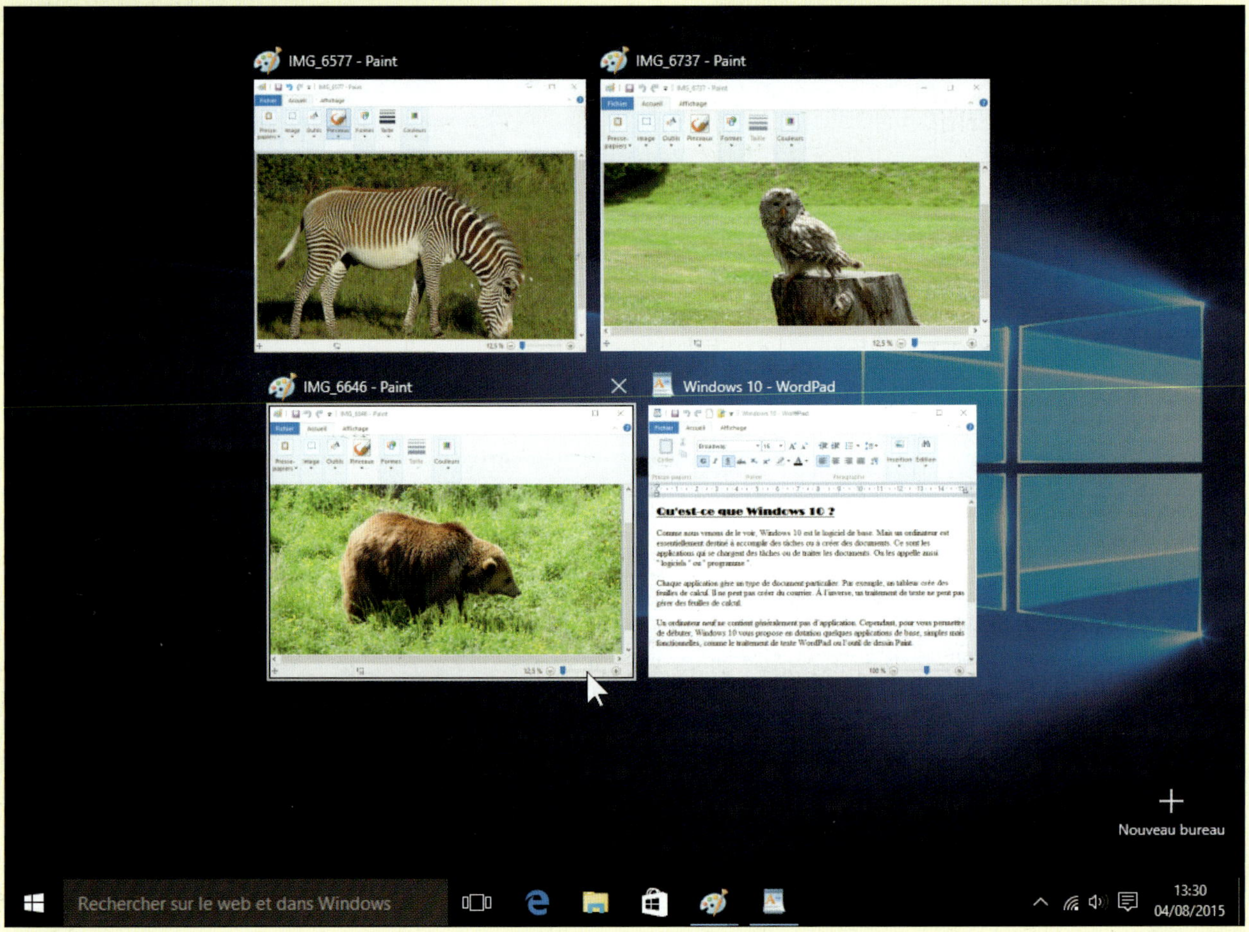

Ajouter un bureau

1 Cliquez **Affichage des tâches** dans la barre des tâches.

2 Cliquez le bouton **Nouveau bureau** en bas à droite.

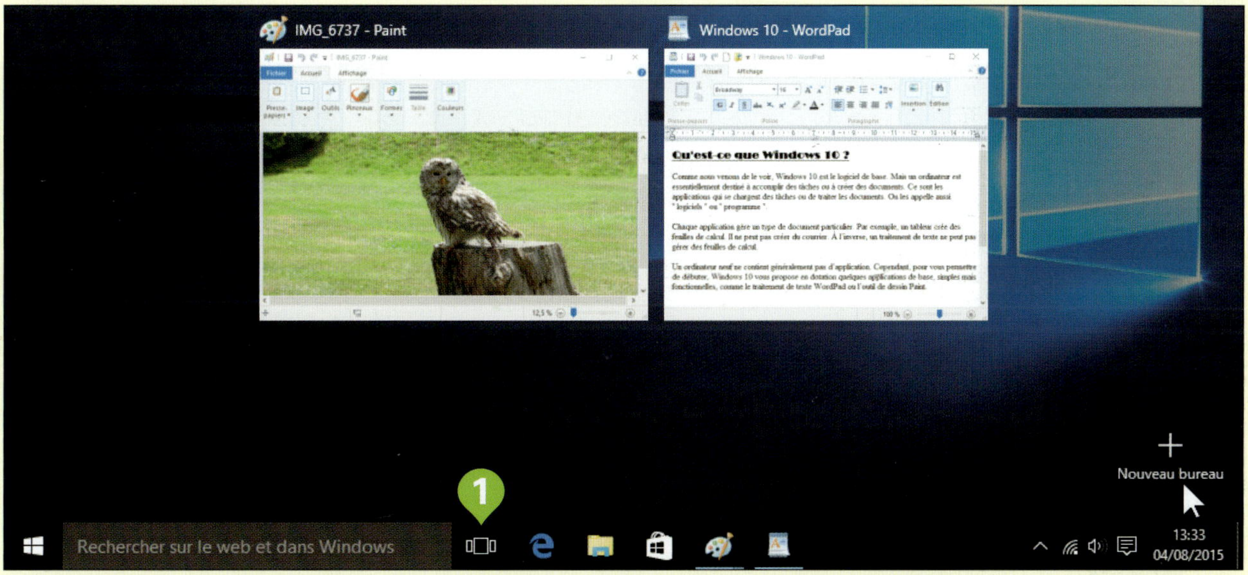

3 Un second bureau s'affiche. Aucune application n'est ouverte pour l'instant.

4 Cliquez ce bureau ou le bouton [icône] pour afficher le nouveau bureau.

5 Ouvrez d'autres applications pour ce nouveau bureau.

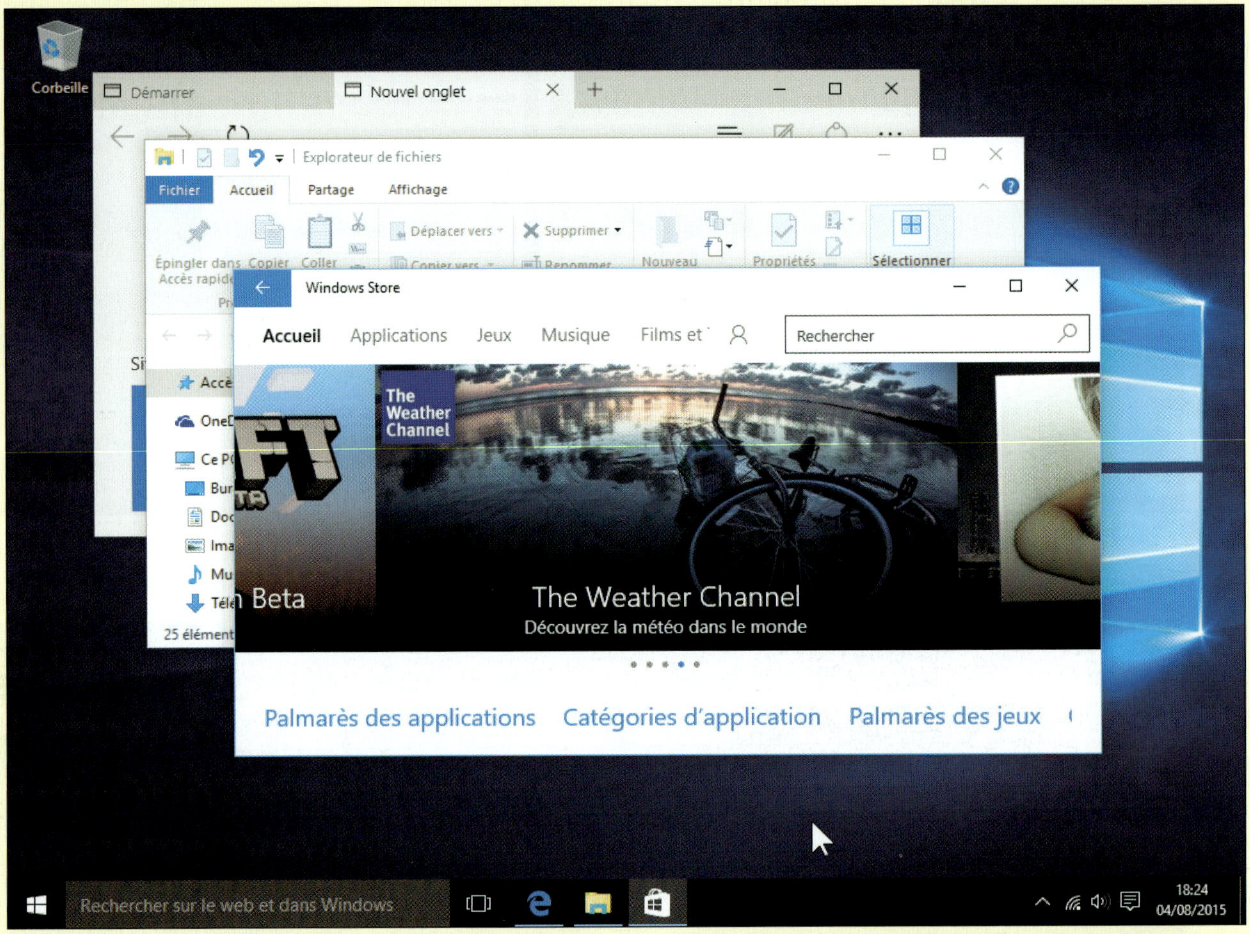

Naviguer entre les bureaux

1 Cliquez **Affichage des tâches** dans la barre des tâches.

2 Pointez la vignette d'un bureau. L'écran affiche les vignettes des applications en cours sur ce bureau.

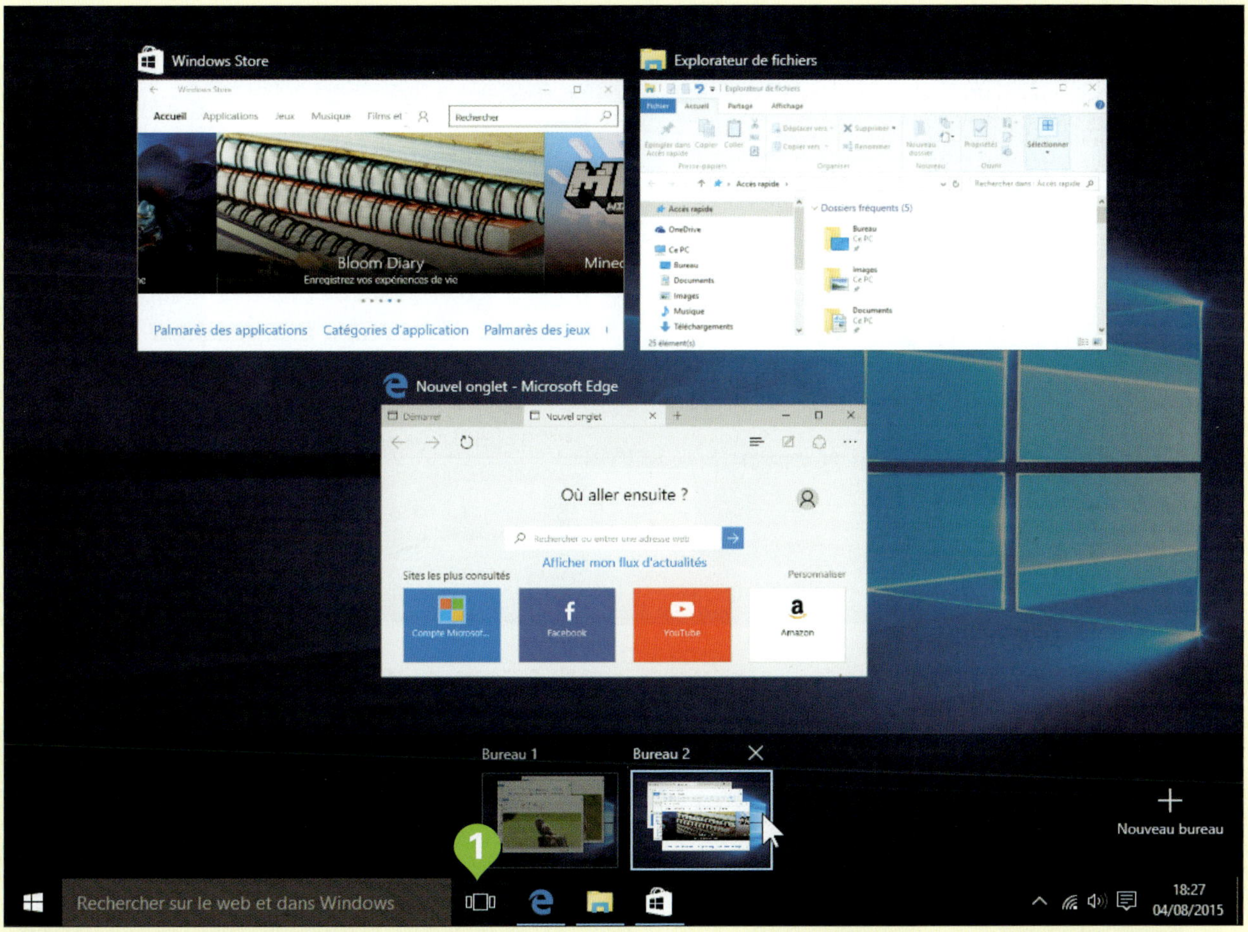

3. Cliquez le bureau à afficher.

Déplacer des tâches entre les bureaux

1. Cliquez **Affichage des tâches** dans la barre des tâches.
2. Pointez la vignette du bureau qui propose l'application.

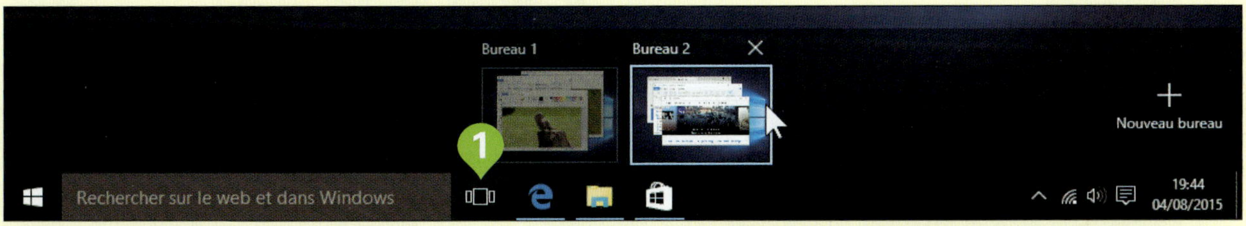

3. Cliquez avec le bouton droit l'application à déplacer.

4 Cliquez **Déplacer vers** puis le numéro du bureau dans le menu contextuel.

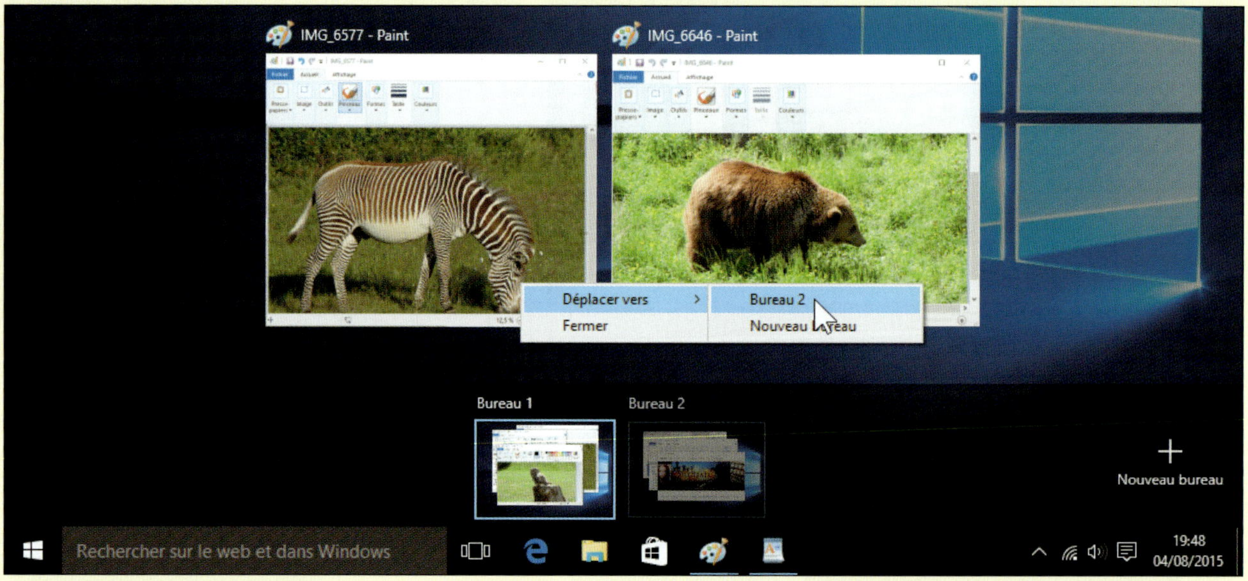

5 Pointez la vignette du bureau où l'application a été déplacée.

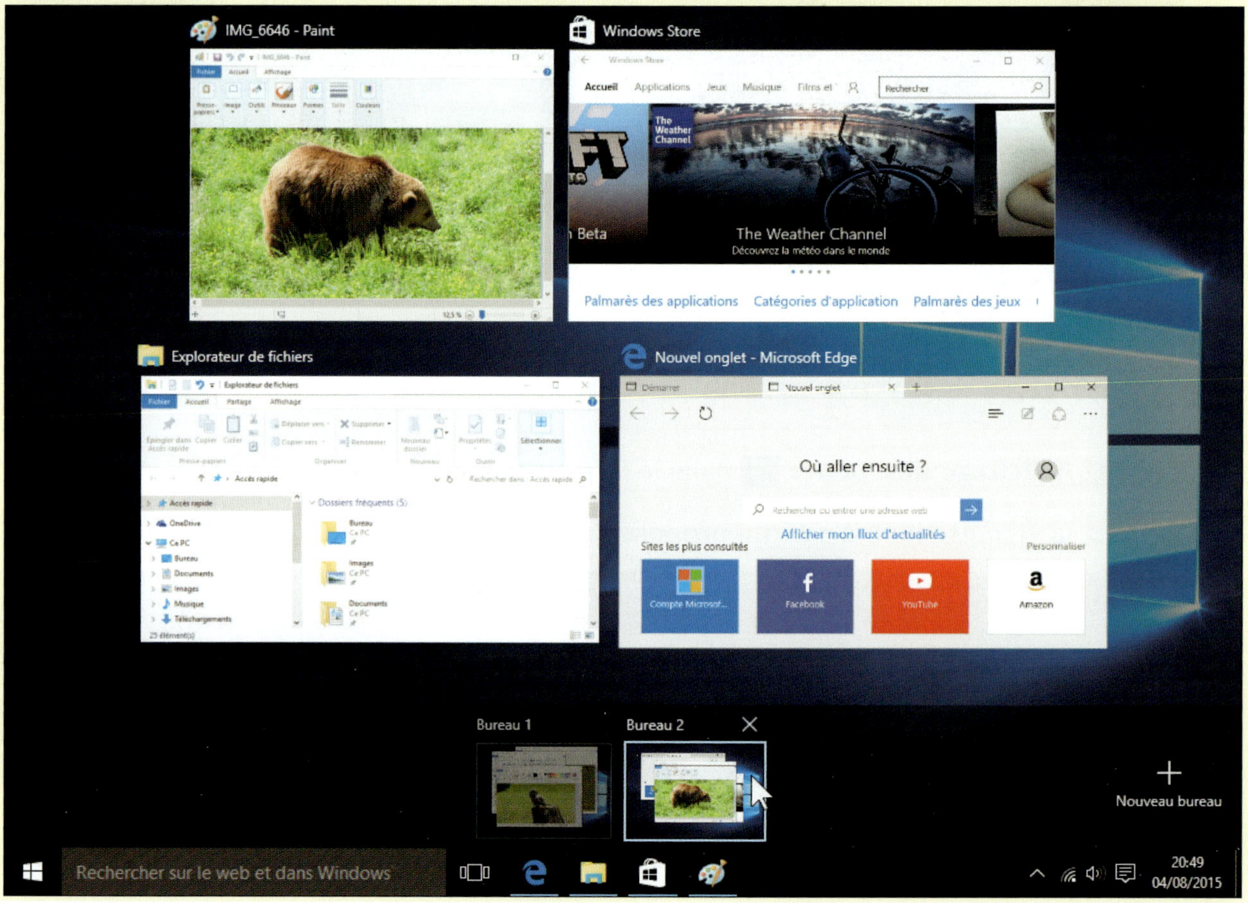

Supprimer un bureau

1. Cliquez **Affichage des tâches** dans la barre des tâches.
2. Pointez la vignette du bureau à supprimer.
3. Cliquez le bouton ✕ dans la vignette du bureau à supprimer.

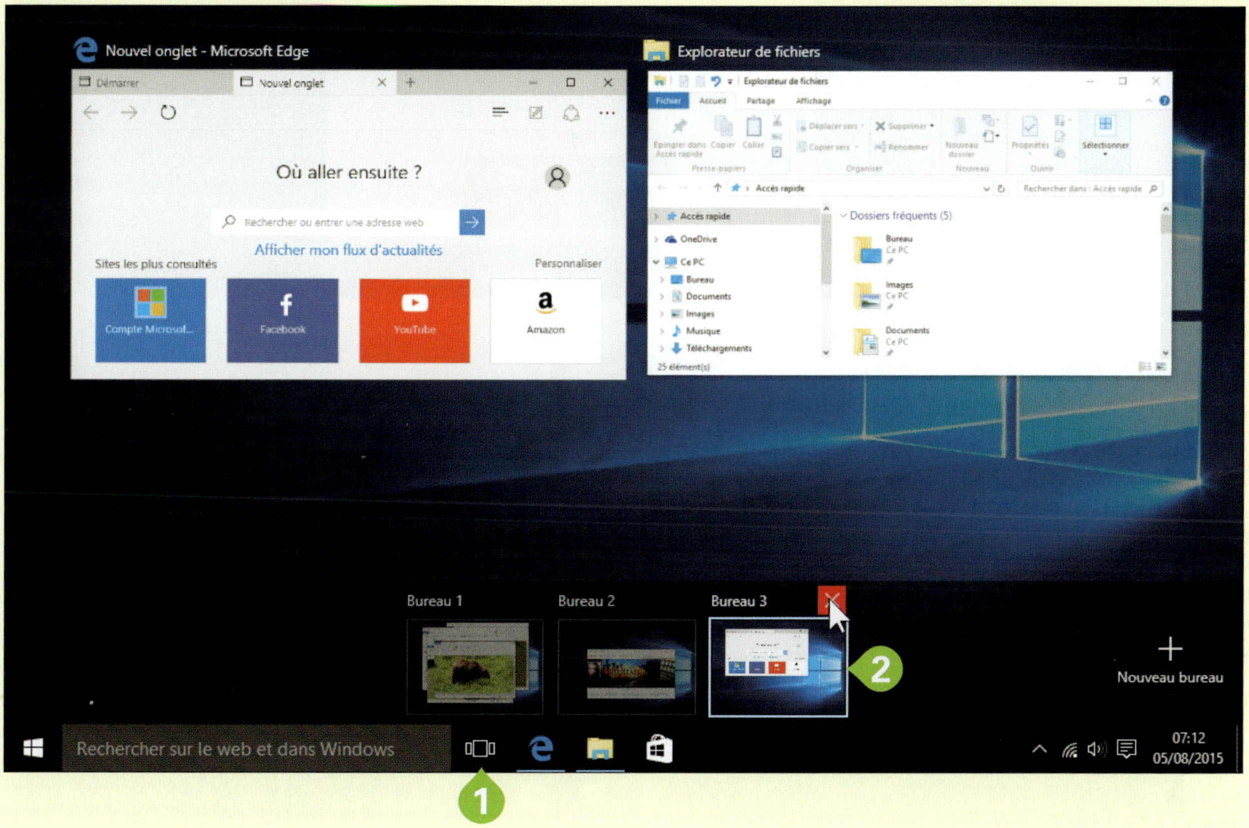

4 Si le bureau contenait des applications, elles sont déplacées vers le bureau précédent. Si vous supprimez le premier bureau, les applications sont déplacées vers le bureau suivant. Les bureaux sont renumérotés en conséquence.

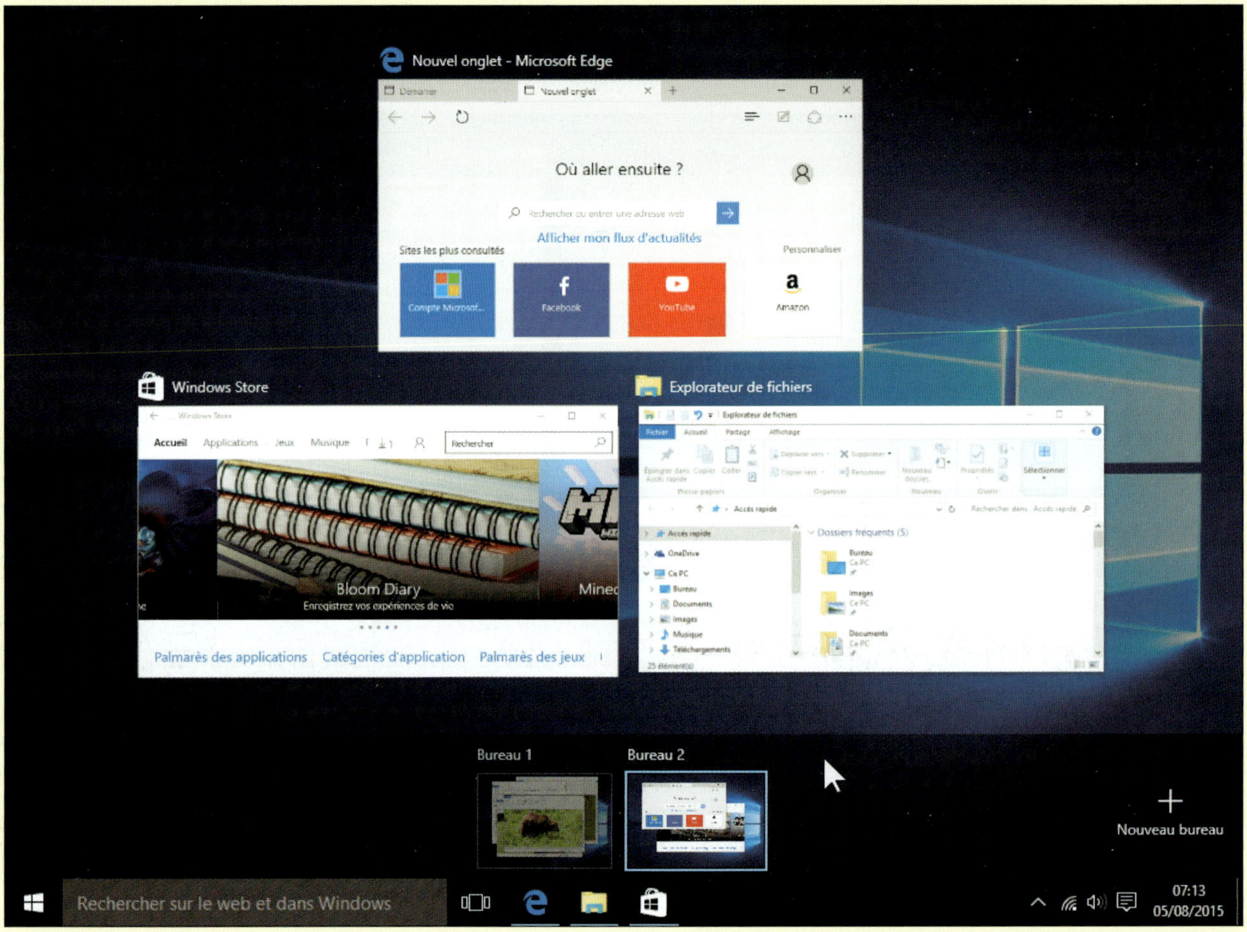

Afficher le bureau sans fermer les applications

Pour revenir au bureau, inutile de fermer ou de réduire une à une les applications en cours.

1 Pointez l'extrémité droite de la barre des tâches. Les applications ouvertes sont représentées par de simples cadres.

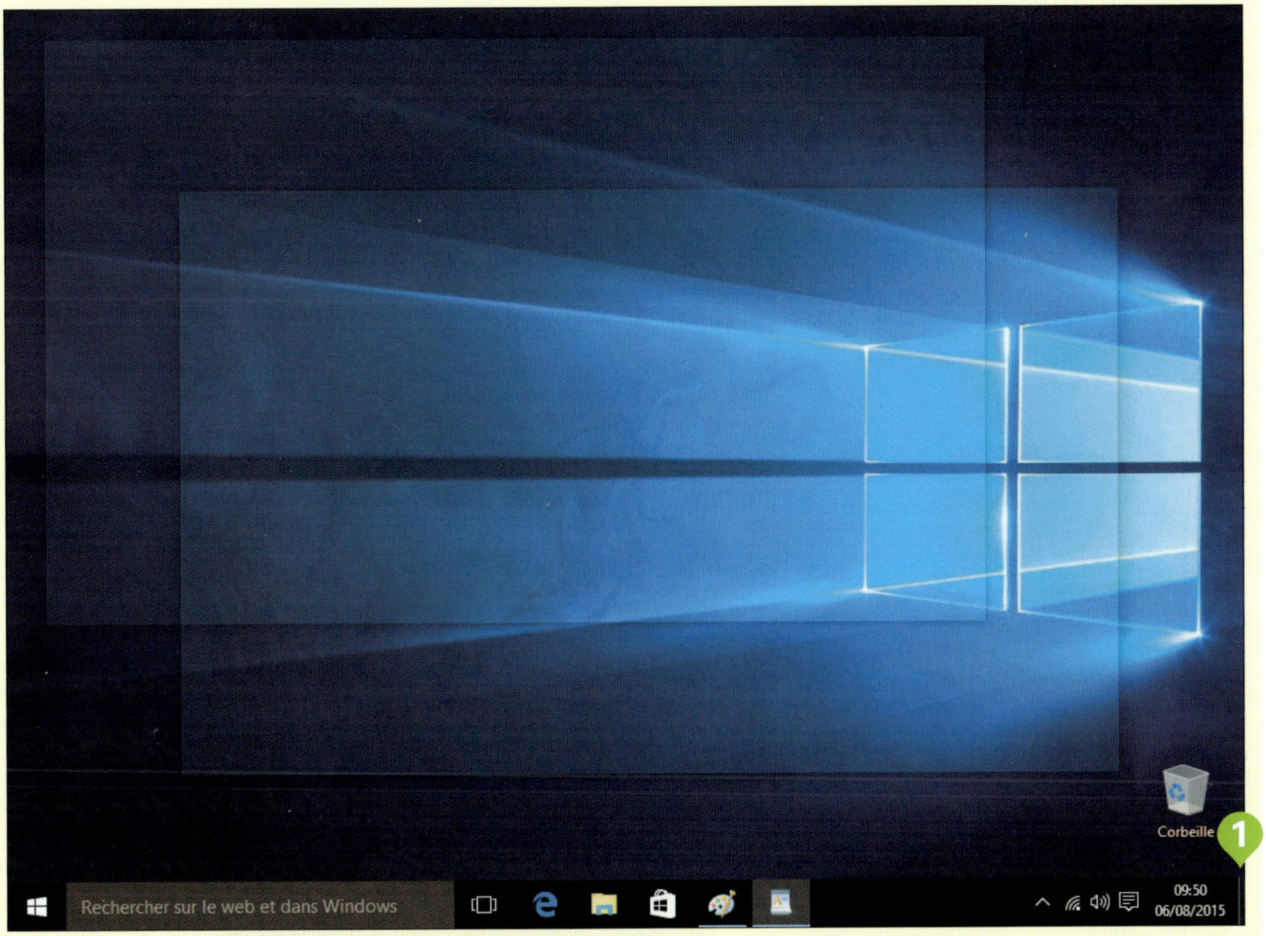

2 Cliquez l'extrémité droite de la barre des tâches pour masquer les applications ouvertes ou tapez le raccourci clavier ⊞ + **D** (D pour *Desk*, terme anglais pour « bureau »).

3 Pour réafficher les applications, répétez l'étape **2**.

Ancrer deux ou quatre applications

Sur le bureau, vous pouvez afficher deux applications côte à côte ou quatre dans chaque coin de l'écran.

1 Ouvrez plusieurs applications.

2 Cliquez et faites glisser la barre de titre d'une des applications vers le bord gauche ou droit de l'écran.

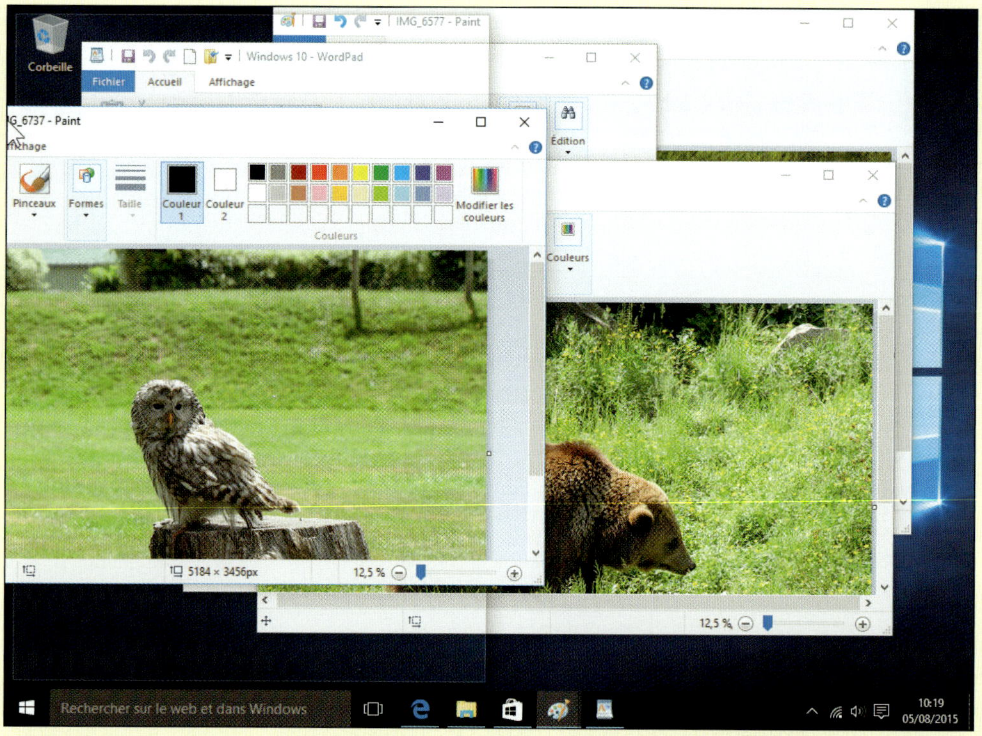

3 L'application occupe la moitié de l'écran. Les autres applications sont affichées sous forme de vignettes.

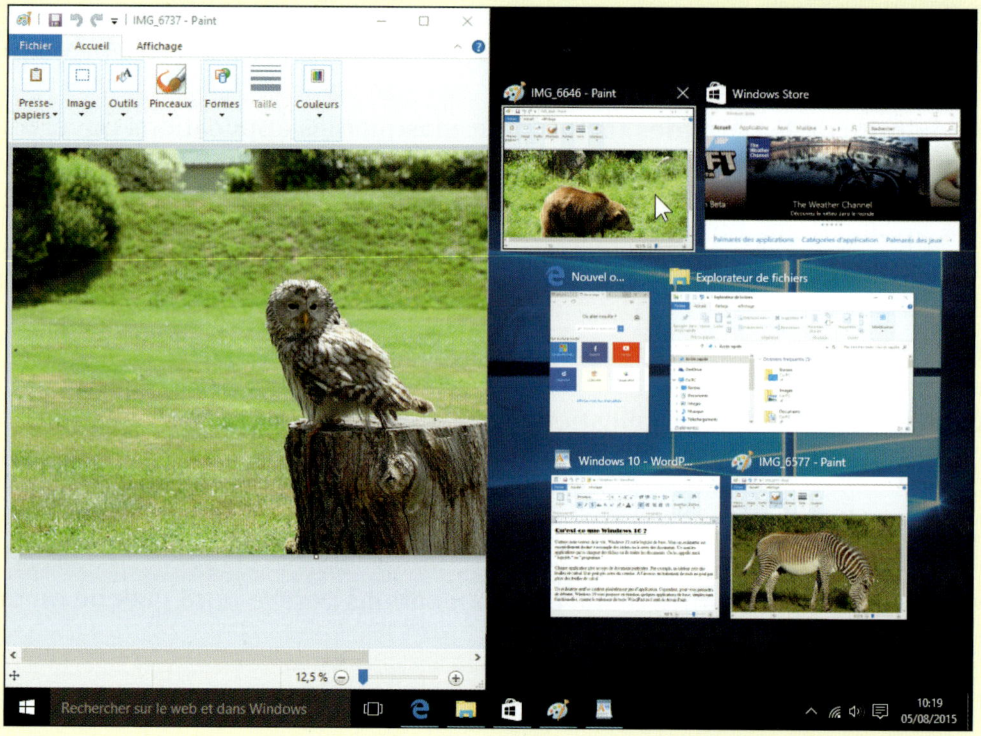

4 Cliquez la vignette de la seconde application.

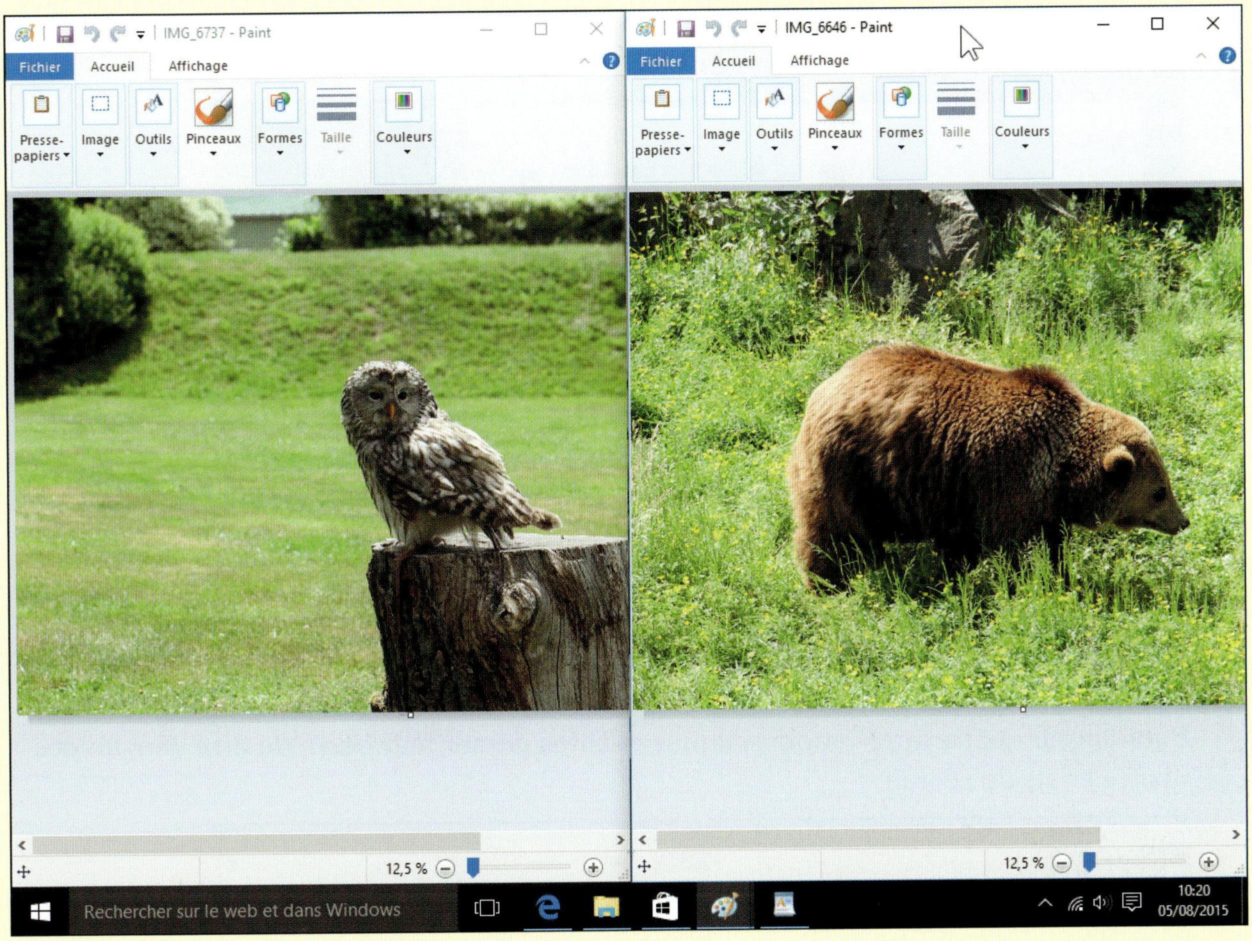

5 Les deux applications sont maintenant côte à côte.

6 Pour désancrer une application, cliquez et faites glisser sa barre de titre vers le centre de l'écran.

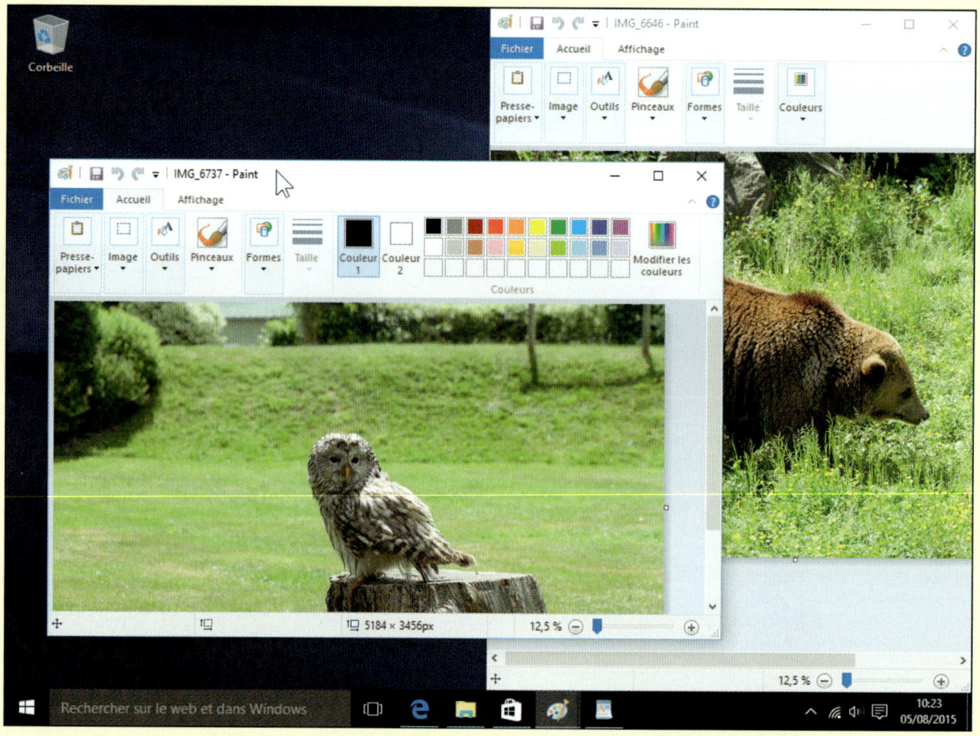

7 Pour ancrer quatre applications, cliquez et faites glisser leur barre de titre vers un des quatre coins de l'écran.

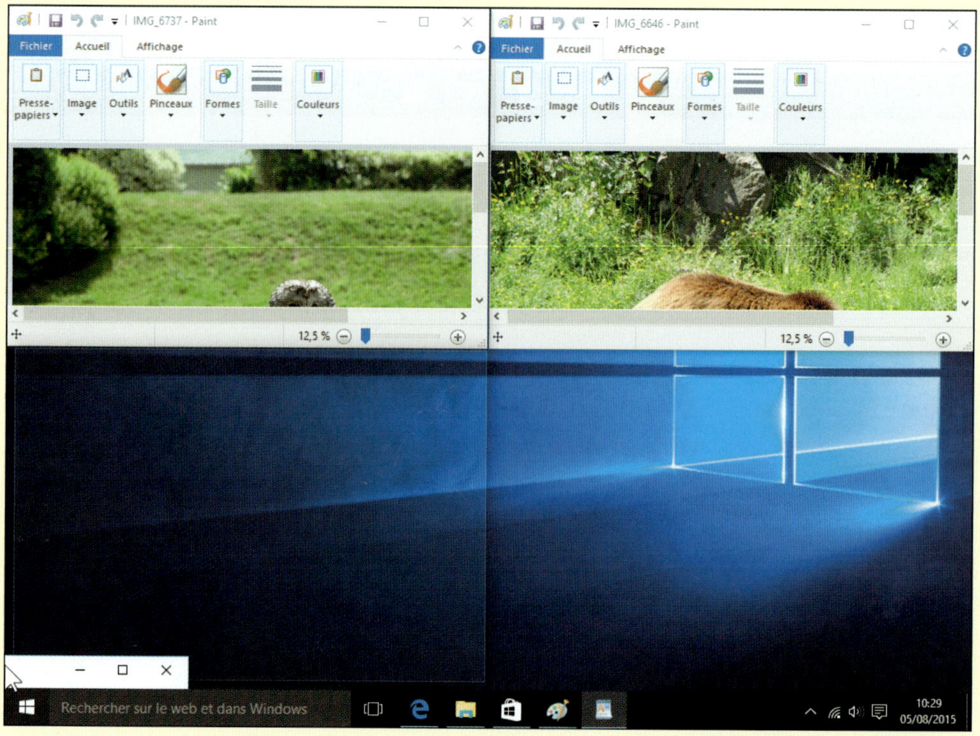

8 Quand trois applications sont ancrées, Windows propose des vignettes pour choisir la quatrième application.

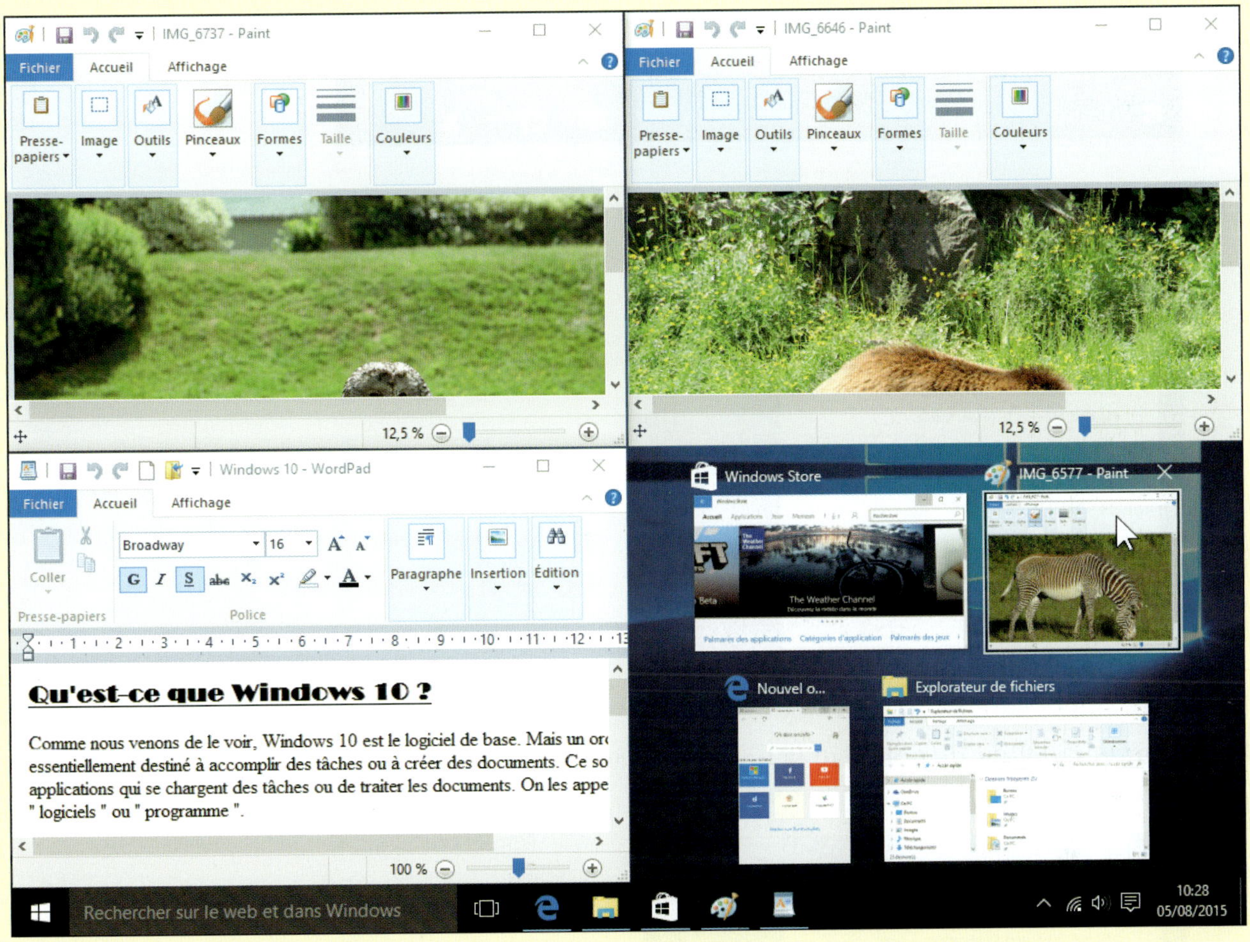

9 Cliquez la vignette de l'application à ancrer dans le dernier coin.

Modifier la barre des tâches

La barre des tâches est très flexible. Vous pouvez la masquer pour gagner de la place à l'écran, regrouper les boutons similaires, y insérer des barres d'outils, *etc*. Par défaut, la barre des tâches est verrouillée, de sorte qu'elle ne soit pas modifiée par erreur. Vous devez la déverrouiller pour la modifier.

Verrouiller et déverrouiller la barre des tâches

1. Cliquez avec le bouton droit une zone vide de la barre des tâches. S'il n'y a pas de zone vide, cliquez avec le bouton droit la zone **Rechercher** ou la date et l'heure.

2. Cliquez la commande **Verrouiller la Barre des tâches** dans le menu contextuel pour ôter la coche.

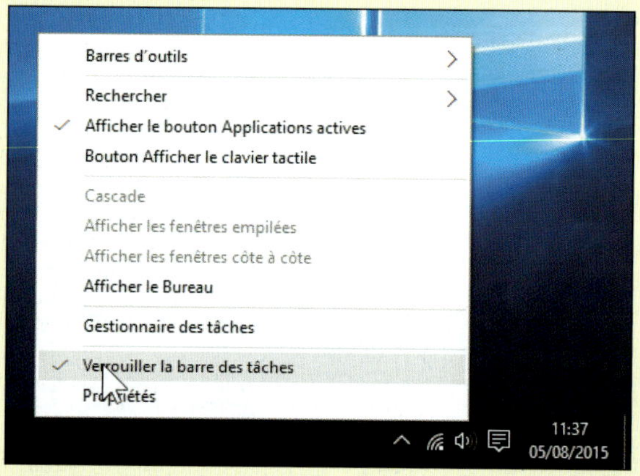

3. Pour verrouiller de nouveau la barre des tâches, répétez les étapes **1** et **2** pour cocher l'option.

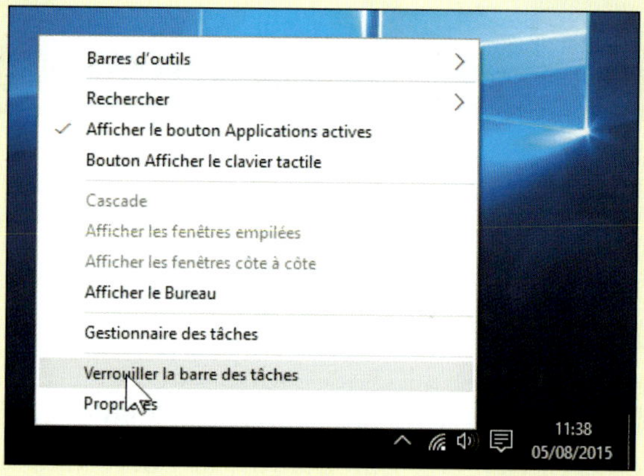

Déplacer la barre des tâches

1. Déverrouillez la barre des tâches comme vu précédemment.
2. Pointez une zone vide de la barre des tâches.
3. Cliquez et faites glisser vers l'un des trois autres côtés de l'écran. La barre des tâches peut se placer sur l'un des quatre côtés de l'écran. À vous de choisir !

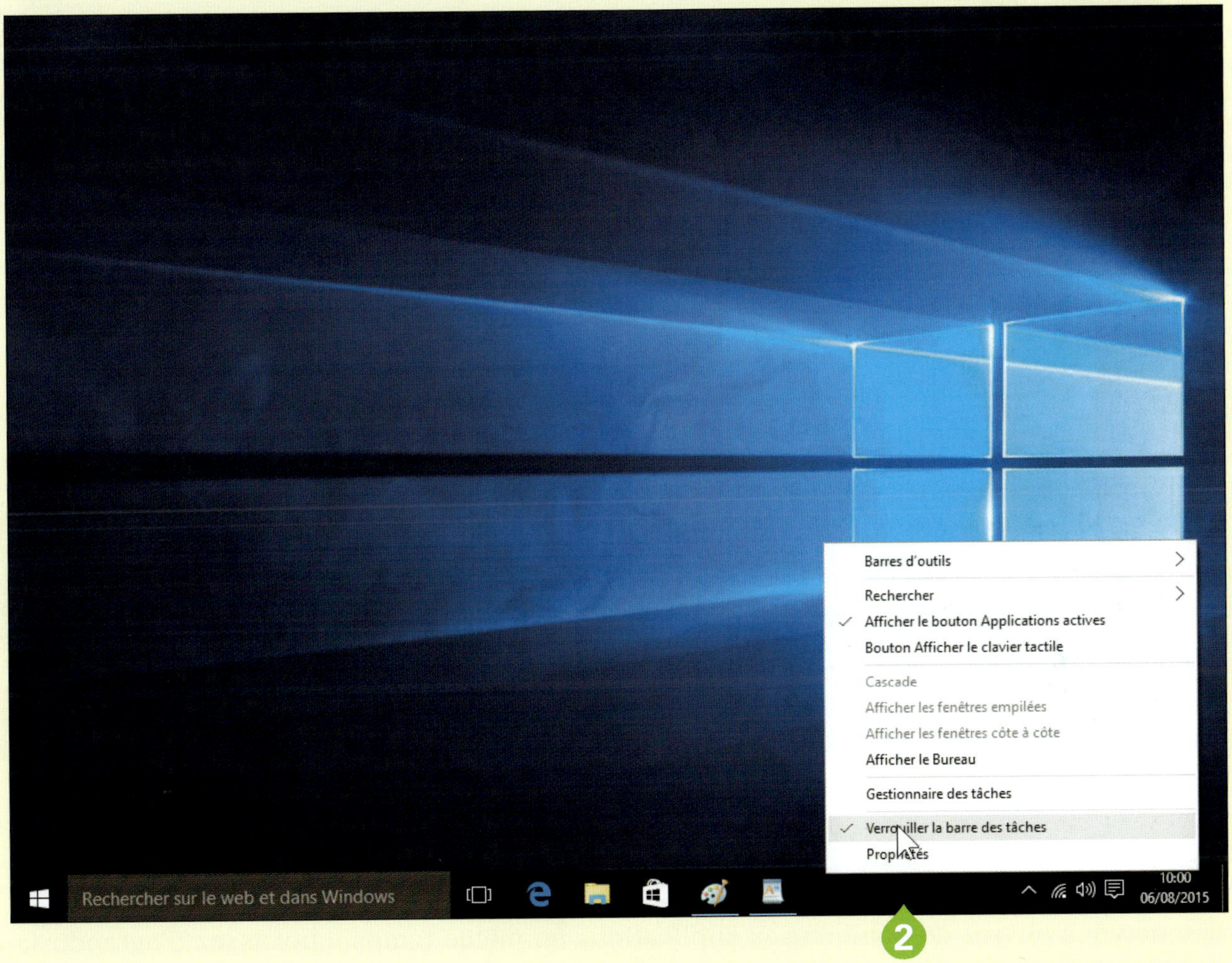

4 La barre se trouve maintenant sur l'un des autres côtés de l'écran.

5 Verrouillez la barre des tâches.

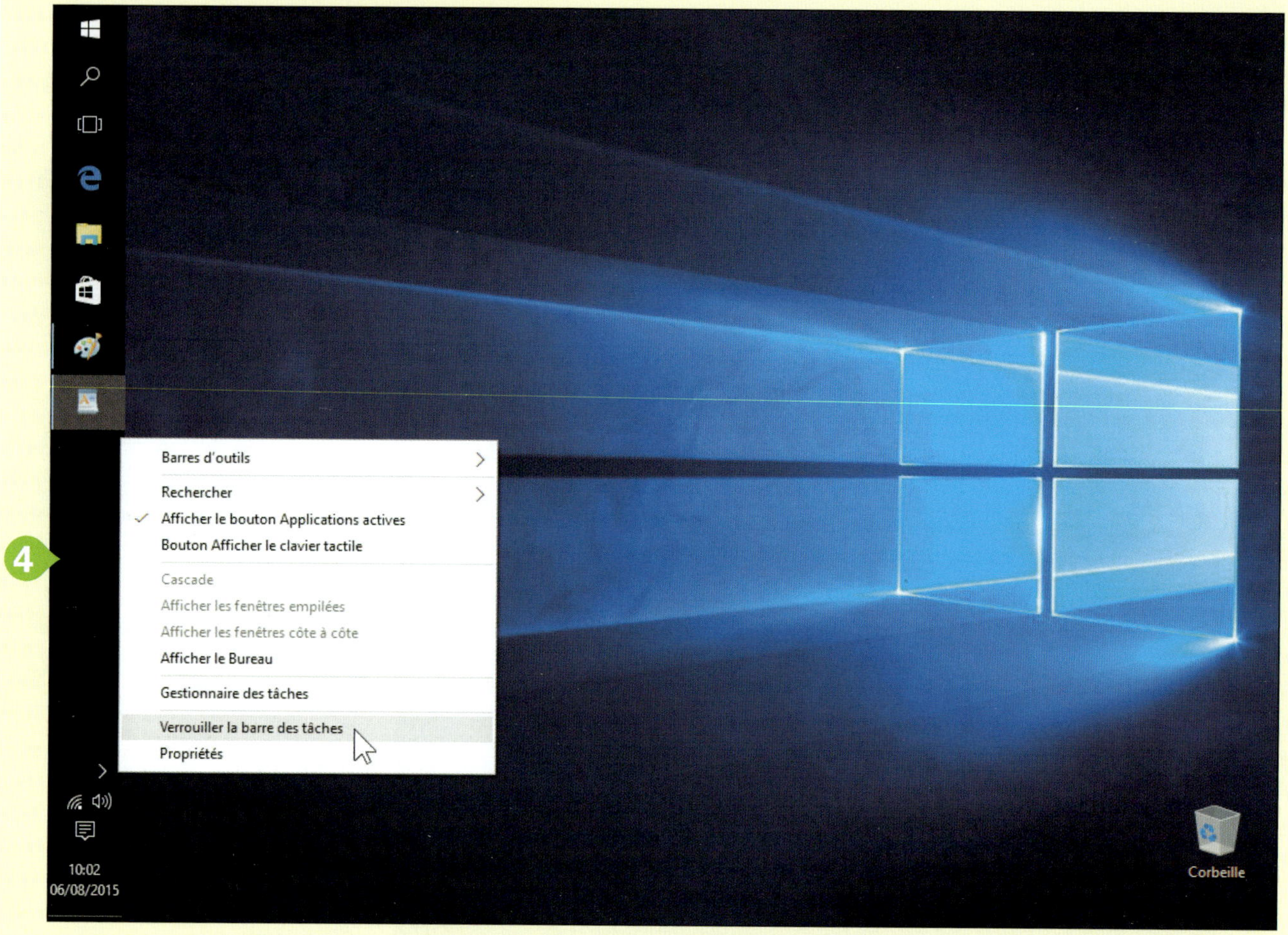

Redimensionner la barre des tâches

Lorsque vous ouvrez de nombreuses applications en même temps, choisissez d'agrandir la barre des tâches. Cela vous permet aussi d'ajouter vos propres barres d'outils.

1 Déverrouillez la barre des tâches.

2 Pointez le bord de la barre des tâches (le pointeur de la souris prend la forme ⇕ ou ⇔).

3. Cliquez et faites glisser pour augmenter la hauteur.
4. La barre des tâches adopte la nouvelle taille. Elle affiche plus de boutons pour vos applications.

5. Verrouillez la barre des tâches.

Modifier l'affichage de la barre des tâches

1. Cliquez avec le bouton droit une zone vide de la barre des tâches ou la zone **Rechercher**.
2. Cliquez la commande **Propriétés** dans le menu contextuel.

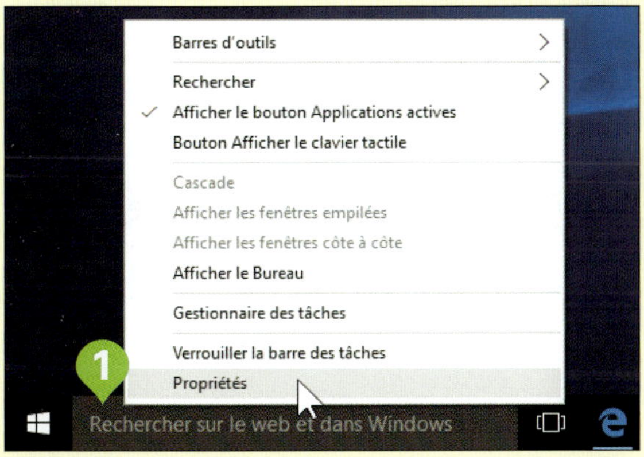

3. Cliquez l'onglet **Barre des tâches** dans la boîte qui s'ouvre, puis cochez ou décochez les options suivantes :

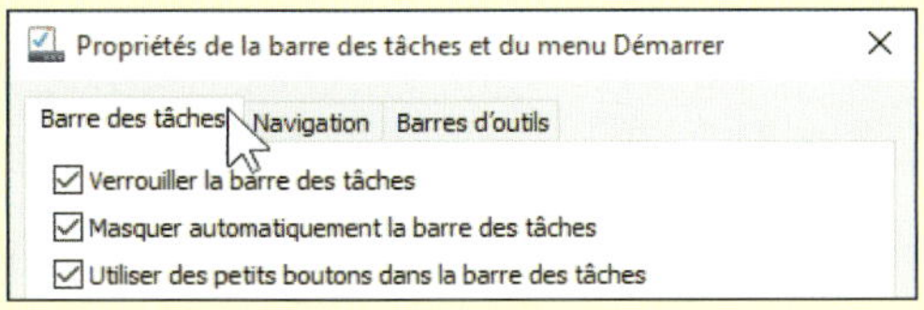

- **Verrouiller la Barre des tâches** : vous ne pouvez plus déplacer la barre des tâches pour la placer sur un autre bord de l'écran ou la redimensionner.
- **Masquer automatiquement…** : la barre des tâches est masquée dès qu'une fenêtre est active. Cela libère de la place pour vos applications. Sa position est signalée par une ligne. Pointez le bord de l'écran où se trouve la barre des tâches pour la faire réapparaître.

- **Utiliser des petits boutons** : la barre est réduite de moitié. Comme les boutons sont plus petits, la barre peut en contenir une plus grande quantité avant de les afficher sur plusieurs lignes. La date n'est plus affichée.

4 **Position de la barre des tâches** : choisissez, dans la liste en regard, la position de la barre.

5 **Boutons de la barre des tâches** : en choisissant **Toujours combiner**, les boutons de la même application sont regroupés dans un bouton unique qu'il suffit de cliquer pour en obtenir la liste. En choisissant **Combiner lorsque…**, les boutons sont regroupés quand il n'y a plus de place dans la barre des tâches.

6 **Zone de notification** : cliquez le bouton **Personnaliser** pour choisir les icônes à afficher et celles à masquer.

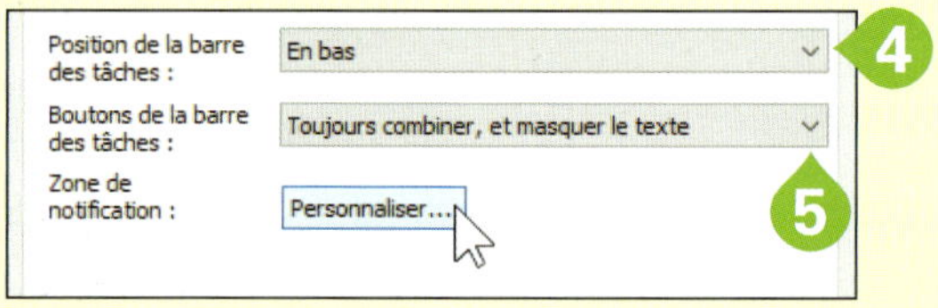

7 **Utiliser Aero peek** : en pointant l'extrémité droite de la barre des tâches, le bureau s'affiche temporairement. Les fenêtres des applications sont symbolisées par des cadres vides.

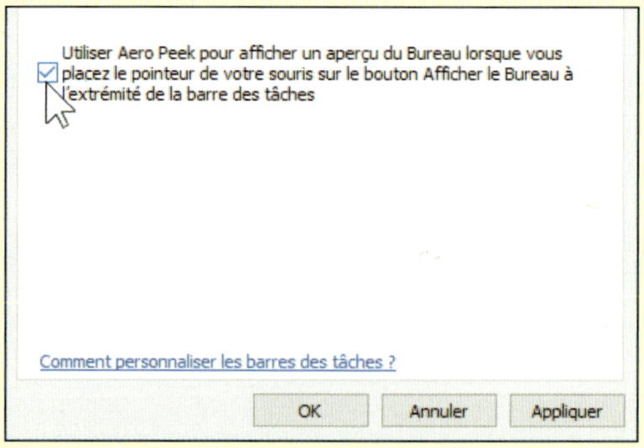

8 **Toujours combiner** : en choisissant cette option, les boutons des documents de la même application sont regroupés dans un bouton unique. Pointez simplement le bouton pour afficher les vignettes, puis cliquez le document voulu.

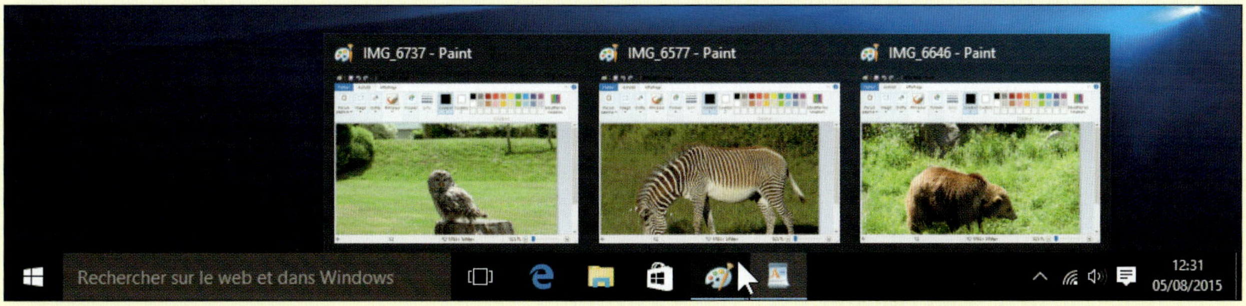

9 **Combiner lorsque la barre des tâches est pleine** : avec cette option, les boutons de la même application ne sont pas combinés tant qu'il reste de la place dans la barre des tâches.

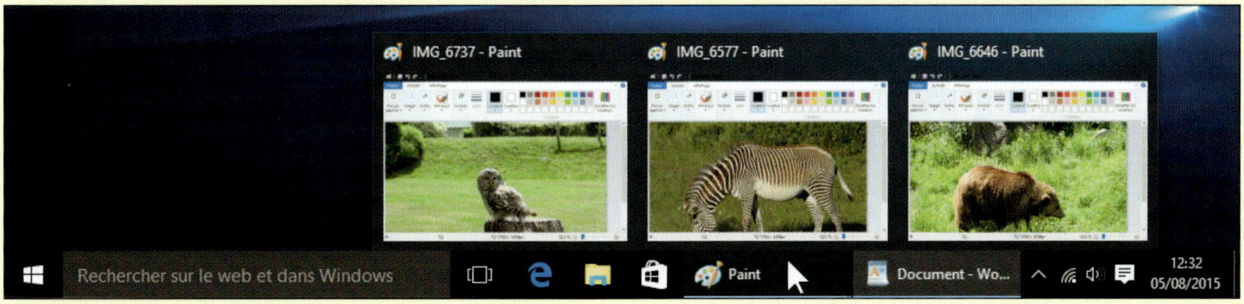

10 **Ne jamais combiner** : avec cette option, plusieurs boutons s'affichent pour la même application. Si vous pointez un bouton, Windows affiche cependant toutes les vignettes des documents.

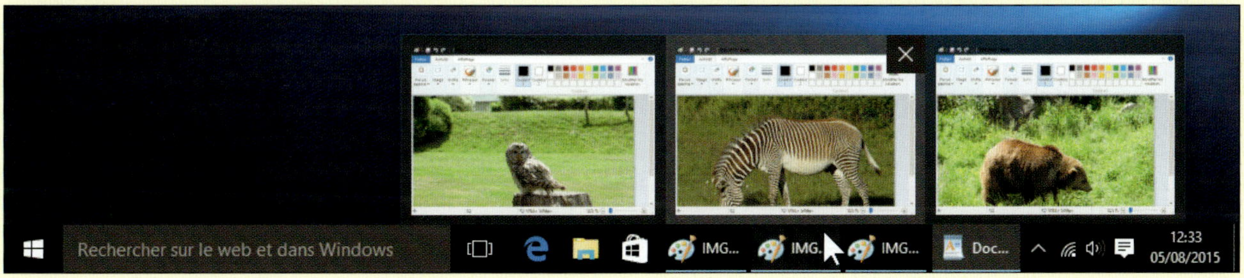

Gérer la zone de notification

1 Cliquez le bouton **Personnaliser** du groupe **Zone de notification**.

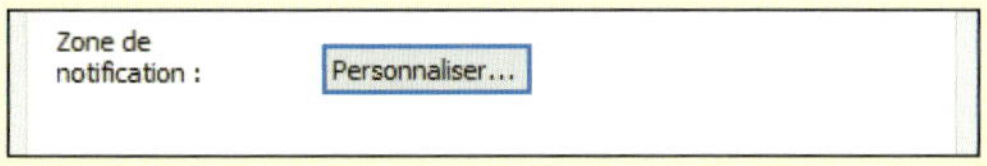

Certaines applications placent des icônes dans la zone de notification (à gauche de l'horloge). On y trouve toutes sortes d'applications : connexion réseau, antivirus, alerte de sécurité, mise à jour de Windows 10, *etc.* Leur nombre est fonction des applications que vous avez installées. Windows y place également ses propres icônes, comme l'heure ou le volume du son. Si elles sont inactives, masquez-les pour ne pas encombrer la barre des tâches.

2 Cliquez le lien **Sélectionner les icônes à afficher**.

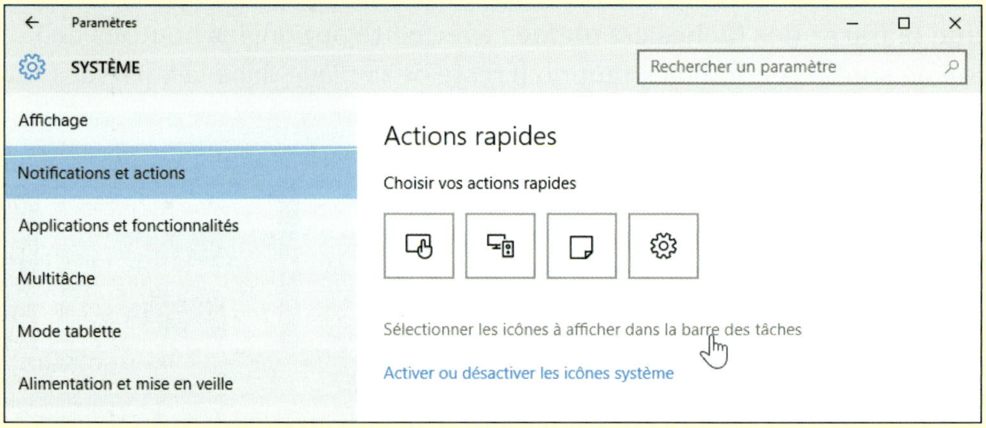

3 La boîte qui s'affiche permet de choisir le comportement de chaque icône. Activez ou désactivez les icônes à afficher ou à masquer.

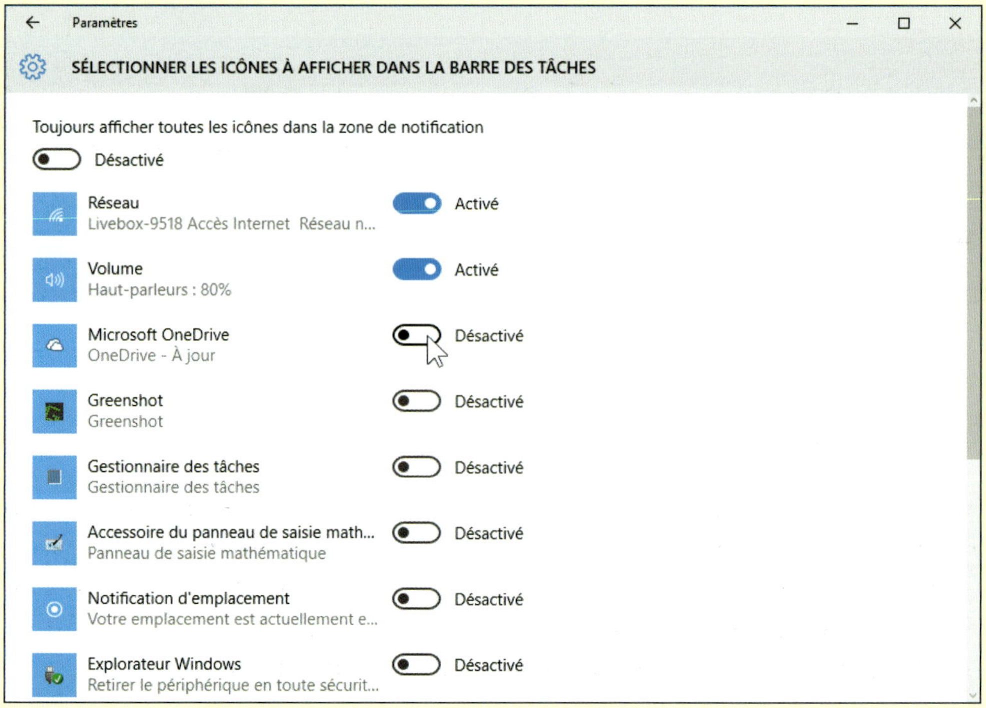

4 Vous pouvez aussi choisir d'afficher ou de masquer les icônes de Windows. Cliquez le bouton ← en haut à droite pour revenir à la fenêtre précédente, puis cliquez le lien **Activer ou désactiver les icônes système**.

5 Activez ou désactivez les icônes à afficher ou à masquer.

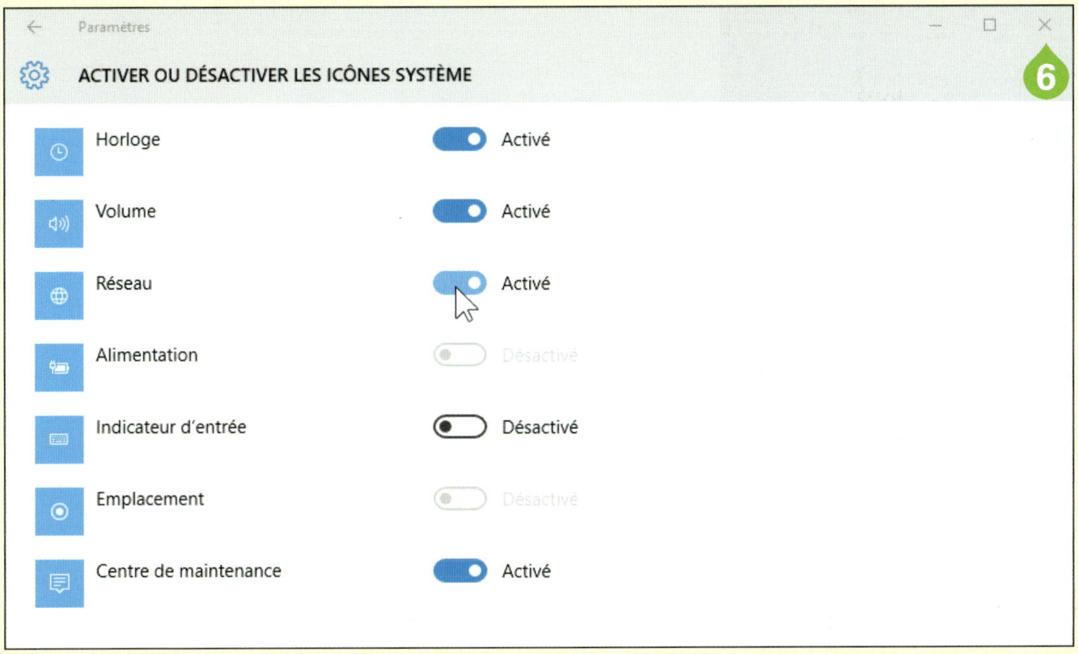

6 Cliquez le bouton × pour fermer la fenêtre Paramètres.

7 Cliquez le bouton **OK** dans la boîte Propriétés de la barre des tâches.

8 Les icônes masquées restent accessibles avec le bouton ^ de la zone de notification.

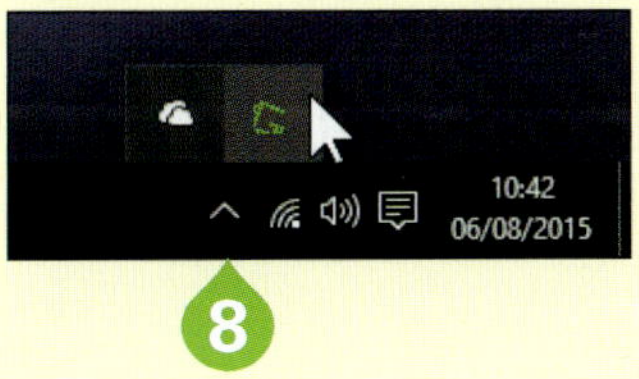

Modifier la date et l'heure

Dans un ordinateur, la date et l'heure sont des éléments importants. Ils permettent de connaître le jour de création et de modification des fichiers et donc de faciliter les recherches ultérieures. La date et l'heure peuvent être modifiées, soit manuellement, soit par Internet. Si vous utilisez un portable avec lequel vous voyagez, il est possible d'ajuster facilement l'heure en fonction de votre position géographique. Vos fichiers seront enregistrés sous cette nouvelle heure.

Mettre à jour manuellement la date et l'heure

1. Cliquez l'heure dans la zone de notification de la barre des tâches. Une fenêtre affiche un calendrier complet.

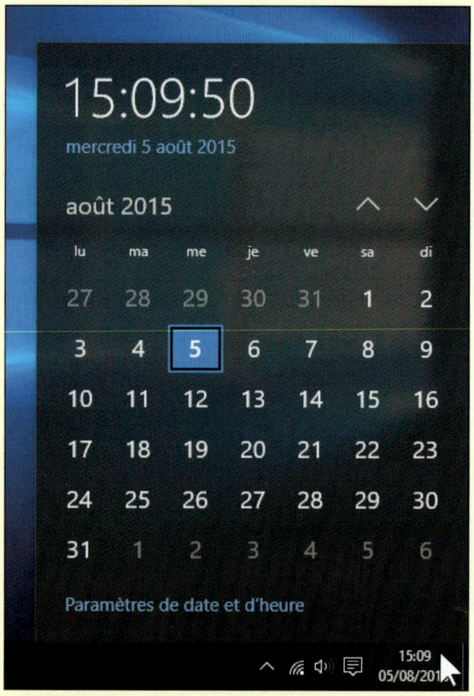

2. Cliquez le lien **Paramètres de date et d'heure**.

3. Cliquez l'option **Régler l'heure automatiquement** pour la désactiver.
4. Cliquez le bouton **Oui** si Windows vous demande une confirmation.
5. Cliquez le bouton **Modifier**.

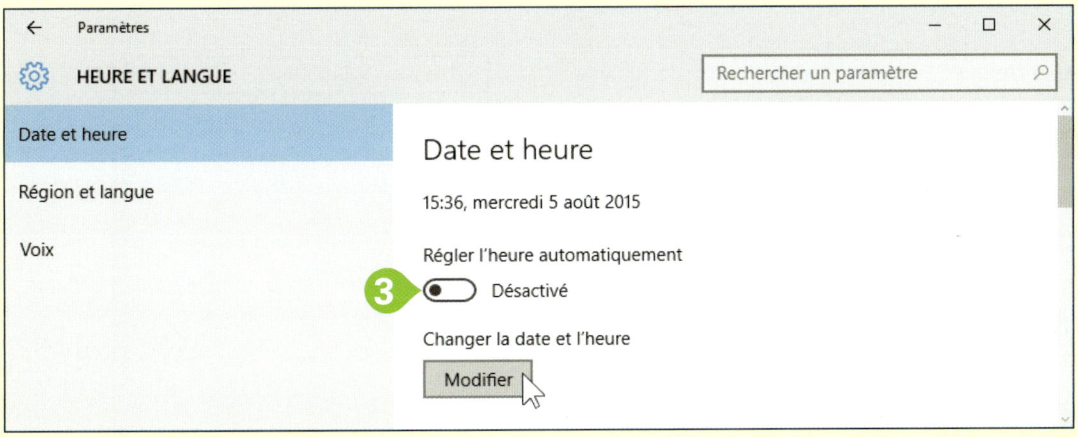

6 Sélectionnez la date et l'heure dans les listes correspondantes.

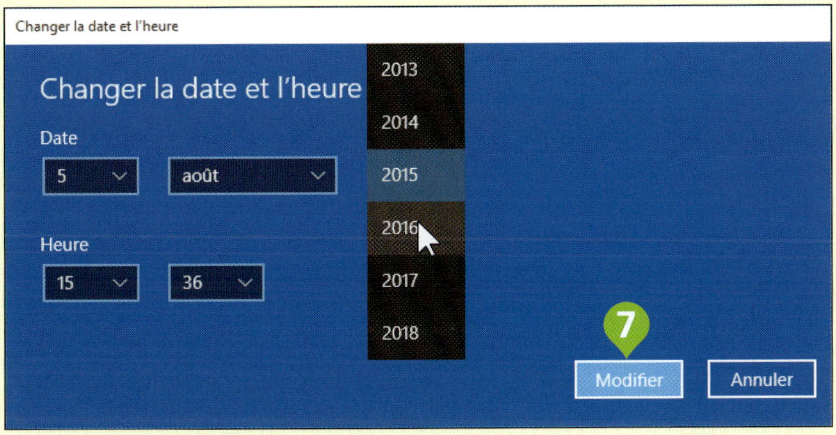

7 Cliquez le bouton **Modifier**.

Pour mettre à jour la date et l'heure par Internet, effectuez les étapes **1** et **2** ci-dessus, puis cliquez l'option **Régler l'heure automatiquement** pour l'activer.

Changer de fuseau horaire

1 Cliquez l'heure dans la zone de notification de la barre des tâches.

2 Cliquez le lien **Paramètres de date et d'heure**.

3 Cliquez la liste **Fuseau horaire**, puis cliquez la ville ou le pays.

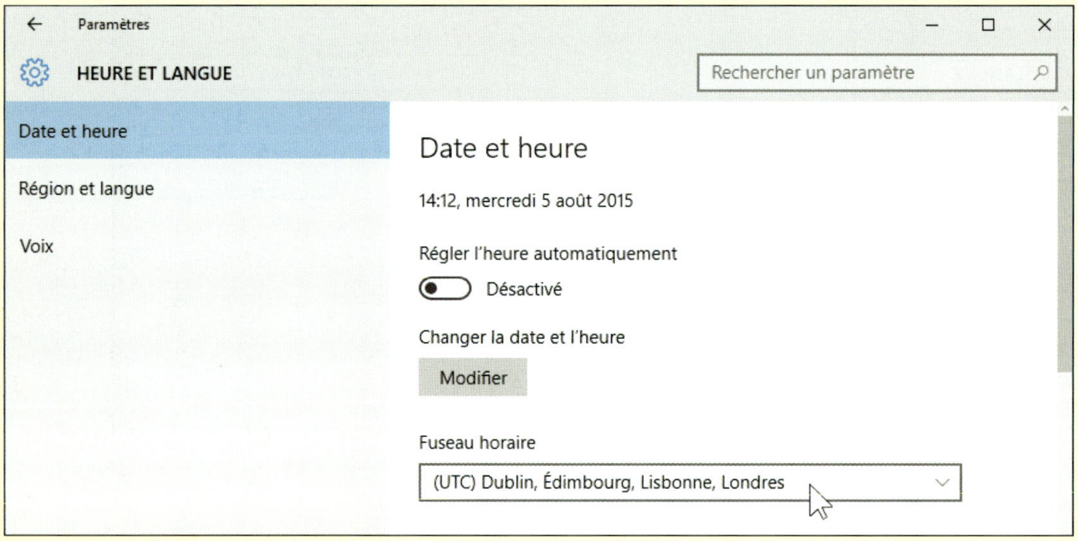

4 Éventuellement, cliquez l'option **Régler automatiquement sur l'heure d'été** pour l'activer (cette option n'est pas disponible pour tous les fuseaux horaires).

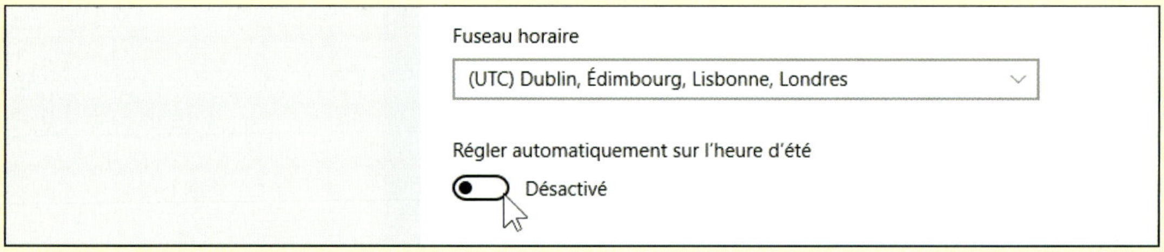

5 Cliquez le bouton **OK**.

Ajouter d'autres horloges

1 Si vous le désirez, vous pouvez ajouter d'autres horloges. Dans la fenêtre Paramètres (étapes **1** et **2** de la section précédente), cliquez le lien **Ajouter des horloges** (utilisez la barre de défilement verticale pour afficher les paramètres en bas de la fenêtre).

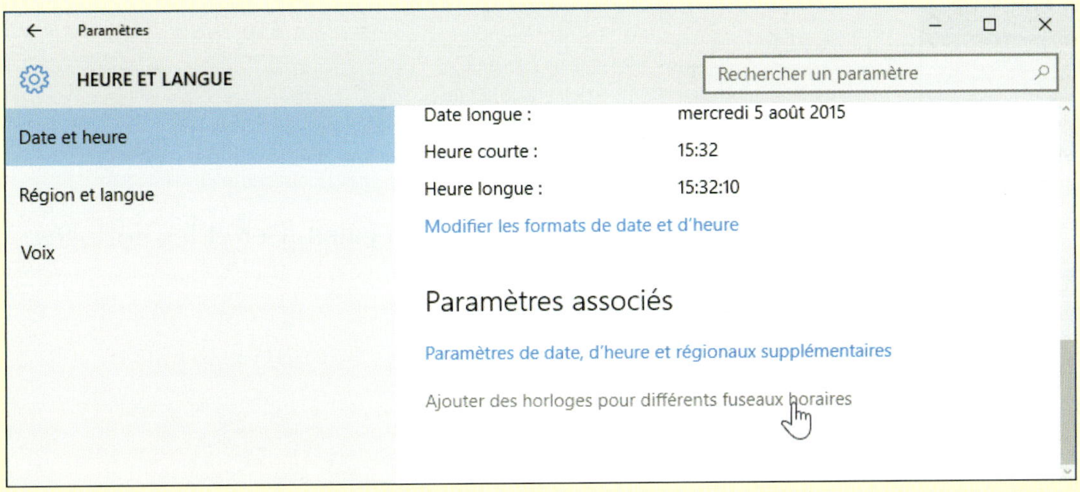

2 Cochez la première case **Afficher cette horloge**.

3 Cliquez la liste **Sélectionner le fuseau horaire**, puis cliquez la ville ou le pays.

4 Tapez le nom de la ville ou du pays dans la zone de texte **Entrez le nom d'affichage**.

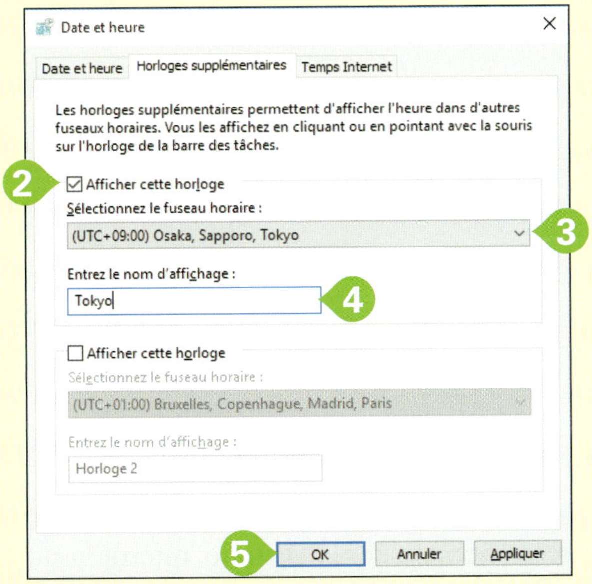

5 Cliquez le bouton **OK** pour valider vos choix.

6 Pointez l'heure dans la zone de notification. L'info-bulle affiche l'heure de l'ordinateur et l'heure de l'autre pays.

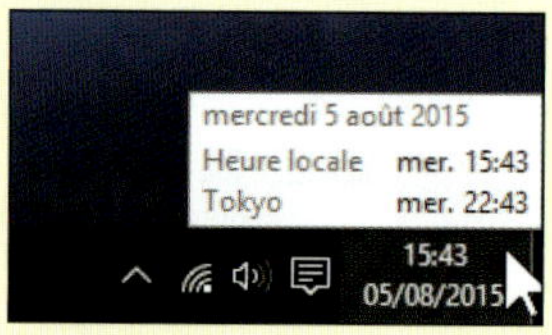

7 Cliquez l'heure dans la zone de notification pour afficher un calendrier et les horloges.

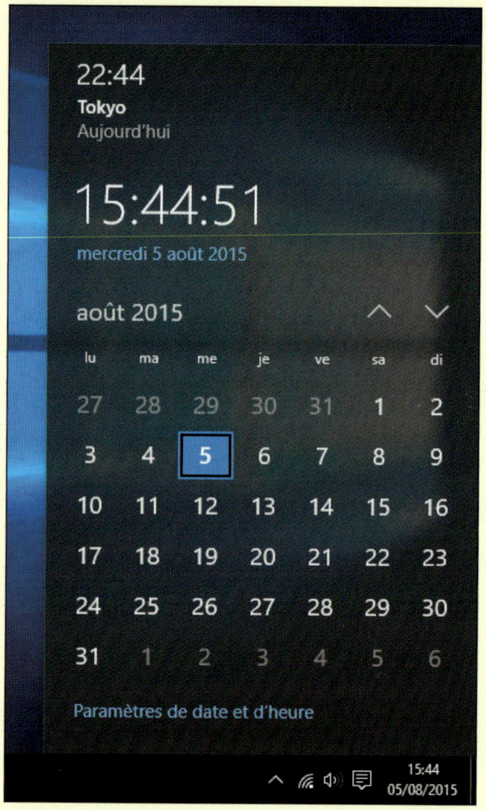

Régler le son

Dans un ordinateur, le son provient de différentes sources : fichiers son, CD audio, microphone, périphériques extérieurs, *etc*. Vous pouvez régler le volume du son, soit globalement, soit pour chacune de ces sources.

Régler le volume global

1 Vérifiez que vos haut-parleurs sont bien branchés et allumés.

2 Cliquez l'icône qui se trouve dans la partie droite de la barre des tâches (zone de notification).

3 Une boîte avec un curseur permet d'effectuer le réglage du son. Faites glisser le curseur pour régler le volume global du son. Un son est émis pour vous permettre d'évaluer le volume réglé.

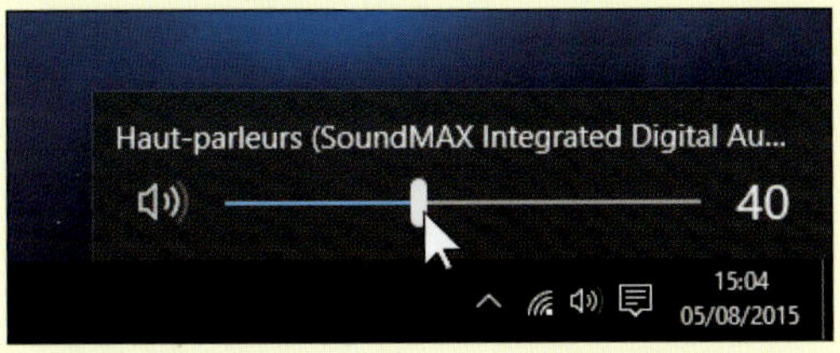

4 Pour couper le son, cliquez le bouton . Ce bouton prend ensuite la forme . Cliquez le bouton pour rétablir le son. Si vous avez cliqué le bouton , l'icône du son dans la barre des tâches devient .

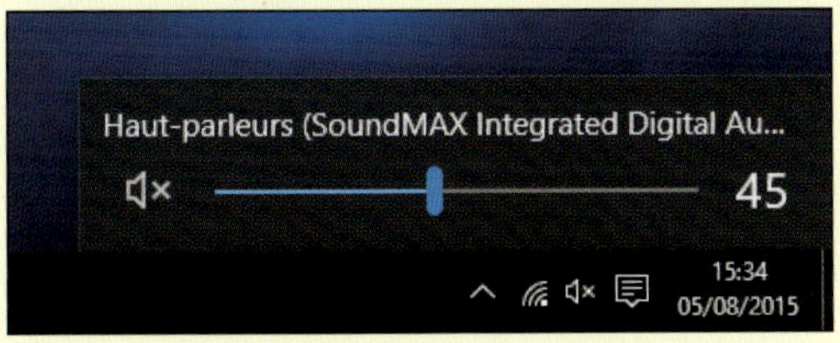

5 Pour fermer la fenêtre du réglage du son, cliquez le fond du bureau.

Régler le volume de chaque source

Vous pouvez aussi régler le son de chaque source sonore actuellement active.

1 Cliquez avec le bouton droit l'icône dans la zone de notification.

2 Cliquez **Ouvrir le mélangeur de volume** dans le menu contextuel.

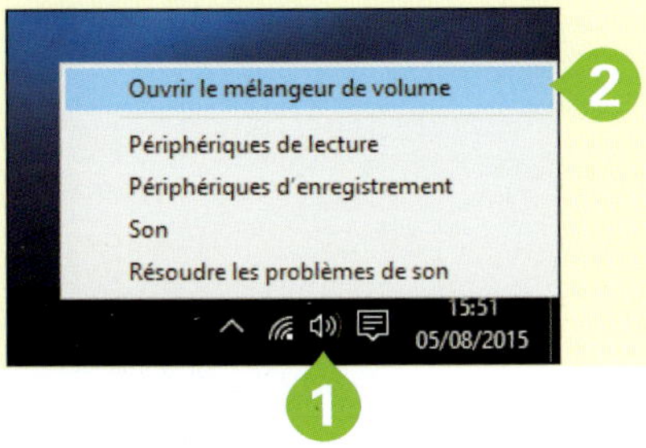

3 Faites glisser le curseur de chaque source sonore. Le curseur **Haut-parleurs** correspond au volume global de l'ordinateur.

4 Cliquez les boutons des sources dont vous n'avez pas besoin (le bouton devient).

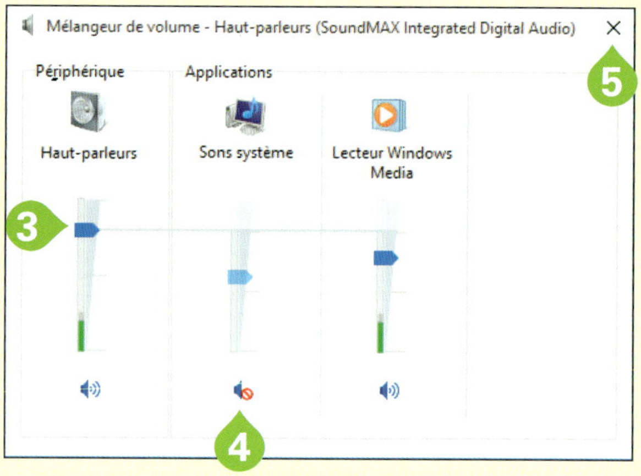

5 Cliquez le bouton pour fermer le mélangeur.

Quitter un programme récalcitrant

Si une application pose problème, vous pouvez l'arrêter. Vous perdrez cependant le document en cours. Si vous décidez de prendre cette décision, c'est probablement parce que le programme ne répond plus. Dans ce cas, de toute façon, le document sera perdu.

1 Cliquez avec le bouton droit une zone vide de la barre des tâches.

2 Cliquez la commande **Gestionnaire des tâches** dans le menu contextuel.

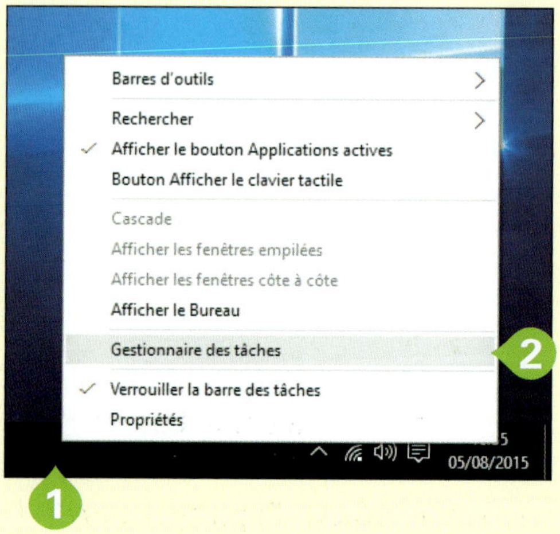

Avec le clavier, appuyez sur la combinaison de touches **Ctrl** + **Alt** + **Suppr** puis cliquez le lien **Gestionnaire des tâches**.

3 Éventuellement, cliquez le bouton **Moins de détails** pour limiter la liste aux applications.

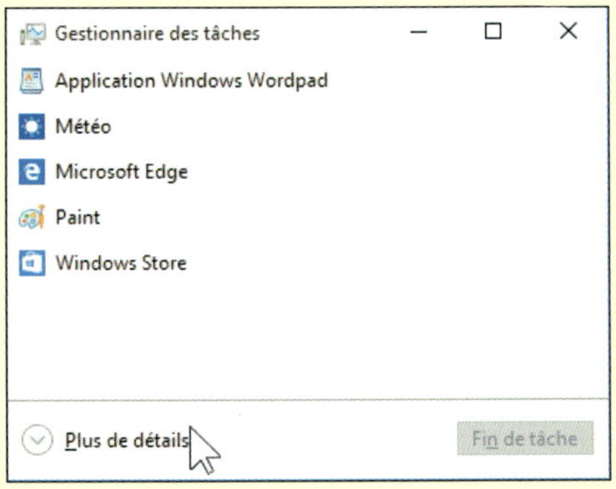

4 Vous retrouvez dans cette boîte toutes les applications en cours d'exécution (c'est-à-dire celles que vous avez vous-même lancées).

5 Cliquez l'application à arrêter dans la liste pour la sélectionner.

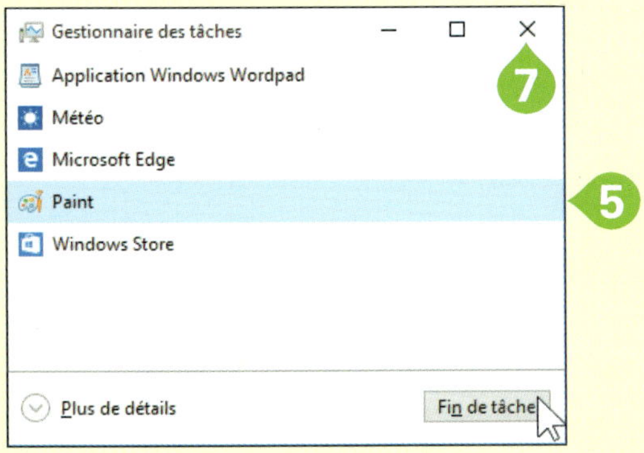

6 Cliquez le bouton **Fin de tâche**.

7 Cliquez × pour fermer la boîte Gestionnaire des tâches.

Fermer, redémarrer ou mettre en veille l'ordinateur

La fermeture de Windows nécessite une manipulation simple, mais indispensable. Si vous arrêtez votre ordinateur en coupant le courant, vos documents non enregistrés seront irrémédiablement perdus. Pour éteindre votre ordinateur, ne pensez pas qu'il suffise d'appuyer sur le bouton qui a permis de l'allumer. En réalité, Windows gère à votre insu tous les éléments de l'ordinateur, y compris le bouton d'arrêt. Si vous appuyez sur ce dernier, il vérifiera que tous les documents sont bien enregistrés. Si c'est le cas, il éteindra l'ordinateur. Dans le cas contraire, il affichera une boîte de dialogue pour vous avertir de la présence de documents non enregistrés.

Connaître les modes de fermeture de Windows

1. Cliquez le bouton **Démarrer** → **Marche/Arrêt**.
2. Choisissez un mode de fermeture dans la liste qui s'affiche :

Si, pour une raison quelconque, votre ordinateur refuse de s'arrêter, vous devrez avoir recours au bouton Marche/Arrêt. Maintenez-le enfoncé au moins cinq secondes pour arrêter définitivement l'ordinateur.

- **Mettre en veille prolongée** : pour retrouver les applications ouvertes actuellement, mettez votre ordinateur en veille prolongée. Dans ce mode, Windows recopie le contenu de la mémoire sur le disque dur puis éteint l'ordinateur. Quand vous le rallumez, Windows recopie les données du disque dur vers la mémoire. Vous retrouvez vos applications et vos documents ne sont pas perdus. C'est la solution à privilégier.
- **Arrêter** : l'ordinateur est totalement arrêté. Toutes les applications sont fermées, et, au besoin, vous devez enregistrer les documents en cours. Choisissez cette solution si vous ne devez pas utiliser l'ordinateur pendant longtemps.
- **Redémarrer** : si une application vous le demande ou si vous observez des dysfonctionnements, vous devez redémarrer l'ordinateur pour qu'il prenne en compte les nouveaux paramètres ou pour qu'il soit plus stable.

Choisir la fonction du bouton d'arrêt

1. Cliquez le bouton **Démarrer** ➜ **Paramètres**.

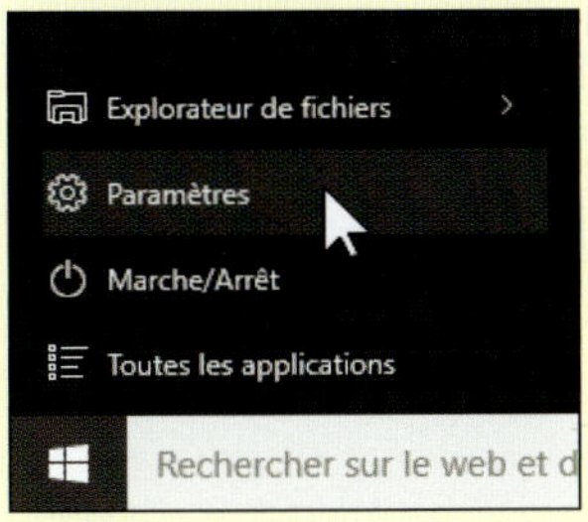

2. Cliquez **Système** dans la fenêtre Paramètres.

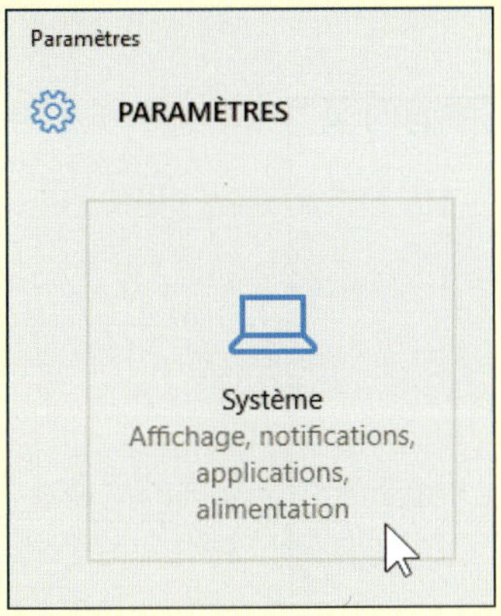

3. Cliquez **Alimentation et mise en veille** dans la liste de gauche, puis le lien **Paramètres d'alimentation supplémentaires**.

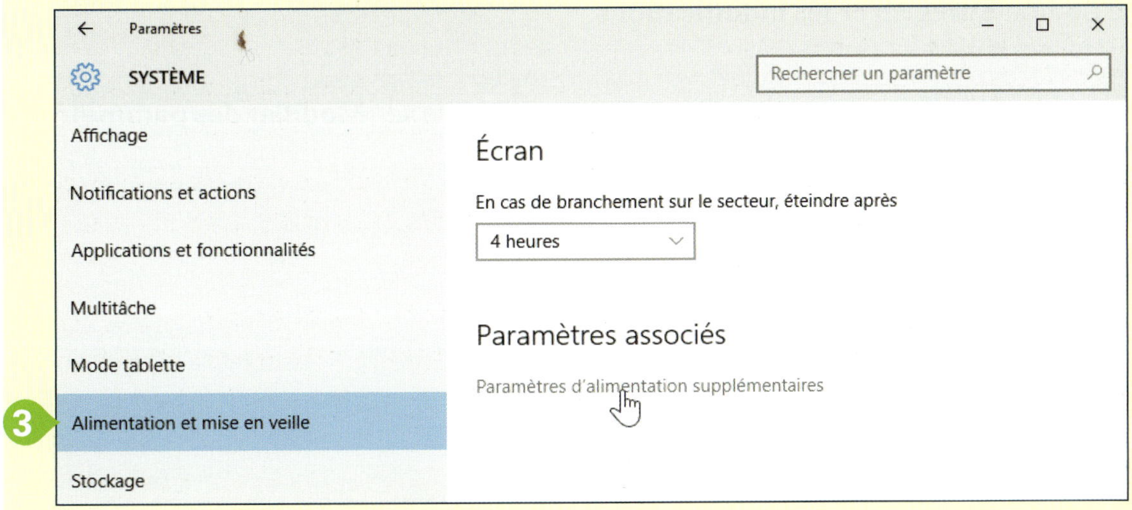

4 Cliquez le lien **Choisir l'action des boutons d'alimentation**.

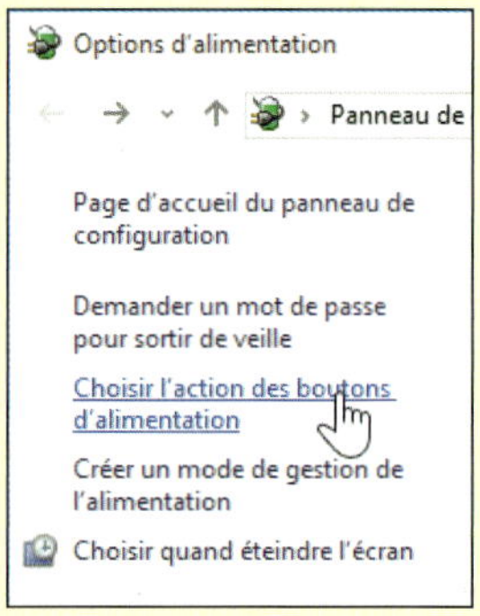

5 Sélectionnez la fonction du bouton dans la liste **Lorsque j'appuie sur le bouton Marche/Arrêt**.

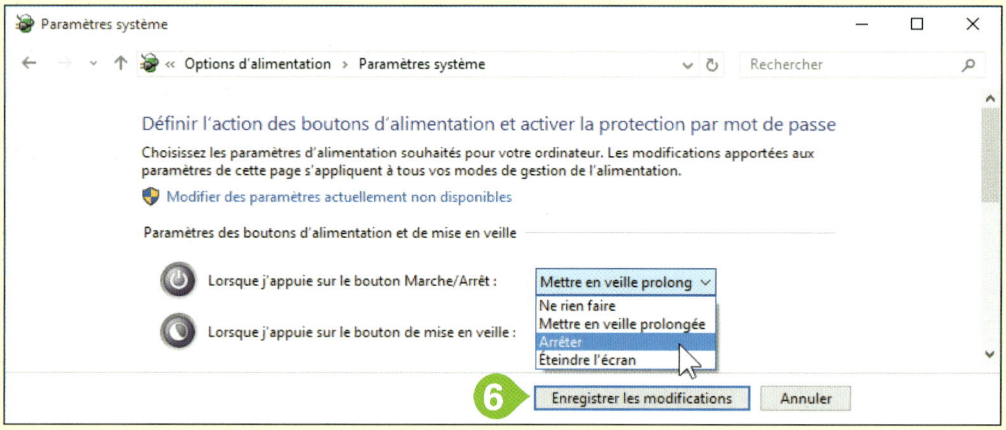

6 Cliquez le bouton **Enregistrer les modifications**.

Si vous désirez modifier les autres paramètres, cliquez d'abord le lien **Modifier des paramètres actuellement non disponibles**.

Utiliser les applications et gérer les documents

3

La fonction principale d'un ordinateur est de créer et de conserver des données. Il est donc temps maintenant de créer vos propres documents.

Pour illustrer cela, nous utiliserons un logiciel de traitement de texte dont vous disposez forcément puisqu'il est fourni avec Windows 10 : il s'agit de WordPad. Bon nombre de procédures présentées ici, et particulièrement la gestion des documents (ouverture, enregistrement, impression, *etc.*), sont identiques à d'autres applications.

Ce chapitre traite aussi des applications Windows Store que vous pouvez télécharger sur Internet.

Dans ce chapitre :

- Utiliser les applications Windows Store
- Installer une application de bureau
- Créer un document WordPad
- Utiliser le « copier/couper-coller » et le presse-papiers
- Enregistrer un document
- Ouvrir un ancien document
- Enregistrer un document sous un autre nom
- Imprimer un document
- Désinstaller une application
- Utiliser l'aide

Utiliser les applications Windows Store

Le site Windows Store propose des applications dédiées à l'interface Windows. Vous y trouverez toutes sortes d'applications, des plus simples aux plus sophistiquées. Certaines sont gratuites et d'autres payantes. Les prix restent généralement raisonnables.

Rechercher une application sur Windows Store

1. Cliquez le bouton **Démarrer**, puis la vignette **Windows Store** dans l'écran de démarrage. Si cette vignette n'est pas disponible, recherchez le lien dans le menu **Toutes les applications**.

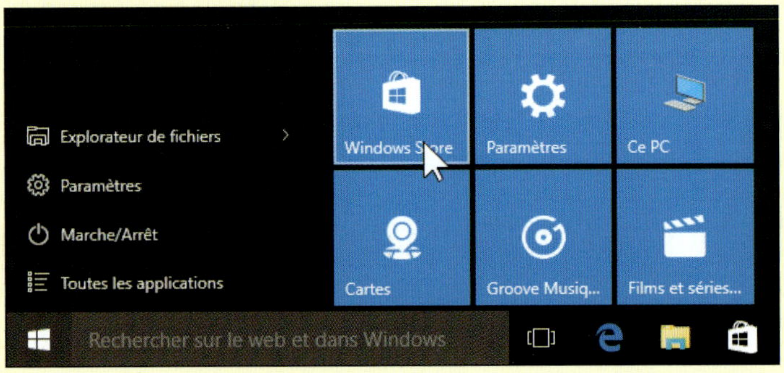

Le lien **Windows Store** reste toujours présent dans le menu **Toutes les applications**, car vous ne pouvez pas désinstaller cette application. Par défaut, son bouton apparaît aussi dans la barre des tâches.

2. La page d'accueil de Windows Store regroupe les nouveautés et les applications les plus prisées. Si vous ne désirez pas sortir votre carte bancaire, une rubrique **Top gratuit** permet de trouver rapidement une application bien notée sans débourser un centime.

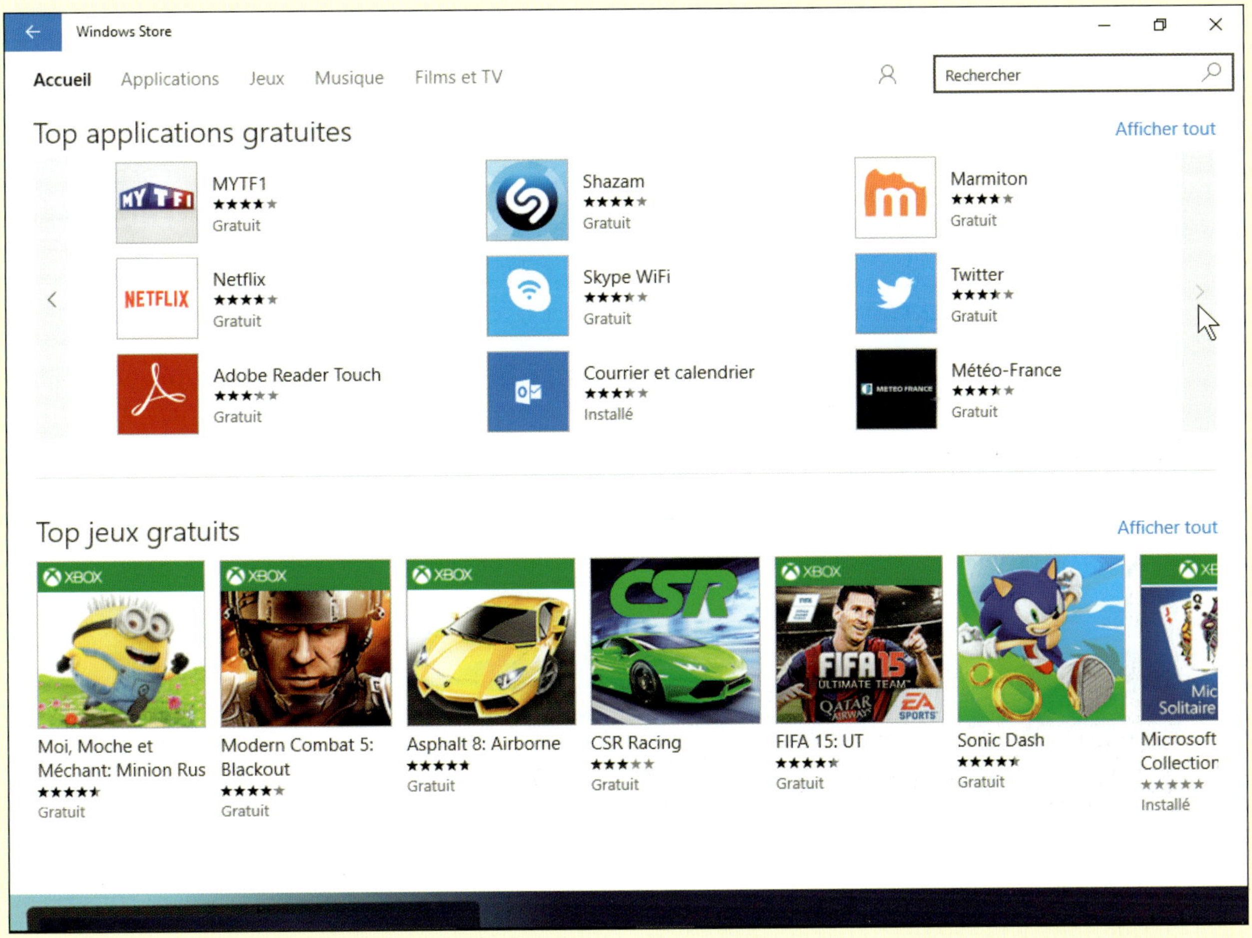

3 Faites défiler les pages avec la roulette de la souris ou la barre de défilement verticale. Faites défiler les applications en cliquant les boutons › et ‹.

4 Cliquez une des vignettes proposées.

Effectuer une recherche par mots-clés

1 Cliquez la zone **Rechercher** en haut à droite.

2 Tapez un mot-clé au clavier. Windows Store propose une liste d'applications.

3 Validez votre saisie avec la touche **Entrée** ou cliquez une des applications proposées dans la liste.

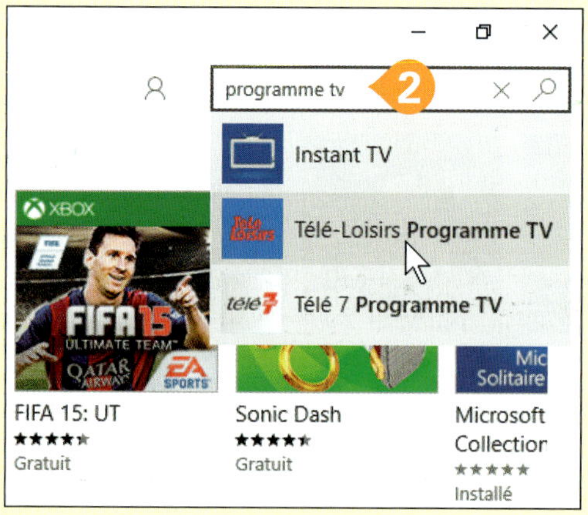

4 Faites défiler les pages avec la roulette de la souris ou les boutons › et ‹.

5 Cliquez une des vignettes proposées.

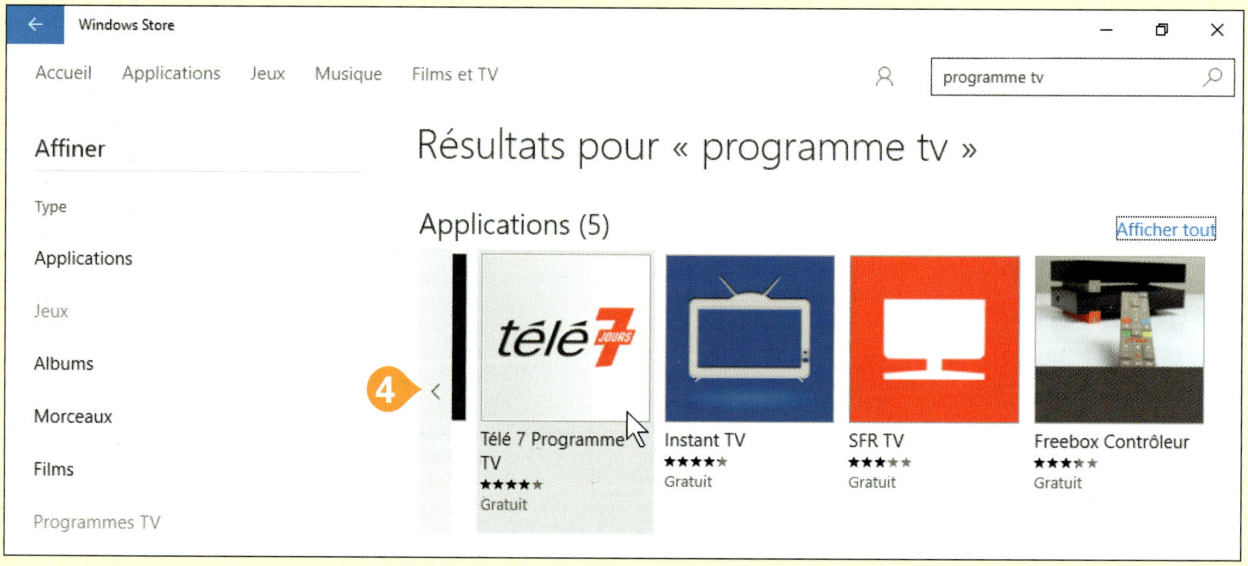

Effectuer une recherche par catégorie

1 Cliquez une catégorie dans la barre du haut (**Applications**, **Jeux**, *etc.*).

2 Cliquez **Catégories d'application**, **Catégories de jeu**, *etc.* pour consulter toutes les applications d'une catégorie.

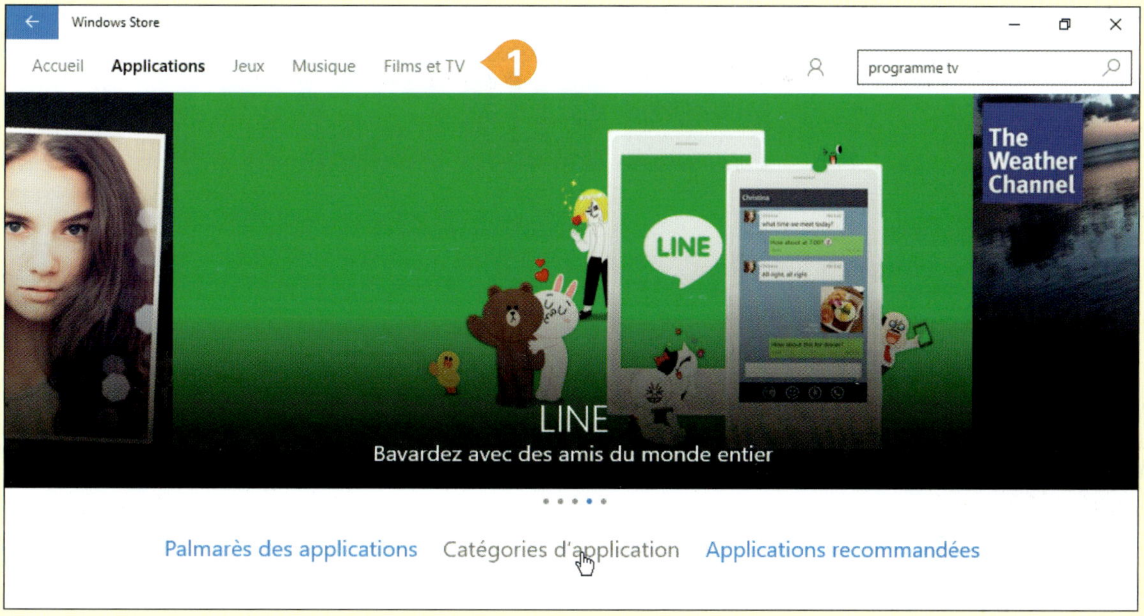

3 Cliquez une sous-catégorie dans la liste de gauche.

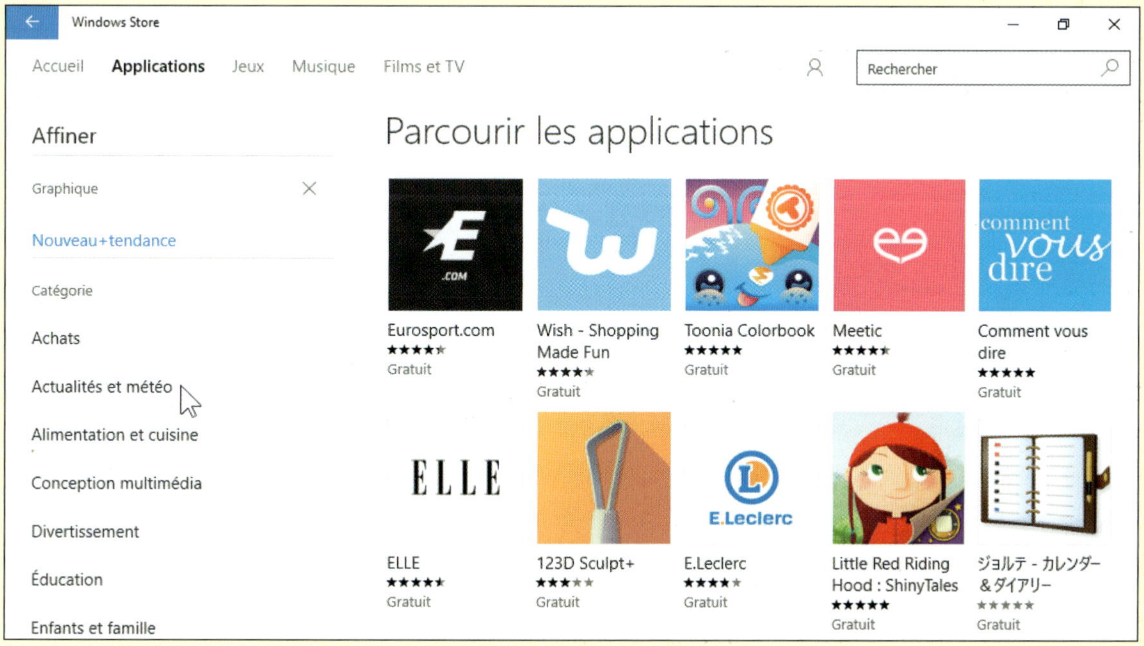

4 Cliquez une des vignettes proposées.

Installer une application

1 Dès que vous trouvez l'application qui vous convient, cliquez sa vignette.

2 La page qui s'affiche propose un descriptif de l'application.

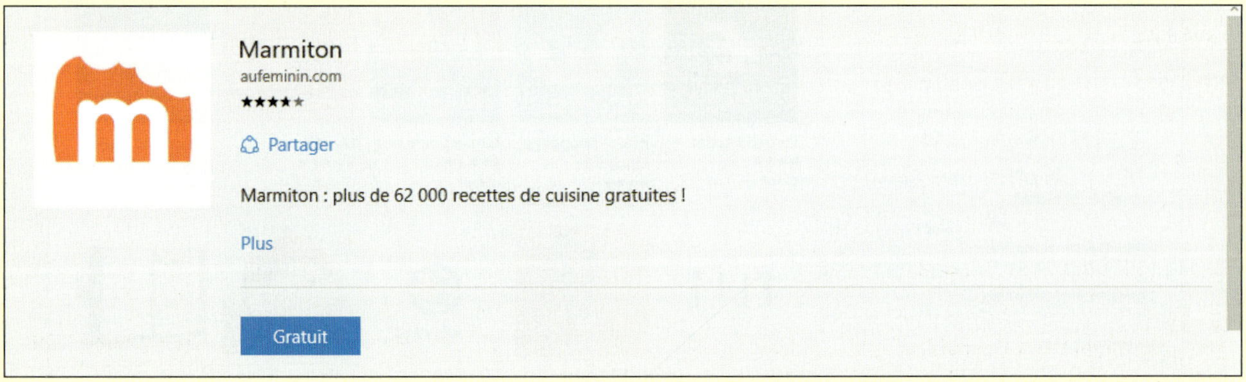

3 Faites défiler les pages avec la roulette de la souris ou la barre de défilement verticale pour consulter la description, les fonctionnalités et les avis des utilisateurs de l'application. Utilisez les liens **Plus** et **Afficher tout** pour développer les rubriques.

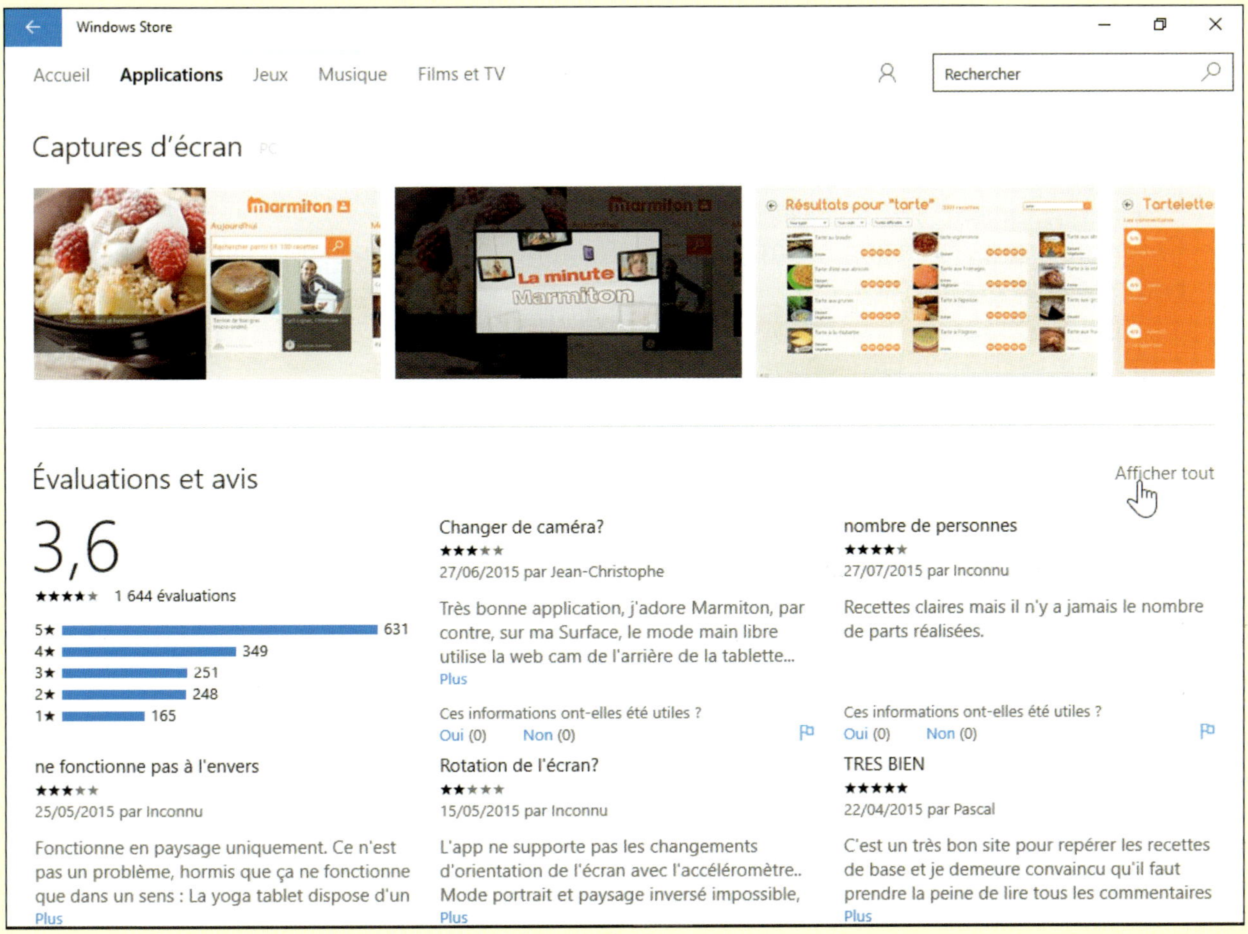

4 Cliquez le bouton **Gratuit**, **Prix**, ou **Essai gratuit**. (Ces boutons n'apparaissent pas si vous avez déjà installé cette application. Ils sont remplacés par le bouton **Ouvrir**.)

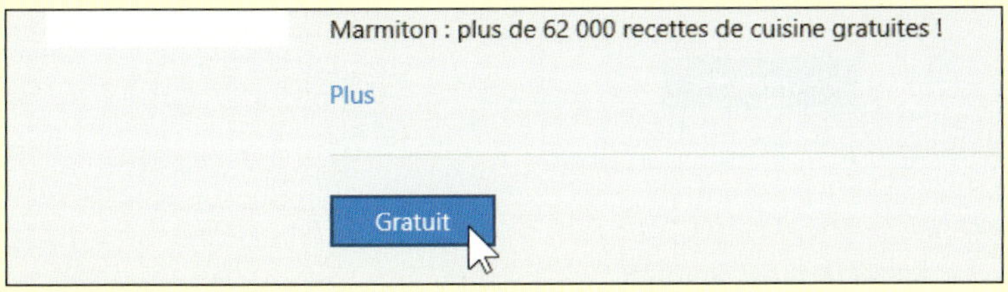

5 Windows se charge de télécharger et d'installer l'application. Lors de la première utilisation, vous devrez probablement répondre à quelques questions.

Acheter une application

1. Si vous avez choisi une application payante, vous devrez vous acquitter du prix directement sur le site de Microsoft. Cliquez le bouton **Prix**.

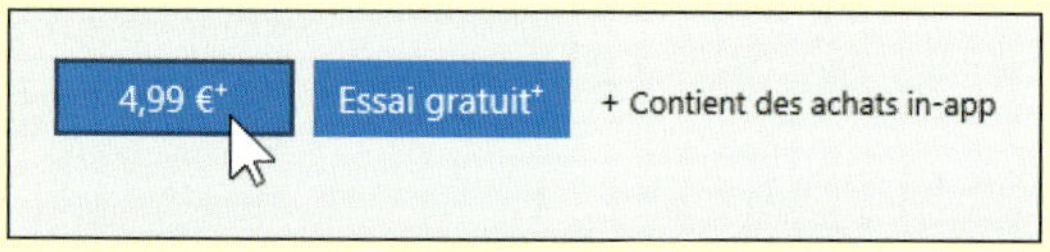

Certaines applications proposent un essai gratuit pour quelques jours. Cliquez dans ce cas le bouton **Essai gratuit**.

2. Tapez le mot de passe de votre compte Microsoft puis cliquez **Se connecter**.

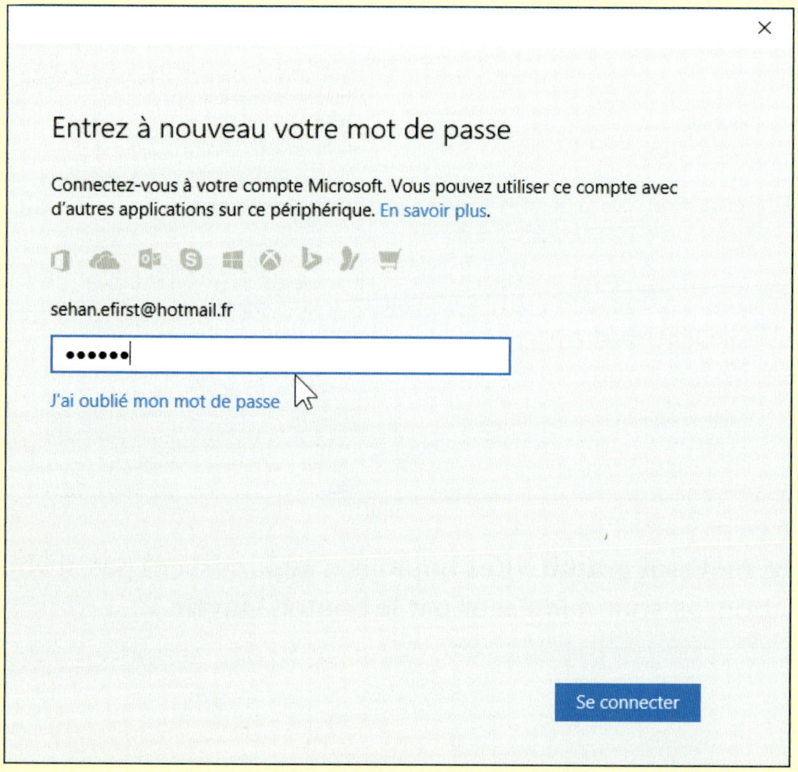

3. Si vous n'avez jamais commandé, cliquez le lien **Ajouter un nouveau mode de paiement**.

4. Saisissez les renseignements demandés (utilisez la roulette de la souris pour afficher les zones en bas de page).

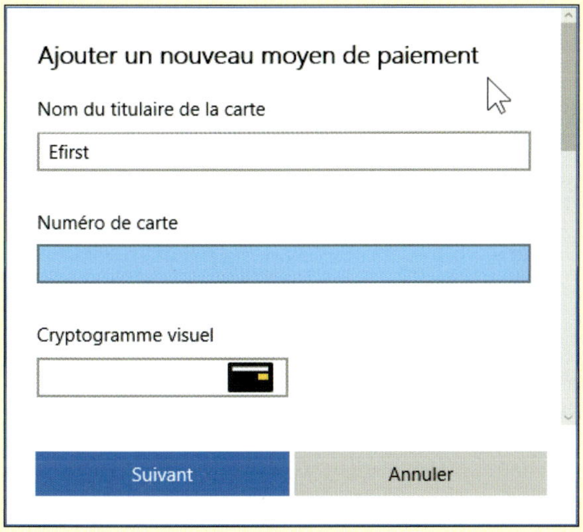

5. Cliquez le bouton **Suivant**.

6. Suivez les instructions du site pour finaliser l'achat.

Exécuter l'application téléchargée

1. Cliquez le bouton **Démarrer** → **Toutes les applications**. Si vous n'avez pas encore utilisé l'application, elle apparaît dans la rubrique **Récemment ajouté** du menu **Démarrer**.

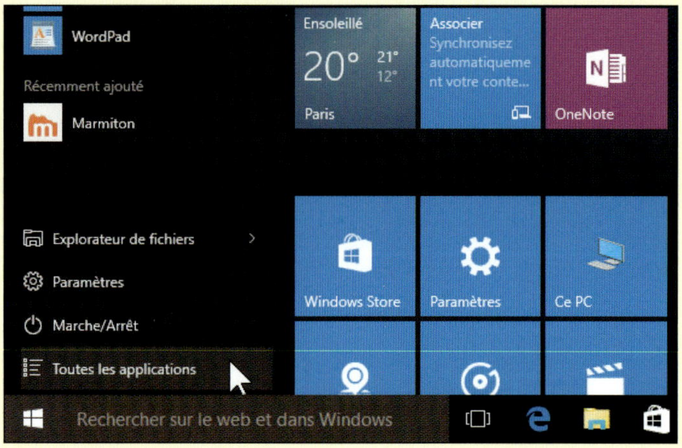

2. Recherchez l'application dans le menu **Toutes les applications**. Le mot **Nouveau** s'affiche au-dessous du nom des nouvelles applications.

3. Cliquez le nom de l'application à ouvrir.

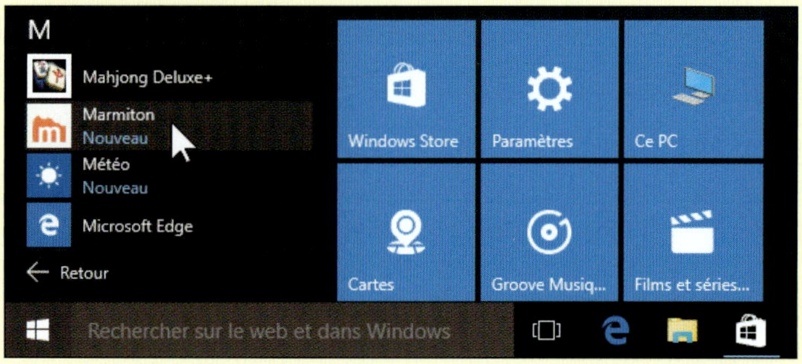

Windows ajoute des liens dans le menu **Toutes les applications** mais n'ajoute pas de vignettes dans l'écran de démarrage. C'est à vous de les ajouter manuellement.

Vérifier votre compte Windows Store

1. Dans Windows Store, cliquez le bouton , ou votre avatar, à gauche de la zone **Rechercher**.
2. Cliquez **Voir le compte** dans la liste qui s'affiche.

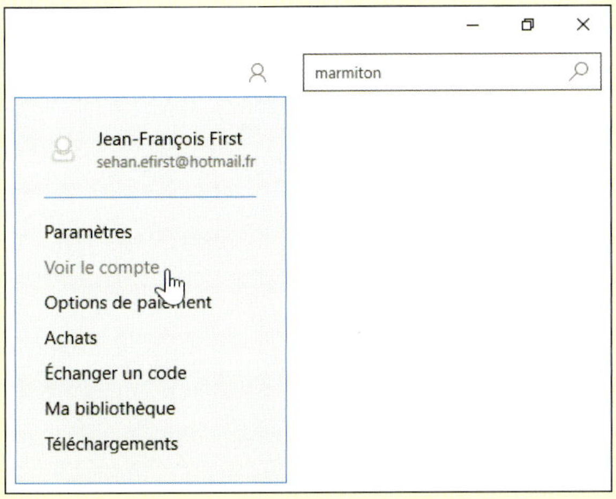

3 Éventuellement, tapez votre mot de passe.

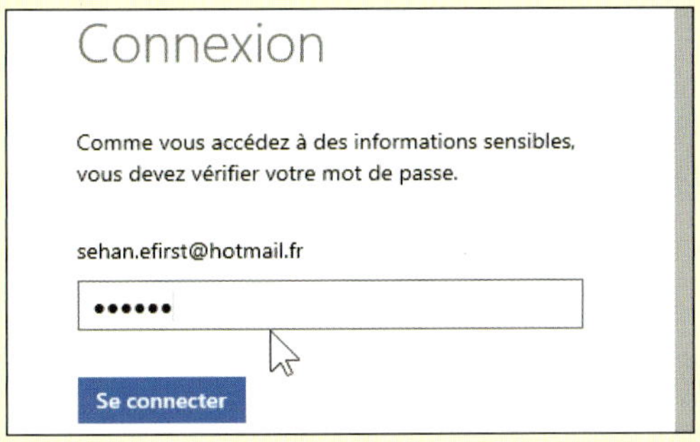

4 Cliquez les rubriques pour consulter ou modifier votre compte.

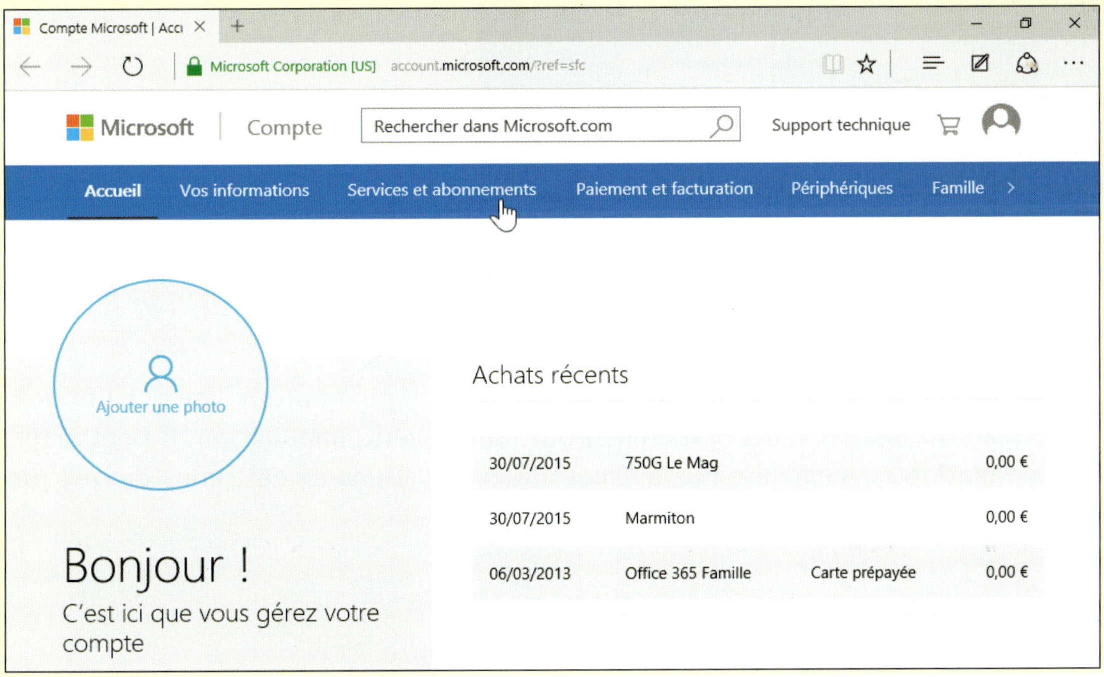

Désinstaller une application Windows Store

1. Cliquez le bouton **Démarrer** → **Toutes les applications**, puis recherchez l'application.
2. Cliquez l'application avec le bouton droit, puis cliquez **Désinstaller** dans le menu contextuel.

3. Cliquez **Désinstaller** pour confirmer la suppression de l'application.

Installer une application de bureau

Toutes les applications actuelles proposent un système d'installation automatisé. Il suffit donc d'insérer le CD ou le DVD du logiciel dans le lecteur pour lancer cette installation. Il peut arriver que la procédure d'installation ne s'exécute pas automatiquement. Dans ce cas, vous devrez procéder manuellement.

Installer automatiquement une application

1. Insérez le CD ou le DVD dans le lecteur.

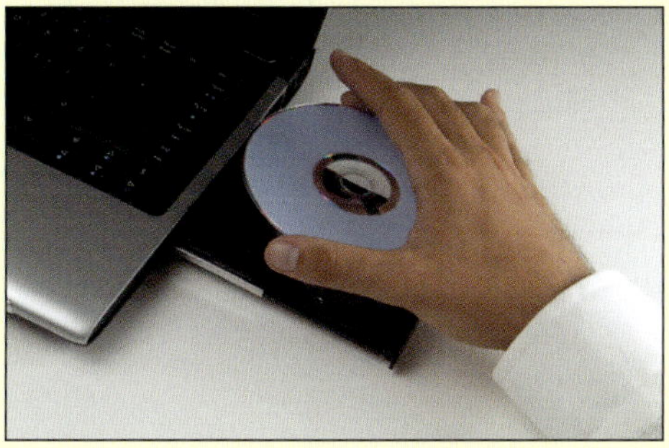

2. Une petite fenêtre, en haut à droite, vous indique la présence d'un disque dans le lecteur. Cliquez cette petite fenêtre.

3. Windows vous invite alors à procéder à l'installation. Cliquez le lien **Exécuter** dans la boîte de dialogue qui s'affiche.

4. Si Windows vous demande une confirmation, cliquez le bouton **Oui**.
5. Un assistant (une suite de boîtes de dialogue) vous guide étape par étape pour installer votre application. Suivez les indications à l'écran et répondez aux questions. Les applications complexes sont généralement fournies avec un livret de quelques pages pour vous aider à répondre à ces questions.

Installer manuellement une application

1. Cliquez l'icône dans la barre des tâches pour ouvrir l'Explorateur. Si cette icône ne s'y trouve pas, tapez le raccourci clavier + **E**.

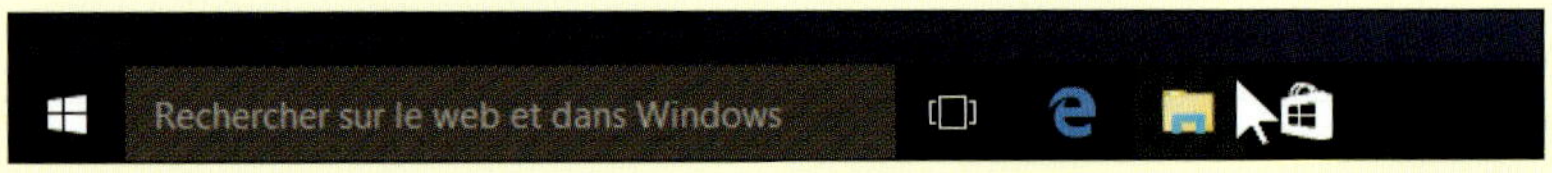

2. Cliquez avec le bouton droit votre lecteur de DVD.
3. Cliquez la commande **Installer ou exécuter un programme depuis son support** dans le menu contextuel. Vous pouvez aussi utiliser l'onglet **Gestion → Média → Exécution automatique**.

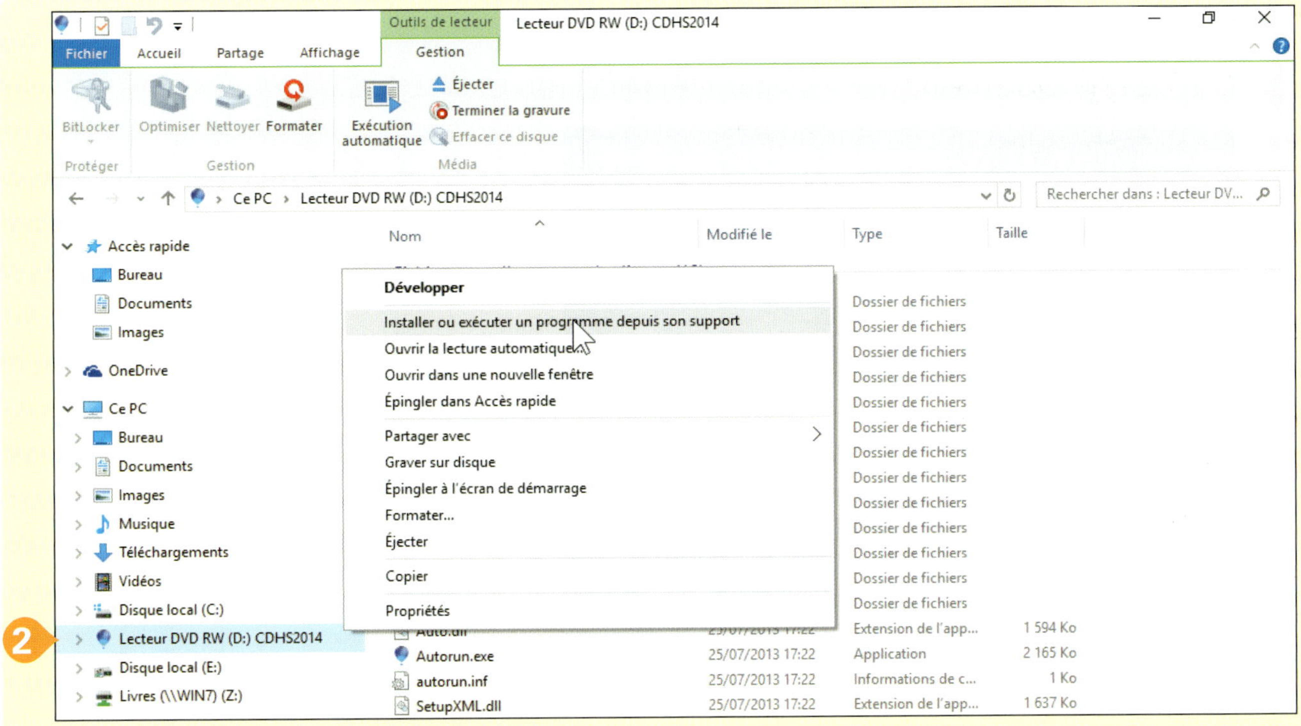

4 Après l'installation, vous trouverez dans le menu **Toutes les applications** les icônes de raccourcis vers vos nouvelles applications.

Pour ajouter des raccourcis vers vos applications dans la barre des tâches ou sur le bureau, consultez le chapitre **2**. Pour réorganiser les vignettes dans l'écran de démarrage, consultez le chapitre **11**. Pour installer un logiciel à partir d'Internet, consultez le chapitre **9**.

Créer un document WordPad

WordPad est un traitement de texte simple, mais suffisant pour des petites correspondances. Il n'est pas nécessaire de connaître toutes ses fonctions pour éditer rapidement un courrier ou une documentation.

Saisir un texte

1 Cliquez le bouton **Démarrer** → **Toutes les applications**.

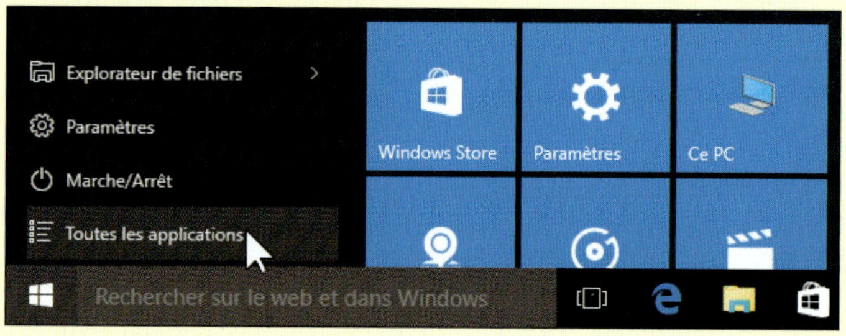

2 Cliquez le dossier **Accessoires Windows**.

3 Cliquez le lien **WordPad**.

4 À l'ouverture de WordPad, la fenêtre affiche un document vierge (la zone blanche au milieu de l'écran). Le trait que vous voyez clignoter représente le curseur. Vous ne devez pas le perdre de vue. Tous les caractères que vous taperez au clavier apparaîtront à la position de ce curseur. Tapez le début de votre texte.

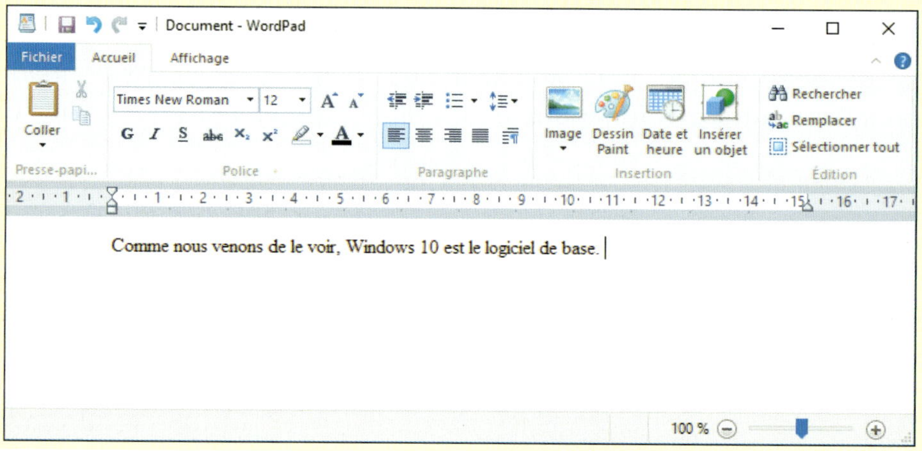

5 WordPad utilise la saisie « au kilomètre ». Cela signifie que vous ne devez pas vous soucier des sauts de ligne dans un paragraphe. WordPad passe tout seul à la ligne suivante quand c'est nécessaire. Dès que toutes les lignes du paragraphe sont saisies, appuyez sur la touche **Entrée** pour créer un nouveau paragraphe sous le précédent.

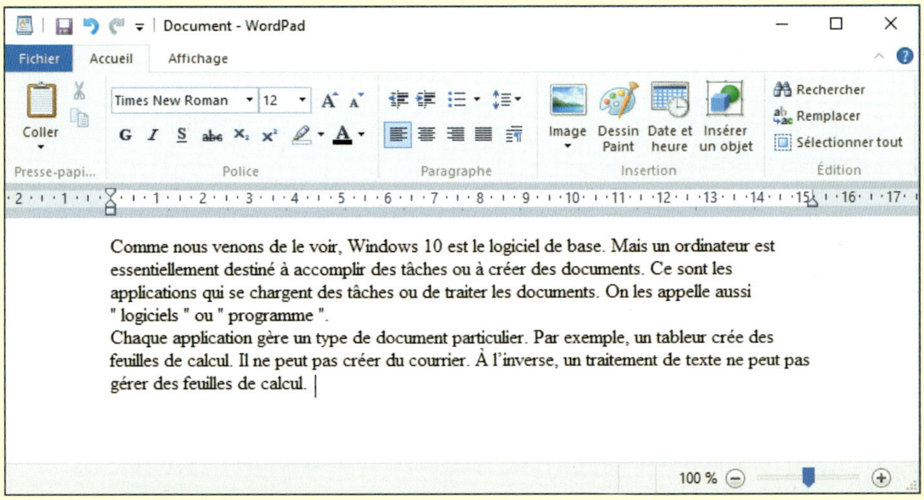

6 Si vous désirez insérer des lignes vides, appuyez autant de fois que nécessaire sur la touche **Entrée**.

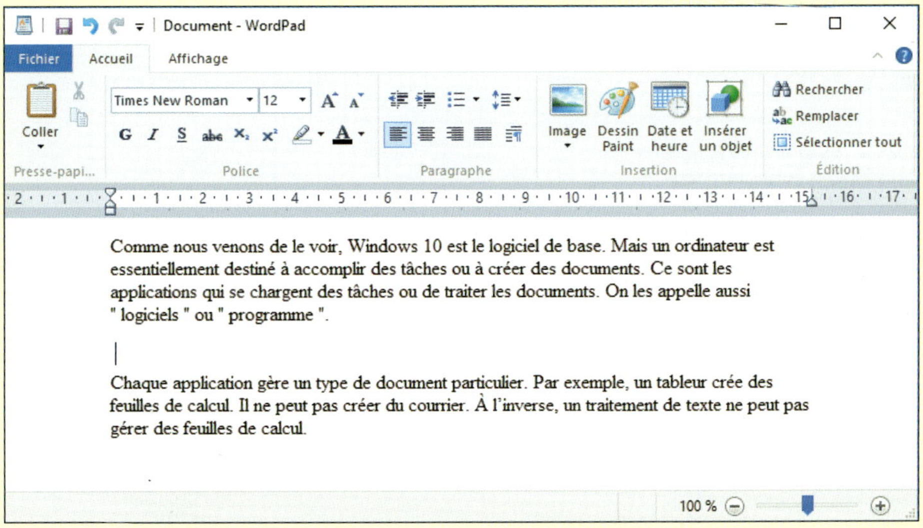

7 Pour scinder un paragraphe en deux parties, cliquez la position d'insertion (généralement après un point) pour y placer le curseur, puis appuyez sur **Entrée**.

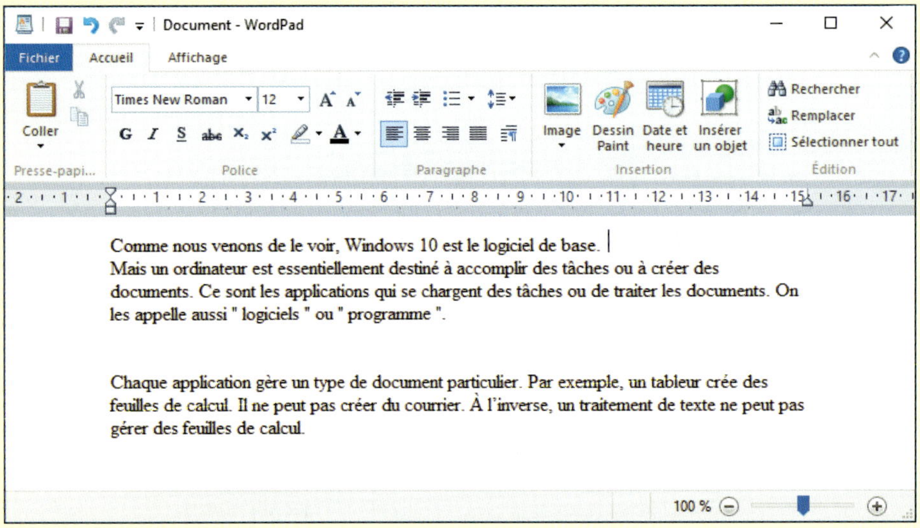

8 Pour fusionner deux paragraphes, cliquez à la fin du premier, puis appuyez sur **Suppr**.

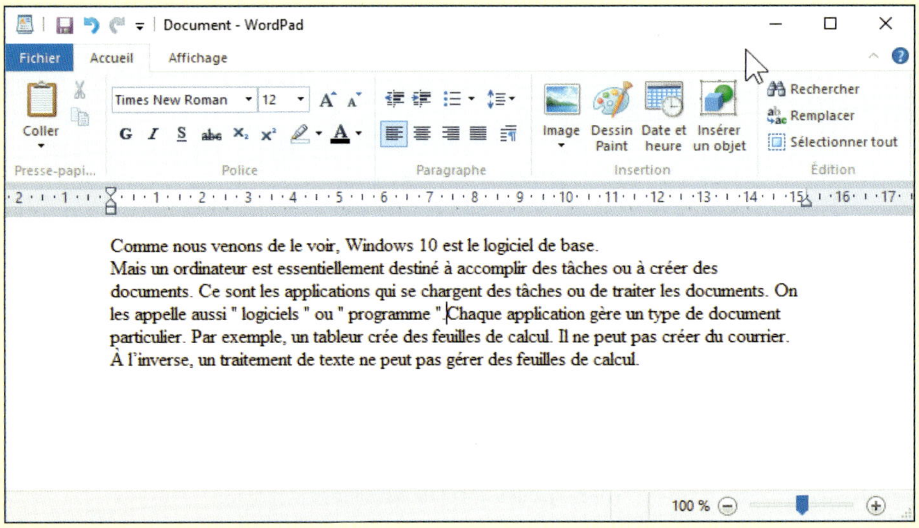

Sélectionner des textes

1 Pour sélectionner des caractères, pointez le curseur de la souris avant la première lettre, puis cliquez et faites glisser jusqu'au dernier caractère.

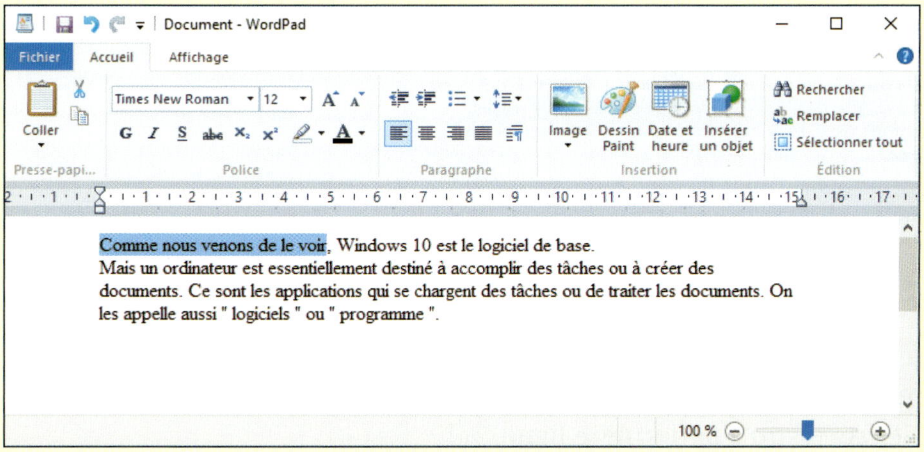

Les textes sélectionnés apparaissent en surbrillance (en noir sur fond bleu).

2 Pour sélectionner un mot, double-cliquez-le.

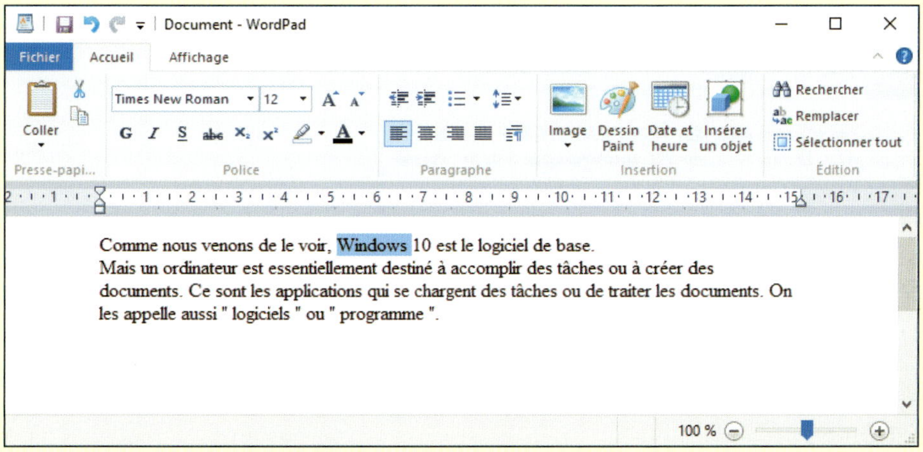

3 Pour sélectionner une ligne, placez le curseur de la souris dans la marge gauche en regard de la ligne. Le curseur de la souris prend la forme . Cliquez pour sélectionner la ligne.

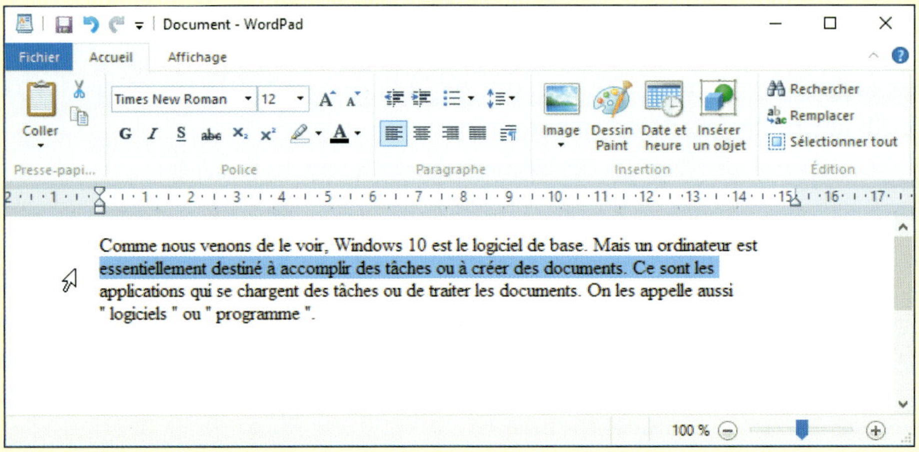

4. Pour sélectionner un paragraphe, placez le curseur de la souris dans la marge gauche en regard de la première ligne du paragraphe. Le curseur de la souris prend la forme . Cliquez et faites glisser vers le bas jusqu'à la dernière ligne.

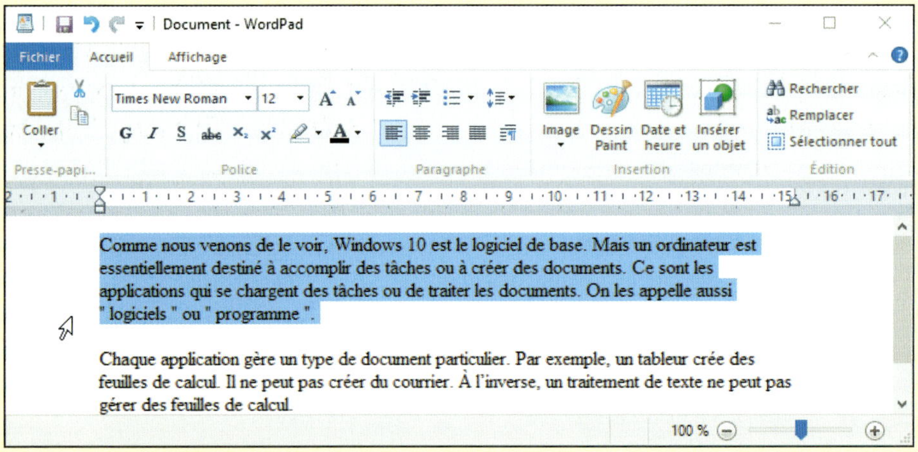

5. Pour supprimer un texte, rien de plus simple : vous sélectionnez le texte et vous appuyez sur la touche **Suppr**.

6. Si vous avez supprimé un texte par mégarde, cliquez le bouton dans la barre d'outils pour annuler cette action.

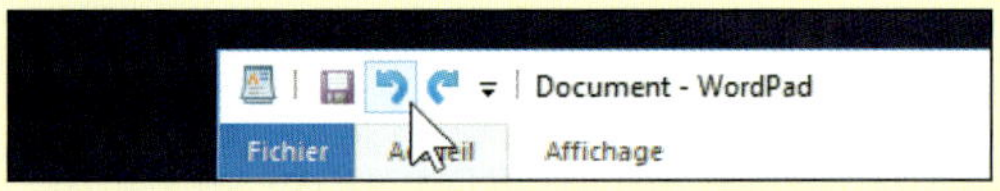

Pour découvrir le ruban et la barre d'outils Accès rapide, consultez le chapitre **1**.

Modifier la mise en forme d'un texte

1. Sélectionnez le texte à mettre en forme, comme vu précédemment, puis cliquez le bouton G (gras), I (italique) ou S (souligné).

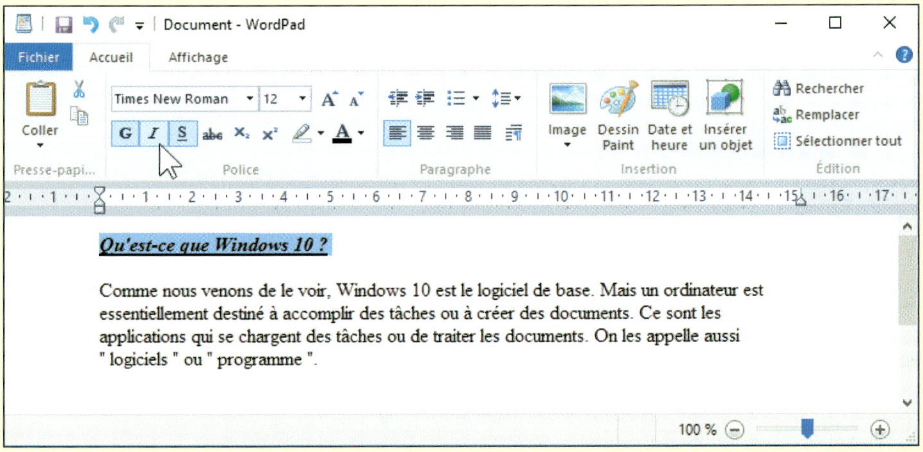

2. WordPad permet de changer les polices, c'est-à-dire la forme et la taille des caractères. Sélectionnez le texte dont vous désirez modifier la police, puis cliquez la flèche en regard de la liste des polices (par défaut, le texte est dans la police Times New Roman). Cliquez le nom de la police souhaitée parmi celles proposées.

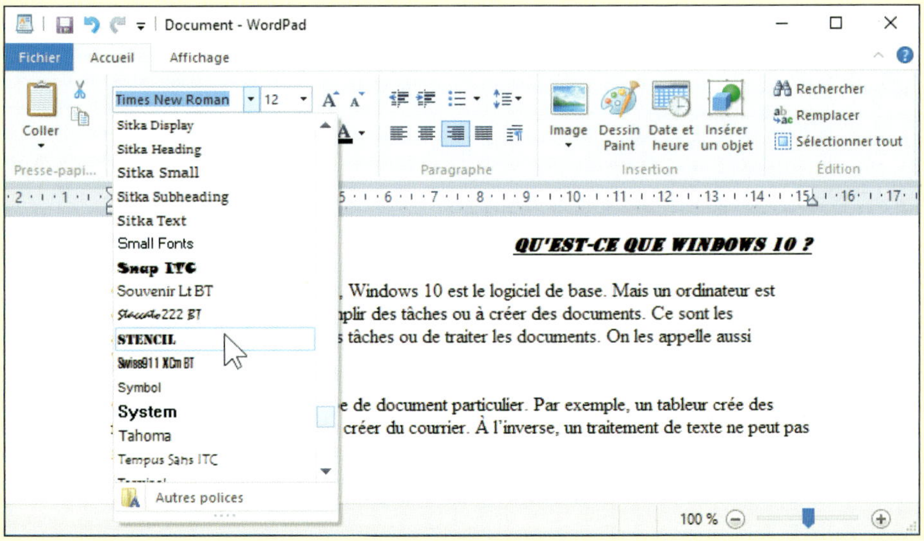

3 Dans la zone à droite des polices, cliquez la flèche puis la taille des caractères.

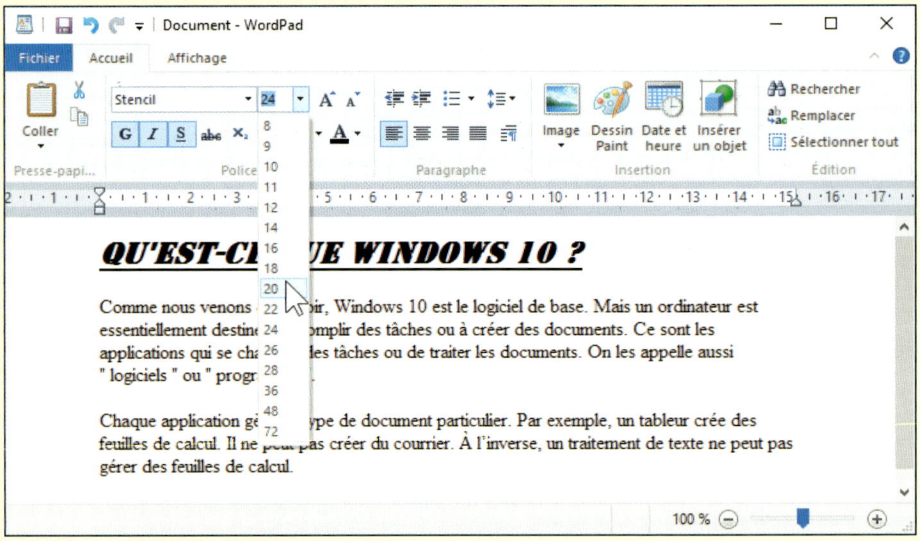

4 Avec la mise en forme des paragraphes, vous pouvez, par exemple, aligner à droite une adresse ou centrer une signature. Cliquez dans le paragraphe à modifier pour y placer le curseur. Cliquez ensuite le bouton (aligné à gauche), (centré) ou (aligné à droite).

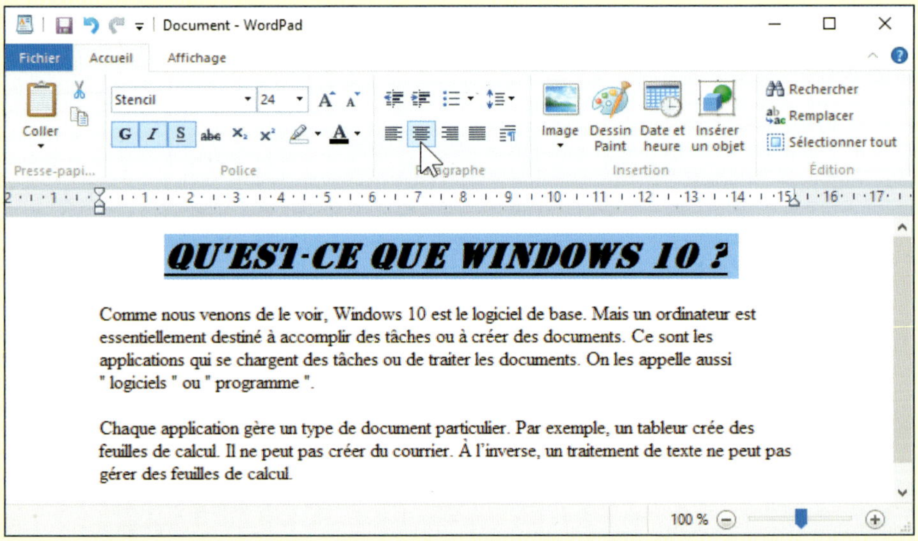

Utiliser le « copier/couper-coller » et le presse-papiers

Un « copier-coller » consiste à copier une partie d'un document dans le presse-papiers (une zone mémoire de l'ordinateur), puis à coller, c'est-à-dire recopier le contenu du presse-papiers à un autre endroit. Si une partie d'un document doit être déplacée, on utilise alors un « couper-coller ». La partie de document est effacée du document d'origine, puis copiée vers le presse-papiers. Vous devez ensuite effectuer un « coller » pour ne pas perdre les données coupées.

Effectuer un copier-coller

1. Sélectionnez le texte à copier.

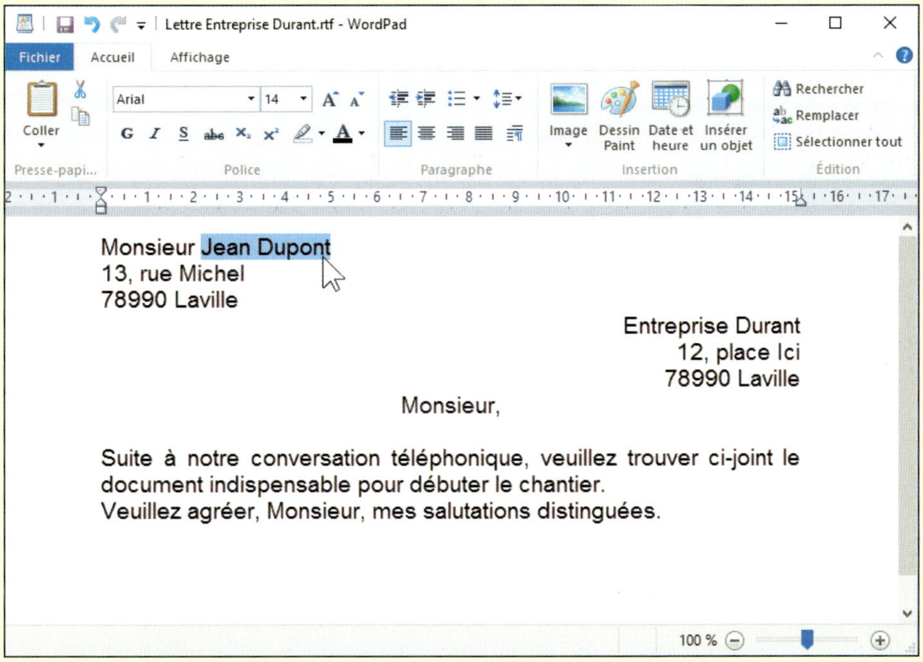

2. Tapez **Ctrl** + **C** ou cliquez l'onglet **Accueil** → **Presse-papiers** → [copier]. Le texte est copié dans le presse-papiers.

> Toutes les applications utilisent le même type de raccourci clavier pour effectuer des copier/couper-coller : **Ctrl** + **X** pour couper, **Ctrl** + **C** pour copier et **Ctrl** + **V** pour coller. Ces trois lettres sont côte à côte sur votre clavier. Vous pouvez aussi utiliser les boutons [couper] couper, [copier] copier ou [coller] coller.

3 Cliquez à la position d'insertion du texte.

4 Tapez **Ctrl** + **V** ou cliquez l'onglet **Accueil** → **Presse-papiers** → pour insérer le texte actuellement dans le presse-papiers.

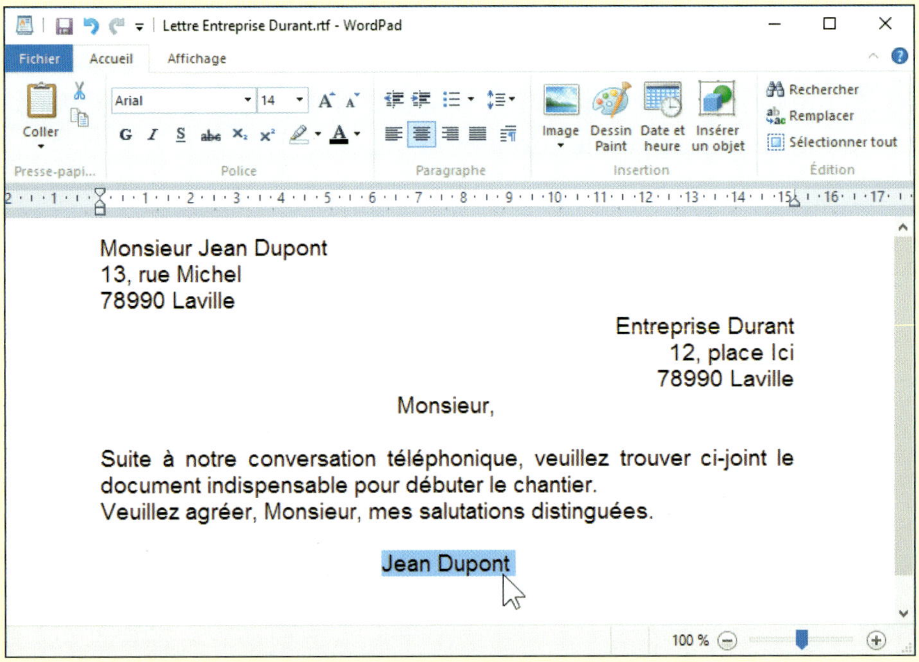

Quand vous effectuez un « copier » ou un « couper » vers le presse-papiers, le précédent contenu de ce dernier est effacé. Le presse-papiers ne peut contenir qu'un seul document à la fois.

Effectuer un couper-coller

1 Sélectionnez le texte à déplacer.

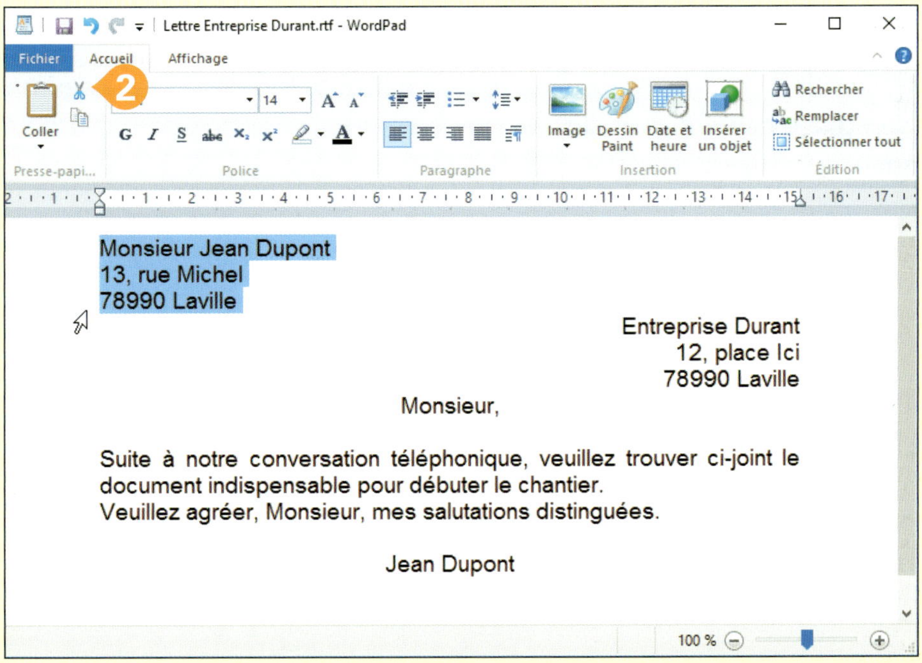

2 Tapez **Ctrl** + **X** ou cliquez l'onglet **Accueil** → **Presse-papiers** → . Le texte est copié dans le presse-papiers. Le texte sélectionné est supprimé.

3 Cliquez à la position d'insertion du texte.

4 Tapez **Ctrl** + **V** ou cliquez le bouton pour insérer le texte actuellement dans le presse-papiers.

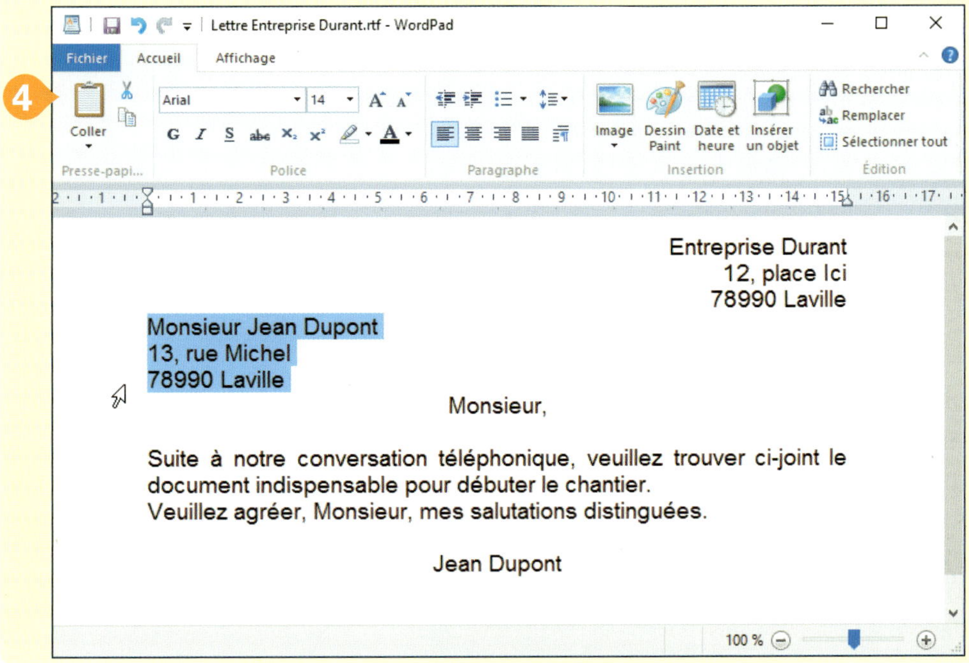

Le presse-papiers étant commun à toutes les applications, vous pouvez échanger des portions de document dans des logiciels différents. Par exemple, il est possible de copier une image du logiciel Paint dans le presse-papiers, puis de recopier cette image du presse-papiers dans un document WordPad.

Enregistrer un document

Avant même d'avoir terminé votre document, vous pouvez l'enregistrer et lui donner un nom. N'oubliez pas que vous pouvez perdre votre travail tant qu'il n'est pas sauvegardé, et qu'une coupure de courant est vite arrivée. Notez que, dans la barre de titre, le document non enregistré porte un nom par défaut, comme Document, Sans titre, Classeur1, *etc.*

1. Cliquez l'onglet **Fichier → Enregistrer** ou cliquez le bouton dans la barre d'outils Accès rapide.

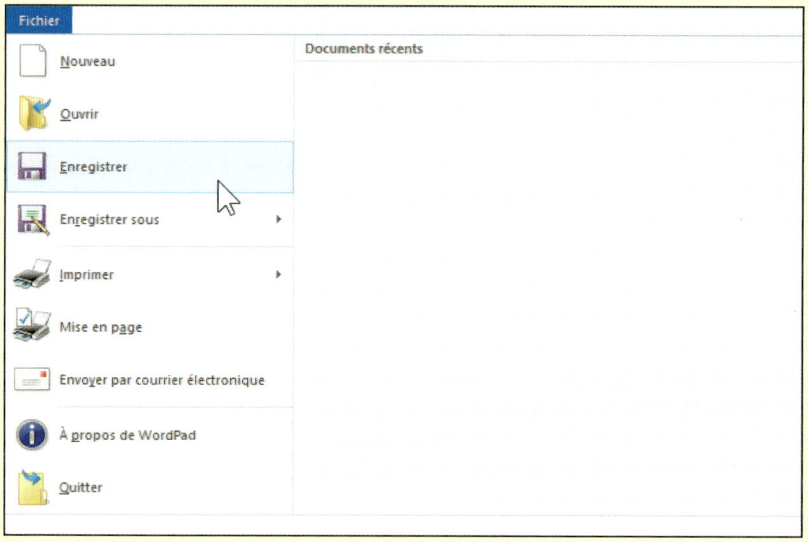

La zone en haut à gauche, appelée *barre d'adresses*, affiche le dossier qui contiendra votre document. Vous pouvez bien sûr choisir un autre emplacement. Pour des raisons pratiques, il est plus simple d'utiliser le dossier Documents qui vous a été attribué par Windows. C'est ce dossier qui est proposé par défaut par les applications quand vous désirez enregistrer votre travail. Cela permet aussi de ne pas mélanger vos documents avec ceux d'un autre utilisateur de l'ordinateur. Pour bien gérer la barre d'adresses, consultez le chapitre **4**.

2 Dans la barre d'adresses, cliquez la flèche qui suit **Ce PC**, puis cliquez **Documents** dans la liste qui s'affiche.

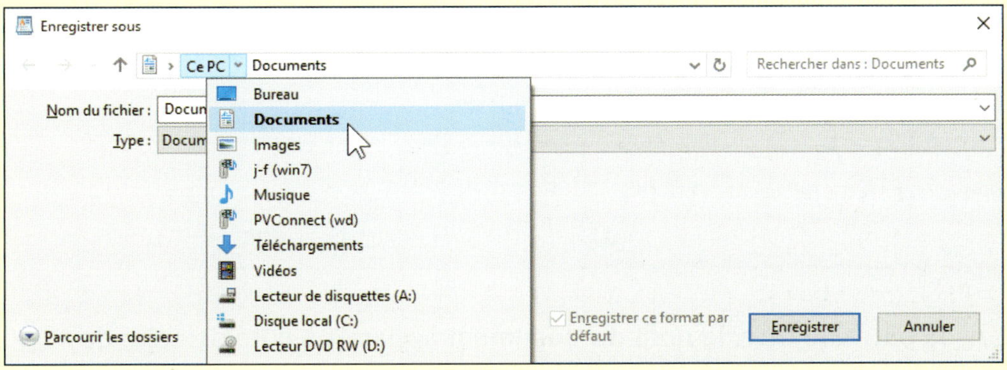

3 Si vous désirez enregistrer votre document à un autre emplacement, cliquez le bouton **Parcourir les dossiers**, puis recherchez le dossier d'enregistrement dans l'arborescence.

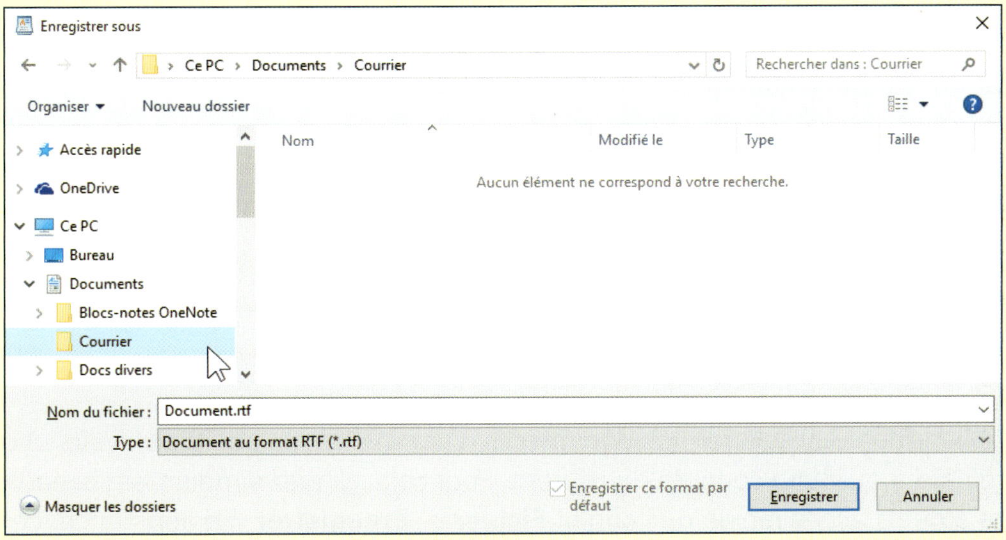

Pour comprendre l'arborescence et créer de nouveaux dossiers, consultez le chapitre **4**.

4 Dans la zone **Nom du fichier**, tapez un nom explicite et facile à retenir pour retrouver plus aisément votre document.

5 Cliquez le bouton **Enregistrer**.

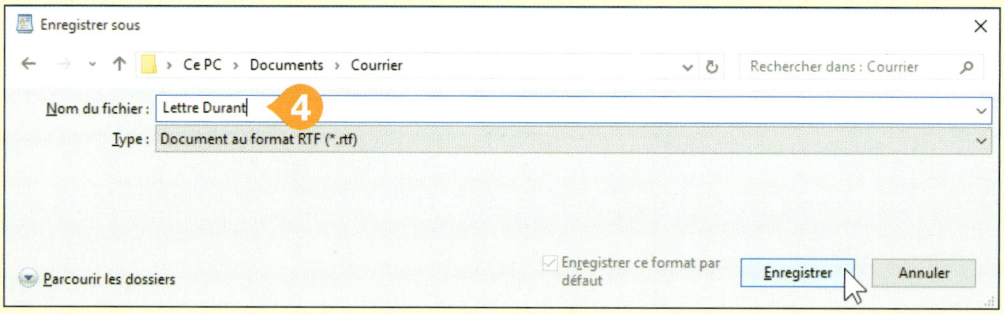

6 Maintenant, dans la barre de titre, le nom du document apparaît à côté de celui de l'application.

7 Si vous avez choisi **Bureau** à l'étape **2**, l'icône du document se trouve sur le bureau. Pour y accéder, il suffit de la double-cliquer.

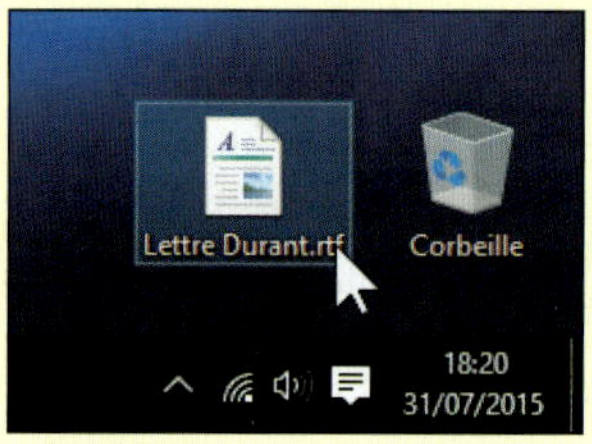

Vous devez régulièrement enregistrer vos documents, car nul n'est à l'abri d'un dysfonctionnement de l'ordinateur ou d'une coupure de courant. Pour cela, cliquez simplement le bouton 💾 dans la barre d'outils Accès rapide ou l'onglet **Fichier** → **Enregistrer**. En apparence, cette action n'a pas d'effet. En réalité, comme votre document possède déjà un nom, l'application s'est contentée de l'enregistrer sans que vous ayez eu besoin d'intervenir.

Ouvrir un ancien document

Même si vous fermez l'application ou votre ordinateur, vous pouvez retravailler sur un document sauvegardé. Il suffit de l'ouvrir à partir du disque dur.

Ouvrir un document avec l'application

1. Cliquez l'onglet **Fichier**.

2. La liste à droite propose les derniers documents ouverts.

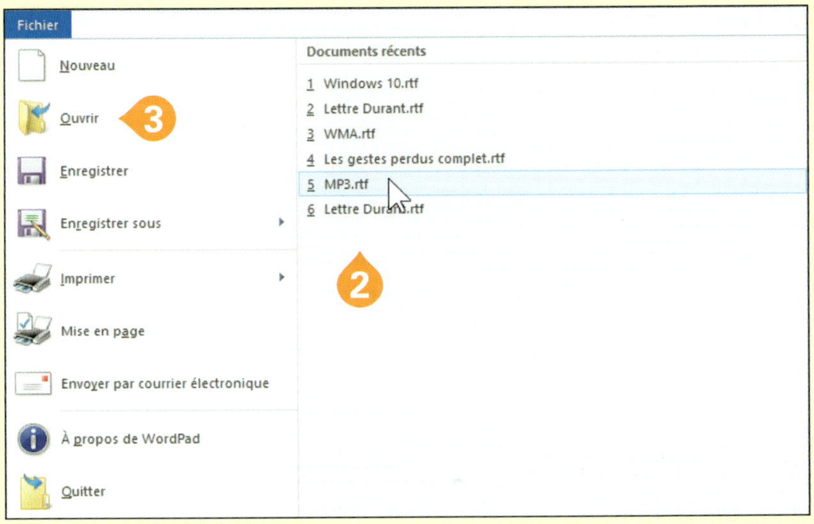

3. Cliquez le nom du document dans la liste à droite. Si votre document ne s'y trouve pas, cliquez le bouton **Ouvrir**.

> Pour les applications sans ruban, vous devez utiliser le menu **Fichier**.

4. Si la boîte qui s'ouvre ne propose pas le bon dossier de sauvegarde (le nom apparaît dans la barre d'adresses), vous devrez d'abord le rechercher. Sélectionnez le dossier dans la barre d'adresses ou dans l'arborescence. En fait, la procédure de recherche est la même qu'à l'enregistrement.

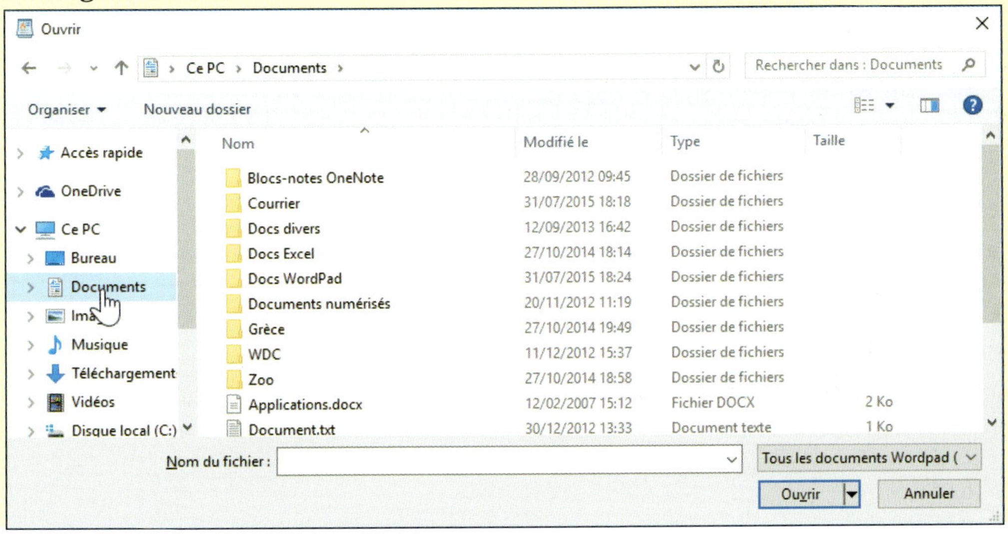

5 Le contenu du dossier s'affiche. Seuls les fichiers du même type que ceux de votre application apparaissent, ainsi que d'éventuels sous-dossiers. Cliquez le nom du document pour le sélectionner.

6 Cliquez le bouton **Ouvrir**.

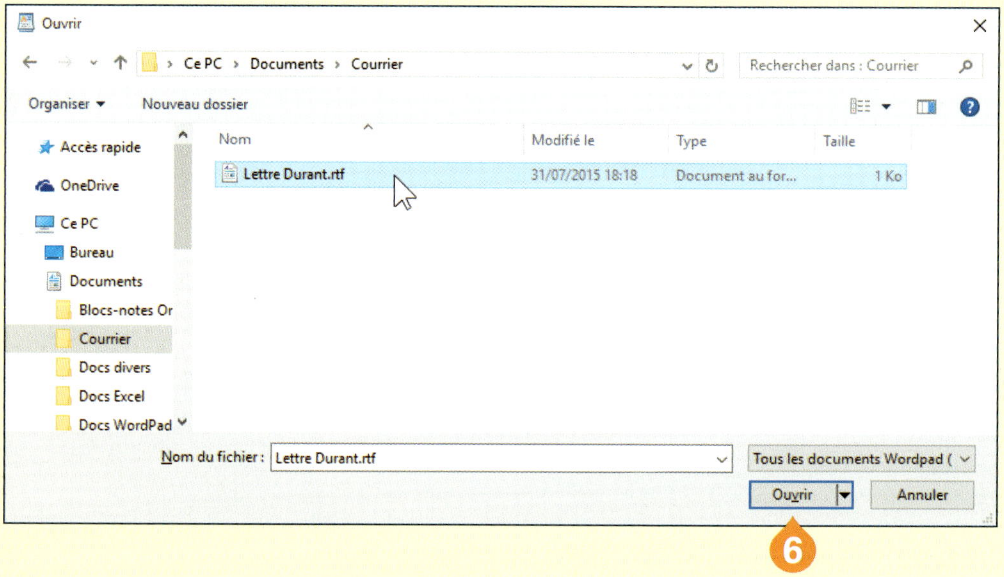

Vous pouvez aussi double-cliquer directement le nom du document pour l'ouvrir.

Ouvrir un document avec la barre des tâches

1 Vous pouvez ouvrir directement un document à partir des boutons des applications présents dans la barre des tâches. Cliquez avec le bouton droit le bouton de l'application, que cette dernière soit ou non en cours d'exécution.

Si la liste des derniers documents ne s'affiche pas : cliquez le bouton **Démarrer** → **Paramètres** → **Personnalisation**. Cliquez **Accueil** dans la liste de gauche. Cliquez **Afficher les éléments récemment ouverts** pour activer l'option.

2 Windows affiche une fenêtre proposant la liste des derniers documents ouverts.

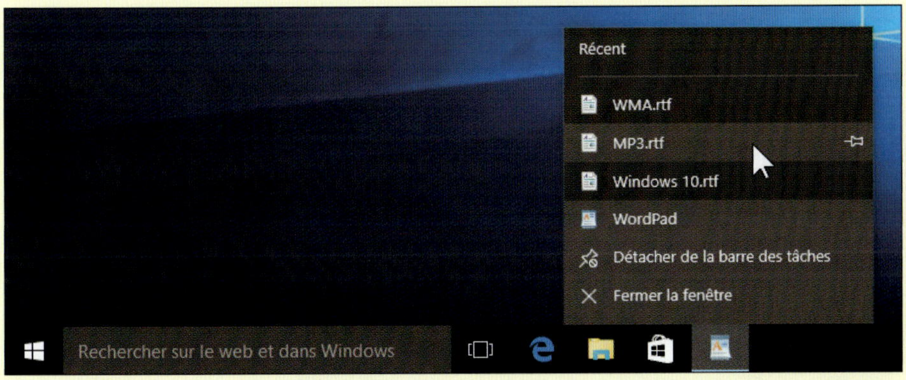

3 Cliquez le nom du document dans la liste.

Vous pouvez faire la même chose si l'application apparaît dans la liste **Les plus utilisées** du menu Démarrer.

1 Cliquez le bouton **Démarrer** .

2 Dans la liste **Les plus utilisées**, cliquez la flèche en regard du nom de l'application.

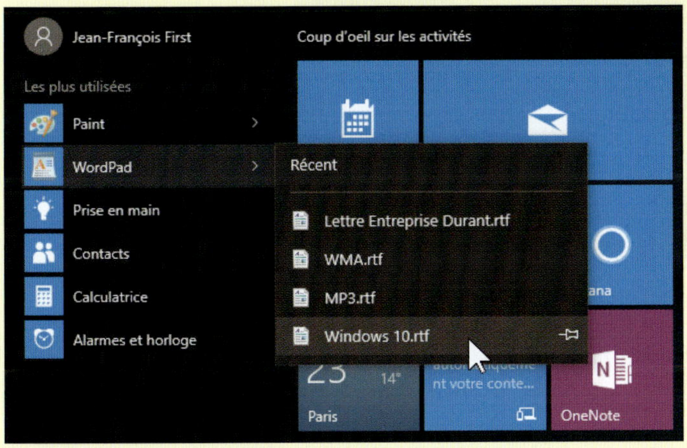

3 Cliquez le nom du document dans la liste.

Épingler un document

La liste des derniers documents est modifiée en permanence. Ajoutez des raccourcis permanents vers vos documents préférés pour qu'ils restent définitivement au début de la liste.

1. Recherchez le nom du document dans une des listes, comme vu précédemment (application ou barre des tâches).

2. Cliquez le bouton en regard du nom du document.

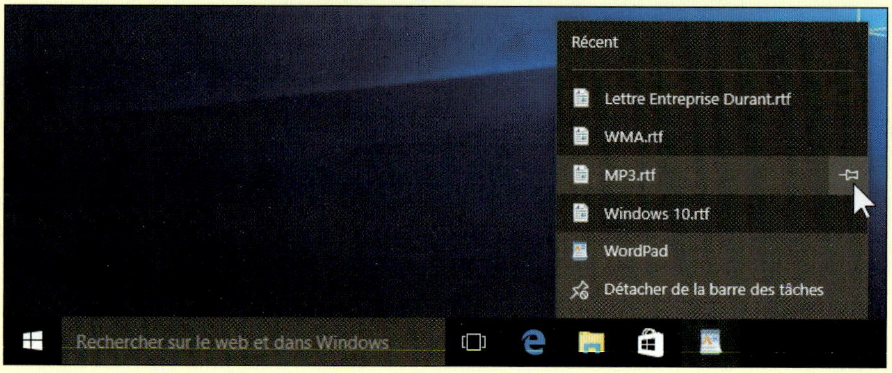

3. Pour retirer un document en haut de la liste, cliquez le bouton à l'étape **2**.

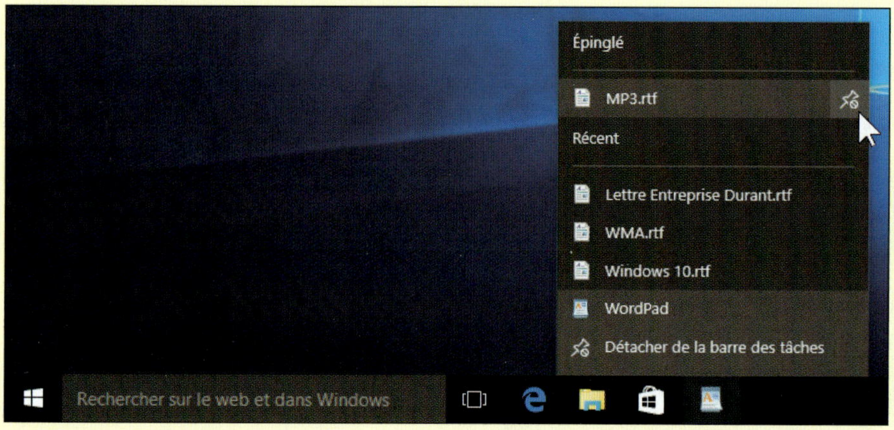

Enregistrer un document sous un autre nom

Pour ne pas ressaisir des éléments existants, il est parfois plus simple de débuter un nouveau document en se fondant sur un document existant. Dès que vous aurez ouvert l'ancien document, enregistrez-le sous un autre nom, puis modifiez-le.

1. Cliquez l'onglet **Fichier ➜ Enregistrer sous**, ou le menu **Fichier ➜ Enregistrer sous** pour les applications sans ruban.

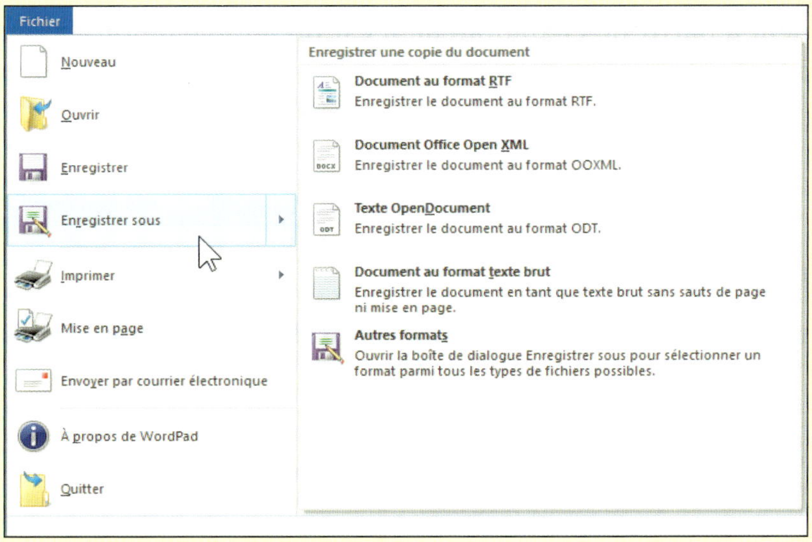

Ici, comme pour WordPad, certaines applications proposent aussi d'enregistrer le fichier sous un autre format.

2. Sélectionnez le dossier de sauvegarde comme nous l'avons vu précédemment.
3. Dans la zone **Nom du fichier**, tapez un nouveau nom.
4. Cliquez le bouton **Enregistrer**.

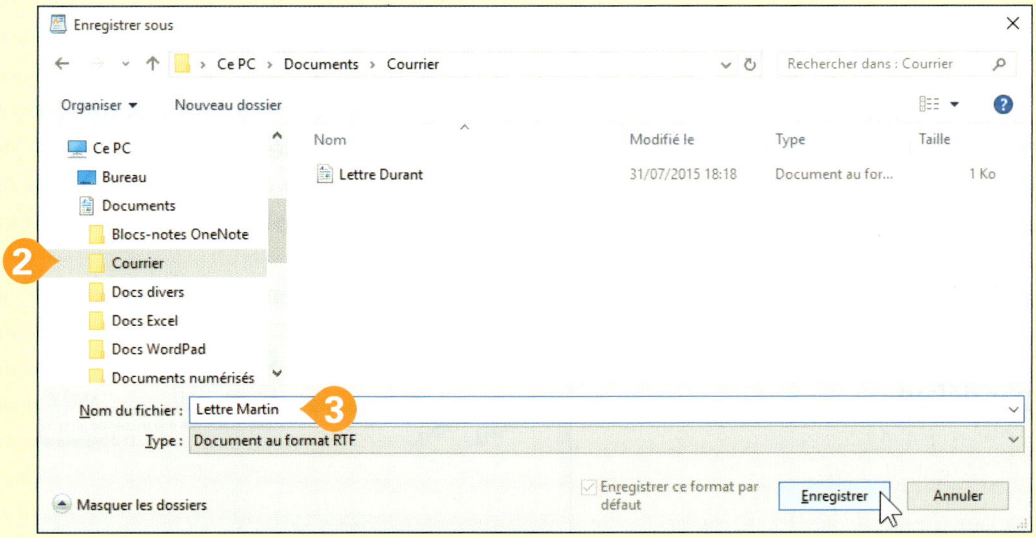

Si vous avez choisi d'imprimer plusieurs copies, cochez **Copies assemblées** pour obtenir des pages triées (pages 1, 2, 3, *etc.*, puis 1, 2, 3, *etc.*) ou décochez l'option pour une impression plus rapide (pages 1, 1, *etc.*, puis 2, 2, *etc.*).

8 Cliquez le bouton **Imprimer** ou **OK**.

Pour imprimer un document à partir de l'Explorateur, cliquez son nom avec le bouton droit, puis cliquez **Imprimer** dans le menu contextuel. Vous pouvez aussi utiliser l'onglet **Partage → Envoyer → Imprimer**. Pour plus de détails, consultez le chapitre **5**.

Définir l'imprimante par défaut

1 Quand vous cliquez le bouton [icône] dans la barre Accès rapide ou une barre d'outils d'une application sans ruban, c'est l'imprimante par défaut qui est utilisée. Pour définir cette imprimante, suivez ces étapes.

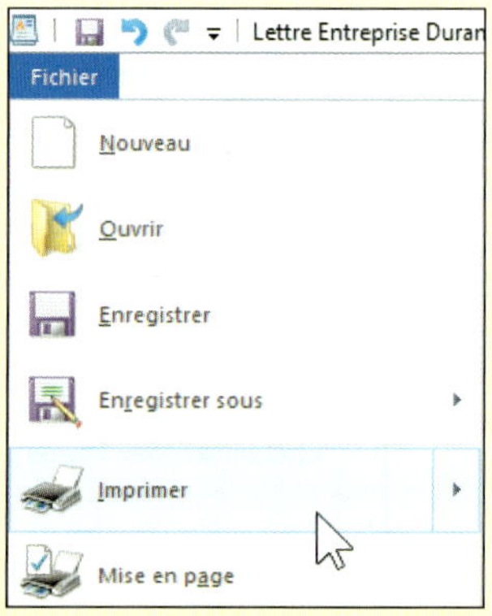

2 Cliquez l'onglet **Fichier → Imprimer**, ou le menu **Fichier → Imprimer** pour les applications sans ruban.

3 Dans la liste du haut, cliquez avec le bouton droit l'icône de l'imprimante.

4 Cliquez la commande **Définir comme imprimante par défaut** dans le menu contextuel.

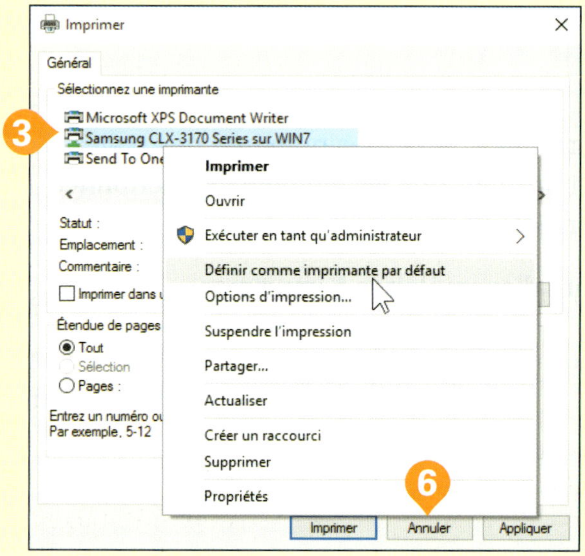

5 L'icône de l'imprimante par défaut affiche le symbole ✓.

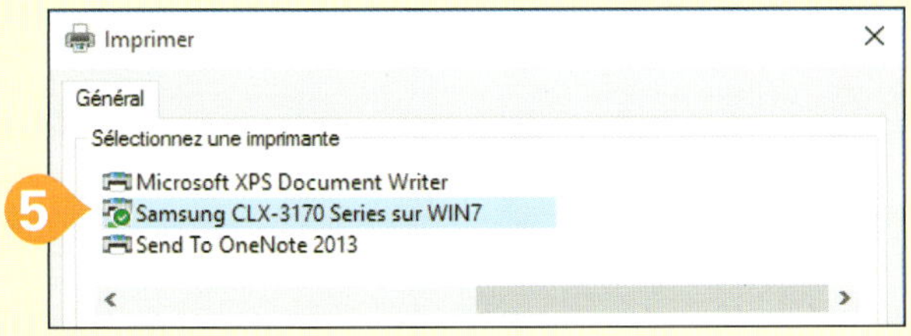

6 Cliquez le bouton **Annuler**.

Désinstaller une application

Si vous n'utilisez plus une application, vous pouvez la désinstaller. Cela évite d'encombrer inutilement le menu Démarrer, et permet de gagner de la place sur votre disque si vous veniez à en manquer. Vous ne devez pas tenter de désinstaller vous-même une application, par exemple en supprimant des fichiers sur votre disque dur. Vous devez uniquement suivre la procédure de désinstallation comme vous avez suivi celle de l'installation.

1 Recherchez le lien du programme à désinstaller dans le menu **Toutes les applications** (bouton **Démarrer** → **Toutes les applications**).

2 Cliquez le lien de l'application avec le bouton droit.

3 Cliquez **Désinstaller** dans le menu contextuel.

4 La fenêtre qui s'affiche liste toutes les applications installées sur votre ordinateur (cela ne concerne pas les applications téléchargées sur Windows Store – consultez le début de ce chapitre).

5 Double-cliquez le nom de l'application à désinstaller.

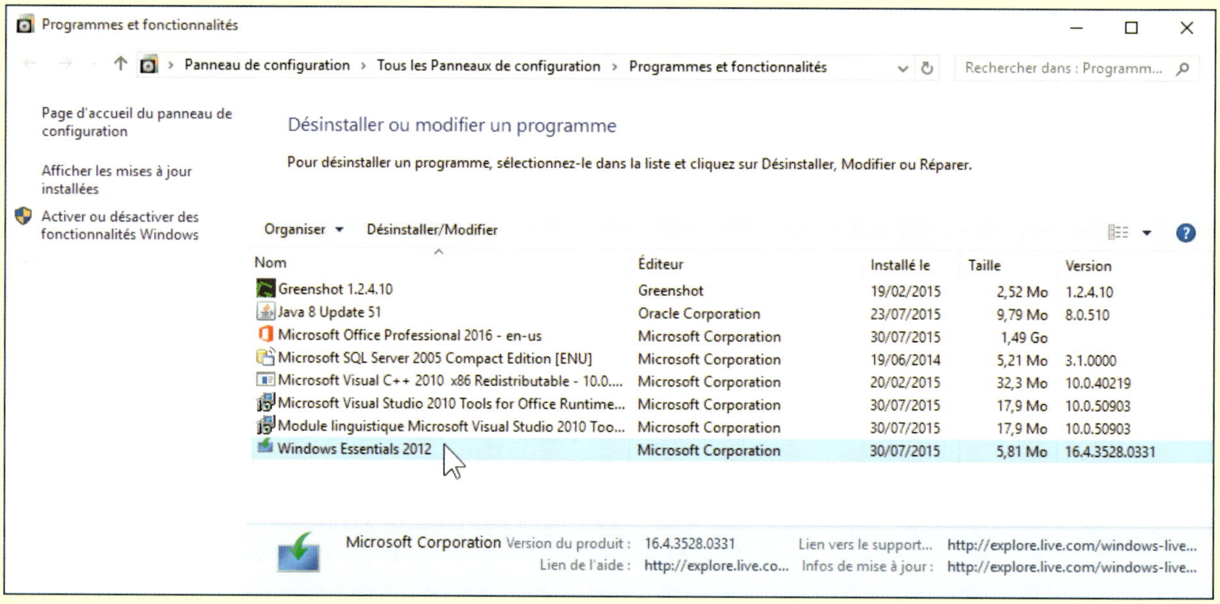

6 Si Windows affiche une boîte de contrôle pour vérifier que vous êtes bien l'auteur de cette demande, cliquez le bouton **Oui**.

7 La fenêtre qui s'affiche maintenant est fonction de votre application. Suivez les étapes de l'assistant et répondez aux questions.

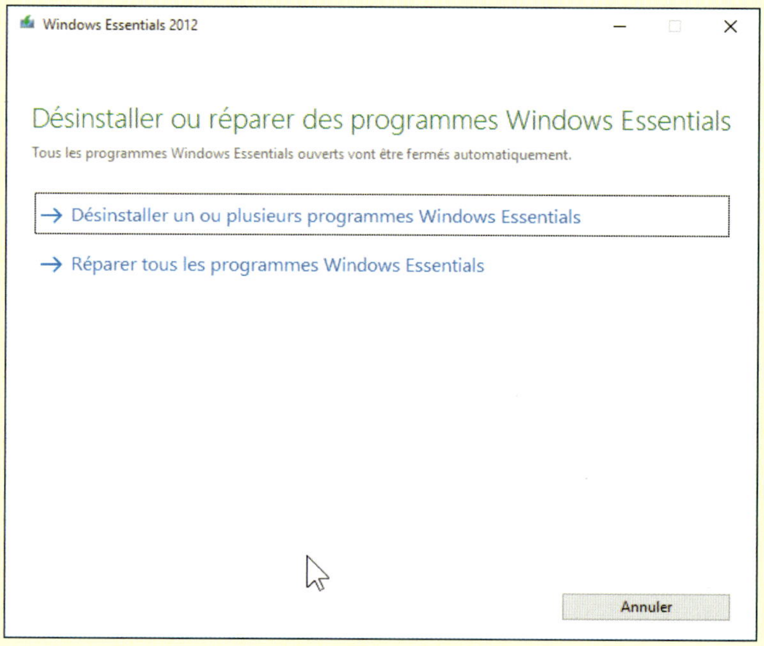

Explorer l'ordinateur

4

Ce chapitre explique l'organisation de l'ordinateur à partir de l'Explorateur. Ce dernier regroupe tous les éléments qui composent le PC, et en particulier les disques et les dossiers. Comprendre l'Explorateur, c'est connaître la structure de votre ordinateur : disques, dossiers, lecteurs, *etc.* Sa maîtrise est donc indispensable.

Dans ce chapitre

- Découvrir l'Explorateur
- Créer et renommer un dossier
- Connaître les propriétés d'un élément
- Modifier l'affichage de l'interface
- Sélectionner des éléments
- Copier ou déplacer des documents
- Utiliser les bibliothèques

Découvrir l'Explorateur

Comprendre l'organisation de votre ordinateur est une étape indispensable pour retrouver facilement vos documents ou utiliser les périphériques. Tous ces éléments sont regroupés dans un outil appelé *Ce PC*. L'application qui gère cette fenêtre s'appelle l'*Explorateur*.

Ouvrir l'Explorateur

1 Cliquez le bouton **Démarrer** → **Explorateur de fichiers** ou l'icône dans la barre des tâches.

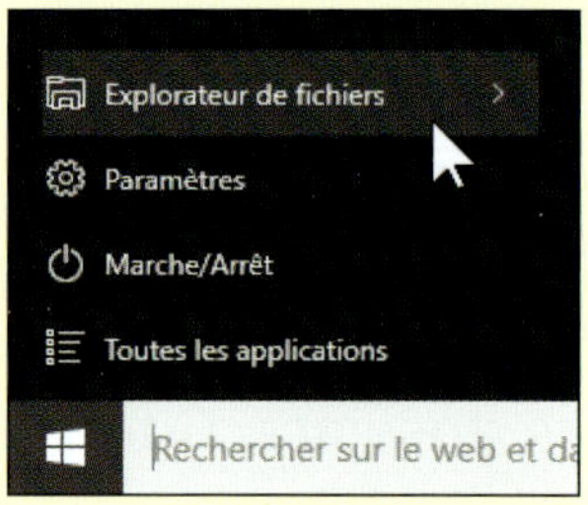

> Vous pouvez aussi taper le raccourci clavier + **E** (« E » comme Explorateur).

2 Les icônes représentent les éléments présents dans l'ordinateur : dossiers principaux, disques durs, disques amovibles, lecteurs partagés par d'autres personnes (si votre ordinateur est connecté à un réseau), *etc.*

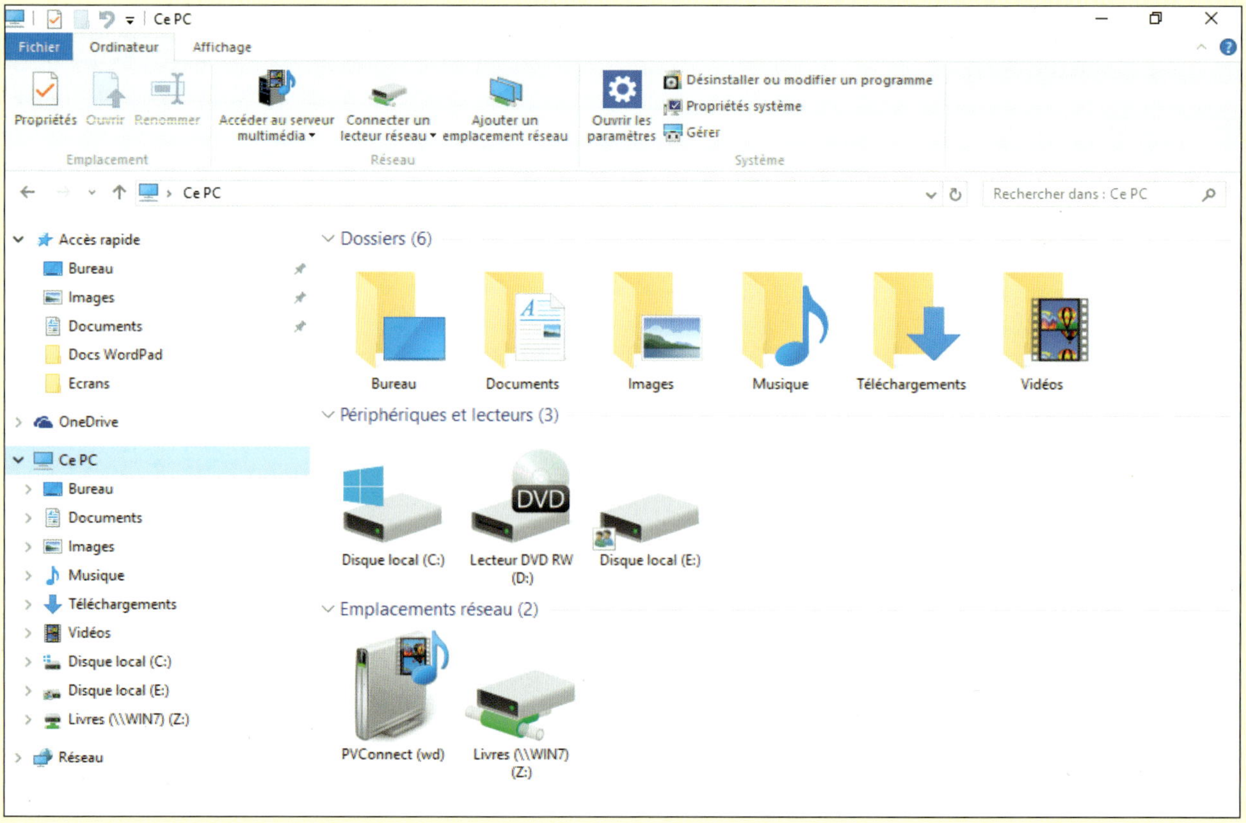

3 La partie gauche, appelée *Volet de navigation*, affiche des liens vers vos documents favoris, ainsi que tous les éléments qui composent l'ordinateur.

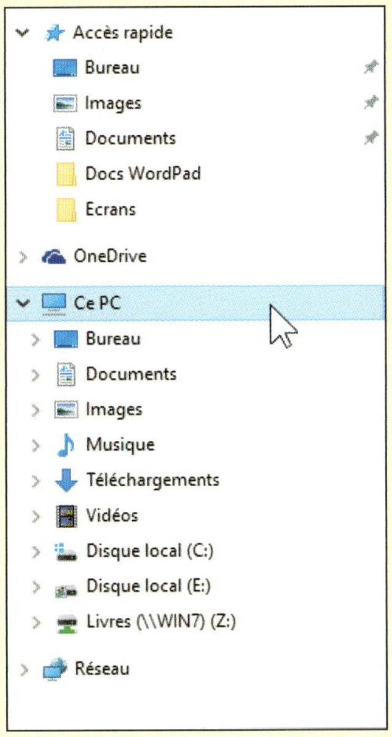

4 La partie droite affiche le contenu de l'élément sélectionné dans la partie gauche. Pour sélectionner un élément, cliquez simplement son nom ou son icône.

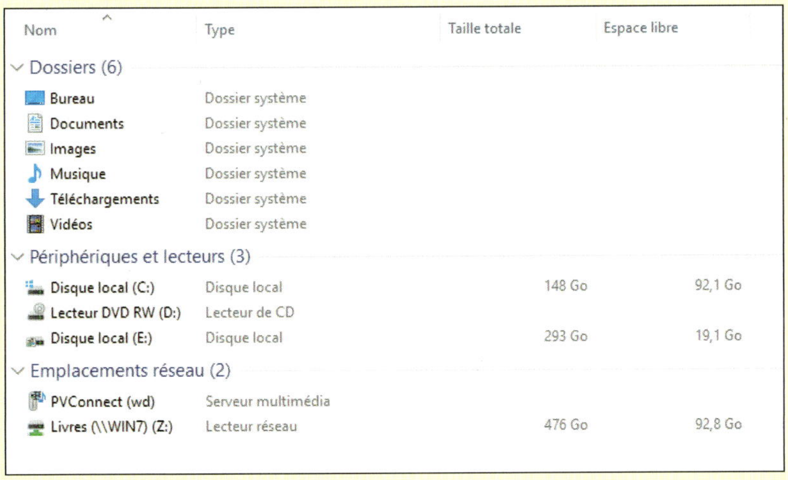

5 Un signe indique que l'élément en contient d'autres. En cliquant ce signe, vous développez l'arborescence. Les éléments contenus sur le disque ou dans le dossier apparaissent dessous, dans la partie gauche. Un signe indique que l'arborescence est développée.

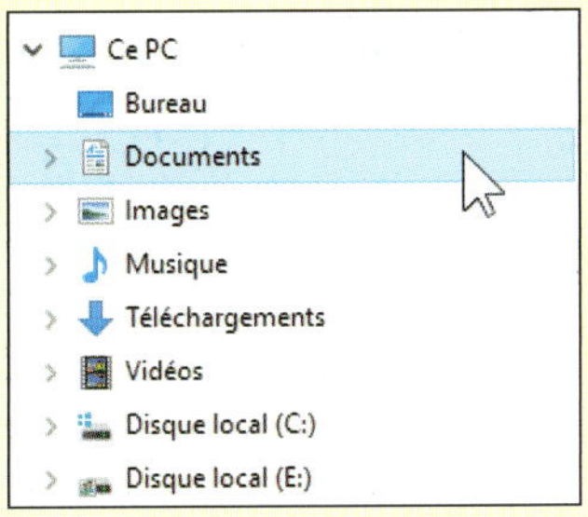

6 Cliquez un élément, un dossier par exemple, dans la partie gauche. La partie droite affiche le contenu de l'élément sélectionné.

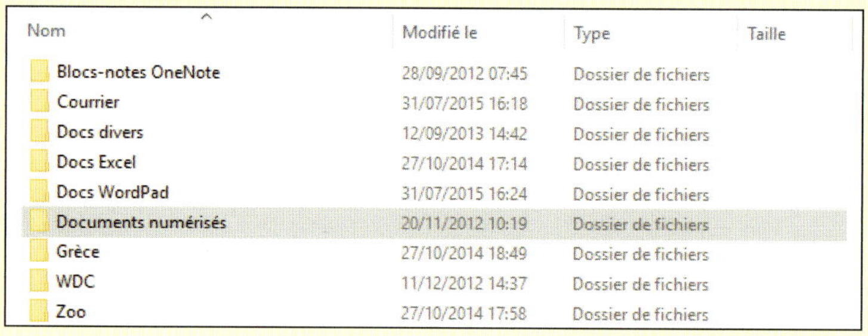

Parcourir votre disque dur

1 Cliquez l'icône dans la barre des tâches.

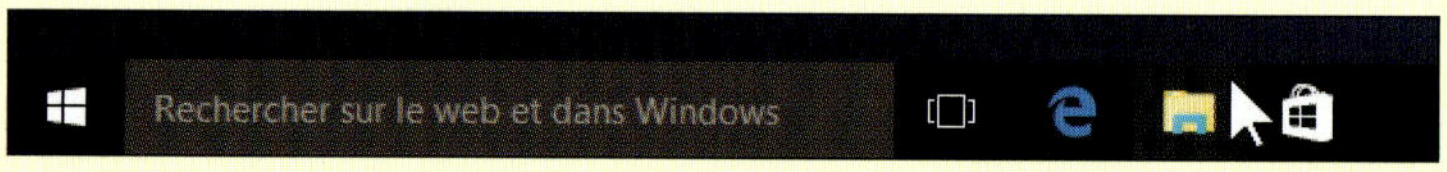

2 Cliquez le bouton en regard du disque dur **C:**. Il porte généralement le nom Disque local, mais le vôtre a peut-être été rebaptisé. Les dossiers contenus sur votre disque dur apparaissent au-dessous.

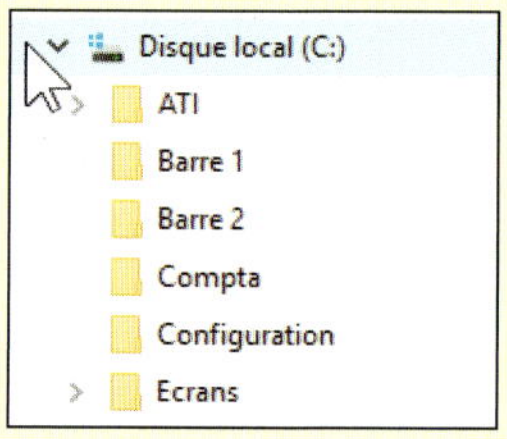

Chaque disque est nommé par une lettre : **A:** pour le lecteur de disquettes, **C:** pour le disque dur, et **D:** pour le lecteur de CD/DVD/Blu-Ray s'il n'y a pas d'autres disques durs. Quand il y a d'autres disques durs, ils prennent les lettres qui viennent après C et le lecteur de CD/DVD/Blu-ray se trouve placé en dernier. Dans les PC actuels, les lecteurs de disquettes ont généralement disparu, mais les lettres A et B ont été conservées, bien qu'elles soient rarement utilisées.

3 Cliquez le nom de votre disque dur dans le volet de navigation. La partie droite affiche les dossiers de votre disque dur.

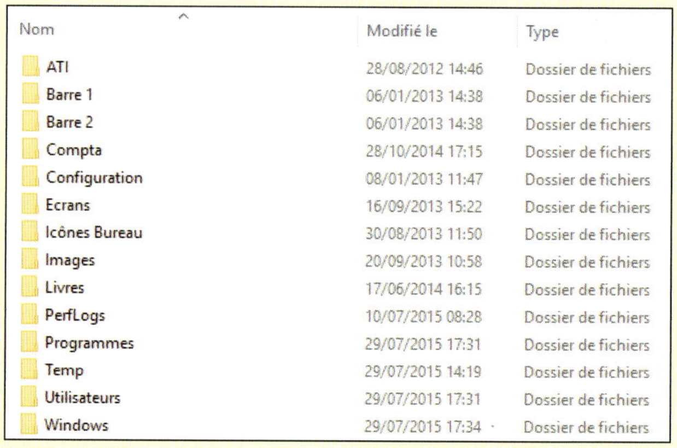

4 Cliquez un dossier dans le volet de navigation, ou double-cliquez ce même dossier dans la partie droite. Cette partie affiche maintenant le contenu du dossier sélectionné. Dans notre exemple, ce dossier contient des documents, mais aussi des sous-dossiers.

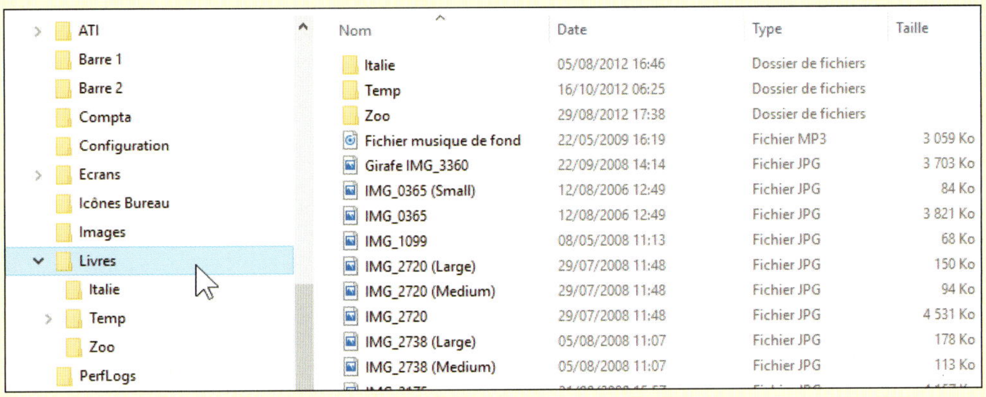

Se repérer avec la barre d'adresses

1 La barre d'adresses, située au-dessous du ruban, est le reflet de votre parcours, appelé *chemin*, dans l'arborescence de votre ordinateur. Cliquez la première flèche › dans la barre d'adresses.

2 Sélectionnez **Ce PC** dans la liste qui s'affiche.

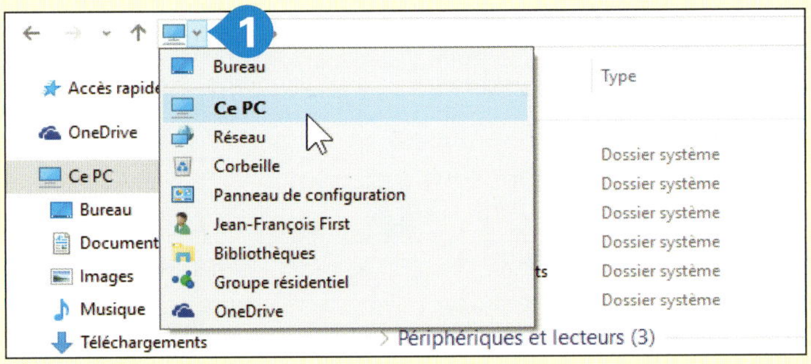

3 Cliquez la flèche › après **Ce PC**, puis sélectionnez votre **Disque local (C:)**.

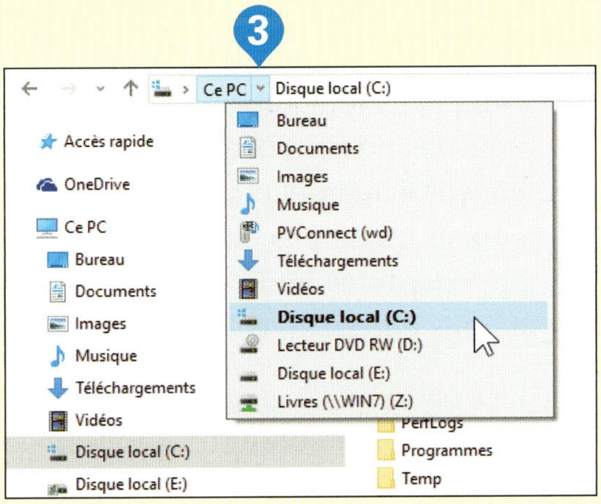

4 Cliquez la flèche › après **Disque local (C:)**, puis sélectionnez un dossier.

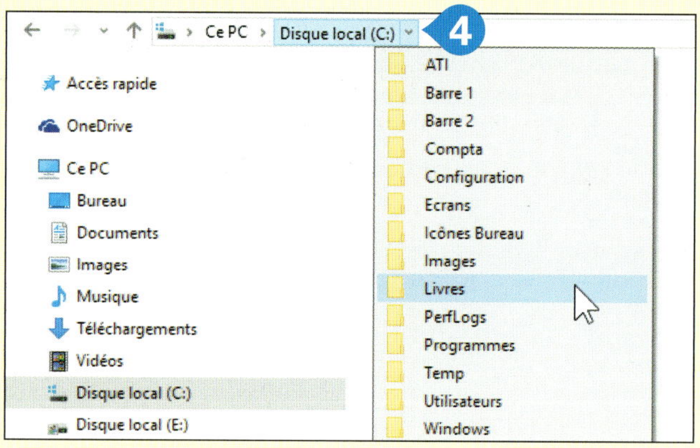

5 Le dossier sélectionné s'affiche dans la partie droite.

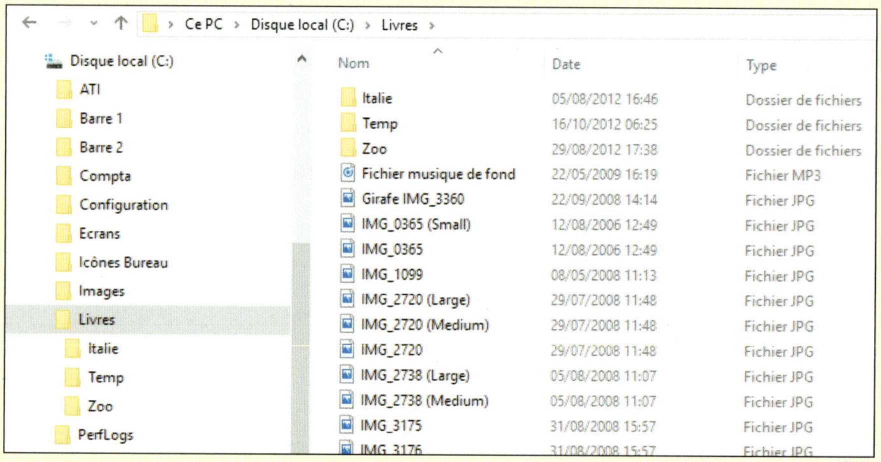

6 Cliquez les boutons ← et → pour parcourir rapidement les derniers emplacements sélectionnés. Pour revenir à l'emplacement précédent, cliquez le bouton ←. Pour voir l'emplacement suivant, cliquez le bouton →. Ces boutons ne sont disponibles que si vous avez déjà consulté au minimum deux emplacements. Pour choisir un emplacement précis, cliquez la flèche en regard des boutons ← → ˅, puis cliquez un emplacement dans la liste qui s'ouvre.

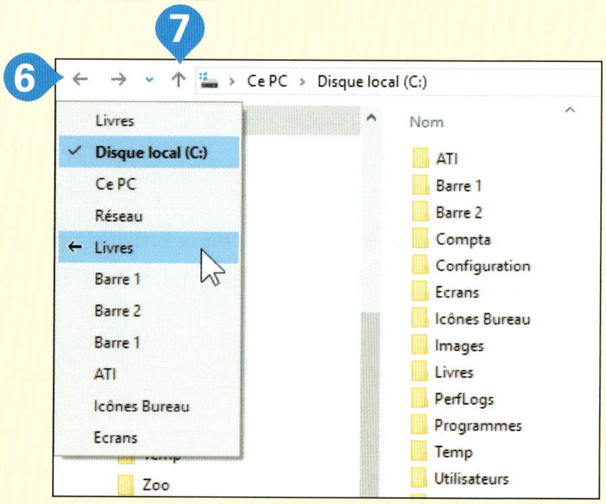

7 Le bouton ↑, à gauche de la barre d'adresses, permet de remonter d'un niveau dans le chemin actuel.

Créer et renommer un dossier

Pour mieux classer vos documents, n'hésitez pas à créer de nouveaux dossiers. Il est conseillé de créer des sous-dossiers dans votre dossier Documents. En effet, ce dossier n'appartient qu'à vous. Les autres utilisateurs de l'ordinateur n'y ont pas accès, car il est lié à votre ouverture de session et à votre mot de passe. De plus, comme les applications proposent en priorité d'enregistrer vos documents dans ce dossier, il sera beaucoup plus facile d'accéder à ses sous-dossiers.

Créer un dossier

1. Éventuellement, appuyez sur + **E** pour ouvrir l'Explorateur.

2. Cliquez le dossier **Documents** dans **Ce PC**. La partie droite affiche les sous-dossiers et les documents contenus dans votre dossier **Documents**. Si vous désirez créer un dossier à un autre emplacement, sélectionnez le disque ou le dossier qui doit contenir le nouveau dossier.

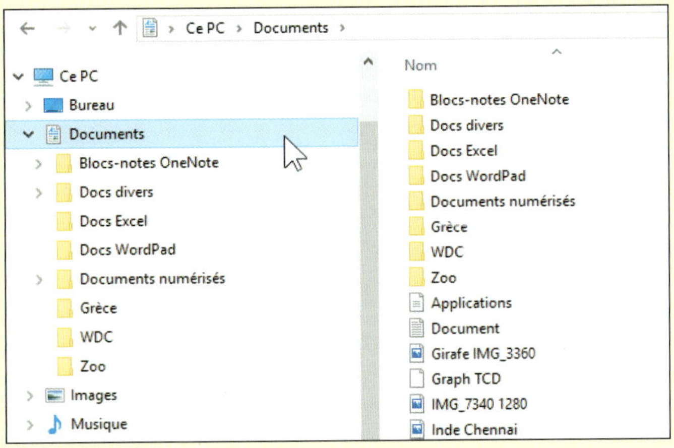

L'étape **2** est importante. Vous ne devez pas perdre de vue que la création d'un dossier s'effectue dans le dossier ou sur le disque actuellement sélectionné. Si vous ne sélectionnez pas au préalable le bon dossier ou le bon disque, votre dossier risque d'être créé à un endroit non désiré.

3. Cliquez l'onglet **Accueil** → **Nouveau** → **Nouveau dossier** dans le ruban.

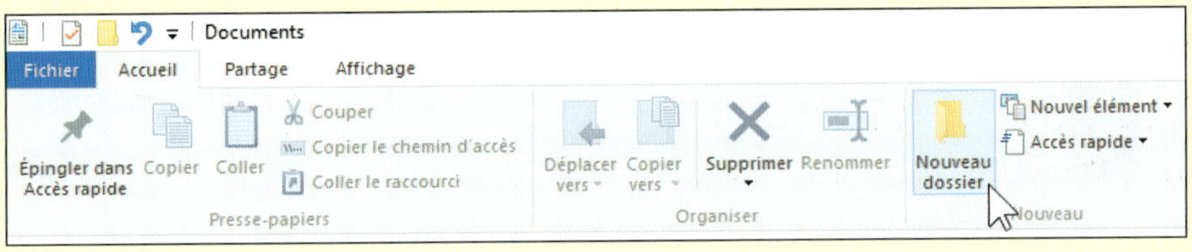

4 Un nouveau dossier apparaît dans la partie droite. Son nom par défaut « Nouveau dossier » est en surbrillance.

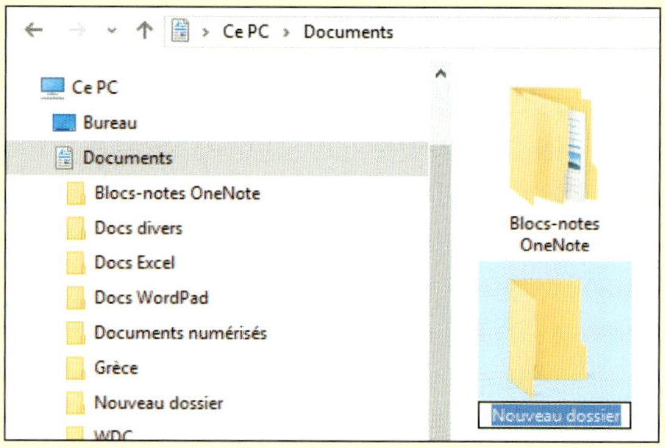

5 Tapez immédiatement le nom du dossier et appuyez sur la touche **Entrée**.

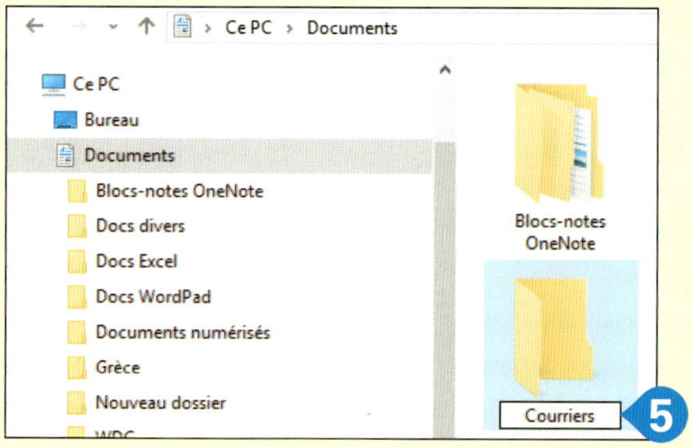

6 Vous avez maintenant un nouveau dossier pour vos documents (« Courriers » dans notre exemple).

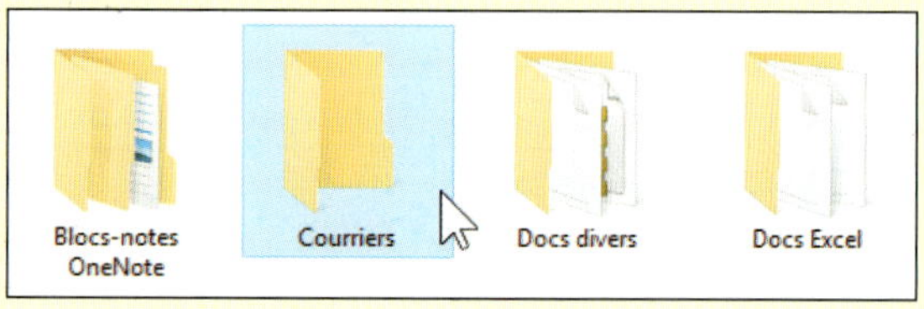

Si vous n'avez pas tapé de nom à l'étape **5**, mais appuyé simplement sur **Entrée** ou sélectionné avec la souris un autre élément, le dossier porte le nom par défaut « Nouveau dossier ». Renommez-le.

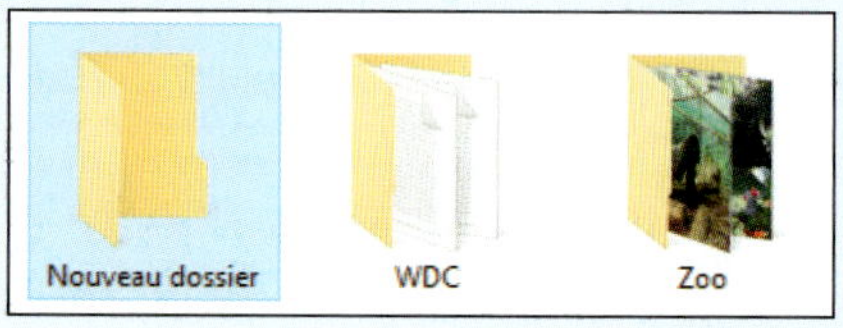

Renommer un dossier

1. Cliquez le nom du dossier avec le bouton droit de la souris.
2. Cliquez la commande **Renommer** dans le menu contextuel.

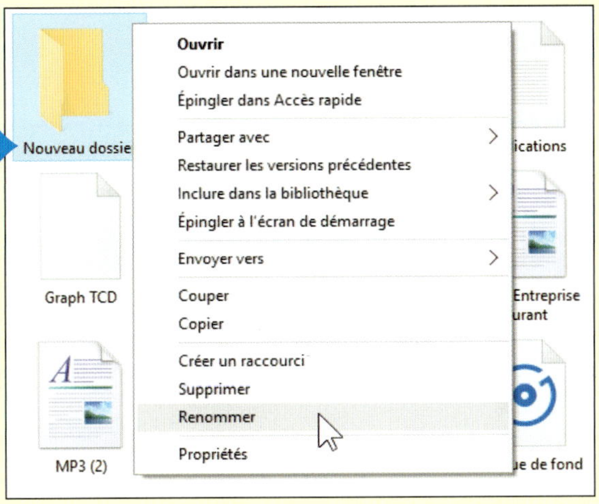

3. Tapez le nom du dossier et appuyez sur la touche **Entrée**.

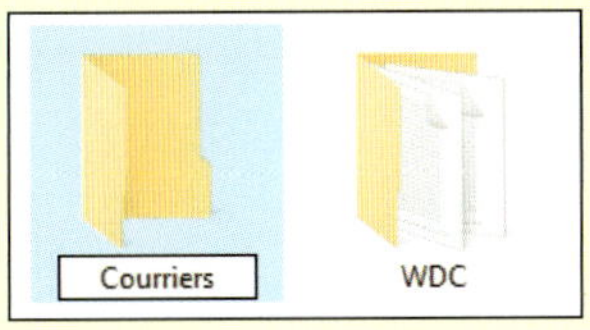

Vous pouvez aussi utiliser l'onglet **Accueil → Organiser → Renommer**. Les fichiers se renomment de la même façon.

Connaître les propriétés d'un élément

Il est intéressant de connaître les caractéristiques d'un disque pour en évaluer les capacités et, éventuellement, modifier son nom. Comme pour un disque, les caractéristiques d'un dossier permettent d'évaluer la place qu'il occupe réellement.

Propriétés des disques

1 Cliquez l'icône dans la barre des tâches ou tapez le raccourci + **E** pour ouvrir l'Explorateur.

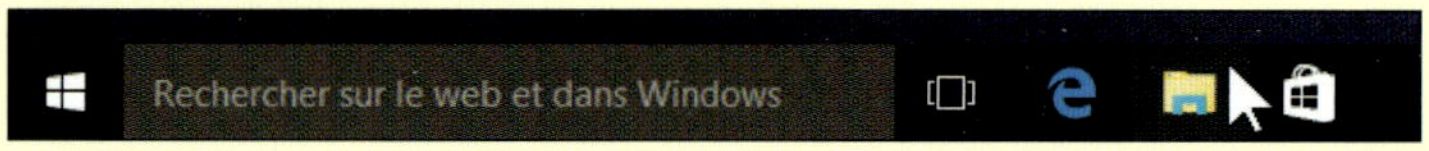

2 Cliquez avec le bouton droit le disque à vérifier (disque dur, lecteur de DVD, lecteur de cartes mémoire, *etc.*).

3 Cliquez la commande **Propriétés** dans le menu contextuel.

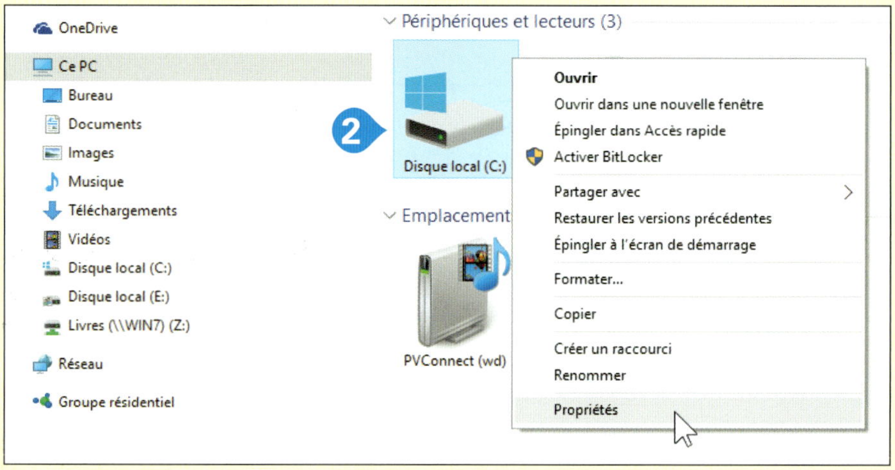

4 La boîte Propriétés donne des informations sur le nom du disque, sa taille, l'espace utilisé et l'espace restant.

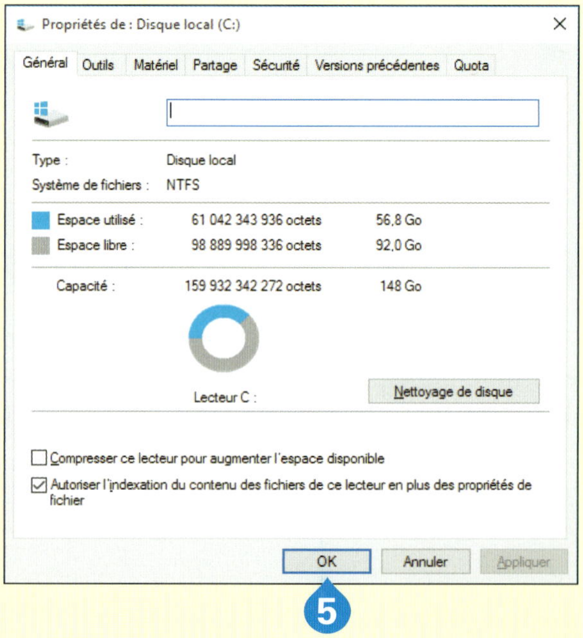

Vous pouvez attribuer un nouveau nom aux disques durs en le tapant dans la zone de texte au-dessous des onglets. Vous ne pouvez pas modifier le nom des CD, DVD et BD (Blu-ray Disc). Pour retrouver le nom par défaut, supprimez le contenu de cette zone.

5 Cliquez le bouton **OK**.

Propriétés des dossiers

1. Cliquez avec le bouton droit le dossier à vérifier.
2. Cliquez la commande **Propriétés** dans le menu contextuel.

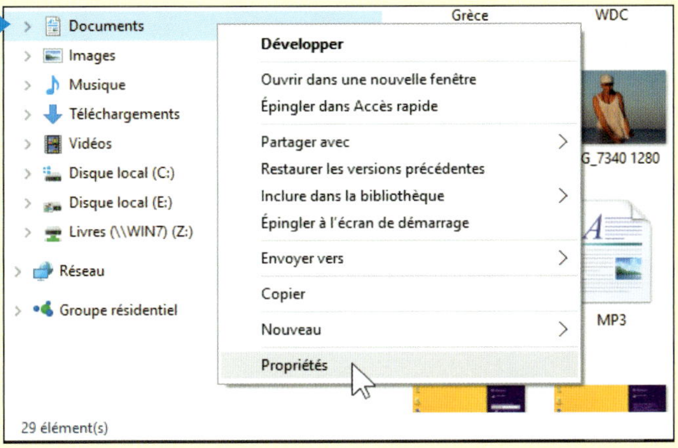

3. La boîte Propriétés indique le nombre de sous-dossiers et le nombre de fichiers présents dans le dossier. La taille affichée correspond à celle du dossier, et inclut celles des sous-dossiers et des fichiers.

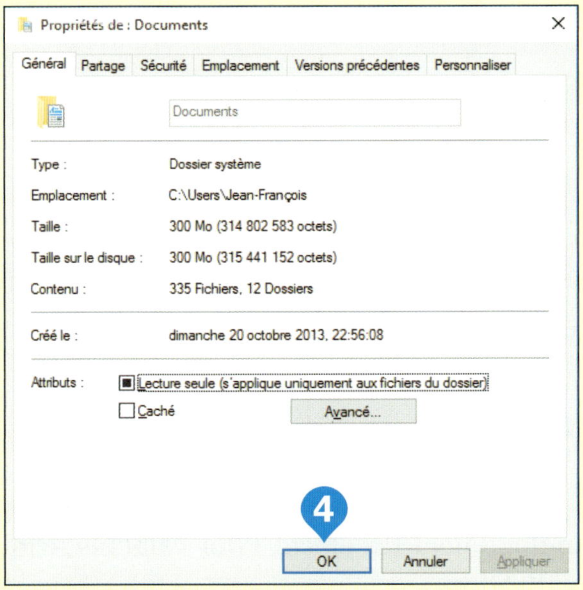

4. Cliquez le bouton **OK**.

Modifier l'affichage de l'interface

L'interface de l'Explorateur étant très souple, vous pouvez afficher ou masquer certaines parties de l'interface, afficher des indications sur un élément dans le volet des détails, modifier la taille des icônes, trier les éléments ou les classer par groupes.

Choisir les volets à afficher

1 Cliquez l'onglet **Affichage → Volets → Volet de navigation** dans le ruban.

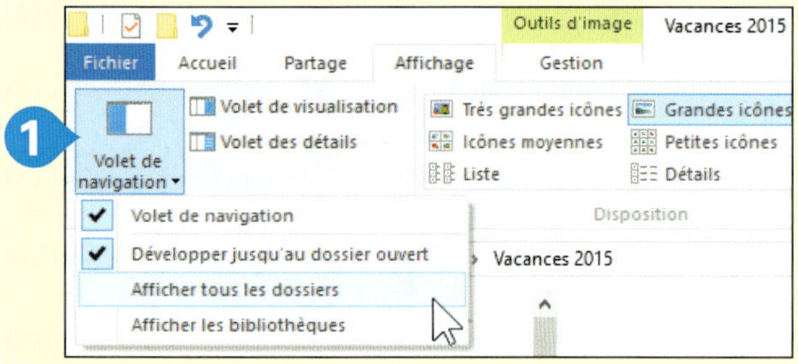

2 Le menu propose les options suivantes :

- **Volet de navigation** : affiche ou masque la partie gauche. Vous pouvez toujours utiliser la barre d'adresses pour vous déplacer entre les emplacements de votre ordinateur.
- **Développer jusqu'au dossier ouvert** : développe l'arborescence jusqu'au dossier sélectionné.
- **Afficher tous les dossiers** : affiche les dossiers masqués comme la Corbeille ou le Panneau de configuration.
- **Afficher les bibliothèques** : affiche les dossiers des bibliothèques. Consultez la section « Utiliser les bibliothèques » plus loin dans ce chapitre.

Afficher le contenu d'un document

1 Le volet de visualisation affiche le contenu du document sélectionné, par exemple le texte d'un document Word, une feuille de calcul d'un document Excel, *etc*. Pour l'afficher, cliquez l'onglet **Affichage → Volets → Volet de visualisation**.

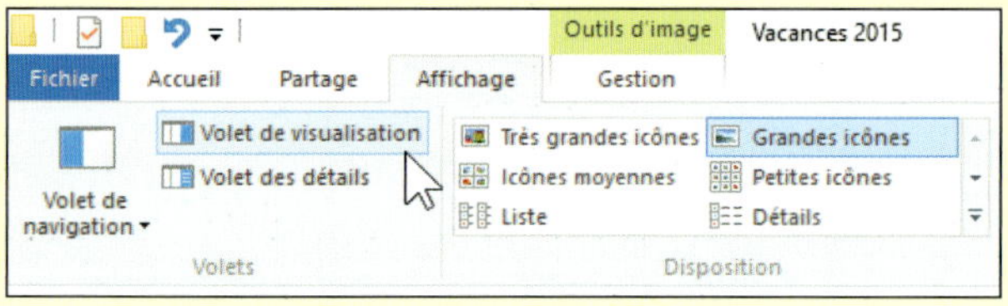

2 Le volet s'affiche à droite. Sélectionnez le fichier à consulter.

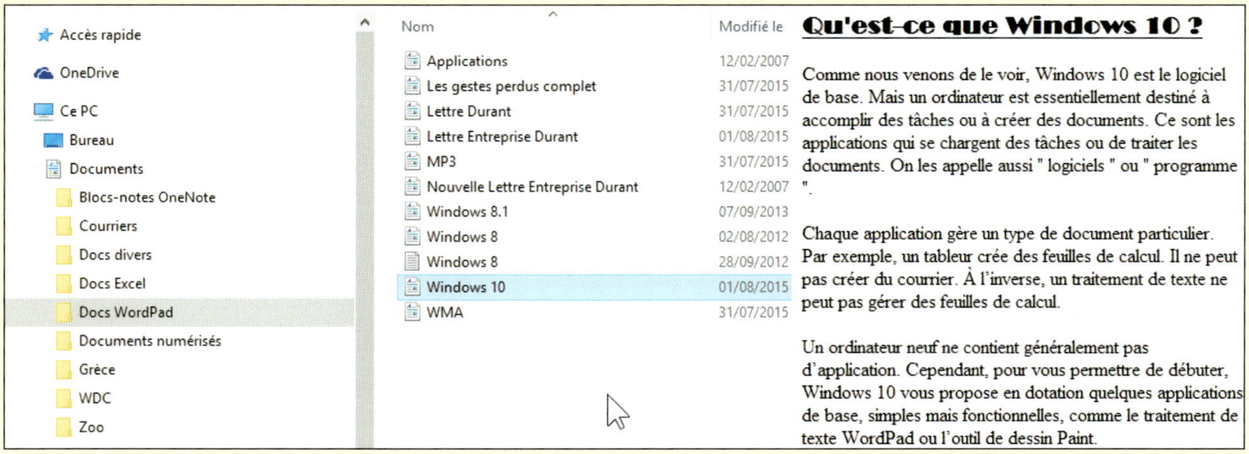

Afficher les propriétés de l'élément sélectionné

1 Le volet d'informations donne des indications sur l'élément sélectionné. Pour l'afficher, cliquez l'onglet **Affichage** → **Volets** → **Volet des détails**.

2 Les renseignements fournis sont fonction de l'élément sélectionné.

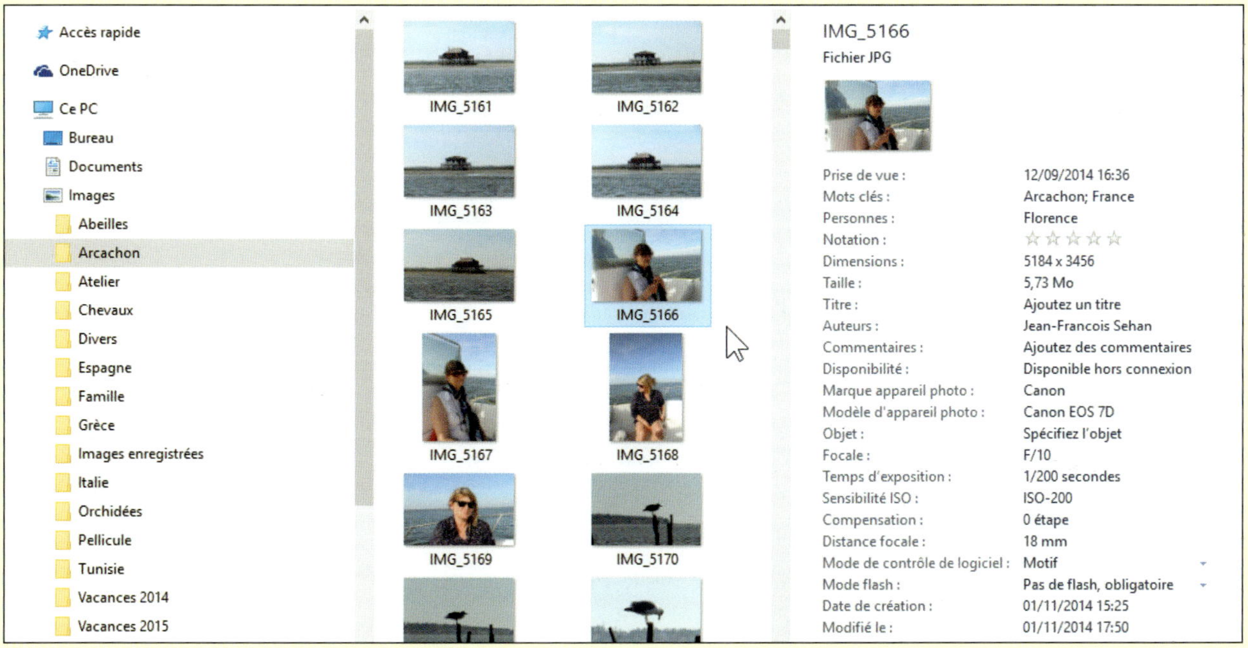

Modifier la taille des icônes

1 Pour modifier la taille des icônes, cliquez l'onglet **Affichage → Disposition**, puis cliquez la taille désirée dans la liste. Éventuellement, cliquez le bouton ▾ pour agrandir la liste.

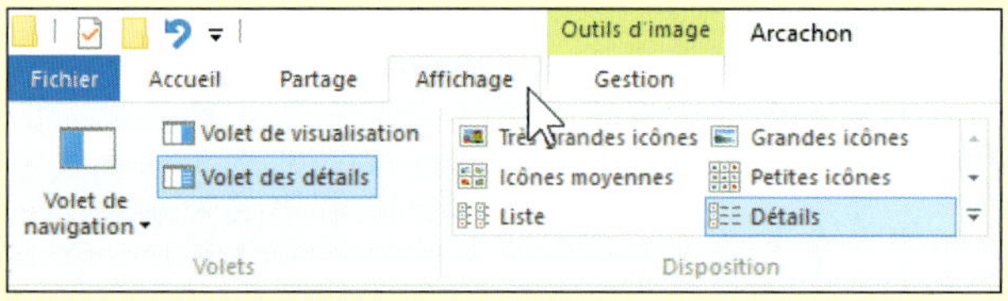

- **Détails** : les icônes sont petites mais vous aurez des informations supplémentaires sur les documents (date, taille, *etc.*).

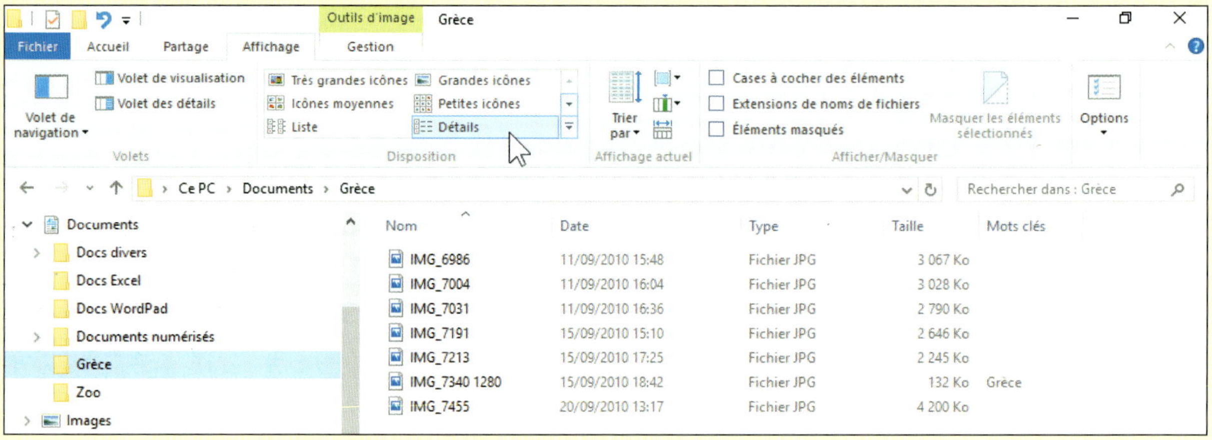

- **Icônes** : vous pouvez voir le contenu des images ou des vidéos mais aucune information sur les documents (choisissez la taille : petites, moyennes, grandes ou très grandes).

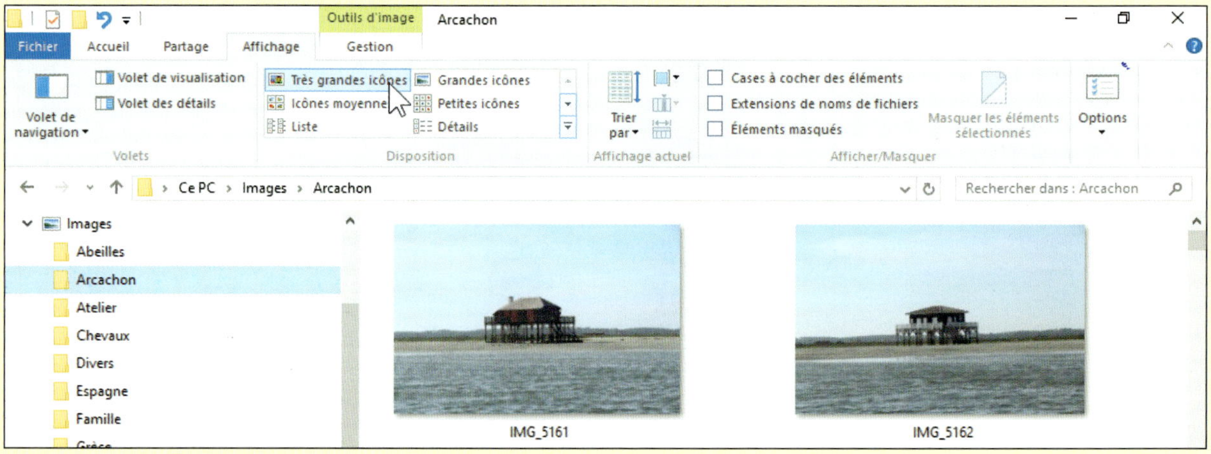

- **Mosaïques** : vous pouvez voir le contenu des images ou des vidéos ainsi que la taille des fichiers.

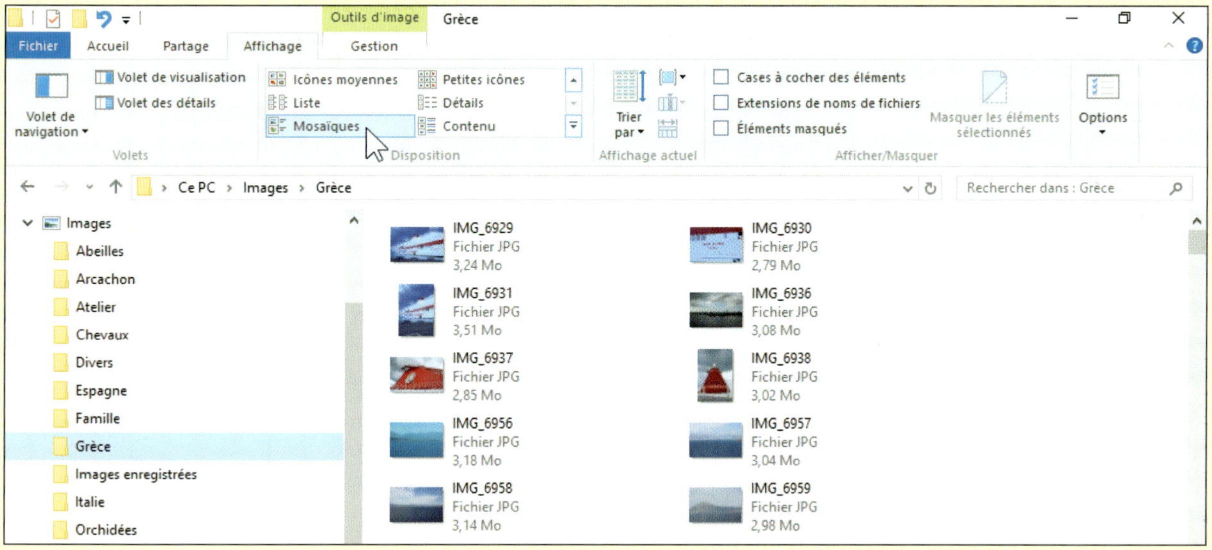

- **Contenu** : vous pouvez voir le contenu des images ou des vidéos ainsi que des détails sur les fichiers.

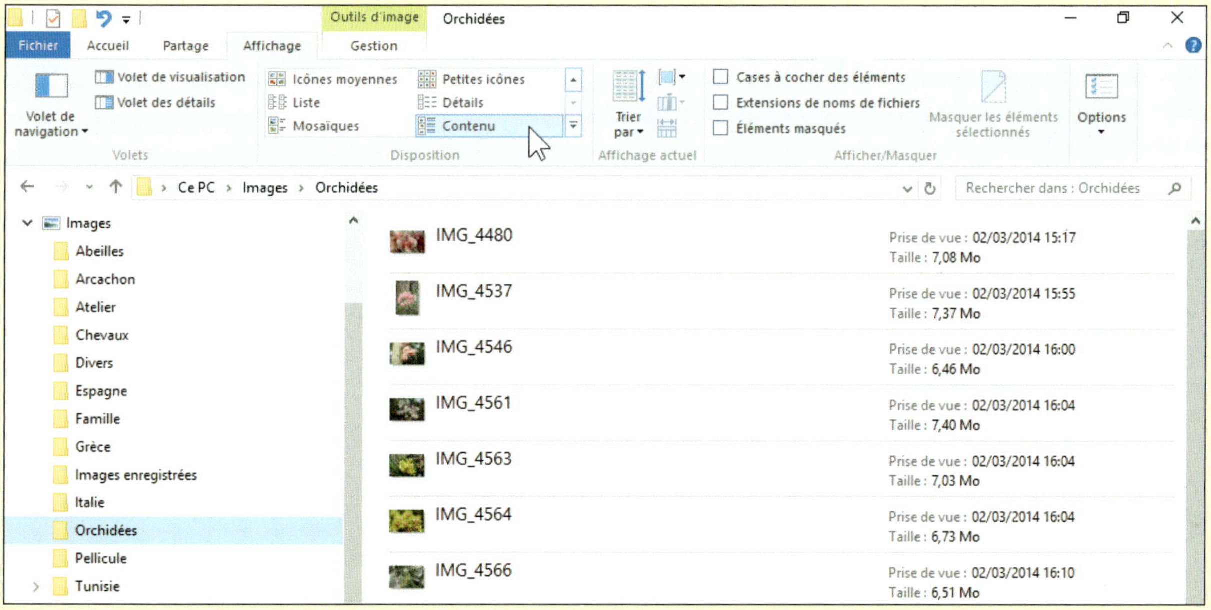

- **Liste** : vous pouvez voir un maximum d'icônes.

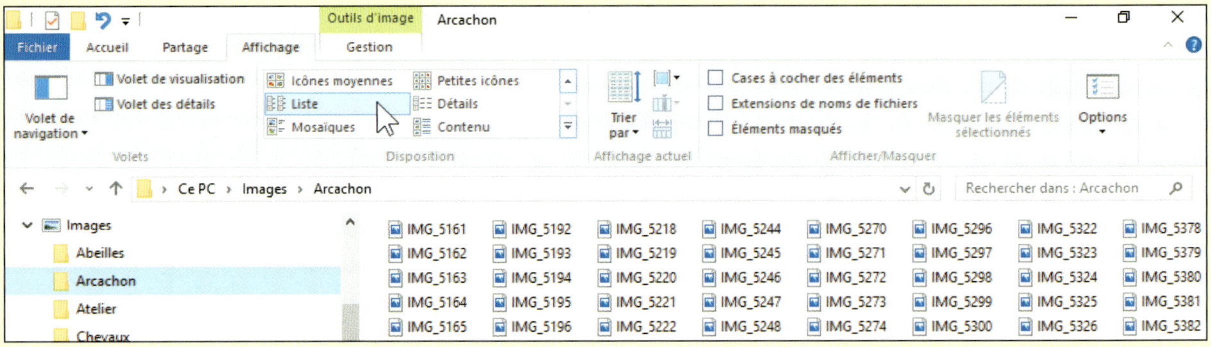

2 Pour changer rapidement de mode, cliquez les boutons (détails) ou (grandes icônes). Ces deux boutons se trouvent en bas à droite.

L'Explorateur propose une multitude d'options d'affichage pour s'adapter à votre façon de travailler. Cliquez l'onglet **Affichage → Options → Modifier les options des dossiers et de recherche →** onglet **Affichage**. La boîte Options des dossiers propose des dizaines de paramètres pour modifier l'affichage dans l'Explorateur. Cochez ou décochez les options voulues. Cliquez le bouton **OK** pour valider vos choix.

Changer l'ordre de classement de vos documents

1 Dans l'affichage **Détails**, cliquez un en-tête de colonne (nom, date, type, taille, *etc.*). La liste est alors triée par ordre croissant ou décroissant de la colonne choisie. Une petite flèche dans l'en-tête de colonne vous indique le sens du tri.

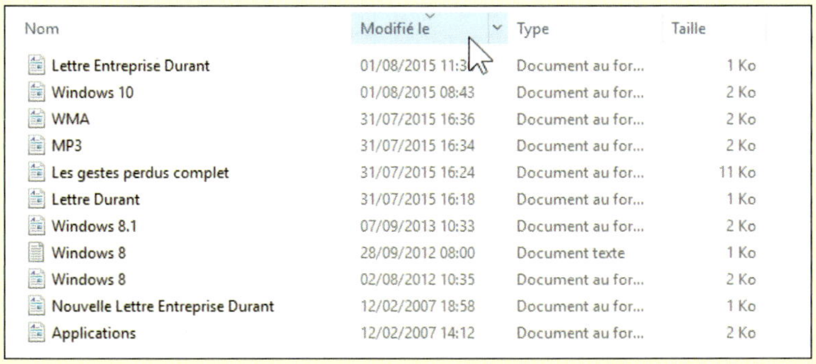

2 Cliquez de nouveau le même en-tête, la liste est triée dans l'ordre inverse.

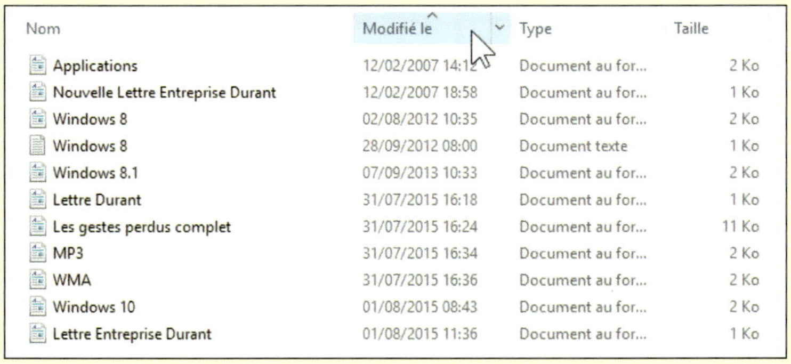

3 Dans les autres modes d'affichage, cliquez l'onglet **Affichage** → **Affichage actuel** → **Trier par**.

4 Cliquez le type ou l'ordre de tri dans la liste.

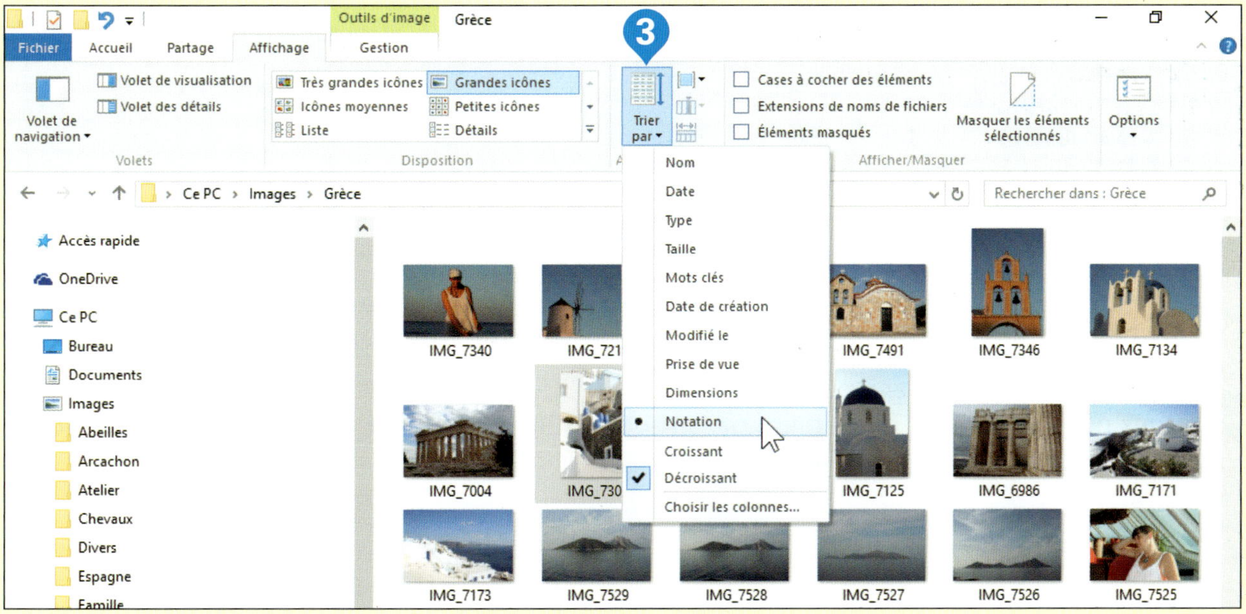

Par défaut, les documents sont classés par ordre alphabétique. Les dossiers sont toujours placés en début de liste.

Classer vos documents par groupes

1. Cliquez l'onglet **Affichage** ➜ **Affichage actuel** ➜ **Grouper par** .
2. Cliquez le type de groupe (nom, date, *etc.*)

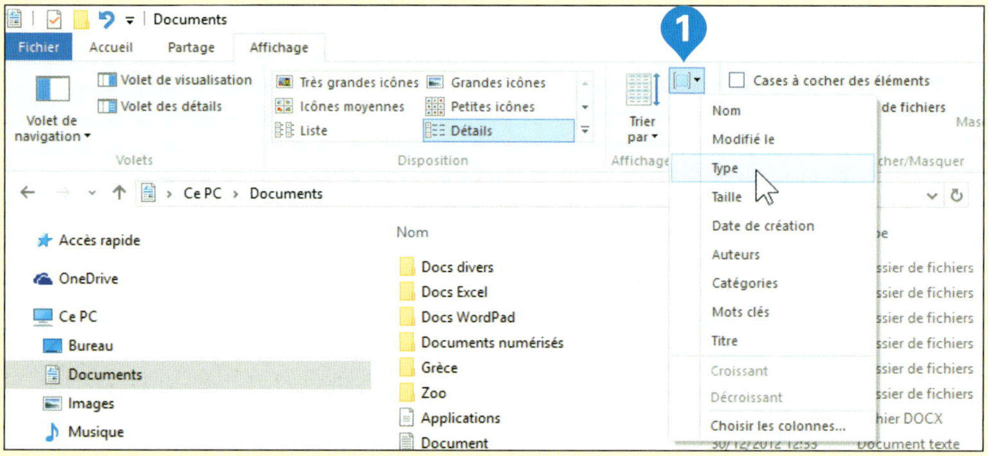

3. Les documents sont triés par groupes (groupes de lettres, groupes de dates, *etc.*).

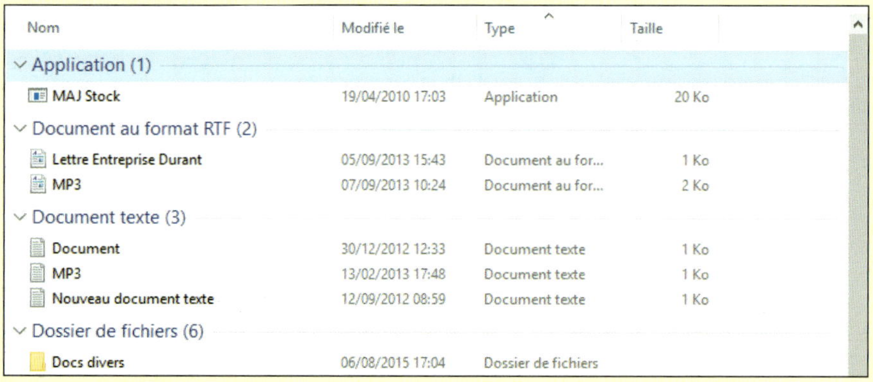

4. Pour ne plus afficher les fichiers par groupes, cliquez l'onglet **Affichage** ➜ **Affichage actuel** ➜ **Grouper par** ➜ **(aucun)**.

Sélectionner des éléments

Il est beaucoup plus simple et plus rapide de sélectionner simultanément plusieurs éléments lorsqu'on souhaite leur appliquer la même action. C'est le cas, par exemple, pour déplacer ou copier plusieurs documents.

Sélectionner des fichiers contigus

1. Cliquez le premier fichier pour le sélectionner.

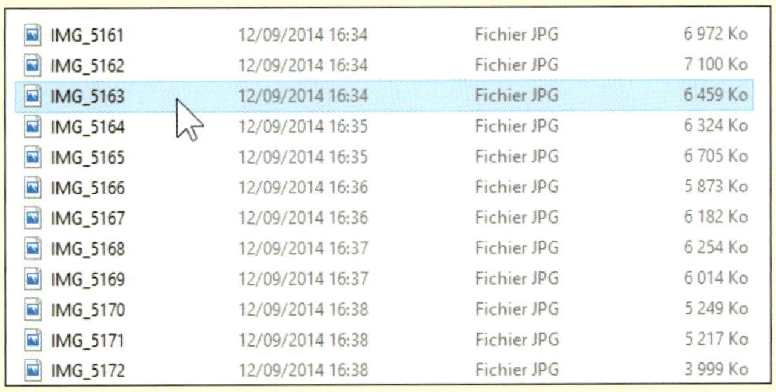

IMG_5161	12/09/2014 16:34	Fichier JPG	6 972 Ko
IMG_5162	12/09/2014 16:34	Fichier JPG	7 100 Ko
IMG_5163	12/09/2014 16:34	Fichier JPG	6 459 Ko
IMG_5164	12/09/2014 16:35	Fichier JPG	6 324 Ko
IMG_5165	12/09/2014 16:35	Fichier JPG	6 705 Ko
IMG_5166	12/09/2014 16:36	Fichier JPG	5 873 Ko
IMG_5167	12/09/2014 16:36	Fichier JPG	6 182 Ko
IMG_5168	12/09/2014 16:37	Fichier JPG	6 254 Ko
IMG_5169	12/09/2014 16:37	Fichier JPG	6 014 Ko
IMG_5170	12/09/2014 16:38	Fichier JPG	5 249 Ko
IMG_5171	12/09/2014 16:38	Fichier JPG	5 217 Ko
IMG_5172	12/09/2014 16:38	Fichier JPG	3 999 Ko

2. Maintenez enfoncée la touche **Maj** (cette touche se trouve au-dessus de la touche **Ctrl**).
3. Cliquez le dernier fichier.

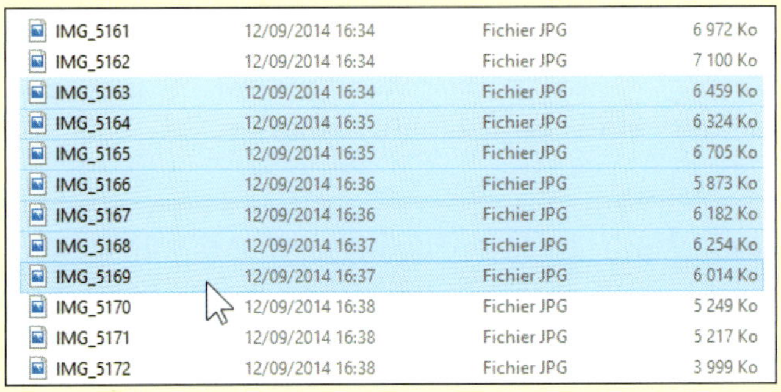

IMG_5161	12/09/2014 16:34	Fichier JPG	6 972 Ko
IMG_5162	12/09/2014 16:34	Fichier JPG	7 100 Ko
IMG_5163	12/09/2014 16:34	Fichier JPG	6 459 Ko
IMG_5164	12/09/2014 16:35	Fichier JPG	6 324 Ko
IMG_5165	12/09/2014 16:35	Fichier JPG	6 705 Ko
IMG_5166	12/09/2014 16:36	Fichier JPG	5 873 Ko
IMG_5167	12/09/2014 16:36	Fichier JPG	6 182 Ko
IMG_5168	12/09/2014 16:37	Fichier JPG	6 254 Ko
IMG_5169	12/09/2014 16:37	Fichier JPG	6 014 Ko
IMG_5170	12/09/2014 16:38	Fichier JPG	5 249 Ko
IMG_5171	12/09/2014 16:38	Fichier JPG	5 217 Ko
IMG_5172	12/09/2014 16:38	Fichier JPG	3 999 Ko

4. Relâchez la touche **Maj**. Seuls les fichiers sélectionnés sont en surbrillance.

Sélectionner des fichiers non contigus

1. Cliquez le premier fichier pour le sélectionner.

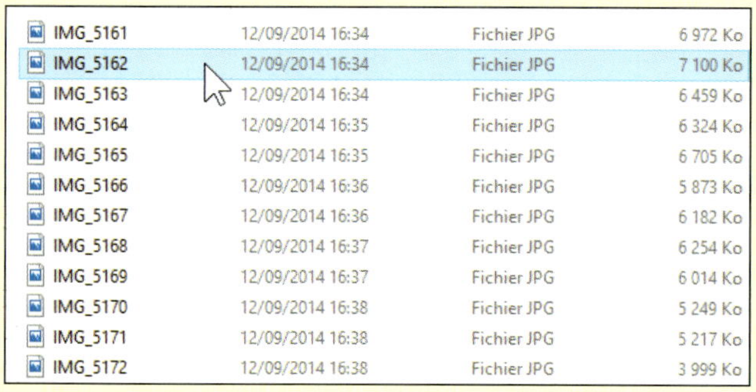

IMG_5161	12/09/2014 16:34	Fichier JPG	6 972 Ko
IMG_5162	12/09/2014 16:34	Fichier JPG	7 100 Ko
IMG_5163	12/09/2014 16:34	Fichier JPG	6 459 Ko
IMG_5164	12/09/2014 16:35	Fichier JPG	6 324 Ko
IMG_5165	12/09/2014 16:35	Fichier JPG	6 705 Ko
IMG_5166	12/09/2014 16:36	Fichier JPG	5 873 Ko
IMG_5167	12/09/2014 16:36	Fichier JPG	6 182 Ko
IMG_5168	12/09/2014 16:37	Fichier JPG	6 254 Ko
IMG_5169	12/09/2014 16:37	Fichier JPG	6 014 Ko
IMG_5170	12/09/2014 16:38	Fichier JPG	5 249 Ko
IMG_5171	12/09/2014 16:38	Fichier JPG	5 217 Ko
IMG_5172	12/09/2014 16:38	Fichier JPG	3 999 Ko

2. Maintenez enfoncée la touche **Ctrl**.
3. Cliquez l'un après l'autre les autres fichiers à sélectionner.

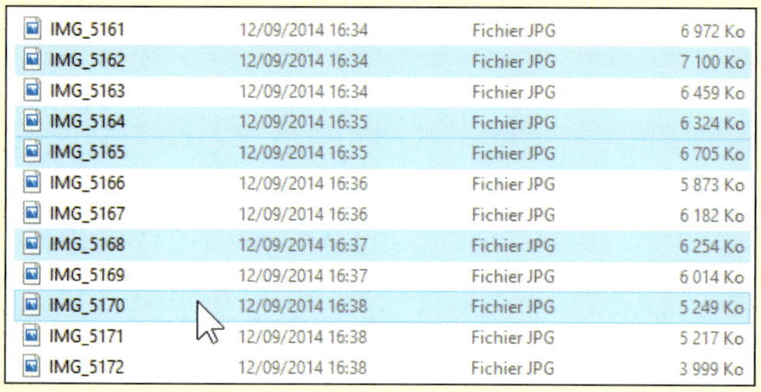

IMG_5161	12/09/2014 16:34	Fichier JPG	6 972 Ko
IMG_5162	12/09/2014 16:34	Fichier JPG	7 100 Ko
IMG_5163	12/09/2014 16:34	Fichier JPG	6 459 Ko
IMG_5164	12/09/2014 16:35	Fichier JPG	6 324 Ko
IMG_5165	12/09/2014 16:35	Fichier JPG	6 705 Ko
IMG_5166	12/09/2014 16:36	Fichier JPG	5 873 Ko
IMG_5167	12/09/2014 16:36	Fichier JPG	6 182 Ko
IMG_5168	12/09/2014 16:37	Fichier JPG	6 254 Ko
IMG_5169	12/09/2014 16:37	Fichier JPG	6 014 Ko
IMG_5170	12/09/2014 16:38	Fichier JPG	5 249 Ko
IMG_5171	12/09/2014 16:38	Fichier JPG	5 217 Ko
IMG_5172	12/09/2014 16:38	Fichier JPG	3 999 Ko

4. Relâchez la touche **Ctrl**. Seuls les fichiers sélectionnés sont en surbrillance.

> Pour désélectionner un élément de la sélection, cliquez-le de nouveau en maintenant la touche **Ctrl** enfoncée. Pour sélectionner tout le contenu d'un dossier, cliquez un de ses fichiers puis tapez **Ctrl** + **A**.

Copier ou déplacer des documents

Il est parfois nécessaire de déplacer des documents entre deux dossiers pour mieux les classer. Il est en revanche nécessaire d'effectuer des copies de vos documents pour en assurer la pérennité. Les copies et les déplacements peuvent s'effectuer directement avec la souris, mais si vous n'êtes pas à l'aise avec cette dernière, vous pouvez utiliser le menu contextuel. Si vous n'avez plus besoin de certains fichiers, vous pouvez aussi les supprimer pour gagner de la place sur votre disque dur.

Copier ou déplacer des documents avec la souris

1. Affichez dans la partie droite le ou les documents à copier ou à déplacer.

2. Développez l'arborescence dans le volet de navigation pour voir le dossier ou le disque de destination.

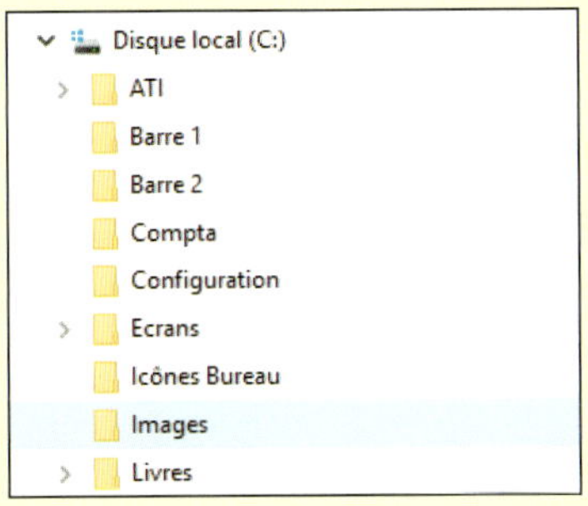

3. Sélectionnez le ou les documents à déplacer dans la partie droite.

4. Cliquez et faites glisser un des fichiers de la sélection vers le nouveau dossier.

Les fichiers sont toujours copiés entre deux disques différents (par exemple, du lecteur de DVD **D:** vers le disque dur **C:**). Pour forcer un déplacement entre deux disques, maintenez la touche **Maj** enfoncée pendant l'étape **4**. Si vous désirez faire une copie et non un simple déplacement, répétez les étapes **3** et **4** mais en maintenant la touche **Ctrl** enfoncée pendant l'étape **4**.

5 Si un document avec un nom identique est déjà présent dans le dossier de destination, Windows affiche une boîte pour vous demander ce qu'il doit faire. Choisissez l'option qui vous convient.

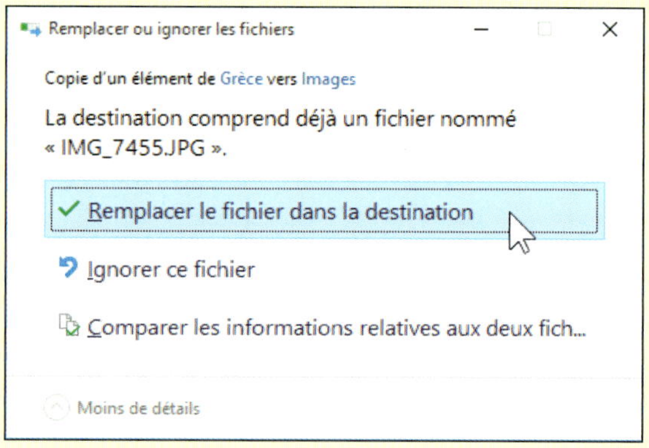

Vous pouvez également copier ou déplacer des documents avec le menu contextuel. Effectuez les étapes **1** à **3** ci-dessus, puis cliquez et faites glisser un des fichiers de la sélection vers le nouveau dossier avec le bouton droit de la souris. Windows ouvre un menu contextuel dès que vous relâchez le bouton. Cliquez ensuite dans ce menu la commande **Déplacer ici** ou **Copier ici**.

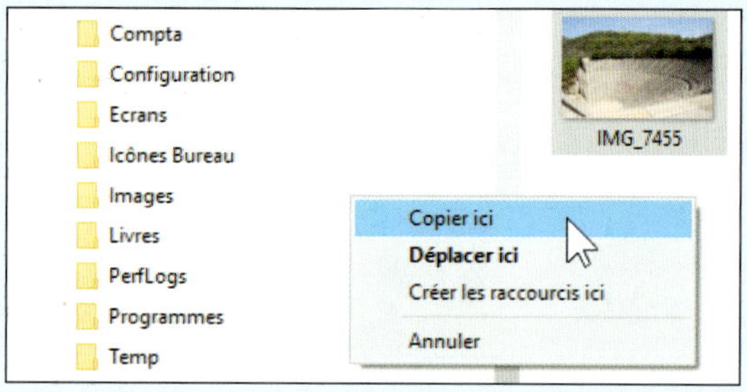

Supprimer un document

1. Sélectionnez le ou les documents à supprimer.

> Ne supprimez que vos documents. Ne supprimez pas les autres fichiers. Ils appartiennent probablement à une application ou à Windows.

2. Appuyez sur la touche **Suppr**.
3. Une boîte vous demande de confirmer la suppression.
4. Cliquez le bouton **Oui**.

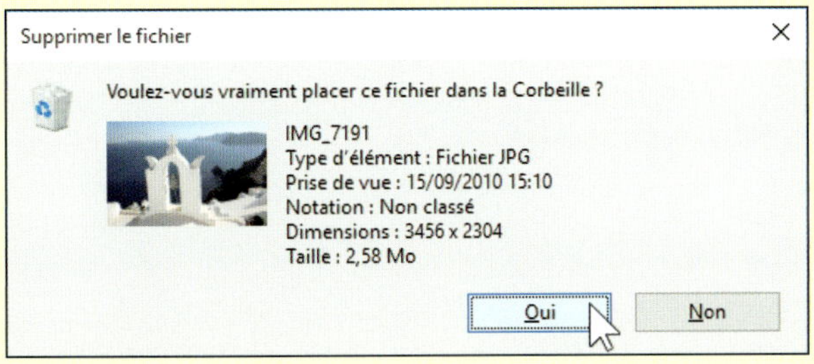

> Les fichiers ne sont pas réellement supprimés. Ils sont déplacés dans un dossier spécial baptisé Corbeille (consultez le chapitre **5** pour en savoir plus).

Annuler la dernière action

1. Que vous ayez déplacé, copié, renommé ou supprimé des éléments, vous pouvez toujours annuler la dernière action. Tapez le raccourci **Ctrl** + **Z** ou cliquez le bouton dans la barre d'outils Accès rapide.

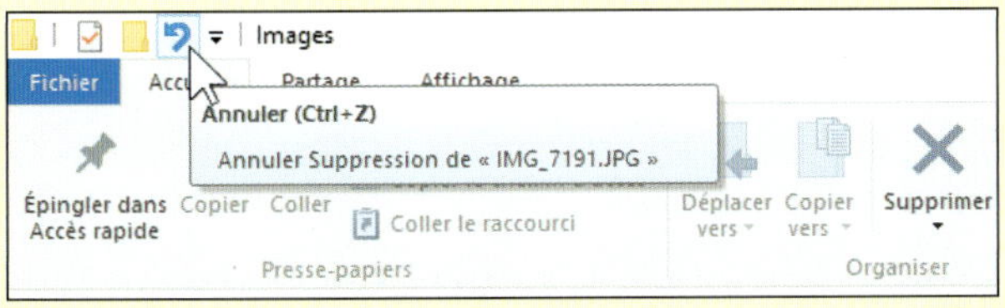

> Vous ne pouvez annuler une suppression que si les fichiers ont été déplacés vers la Corbeille. Consultez le chapitre **5**.

Utiliser les bibliothèques

L'Explorateur propose un dossier Bibliothèques. Vous pouvez ajouter dans ce dernier vos propres « sous-bibliothèques », et y inclure des références à des dossiers présents à d'autres emplacements (le disque C: par exemple). Cela permet d'accéder plus facilement aux dossiers que vous utilisez fréquemment. Par défaut, le dossier Bibliothèques propose les sous-dossiers Documents, Images, Musique et Vidéos. Vous pouvez ajouter autant de bibliothèques que nécessaire.

Afficher les bibliothèques

1. Cliquez l'onglet **Affichage → Volets → Volet de navigation** puis cochez **Afficher les bibliothèques**.

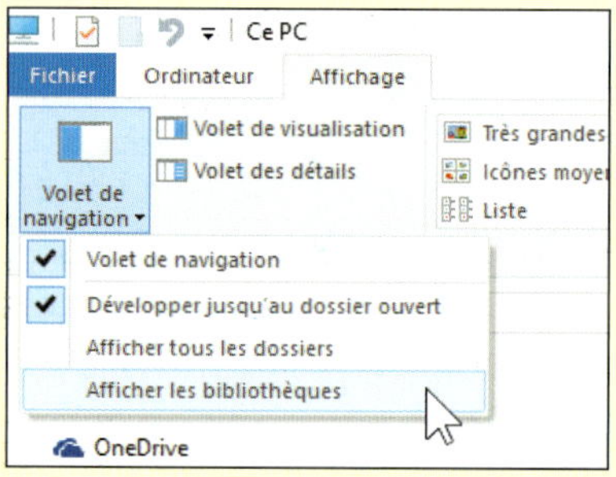

2. Cliquez **Bibliothèques** dans le volet de navigation.

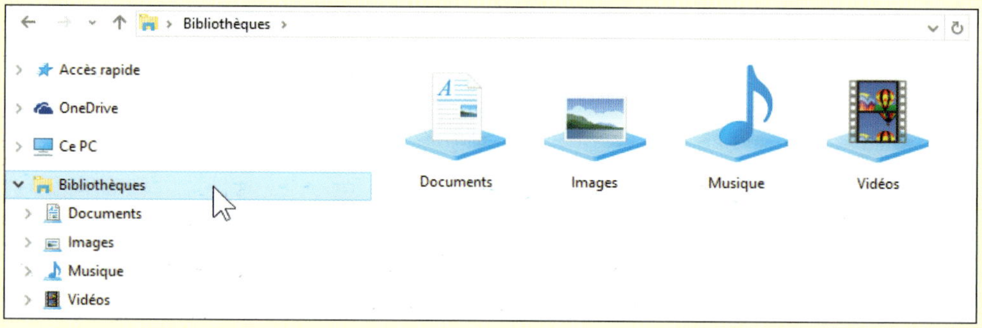

Ajouter une nouvelle bibliothèque

1. Cliquez avec le bouton droit **Bibliothèques** dans le volet de navigation.
2. Cliquez la commande **Nouveau → Bibliothèque** dans le menu contextuel.

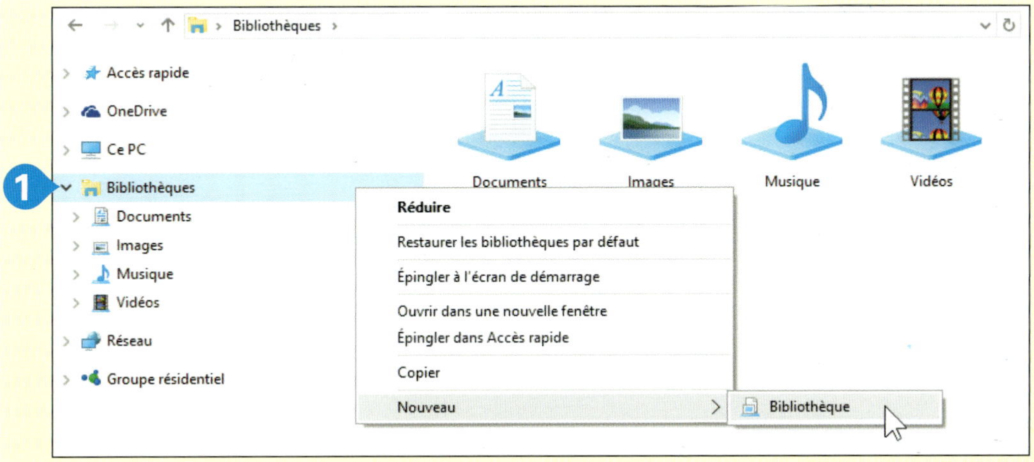

3. Tapez immédiatement le nom de votre bibliothèque et validez avec la touche **Entrée**.

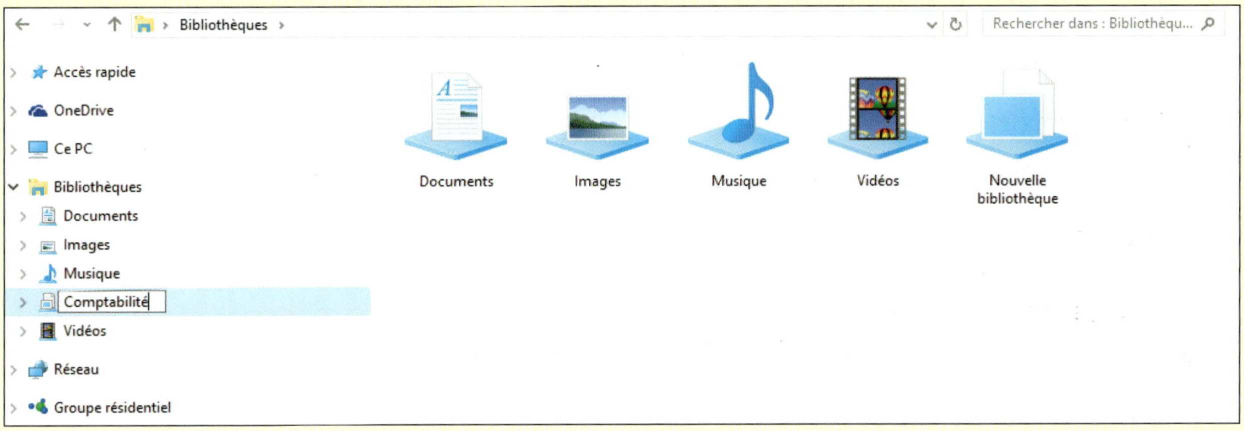

Faire référence à un dossier dans une bibliothèque

1. Après sa création, ajoutez des références à des dossiers dans votre nouvelle bibliothèque. Cliquez son nom dans le volet de navigation. La partie droite indique qu'elle est vide.
2. Cliquez le bouton **Inclure un dossier**.

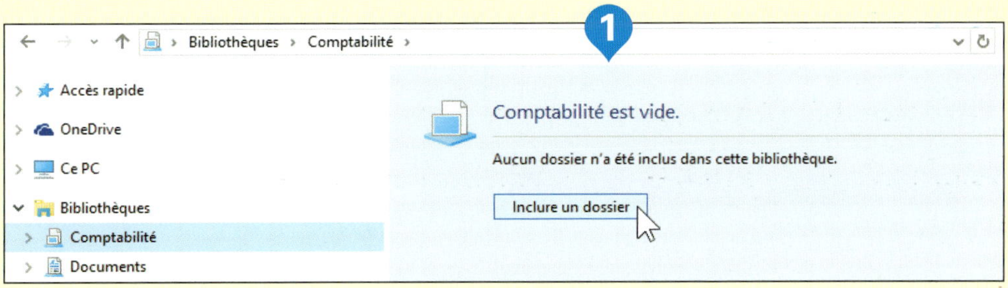

3 Dans l'arborescence de la boîte qui s'affiche, sélectionnez le dossier.

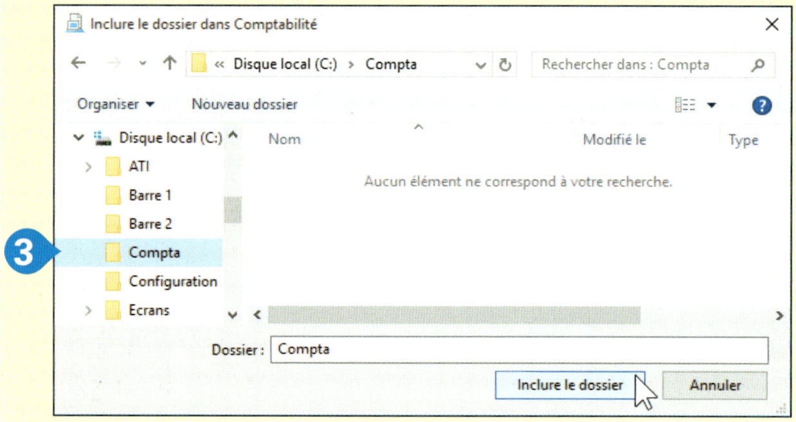

4 Cliquez le bouton **Inclure le dossier**.

Un dossier dans une bibliothèque est un lien vers le dossier d'origine. En conséquence, toute modification dans le dossier de la bibliothèque est répercutée automatiquement dans le dossier d'origine, et *vice versa*.

Rechercher des fichiers

5

Dans le dédale de l'arborescence des lecteurs, on peut se perdre facilement et ne plus retrouver les siens (ses documents, bien sûr !). Quand on ne connaît plus le lecteur ou le dossier d'un document, quand on a oublié jusqu'à son nom, la recherche évite bien des crises de nerfs. Ne cherchez plus à l'aveuglette vos fichiers ! Demandez à Windows de le faire à votre place.

Dans ce chapitre

- Accéder facilement à vos documents
- Effectuer des recherches
- Améliorer les recherches en indexant les fichiers
- Utiliser la Corbeille
- Modifier les propriétés de la Corbeille

Accéder facilement à vos documents

Windows connaît l'application qui gère un document. Il suffit donc de trouver votre document pour l'ouvrir : vous n'avez pas besoin de trouver l'application correspondante. Windows propose une barre d'outils qui s'intègre dans la barre des tâches et permet d'accéder directement à vos documents.

1. Cliquez avec le bouton droit de la souris une zone vide de la barre des tâches.
2. Cliquez **Barres d'outils ➜ Bureau** dans le menu contextuel pour cocher la case.

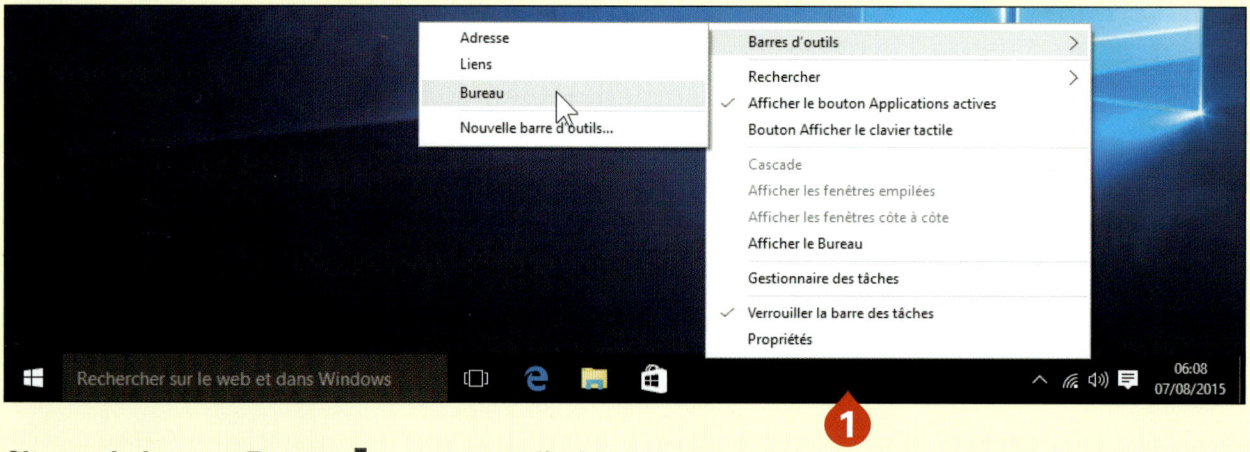

3. Cliquez le bouton **Bureau** pour ouvrir l'arborescence.

4. Recherchez dans l'arborescence le document à ouvrir. Les dossiers **Ce PC** et **Bibliothèques** permettent d'accéder facilement aux dossiers de vos documents.

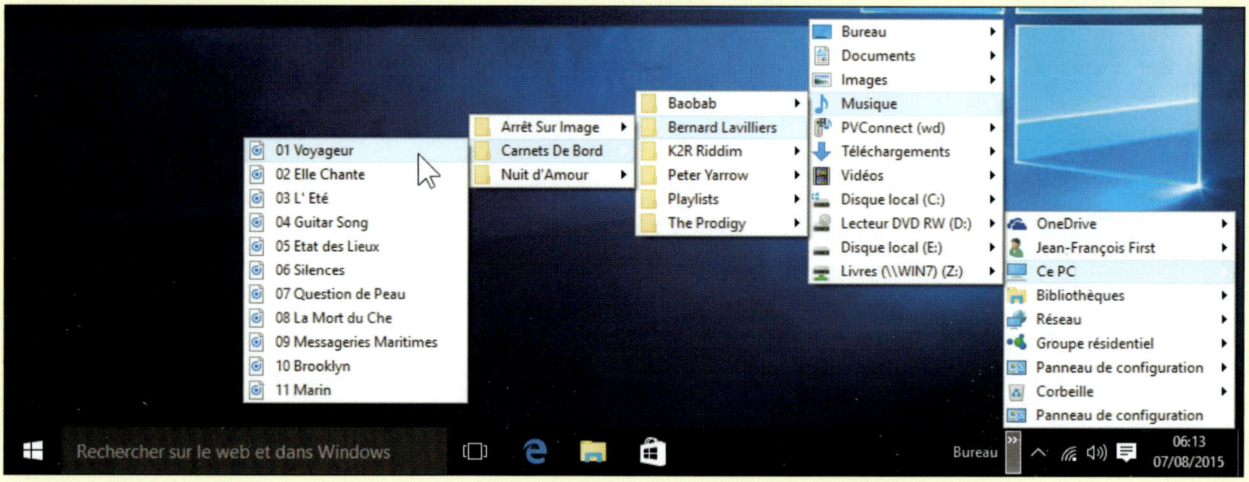

5 Une fois que vous avez retrouvé votre document, cliquez-le pour l'ouvrir dans son application.

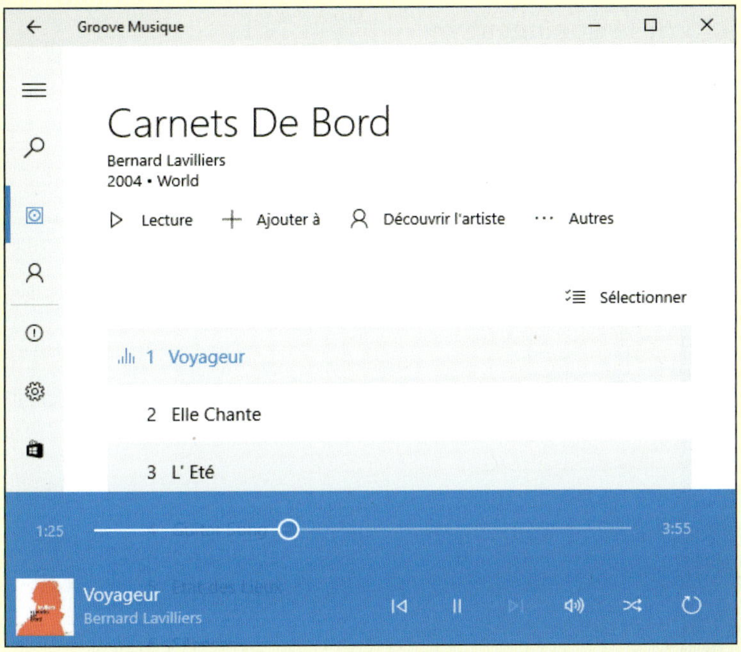

Effectuer des recherches

Pour effectuer des recherches, le moyen le plus direct est encore d'utiliser la barre des tâches. Mais pour mieux cibler vos recherches, vous devez utiliser l'Explorateur. Ce dernier, si vous ne trouvez toujours pas votre document ou si les résultats sont trop nombreux, permet d'ajouter des critères et des filtres de recherche.

Rechercher un document avec la barre des tâches

1 Cliquez la zone **Rechercher** à droite du bouton **Démarrer**.

2 Tapez le nom ou une portion du nom de votre document.

3. Windows affiche au-dessus de la zone de saisie une liste de suggestions de documents, mais aussi des liens sur Internet.

4. Cliquez une des suggestions pour ouvrir le document.

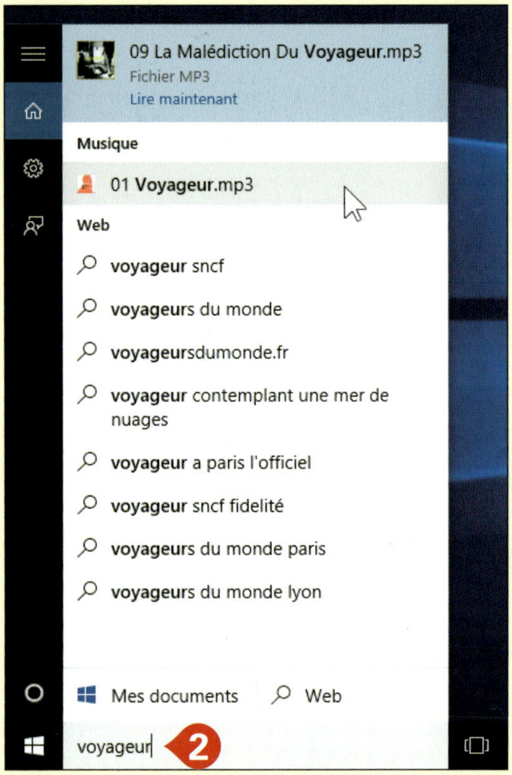

5. Pour limiter la liste aux fichiers sur votre ordinateur, cliquez **Mes documents**.

6. La liste propose uniquement vos documents.

7. Si vous trouvez votre bonheur, cliquez le document. Si les fichiers sont nombreux, utilisez les zones **Tri** et **Afficher** pour mieux cibler les résultats.

Si la liste est vraiment trop longue, essayez avec plusieurs mots-clés, par exemple en précisant l'extension du document (docx, rtf, xlsx, *etc.*). Notez que Windows recherche aussi ces mots à l'intérieur des documents.

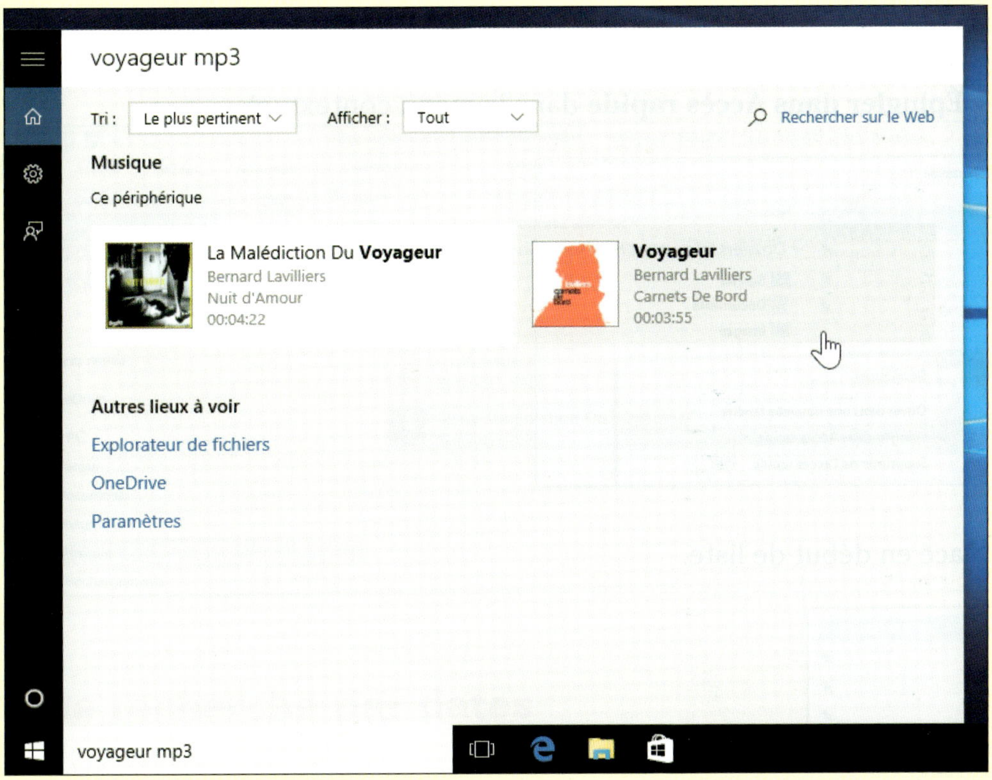

Utiliser l'Accès rapide de l'Explorateur

1. Tapez [touche Windows] + **E** ou cliquez l'icône [Explorateur] dans la barre des tâches.

2. Cliquez **Accès rapide** dans le volet de navigation. La partie droite contient des liens vers les dossiers que vous consultez fréquemment, ainsi que la liste des derniers documents ouverts.

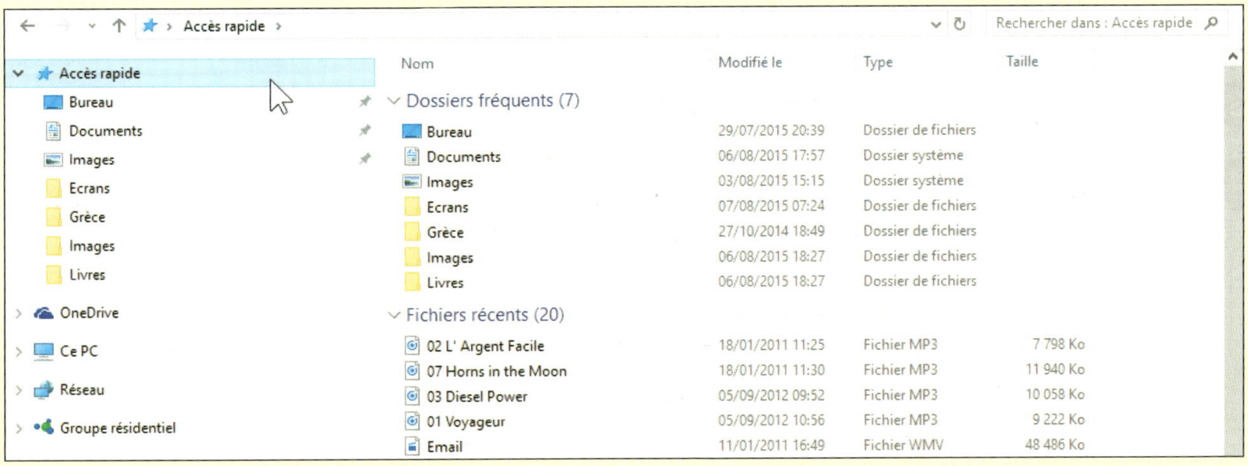

3 Cliquez une des périodes de recherche dans la liste au-dessous (Hier, Semaine dernière, *etc.*).

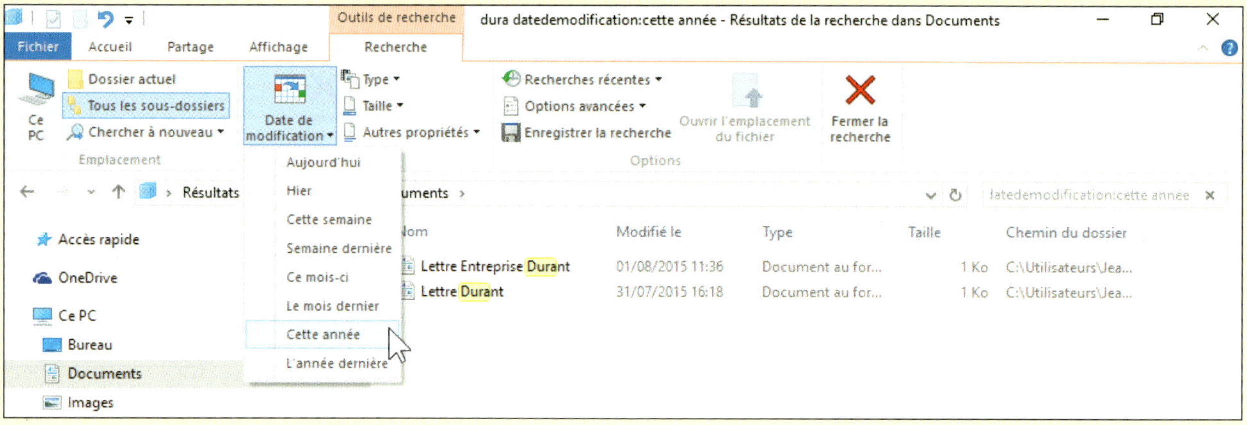

Filtrer la recherche par tailles

1 Tapez le nom ou une portion du nom de votre document dans la zone **Rechercher dans**.

2 Cliquez l'onglet **Recherche → Affiner → Taille**.

3 Sélectionnez un type de taille dans la liste (Petite, Moyenne, *etc.*).

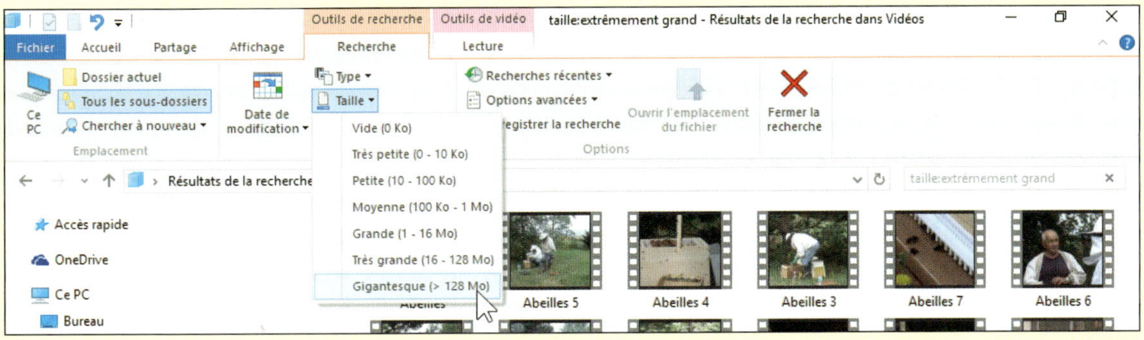

Utiliser les mots-clés

1. Les mots-clés sont des descriptions attachées à chaque fichier. Pour une recherche plus efficace de vos documents, utilisez-les. Recherchez le document auquel vous désirez ajouter des mots-clés.

> Les applications permettent aussi de modifier ces mots-clés. Notez cependant que certains documents ne prennent pas en charge les mots-clés.

2. Cliquez le document avec le bouton droit.

3. Cliquez la commande **Propriétés** dans le menu contextuel.

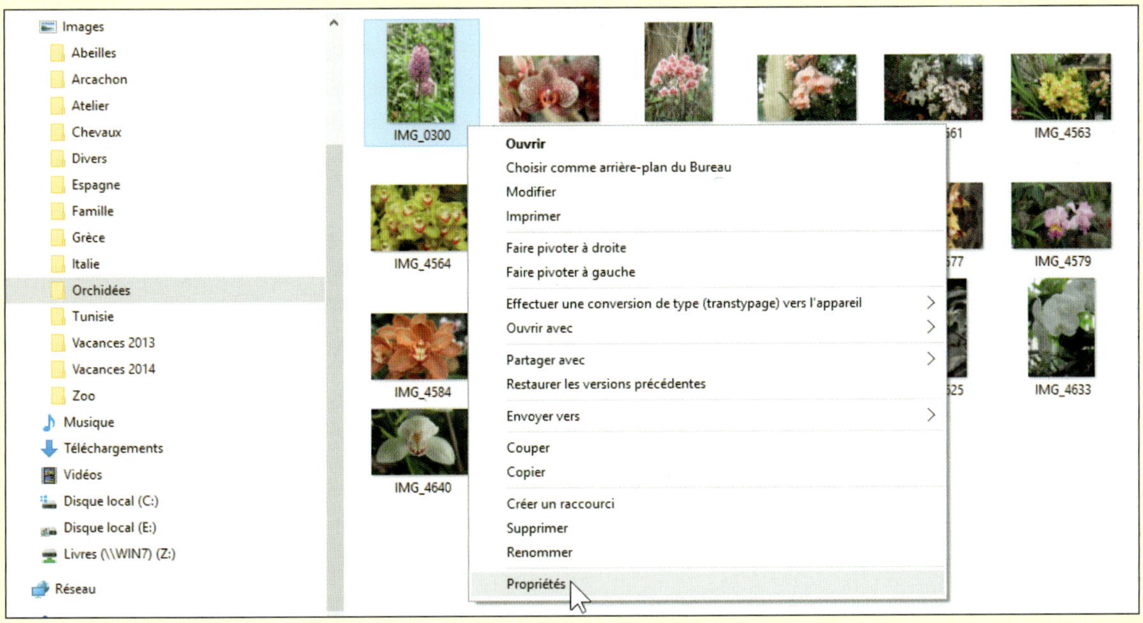

4 Cliquez l'onglet **Détails**.

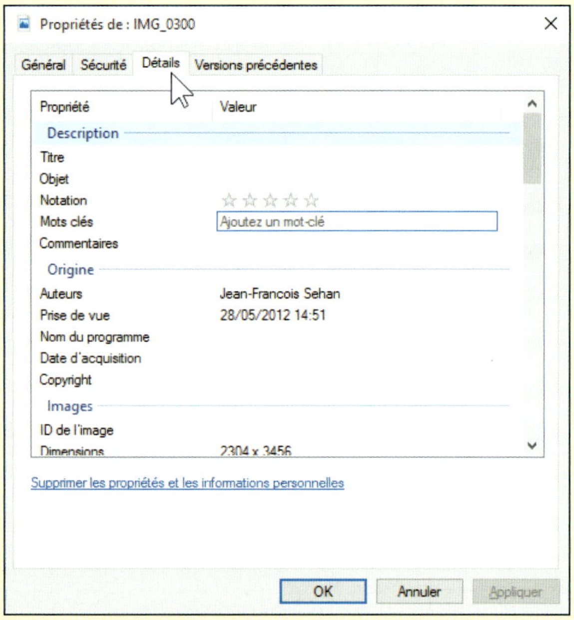

5 Dans la zone **Mots-clés**, tapez le ou les mots-clés qui décrivent le mieux votre document.

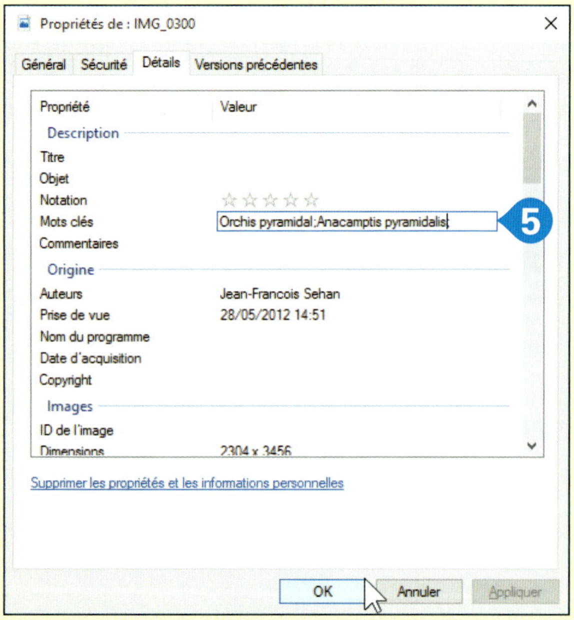

6 Cliquez le bouton **OK** pour valider.

Choisir les options de recherche

1 Cliquez l'onglet **Affichage → Options → Modifier les options des dossiers et de recherche**.

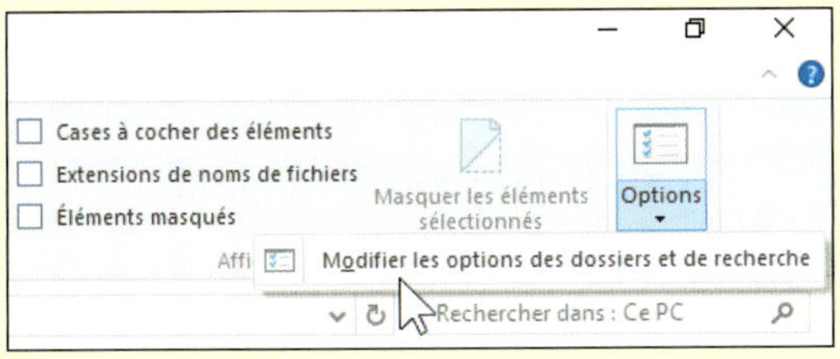

2 Cliquez l'onglet **Rechercher**.

3 Dans la zone **Comment rechercher**, cochez la case **Ne pas utiliser l'index…** pour éviter de ralentir les recherches de fichiers système.

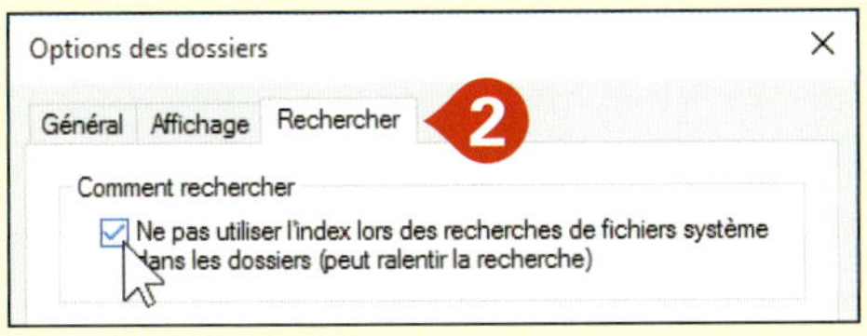

4 Dans la zone **Lors des recherches…**, cochez l'option **Rechercher les noms de fichiers et leur contenu** pour une recherche plus approfondie, mais beaucoup plus lente. Cette option s'applique seulement aux emplacements non indexés (consultez la rubrique suivante pour définir les emplacements à indexer).

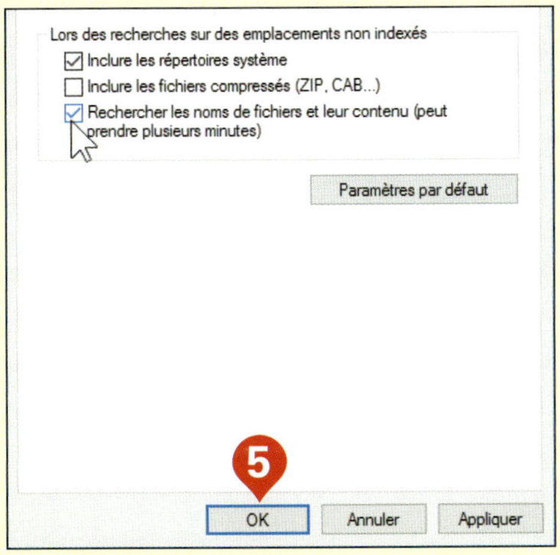

5 Cliquez le bouton **OK**.

Améliorer les recherches en indexant les fichiers

Un index est une liste, non visible par l'utilisateur, qui regroupe les noms des fichiers et permet de les retrouver très rapidement. C'est un peu comme l'index d'un livre. Sans index, Windows doit parcourir l'arborescence du disque dur pour retrouver les fichiers qui vous intéressent. Par défaut, Windows indexe les fichiers de certains dossiers comme ceux des utilisateurs. Vous pouvez désigner vous-même les dossiers qu'il doit indexer, mais aussi choisir les types de fichiers.

Afficher les options d'indexation

1. Ouvrez l'Explorateur (icône dans la barre des tâches ou raccourci + **E**).
2. Cliquez la zone **Rechercher dans** pour afficher l'onglet **Recherche**.
3. Cliquez l'onglet **Recherche** ➜ **Options** ➜ **Options avancées** ➜ **Modifier les emplacements indexés**.

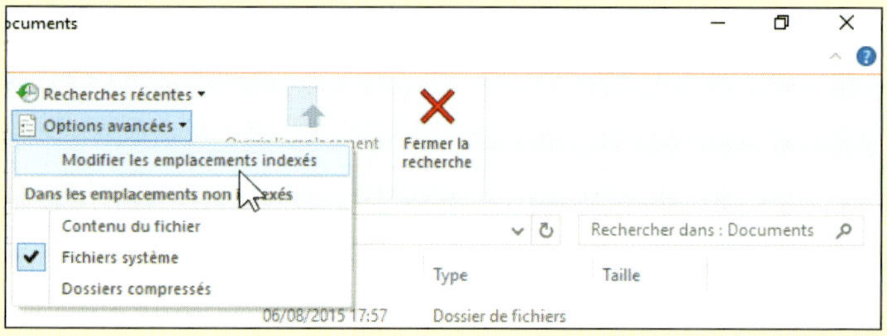

4. Cette boîte **Options d'indexation** liste tous les emplacements indexés.

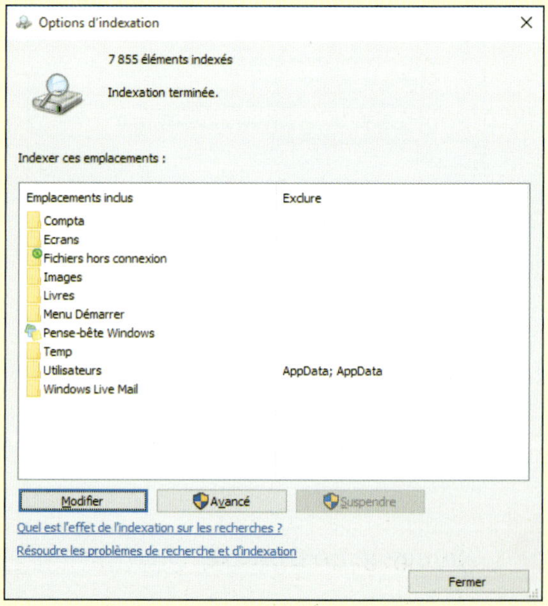

Définir les dossiers à indexer

1. Affichez la boîte **Options d'indexation** comme vu précédemment.

2. Cliquez le bouton **Modifier**.

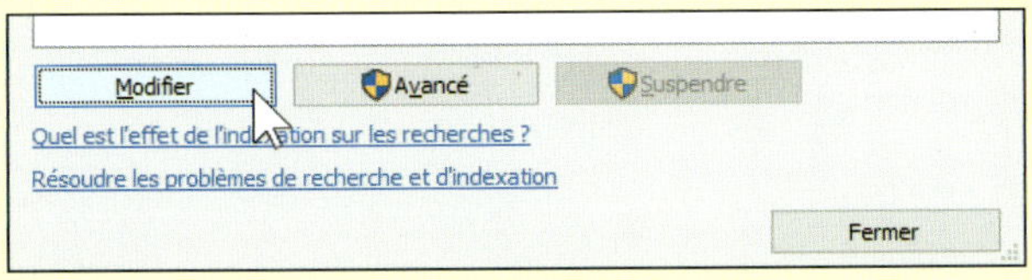

3. Cliquez le bouton **Afficher tous les emplacements** dans la boîte **Emplacements indexés**, et confirmez, éventuellement, avec le bouton **Oui**.

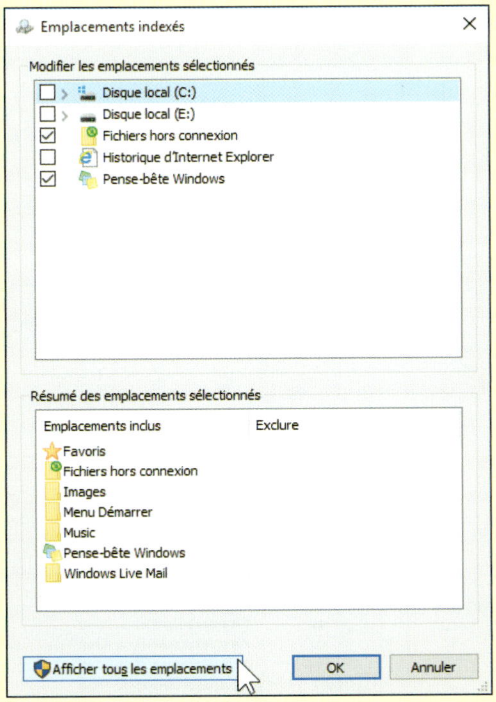

4. La boîte Emplacements indexés propose l'arborescence de votre disque dur. Cliquez les symboles ⌄ et › pour développer ou réduire l'arborescence et trouver les dossiers à indexer.

5. Cochez les dossiers à inclure dans l'indexation et décochez les autres.

> N'indexez pas l'intégralité de votre disque dur. L'index deviendrait trop volumineux et les recherches seraient ralenties.

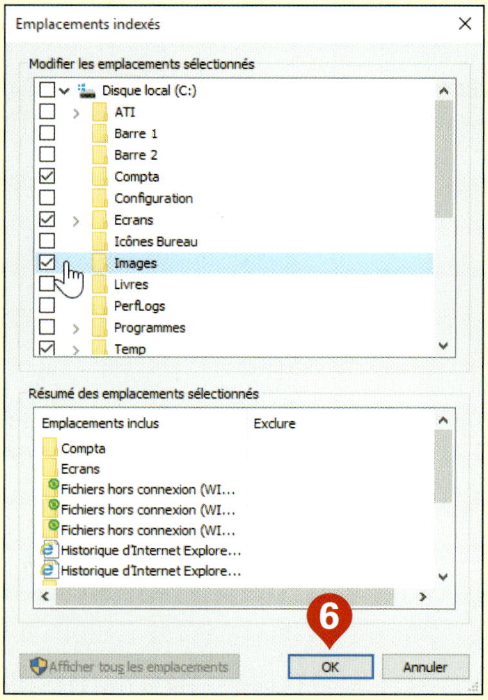

6 Cliquez le bouton **OK** pour valider vos choix.

Définir les types de fichiers à indexer

1 Affichez la boîte **Options d'indexation** comme vu précédemment.

2 Cliquez le bouton **Avancé**, puis, éventuellement, cliquez le bouton **Oui** pour confirmer.

3 Cliquez l'onglet **Types de fichiers**.

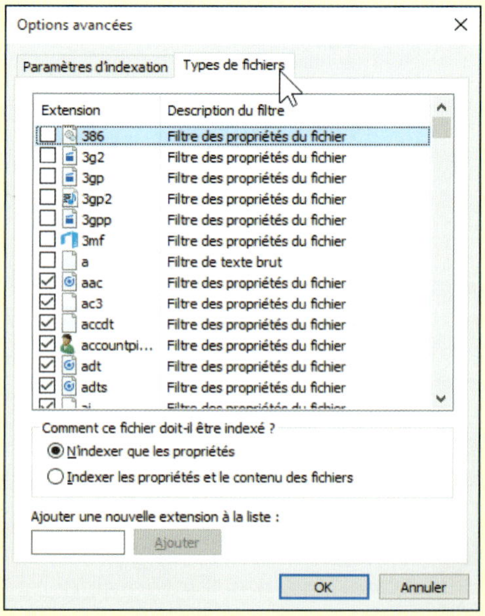

4 Cet onglet liste tous les types de fichiers connus. Cochez les types de fichiers à indexer, et décochez les autres.

5 Cliquez le bouton **OK** pour valider vos choix.

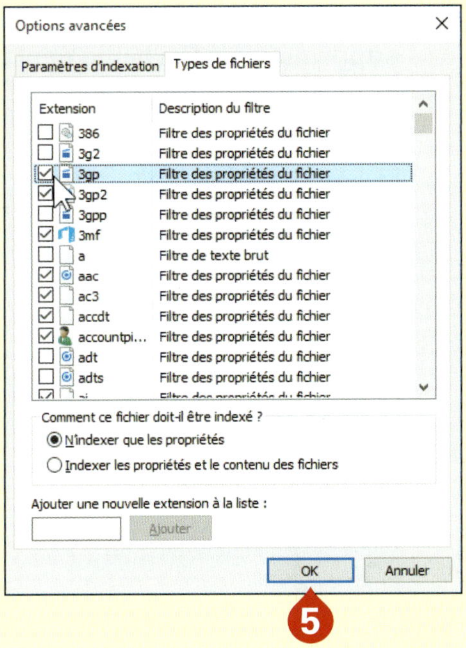

Utiliser la Corbeille

La Corbeille conserve tous les fichiers que vous avez supprimés. Elle permet donc de retrouver des documents que vous pensiez avoir perdus définitivement. Ne désespérez pas, le fichier qui vous manque s'y trouve peut-être encore.

Consulter les fichiers supprimés

1 Pour ouvrir la Corbeille, double-cliquez l'icône **Corbeille** sur le bureau. Vous pouvez aussi cliquer l'icône **Corbeille** dans le volet de navigation de l'Explorateur. Si cette icône n'y apparaît pas, cliquez l'onglet **Affichage ➜ Volets ➜ Volet de navigation** puis cochez la case **Afficher tous les dossiers**.

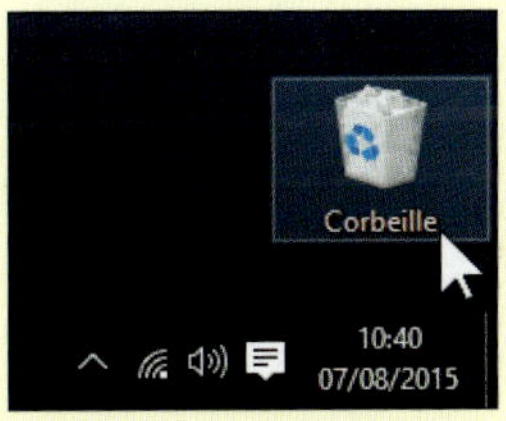

Si la Corbeille est vide, elle affiche l'icône . Si elle contient des documents supprimés, l'icône prend la forme .

2 Vous retrouvez dans la liste à droite tous les fichiers que vous avez précédemment supprimés. La Corbeille peut aussi contenir des dossiers, des raccourcis, *etc*.

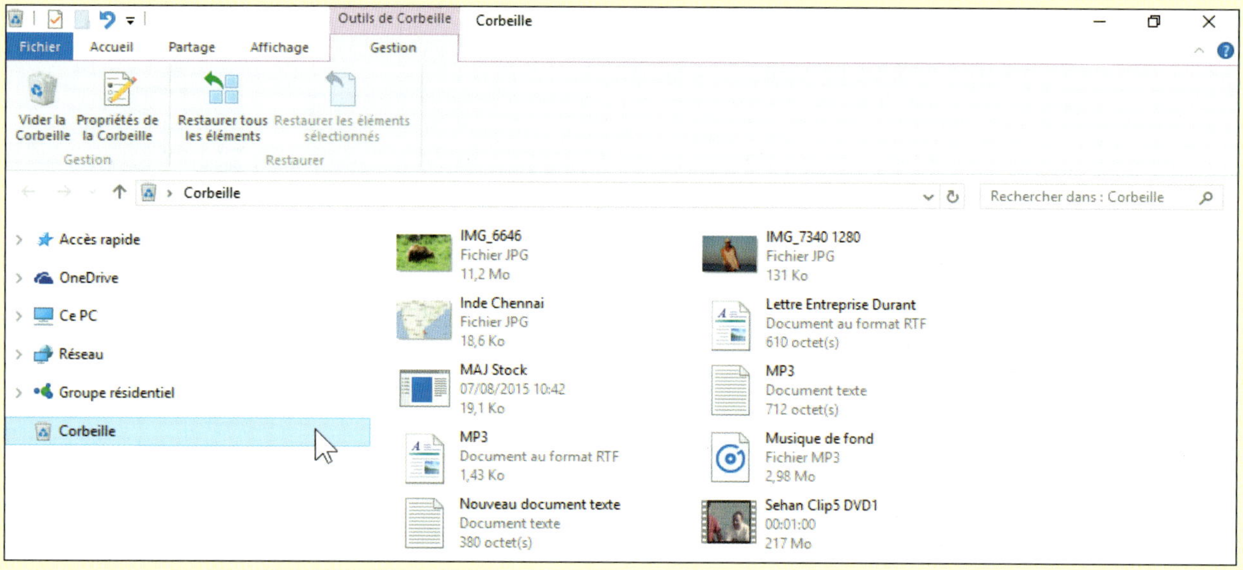

3 Avant de restaurer ou de supprimer un fichier, il est intéressant de connaître ses propriétés. Cliquez avec le bouton droit le fichier supprimé.

4 Cliquez la commande **Propriétés** dans le menu contextuel.

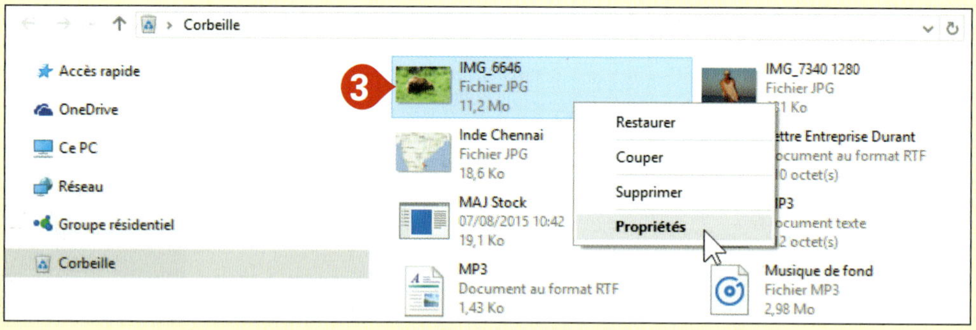

5 Une boîte affiche la date de création et de suppression du fichier ainsi que son dossier d'origine.

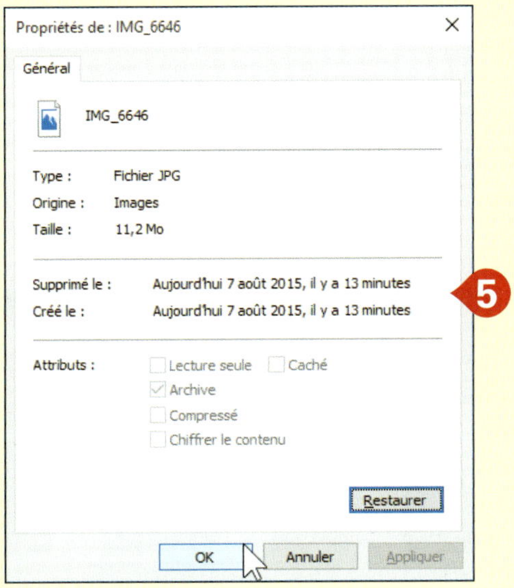

6 Cliquez le bouton **OK**.

Restaurer les fichiers supprimés

1 Sélectionnez le ou les fichiers à restaurer (pour sélectionner plusieurs fichiers, consultez le chapitre **4**).

2 Cliquez l'onglet **Gestion → Restaurer → Restaurer les éléments sélectionnés**. Vous pouvez aussi cliquer avec le bouton droit un des fichiers sélectionnés, puis cliquer la commande **Restaurer** dans le menu contextuel.

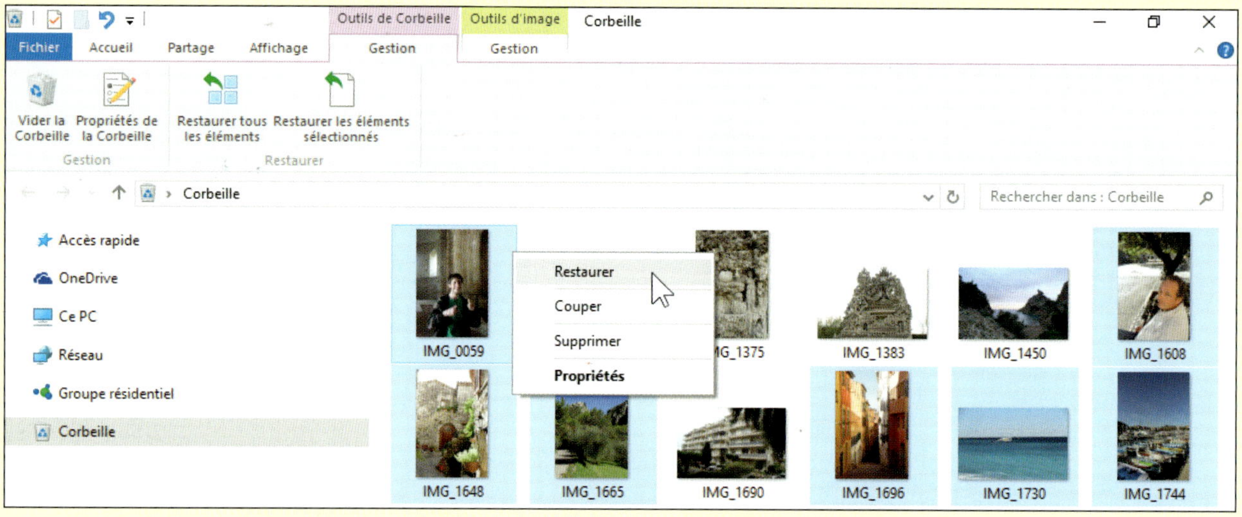

Si le dossier qui contenait les fichiers a été supprimé, Windows le recrée automatiquement.

Supprimer définitivement des fichiers

1 Double-cliquez l'icône **Corbeille** sur le bureau.

2 Sélectionnez le ou les fichiers à supprimer.

3 Appuyez sur la touche **Suppr**.

4. Cliquez le bouton **Oui** pour confirmer la suppression.

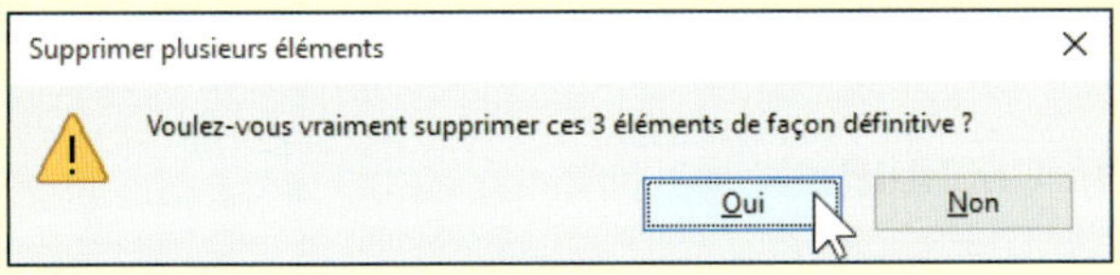

La suppression est ici définitive. Vous devez donc vérifier avec soin les fichiers sélectionnés avant de les supprimer.

Vider totalement la Corbeille à partir du bureau

1. Cliquez avec le bouton droit l'icône **Corbeille**.
2. Cliquez la commande **Vider la Corbeille** dans le menu contextuel.

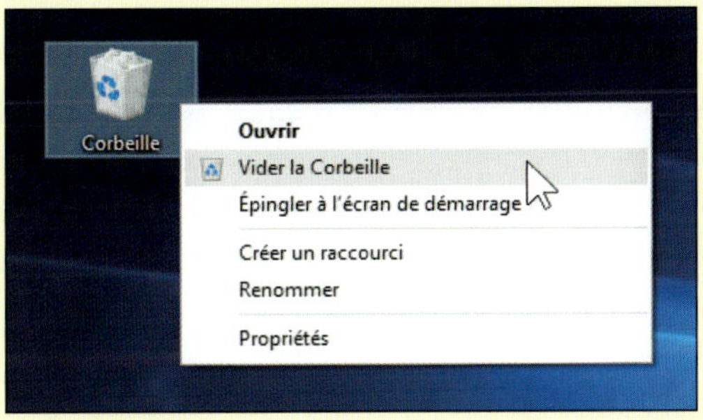

3. Cliquez le bouton **Oui** pour supprimer définitivement tous les fichiers de la Corbeille.

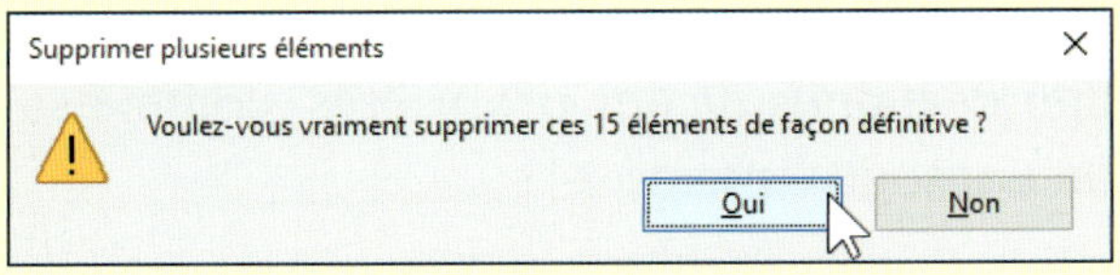

N'oubliez pas qu'en supprimant un dossier, vous supprimez aussi les sous-dossiers et les fichiers qu'il contient !

Vider totalement la Corbeille à partir de l'Explorateur

1. Double-cliquez l'icône **Corbeille** sur le bureau.
2. Cliquez l'onglet **Gestion → Gestion → Vider la Corbeille**.

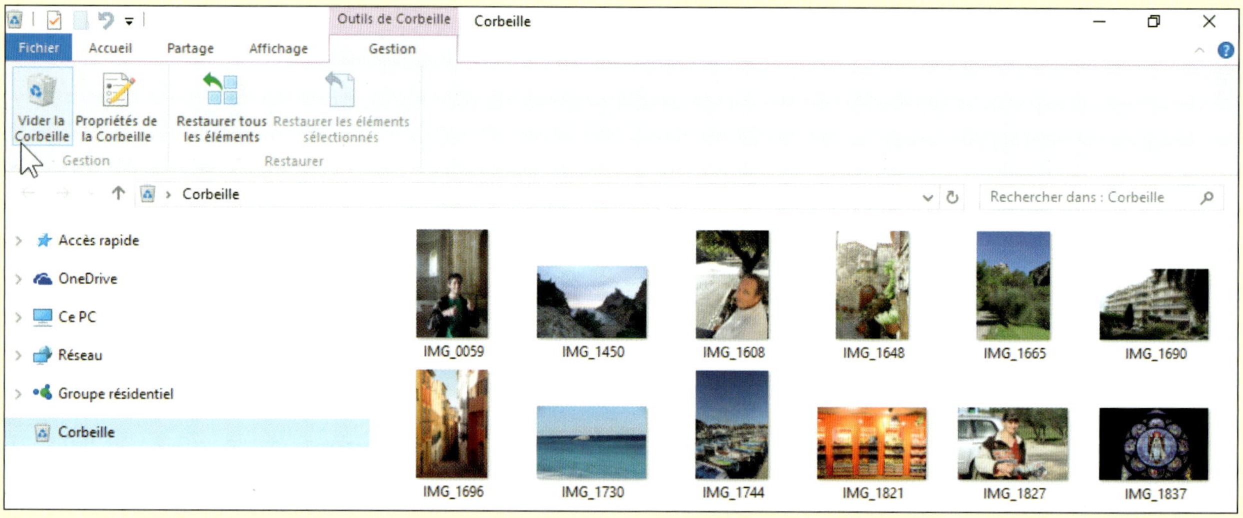

3. Cliquez le bouton **Oui** pour supprimer définitivement tous les fichiers de la Corbeille.

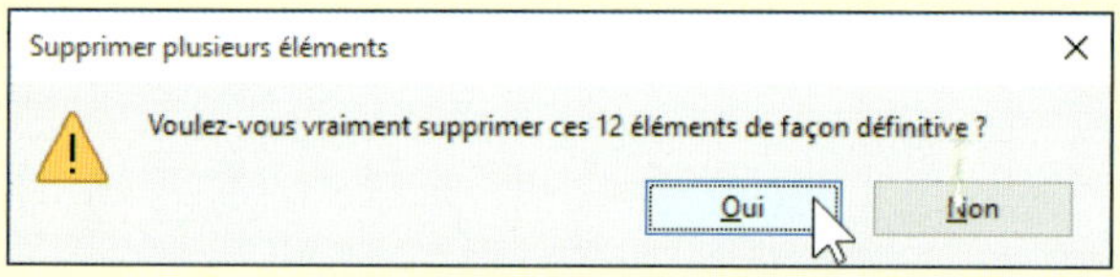

Modifier les propriétés de la Corbeille

Pour mieux utiliser la Corbeille, vous pouvez modifier certaines de ses propriétés, comme sa taille, la suppression des fichiers sans confirmation ou son contournement.

Définir la taille de la Corbeille

1. Sur le bureau, cliquez avec le bouton droit l'icône **Corbeille**.
2. Cliquez la commande **Propriétés** dans le menu contextuel.

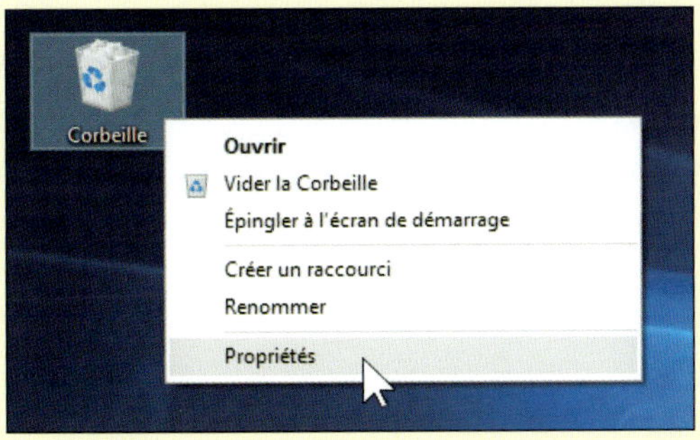

3 La taille de la Corbeille varie en fonction de la capacité du ou des disques durs de votre ordinateur. Dans la liste **Emplacement de la Corbeille**, cliquez le disque dont vous désirez modifier la taille de la Corbeille.

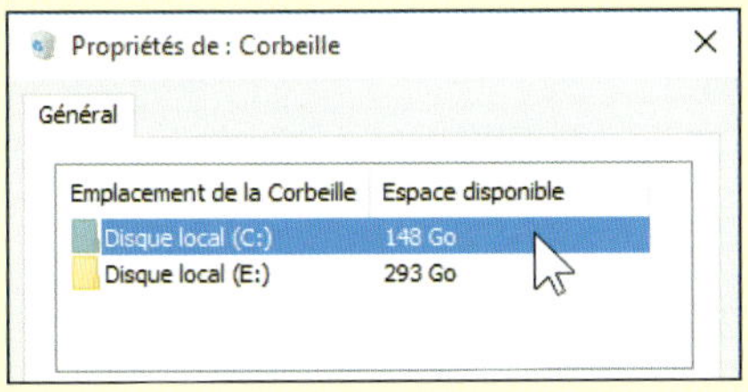

4 Cochez l'option **Taille personnalisée**, puis tapez la taille en mégaoctets dans la zone en regard.

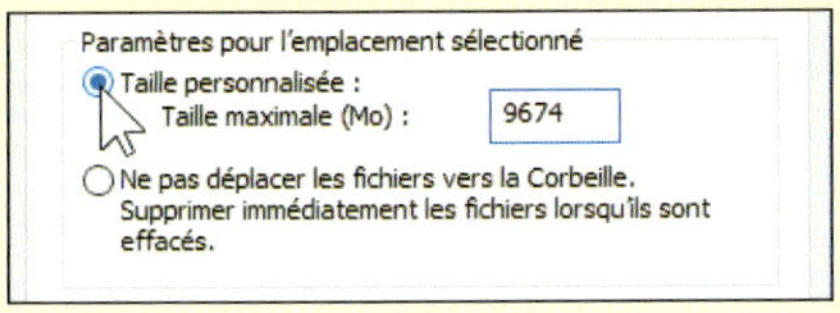

Contourner la Corbeille

1 Sur le bureau, cliquez avec le bouton droit l'icône **Corbeille**, puis cliquez la commande **Propriétés** dans le menu contextuel.

2 Dans la liste **Emplacement de la Corbeille**, cliquez le disque dont vous désirez contourner la Corbeille.

3 Cochez l'option **Ne pas déplacer les fichiers vers la Corbeille**.

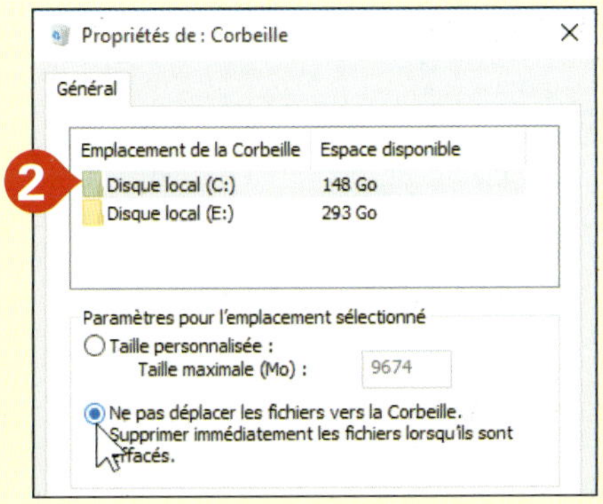

Les fichiers supprimés ne transiteront plus par la Corbeille et seront définitivement supprimés après confirmation. Si vous ne désirez pas contourner systématiquement la Corbeille, vous pouvez supprimer des fichiers définitivement avec la combinaison de touches **Maj** + **Suppr**.

4. Cliquez le bouton **OK** pour valider vos choix.

Supprimer les fichiers sans confirmation

1. Sur le bureau, cliquez avec le bouton droit l'icône **Corbeille**, puis cliquez la commande **Propriétés** dans le menu contextuel.

2. Décochez la case **Afficher la confirmation de suppression**.

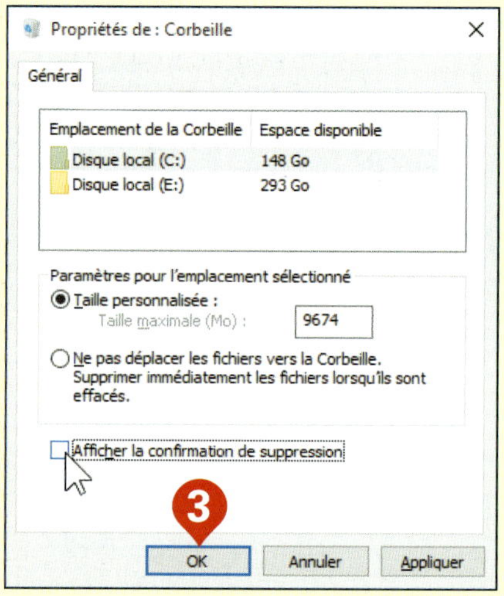

3. Cliquez le bouton **OK** pour valider vos choix.

Préserver vos données

6

Dans un ordinateur, seuls les documents sont importants. En effet, vous avez les disques des logiciels que vous avez installés. En cas de panne, vous pouvez toujours les réinstaller à partir de ces supports. Il n'en va pas de même pour vos documents. Ceux-ci sont précieux, car ils représentent des heures, des jours, voire des mois de travail. Vous devez donc en conserver des copies sur des supports amovibles, c'est-à-dire en dehors de votre ordinateur, au cas où le disque dur serait endommagé.

Dans ce chapitre

- Compresser des fichiers
- Compresser des disques et des dossiers
- Sauvegarder des fichiers sur une clé USB
- Graver vos fichiers sur CD ou DVD
- Effacer les CD et les DVD/RW

Compresser des fichiers

La compression des fichiers permet de gagner de la place sur votre disque dur, mais aussi d'ajouter plus de données sur les supports comme les clés USB ou les DVD. La compression est une alchimie informatique qui consiste à supprimer les données redondantes.

Créer un dossier compressé

1 Cliquez l'icône dans la barre des tâches ou tapez le raccourci + **E** pour ouvrir l'Explorateur.

2 Sélectionnez le disque ou le dossier qui doit contenir le dossier compressé.

3 Cliquez l'onglet **Accueil** ➜ **Nouveau** ➜ **Nouvel élément** ➜ **Dossier compressé**.

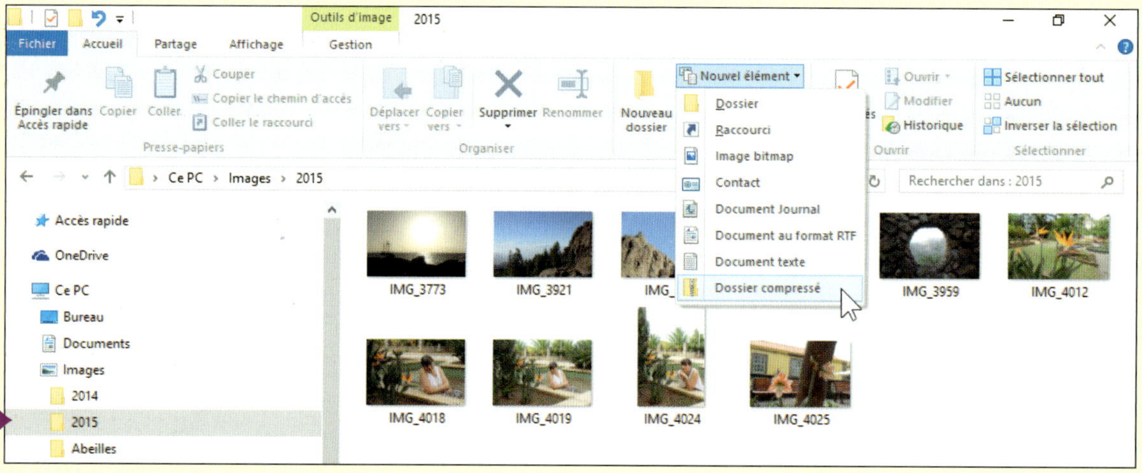

4 Tapez immédiatement le nom du nouveau dossier compressé et validez avec la touche **Entrée** (si nécessaire, vous pourrez le renommer ultérieurement).

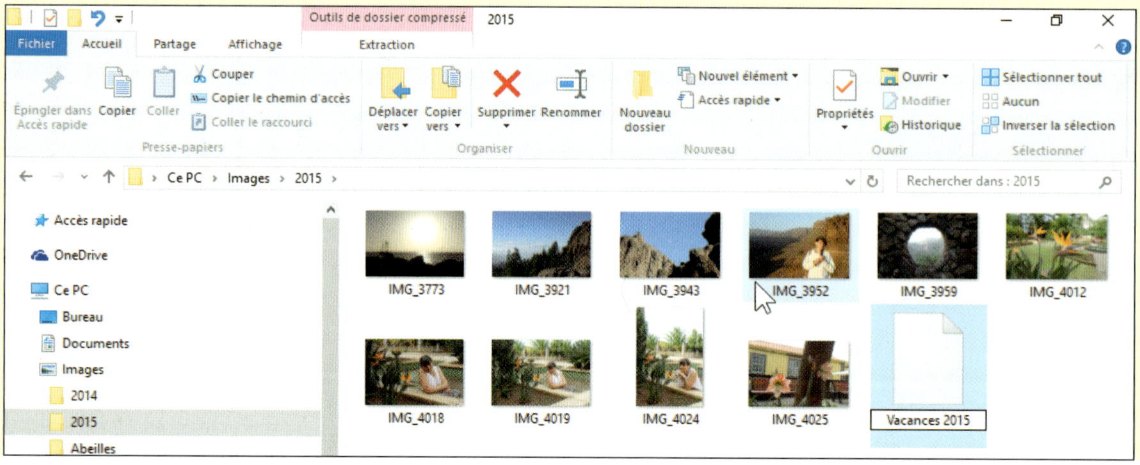

Pour renommer un dossier, consultez le chapitre **4**.

5 Les dossiers zippés sont représentés par l'icône .

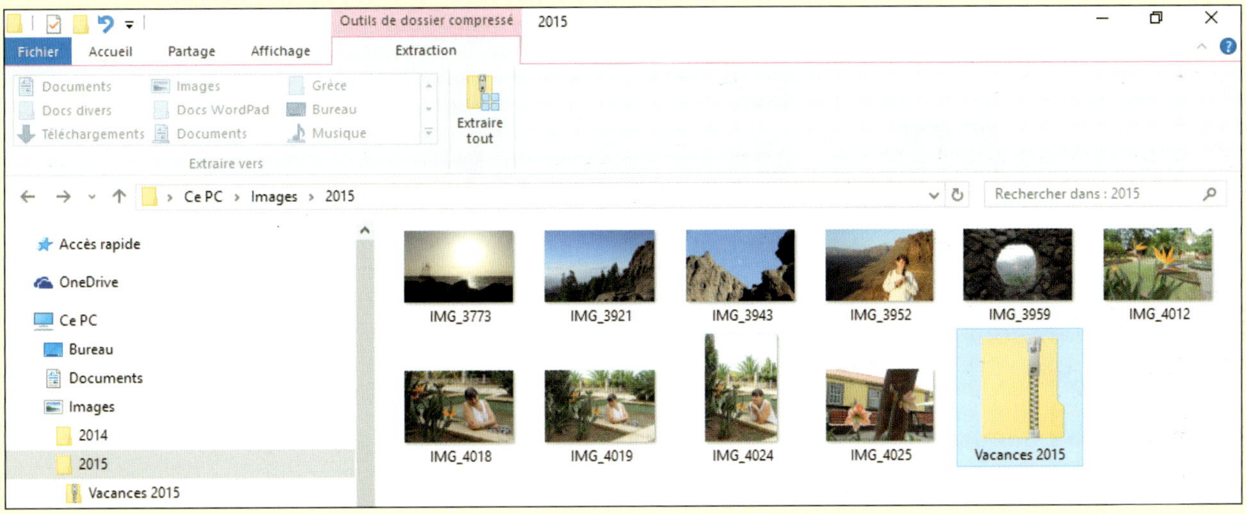

Copier des fichiers dans un dossier compressé

1 Une fois que le dossier compressé est créé, ajoutez-y des fichiers, maintenant ou ultérieurement, en fonction de vos besoins. Sélectionnez les fichiers à copier dans le dossier compressé.

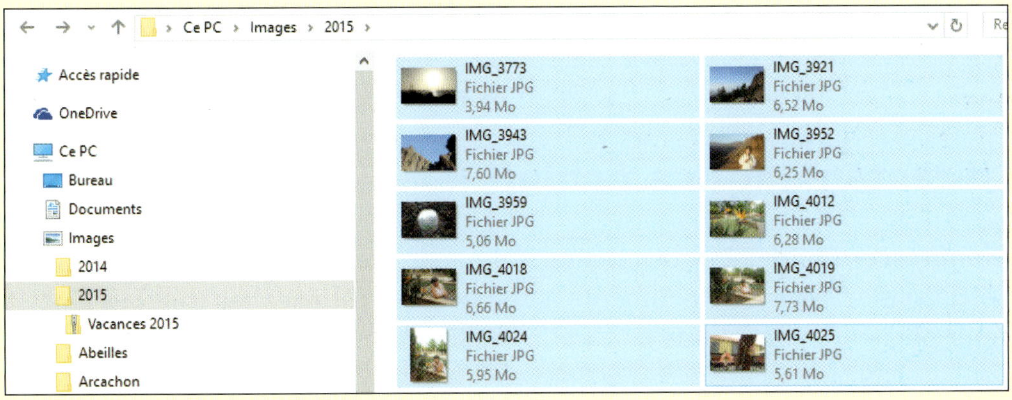

2 Cliquez et faites glisser la sélection vers le dossier compressé.

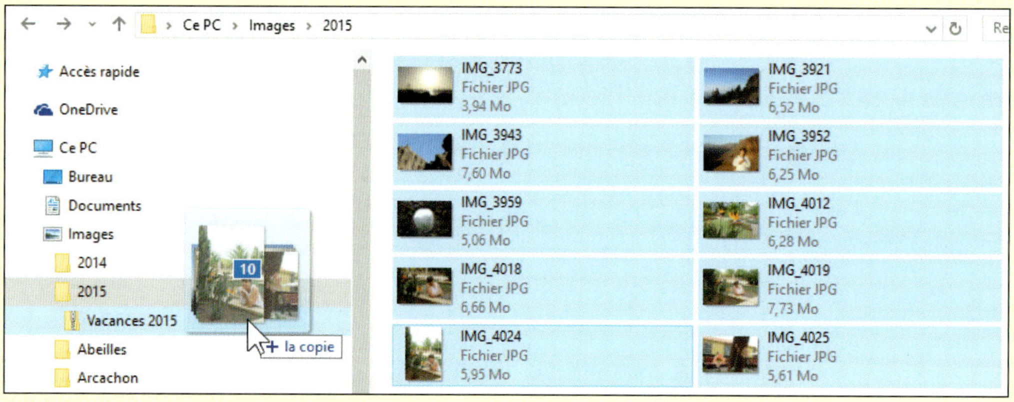

3 Les fichiers sont copiés, et non déplacés, vers le dossier compressé. Pour gagner de la place, vous devez supprimer les fichiers d'origine.

4 Le dossier compressé apparaît dans l'arborescence du volet de navigation et son contenu, dans la partie droite.

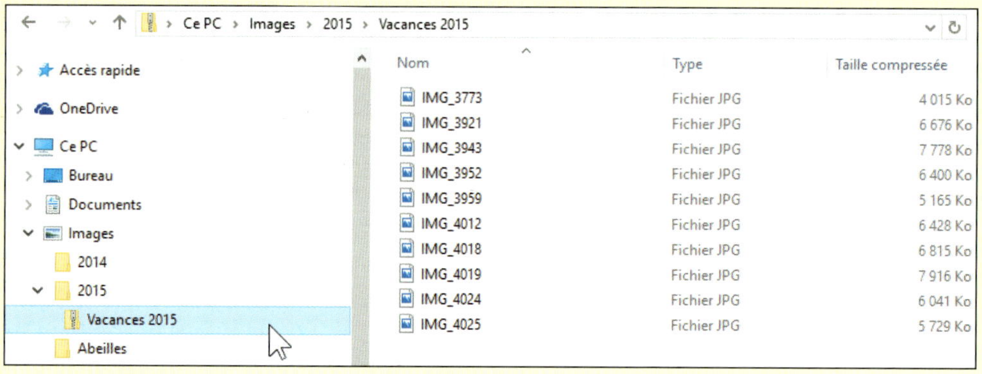

Compresser directement des fichiers

1 Vous pouvez compresser rapidement des fichiers afin, par exemple, d'en faire une copie sur une clé USB. Sélectionnez le ou les documents à compresser (utilisez les touches **Ctrl** et **Maj** pour sélectionner plusieurs documents).

2 Cliquez la sélection avec le bouton droit de la souris, puis cliquez la commande **Envoyer vers → Dossier compressé**.

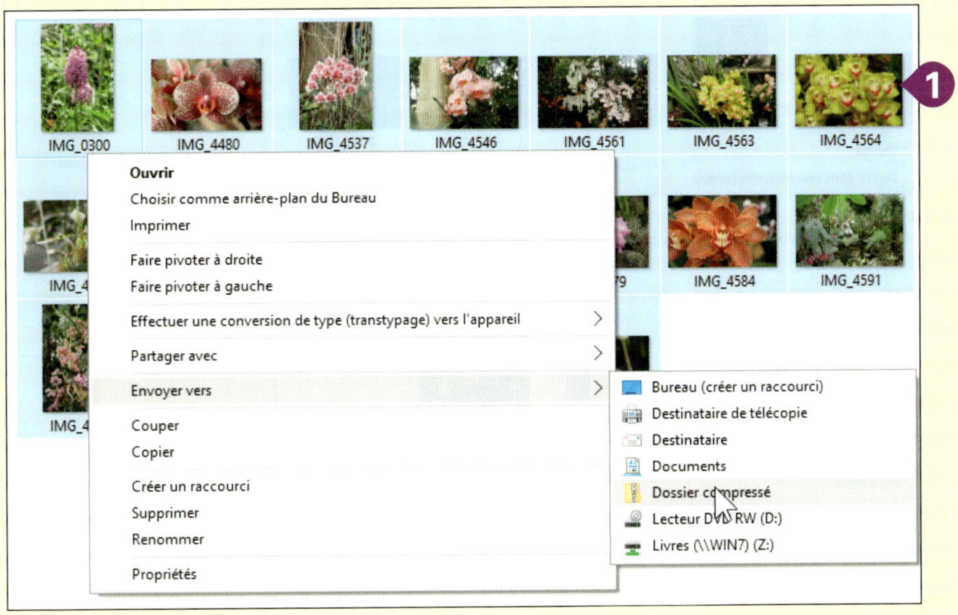

3 Le dossier compressé est placé dans le même dossier que les documents. Par défaut, c'est le nom du document cliqué à l'étape **2** qui est utilisé comme nom de dossier. Tapez immédiatement le nom du dossier compressé.

5 Cochez la case **Afficher les dossiers...** si vous désirez ouvrir le dossier de destination après l'extraction.

6 Cliquez le bouton **Extraire**.

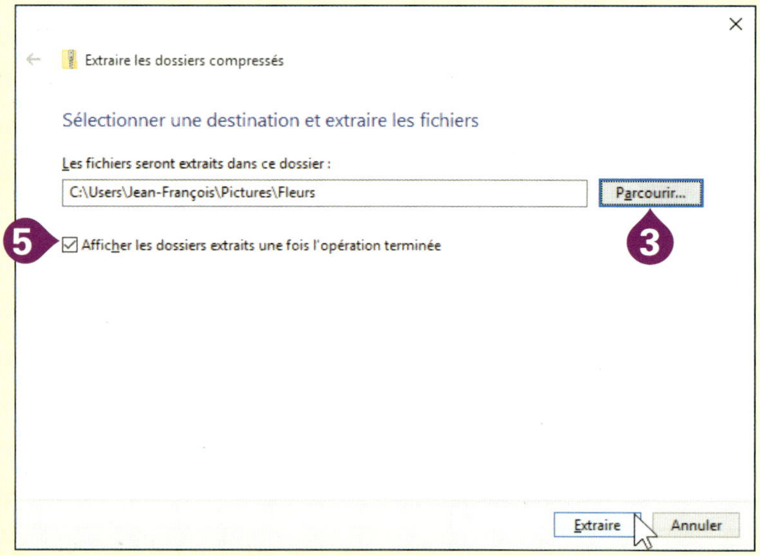

7 Les documents du dossier compressé sont copiés dans le dossier de destination. Le dossier compressé n'est pas modifié.

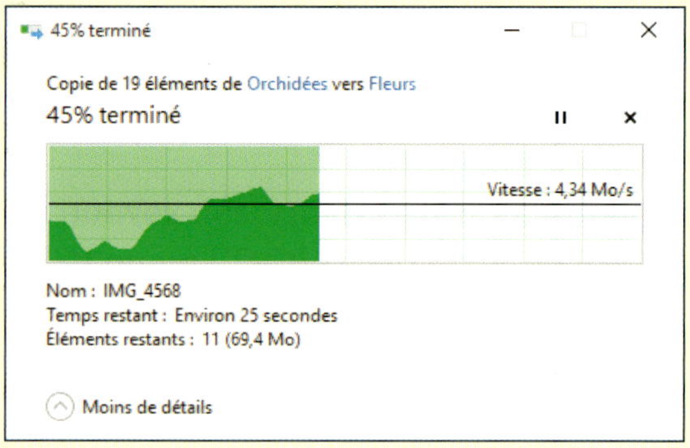

Compresser des disques et des dossiers

Si vous désirez gagner de la place sur votre disque dur, Windows permet de compresser des fichiers, des dossiers, voire l'intégralité d'un disque. En contrepartie, la lecture et l'écriture seront légèrement ralenties.

Compresser un fichier ou un dossier

1. Cliquez l'icône dans la barre des tâches ou tapez le raccourci + **E** pour ouvrir l'Explorateur.

2. Dans l'Explorateur, cliquez avec le bouton droit le fichier ou le dossier à compresser, puis cliquez **Propriétés** dans le menu contextuel (vous pouvez aussi utiliser l'onglet **Accueil** ➜ **Ouvrir** ➜ **Propriétés**).

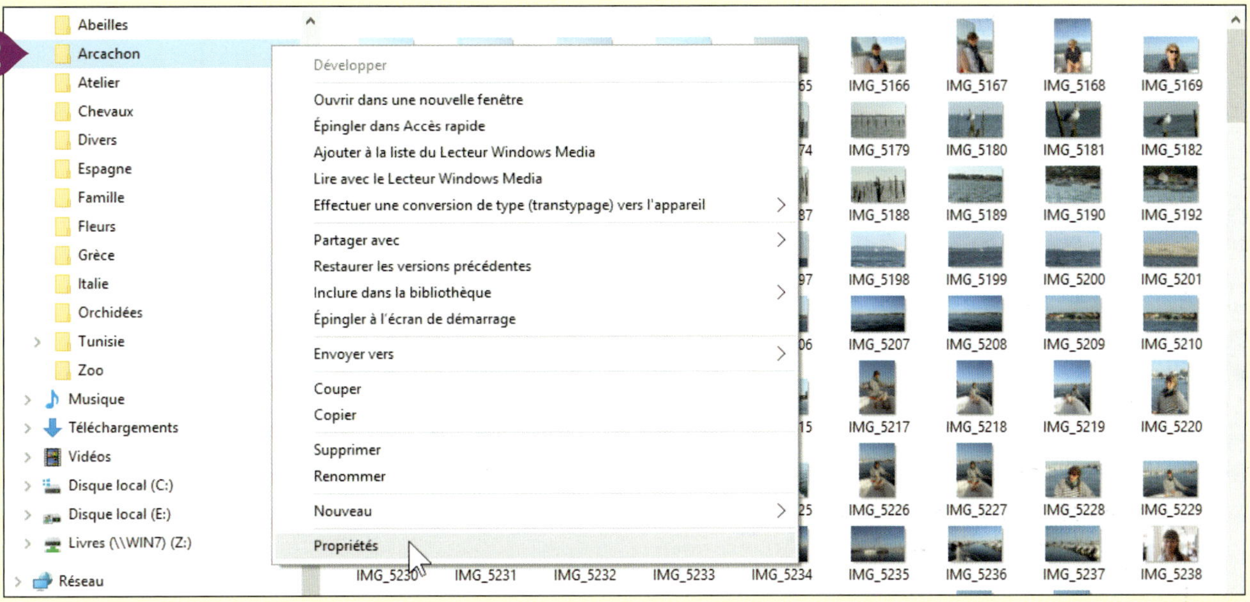

3. Dans l'onglet **Général**, cliquez le bouton **Avancé**.

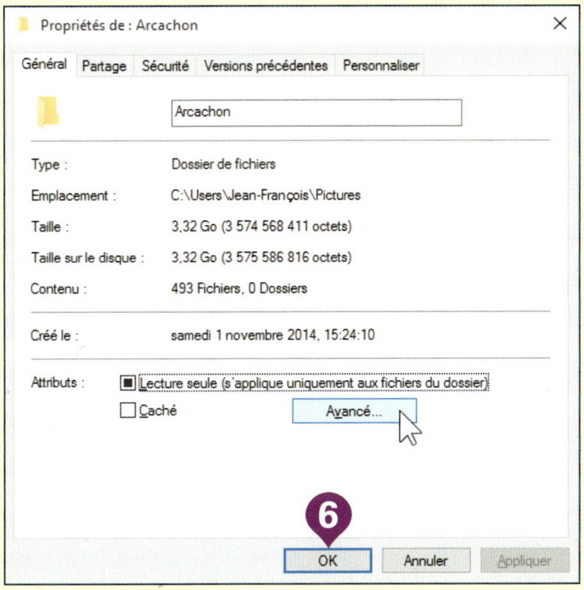

4 Cochez la case **Compresser le contenu...**.

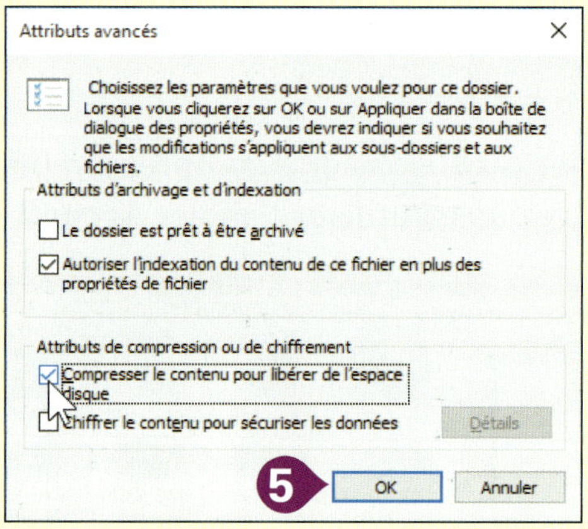

5 Cliquez le bouton **OK** dans la boîte **Attributs avancés**.

6 Cliquez le bouton **OK** dans la boîte **Propriétés**.

7 Si vous avez choisi un dossier à l'étape **2**, Windows affiche une boîte pour vous permettre de compresser aussi les sous-dossiers (choix par défaut).

8 Éventuellement, activez l'option **N'appliquer les modifications qu'à ce dossier**.

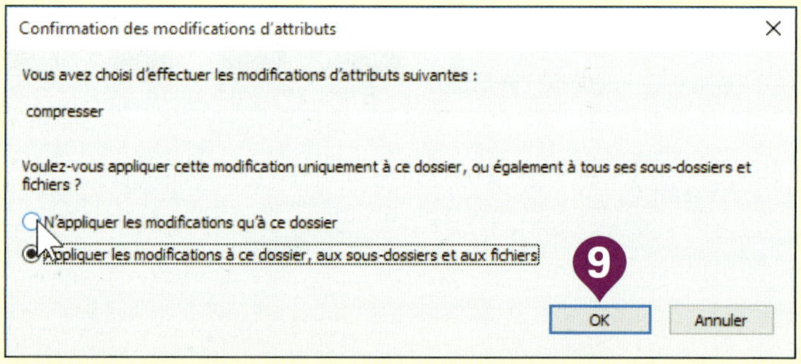

9 Cliquez le bouton **OK**.

La compression ne permet pas de gagner de l'espace sur le disque dur de manière significative avec les fichiers ou les dossiers contenant des données déjà fortement compressées, comme les images JPG ou les vidéos MPG et AVI.

Compresser un disque

1 Dans l'Explorateur, cliquez avec le bouton droit le disque dur à compresser, puis cliquez la commande **Propriétés** dans le menu contextuel (vous pouvez aussi utiliser l'onglet **Accueil → Ouvrir → Propriétés**).

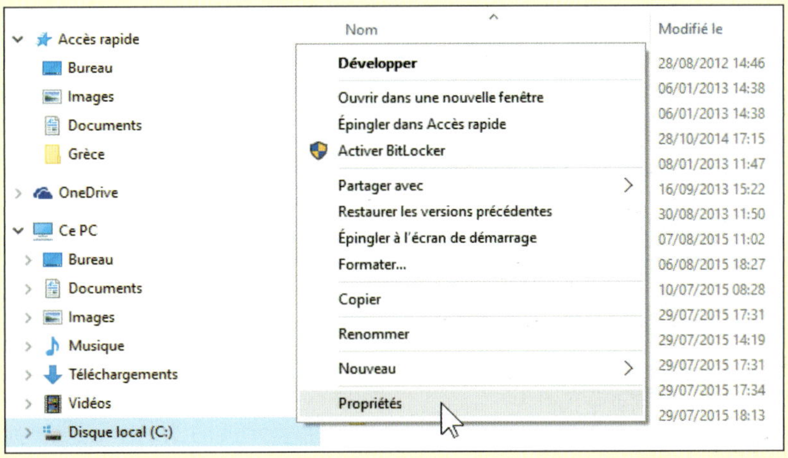

2 Cochez la case **Compresser ce lecteur….**

3 Cliquez le bouton **OK** dans la boîte **Propriétés**.

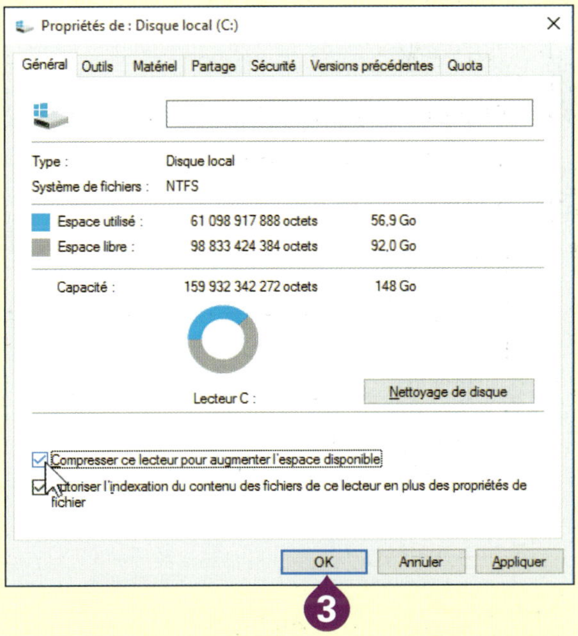

4 Windows affiche une boîte pour vous permettre de compresser aussi les sous-dossiers (choix par défaut). Éventuellement, activez l'option **Appliquer les modifications uniquement au lecteur….**

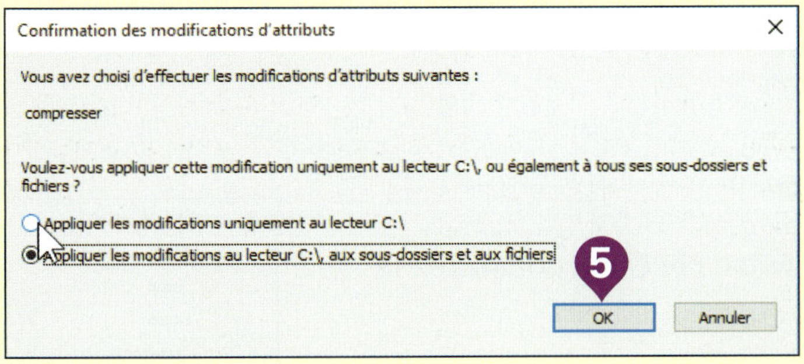

5 Cliquez le bouton **OK**.

Sauvegarder des fichiers sur une clé USB

Une clé USB se comporte comme votre disque dur. À ce titre, elle apparaît dans le volet de navigation de l'Explorateur. Vous pouvez y ajouter ou y supprimer des documents, voire des dossiers entiers, ou, pour gagner de la place, des dossiers compressés. N'oubliez pas de retirer votre clé USB en suivant la procédure décrite ici.

Copier des documents sur une clé USB

1 Insérez votre clé dans un port USB.

> Si votre clé ne rentre pas dans le port USB, ne forcez pas : vous l'avez tout simplement mise à l'envers.

2 Cliquez l'icône dans la barre des tâches ou tapez le raccourci + **E** pour ouvrir l'Explorateur.

3 Votre clé USB apparaît dans l'arborescence de votre ordinateur, au-dessous du disque dur et du lecteur ou graveur de DVD. La partie droite affiche les dossiers et les documents qui s'y trouvent.

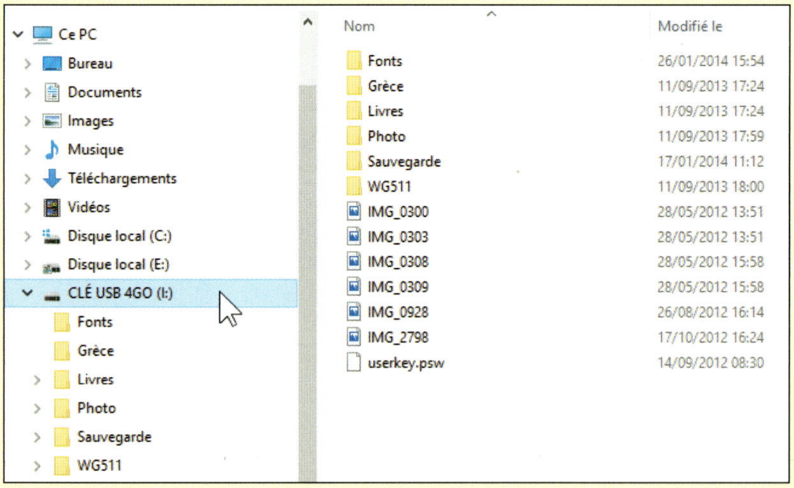

4 Éventuellement, créez un dossier sur votre clé USB (consultez le chapitre **4**).

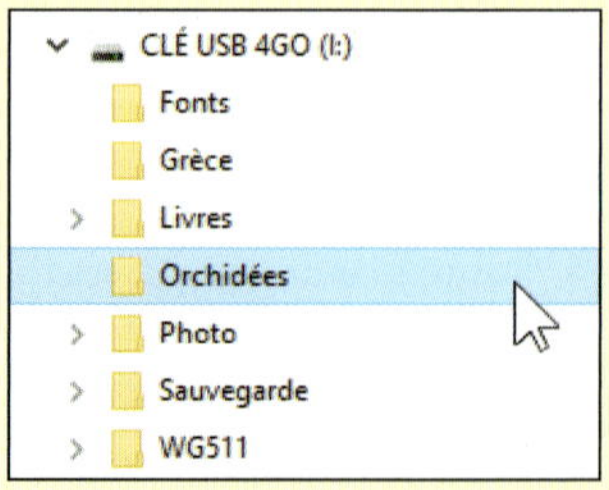

5 Recherchez le dossier qui contient les documents à copier sur la clé.

6 Sélectionnez les documents à copier (utilisez les touches **Ctrl** et **Maj** pour en sélectionner plusieurs).

7 Cliquez et faites glisser la sélection vers l'icône de votre clé ou un de ses dossiers.

8 Les documents sont copiés en quelques secondes. Une barre vous informe de la progression.

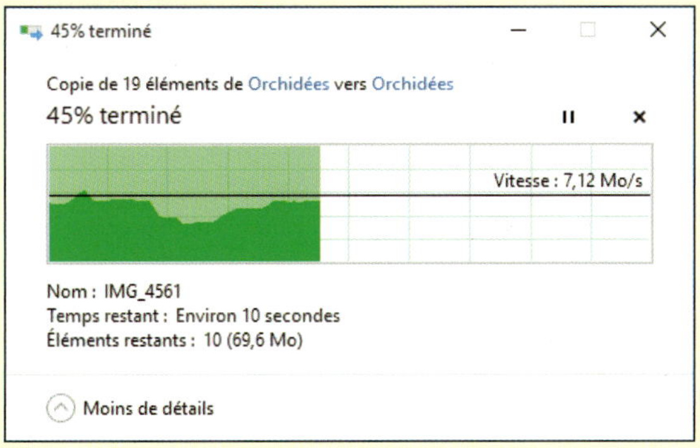

9 Cliquez l'icône de votre clé dans le volet de navigation, puis éventuellement un de ses dossiers. La partie droite affiche le contenu de la clé ou du dossier.

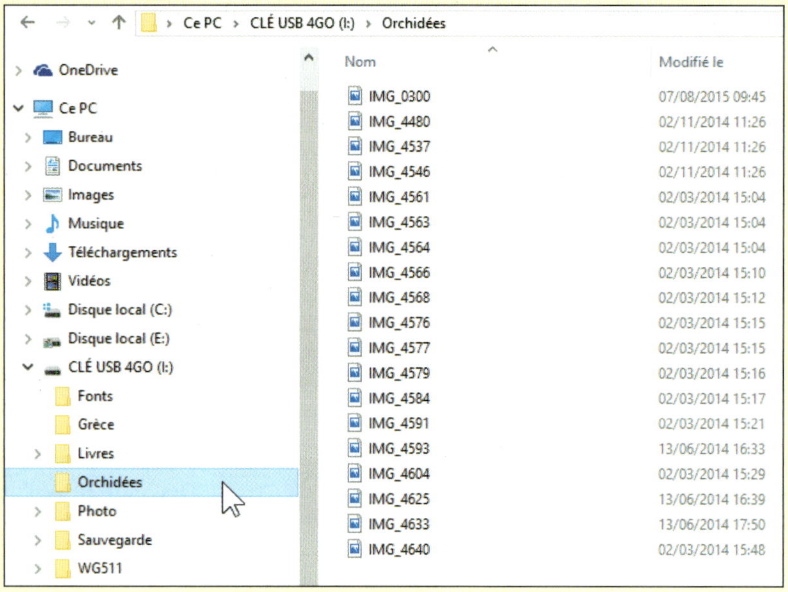

Retirer la clé USB

1. Cliquez l'icône dans la barre des tâches. Si cette icône est masquée, cliquez le bouton dans la zone de notification.

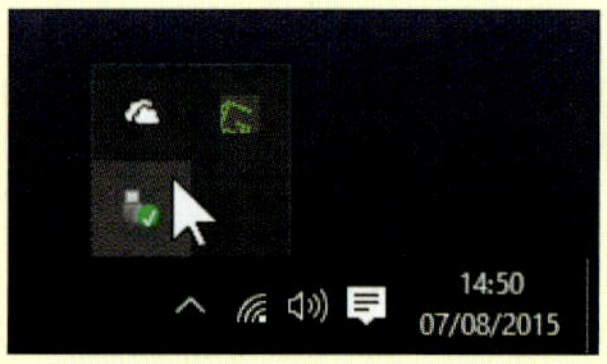

2. Cliquez la commande **Éjecter** dans le menu contextuel.

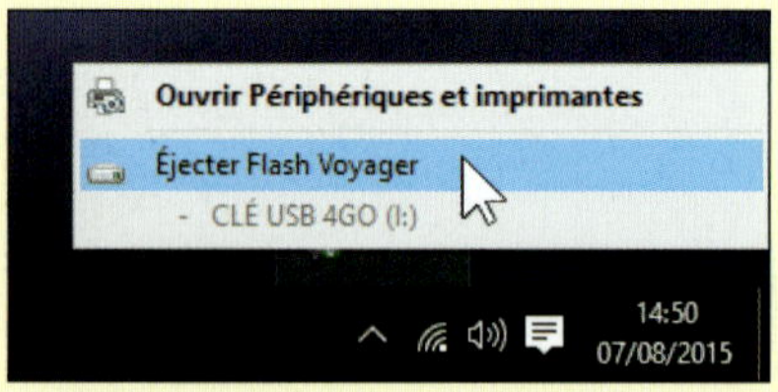

3. Une info-bulle vous indique quand vous pouvez retirer votre clé USB.

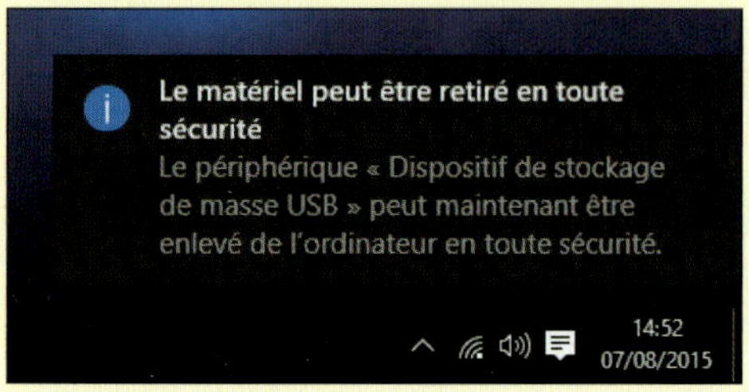

Graver vos fichiers sur CD ou DVD

Si vous êtes l'heureux possesseur d'un graveur de DVD, et c'est probablement le cas, profitez de l'opportunité pour conserver durablement vos documents. Windows propose deux types de gravure. Le format « Comme un lecteur flash USB » permet de graver des documents sur un CD ou DVD réinscriptible (CD-RW et DVD-RW). Le CD ou le DVD se comporte alors comme un disque dur : vous ajoutez ou supprimez des documents quand vous le désirez (uniquement sur ordinateur). Le format « À l'image », lui, permet de graver des documents sur tout type de disque (CD-R, DVD-R, CD-RW et DVD-RW). Ces disques sont lisibles sur tous les ordinateurs et sur certaines platines DVD de salon.

Copier vos documents sur CD ou DVD comme sur un disque dur

1. Insérez un CD-RW ou un DVD-RW vierge dans votre graveur. La boîte d'exécution automatique s'affiche.
2. Cliquez l'option **Graver les fichiers sur un disque**.

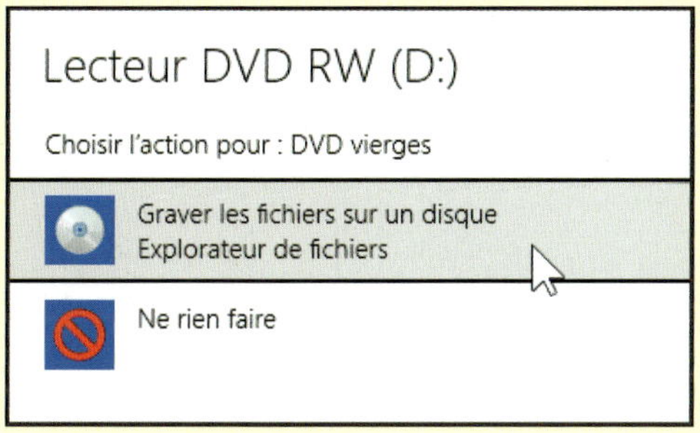

Si cette fenêtre ne s'affiche pas, ouvrez l'Explorateur, puis sélectionnez votre graveur dans le volet de navigation.

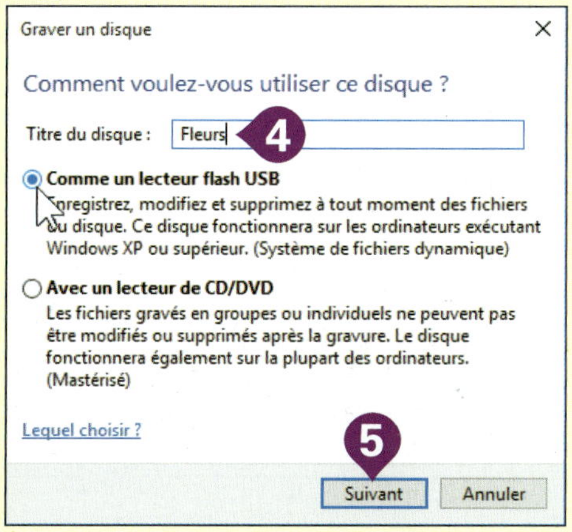

3. Une nouvelle boîte s'affiche pour vous permettre de choisir le format. Activez l'option **Comme un lecteur flash USB**.
4. Tapez un nom dans la zone **Titre du disque**. Ce nom s'affichera dans l'Explorateur pour vous permettre d'identifier le CD ou le DVD.
5. Cliquez le bouton **Suivant**.

6 Windows formate le CD-RW ou le DVD-RW (préparation du disque pour recevoir des données).

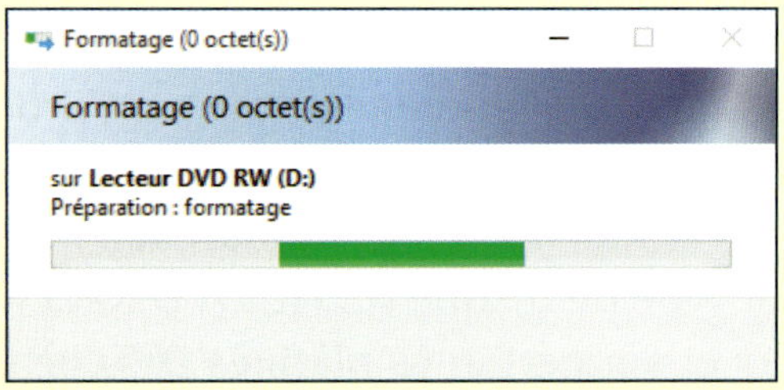

7 Cette opération terminée, ouvrez l'Explorateur pour ajouter des documents à votre CD ou DVD. Sélectionnez votre graveur.

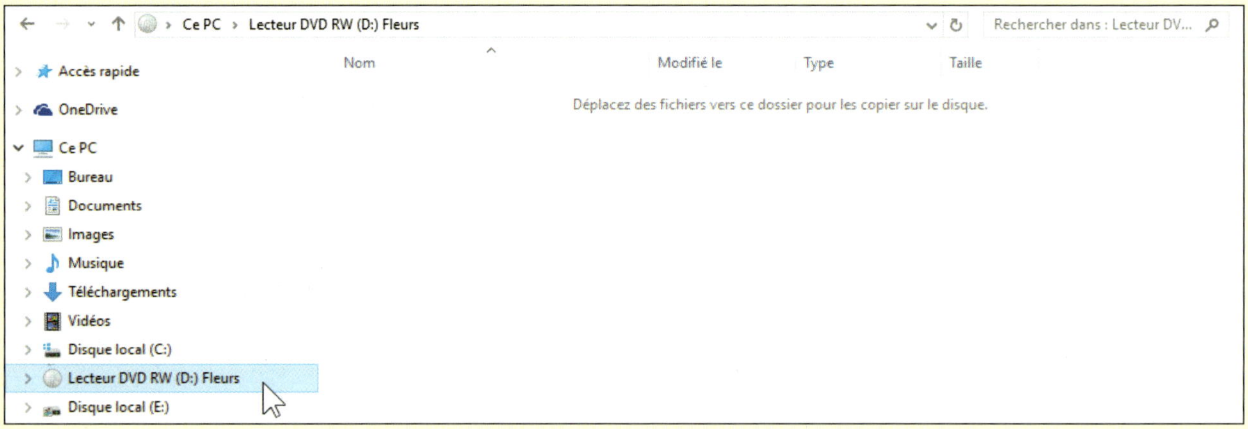

8 Recherchez les dossiers et les documents à copier, puis faites-les glisser vers l'icône de votre graveur.

9. Windows effectue la copie des documents vers le CD-RW ou le DVD-RW.

10. Cliquez le bouton **Plus de détails** ⌄ pour voir le déroulement de l'opération.

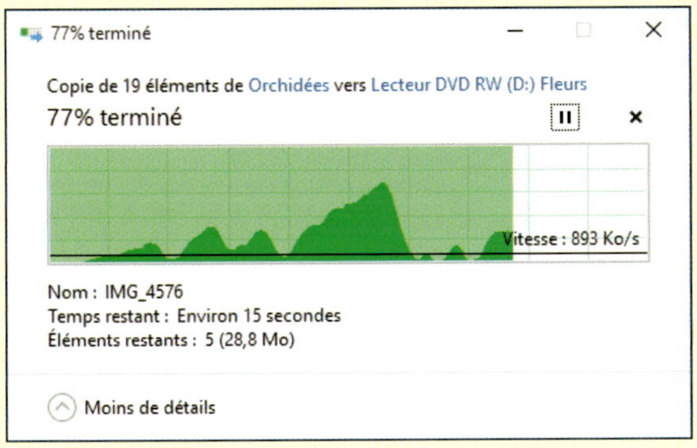

Vous pouvez ajouter à votre CD ou DVD d'autres dossiers ou documents, ou supprimer ceux existants.

Graver vos documents sur CD ou DVD « À l'image »

1. Insérez un CD-R ou un DVD-R vierge dans votre graveur. La boîte d'exécution automatique s'affiche (vous pouvez aussi utiliser des CD et DVD-RW).

2. Cliquez l'option **Graver les fichiers sur un disque**.

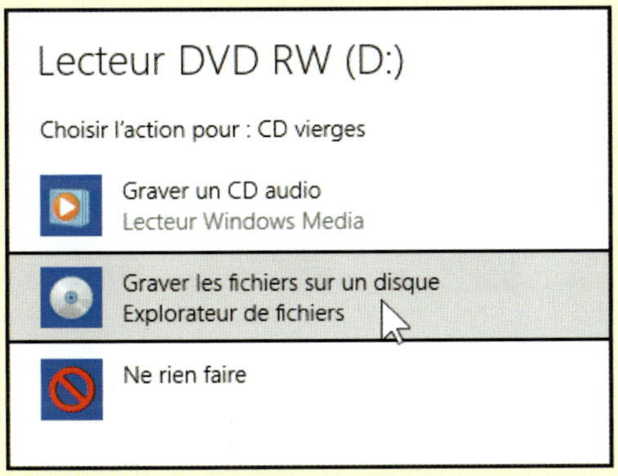

3. Une nouvelle boîte s'affiche pour vous permettre de choisir le format. Cochez l'option **Avec un lecteur de CD/DVD**.

4 Tapez un nom dans la zone **Titre du disque**. Ce nom s'affichera dans l'Explorateur pour vous permettre d'identifier le CD ou le DVD.

5 Cliquez le bouton **Suivant**.

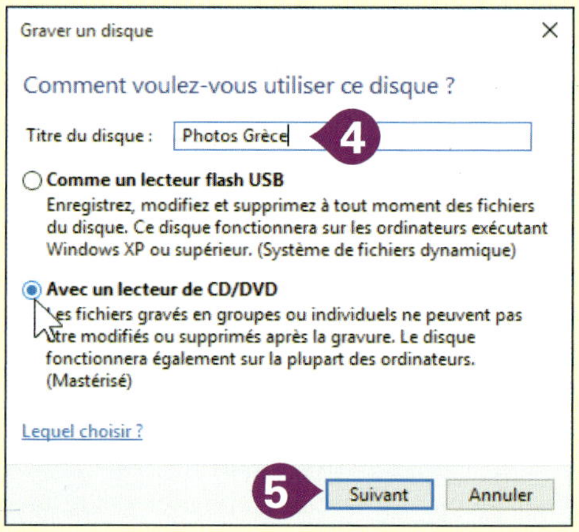

6 L'Explorateur s'ouvre pour vous permettre d'ajouter des documents à votre CD ou DVD. Sélectionnez les dossiers et les documents à copier, puis cliquez l'onglet **Partage → Envoyer → Graver sur disque**.

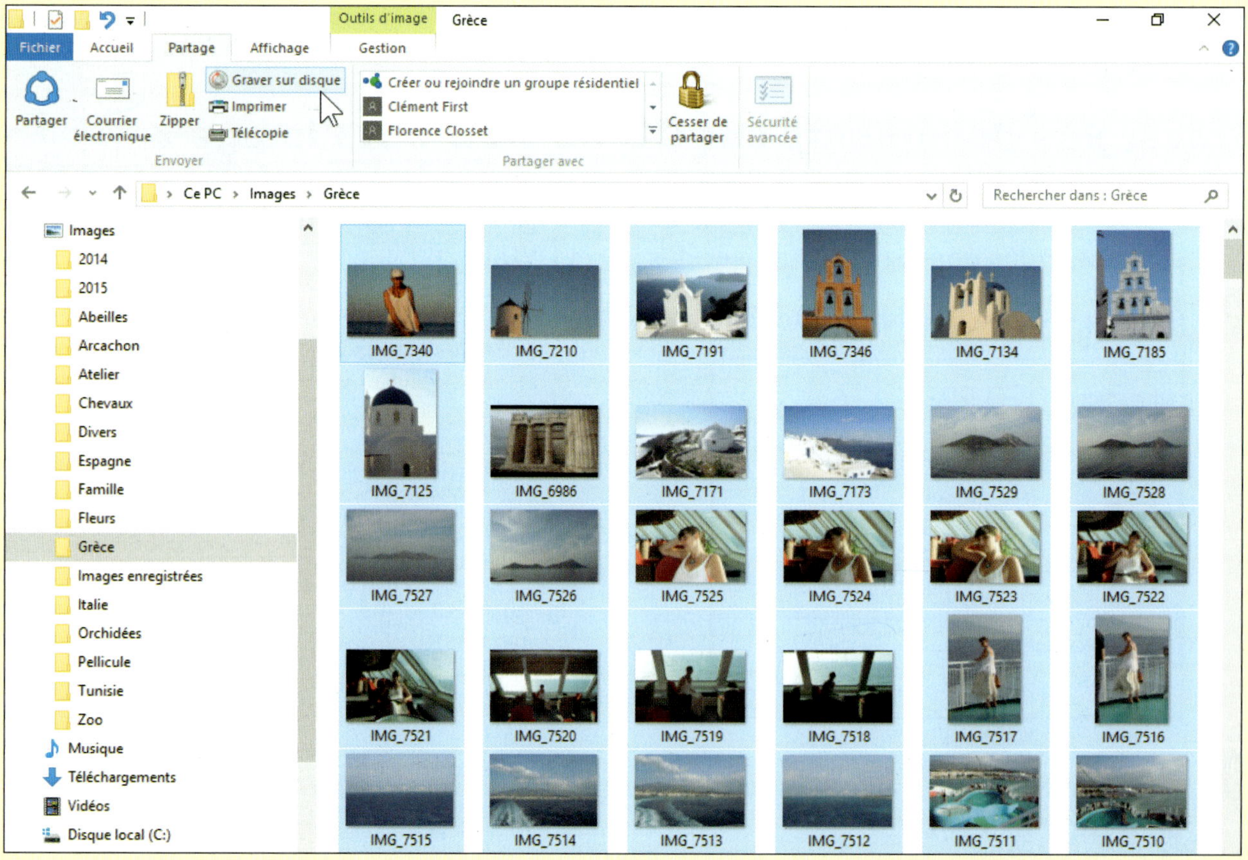

7. Windows copie les références des fichiers vers le graveur de CD/DVD.

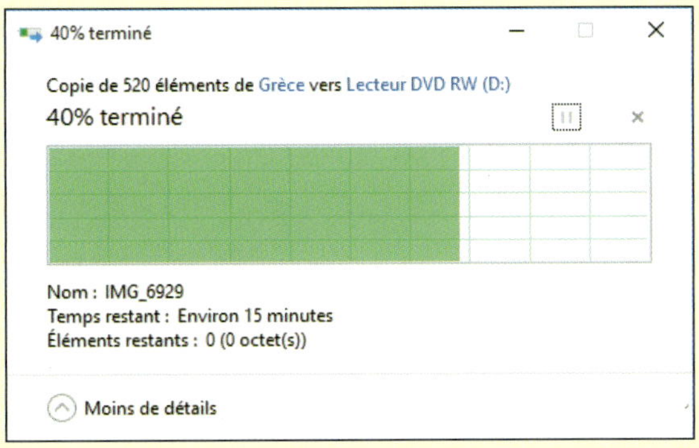

8. Windows ouvre une seconde fenêtre de l'Explorateur dans laquelle le graveur est sélectionné pour vous montrer les dossiers et les documents à copier. Notez que les icônes sont dotées d'une flèche pour indiquer que les documents ne sont pas encore gravés. Vous pouvez ajouter d'autres documents ou supprimer ceux présents dans cette fenêtre.

9. Dès que tous les documents à graver ont été choisis, cliquez l'onglet **Gestion → Média → Terminer la gravure**.

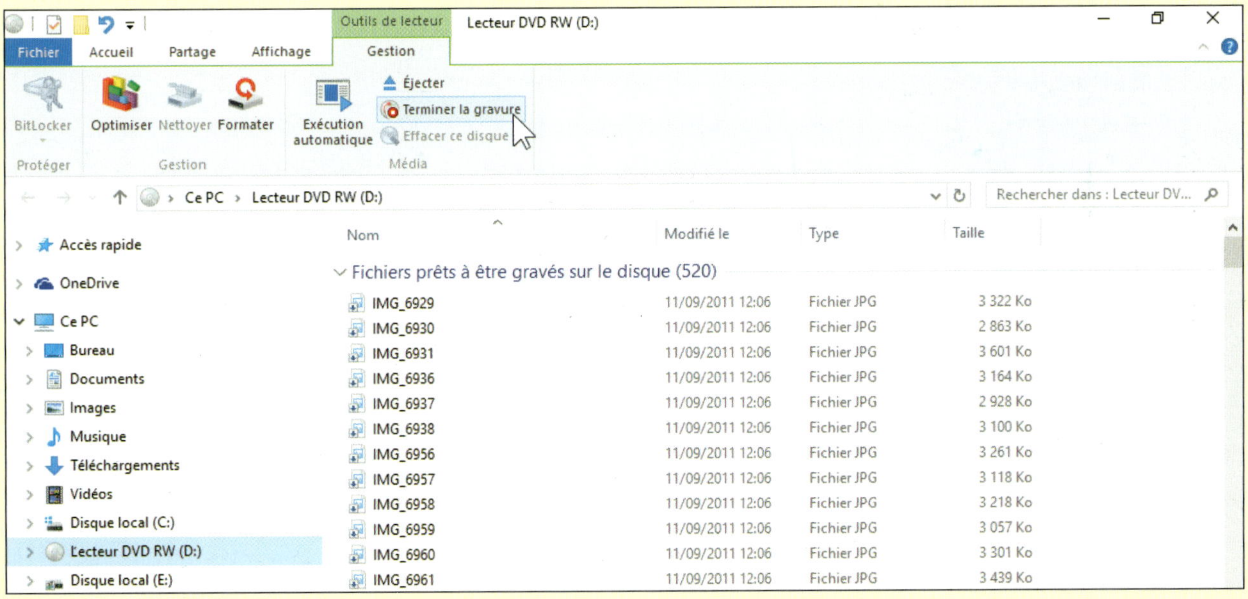

10. Éventuellement, changez le nom dans la zone **Titre du disque**.

11 Ensuite, sélectionnez la vitesse de gravure.

12 Cliquez le bouton **Suivant**.

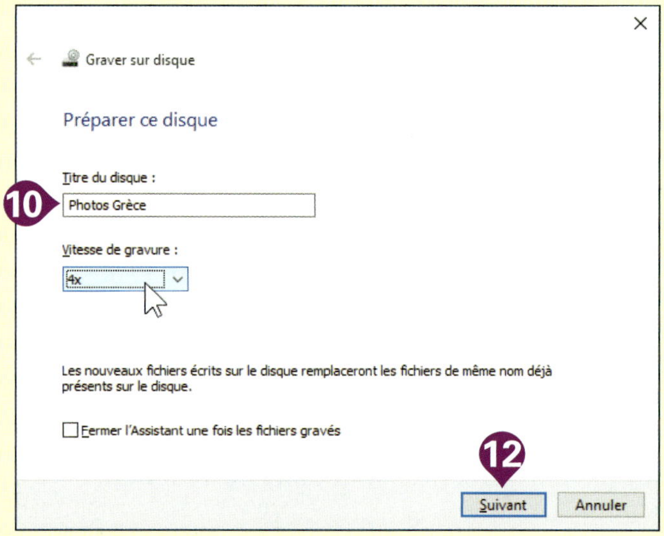

13 Les documents sont gravés sur le disque. À la fin de la gravure, le disque est éjecté du lecteur.

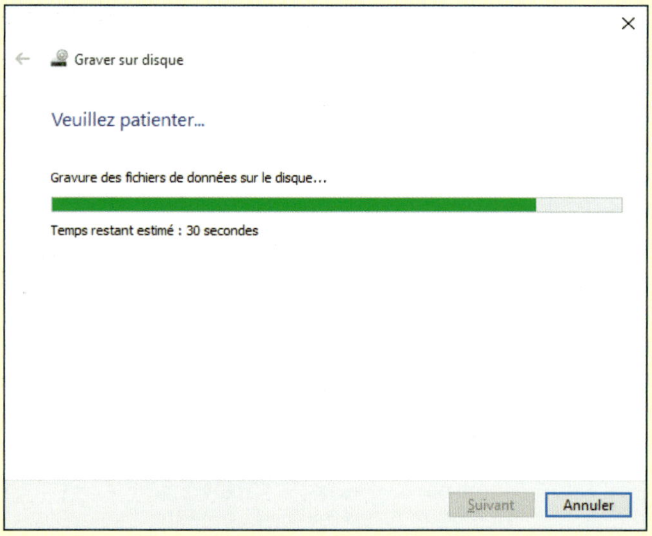

14 Cliquez le bouton **Terminer** dans la dernière boîte de dialogue.

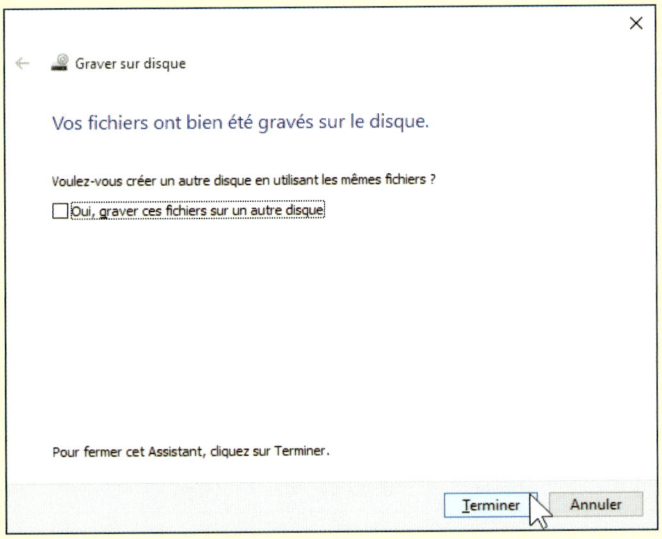

Une fois gravés, les fichiers sont en lecture seule : vous ne pouvez pas les modifier à partir du CD ou du DVD. Pour graver plusieurs CD ou DVD identiques, insérez un CD ou DVD vierge à la place de celui qui vient d'être éjecté à la fin de la gravure. Dans la dernière boîte de dialogue, cochez la case **Oui, graver ces fichiers sur un autre disque** puis cliquez le bouton **Suivant**.

Effacer les fichiers temporaires

1 Si les documents n'ont pas été gravés, ils restent dans un dossier temporaire (cela ne concerne pas les fichiers originaux). Supprimez-les pour gagner de la place sur votre disque dur. Sélectionnez votre graveur dans le volet de navigation.

Si votre graveur ne s'affiche pas, cliquez **Ce PC** dans le volet de navigation, puis sélectionnez votre graveur dans la partie droite.

2 Les documents en attente de gravure apparaissent dans la partie droite. Cliquez avec le bouton droit votre graveur, puis cliquez **Supprimer les fichiers temporaires** dans le menu contextuel.

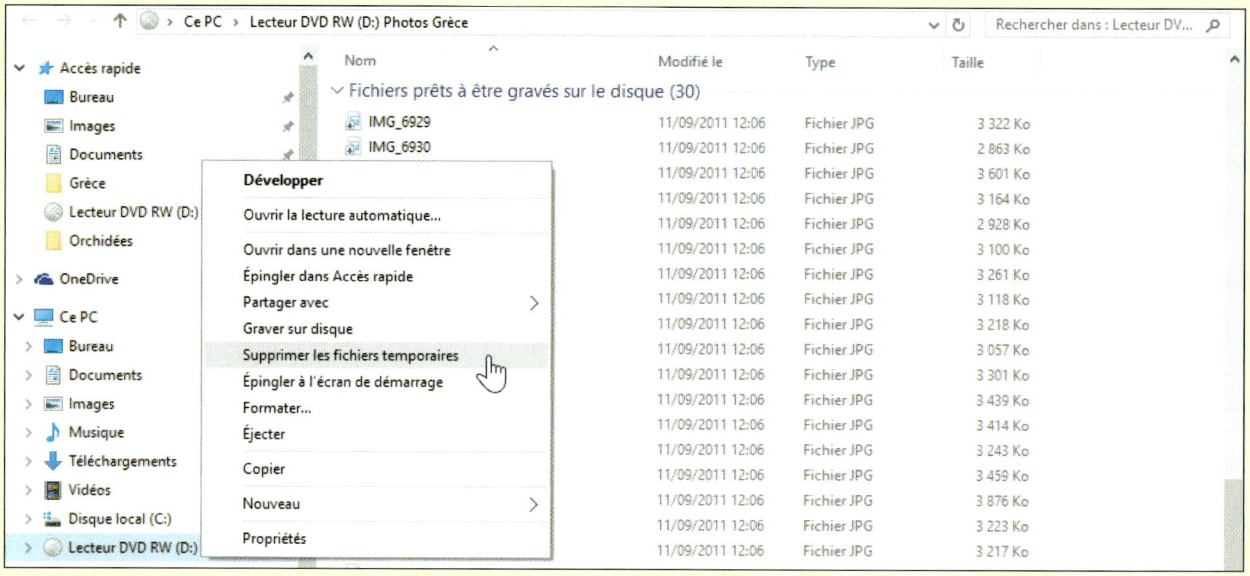

3 Cliquez le bouton **Oui** pour confirmer la suppression.

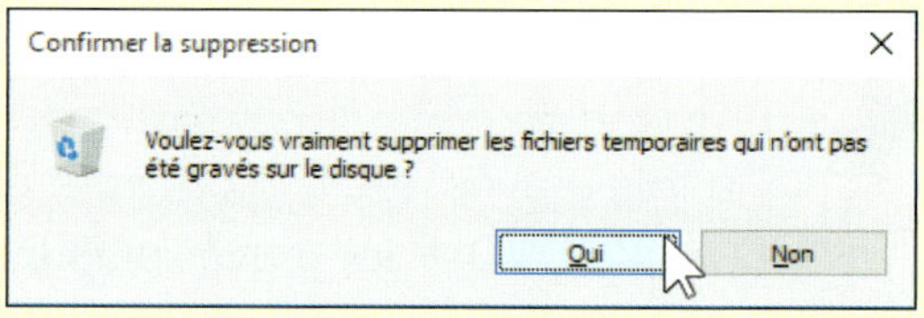

Effacer un CD-RW ou un DVD-RW

1 Si un CD-RW ou un DVD-RW contient des données caduques, vous pouvez l'effacer en une seule opération. Dans l'Explorateur, sélectionnez le graveur qui contient le disque.

2 Cliquez l'onglet **Gestion → Média → Effacer ce disque**.

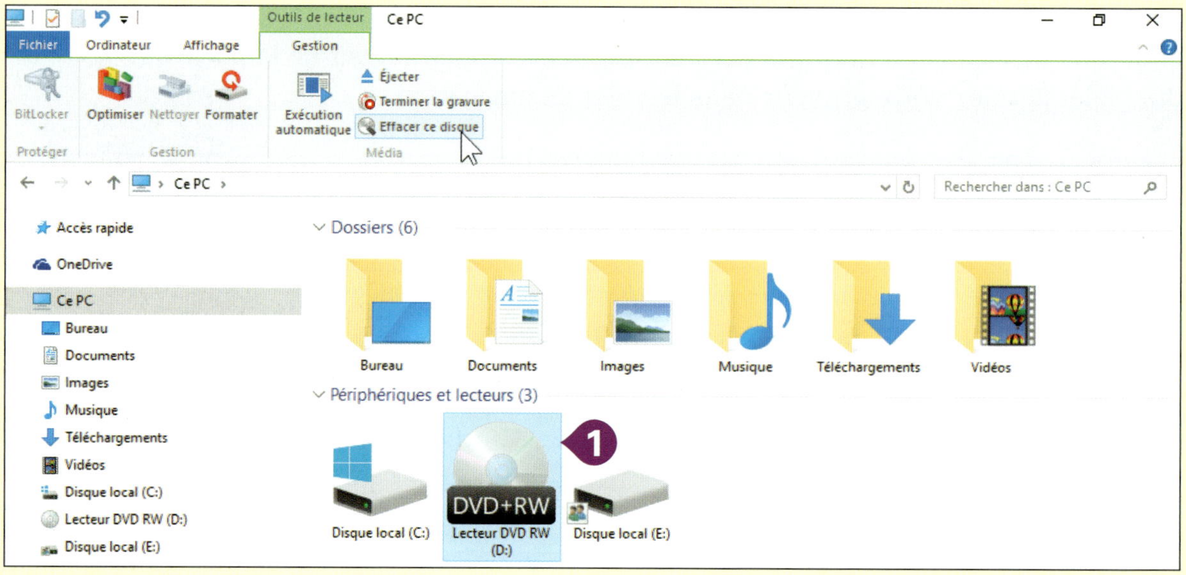

3. Cliquez le bouton **Suivant** dans la boîte qui s'affiche pour effacer le contenu du disque.

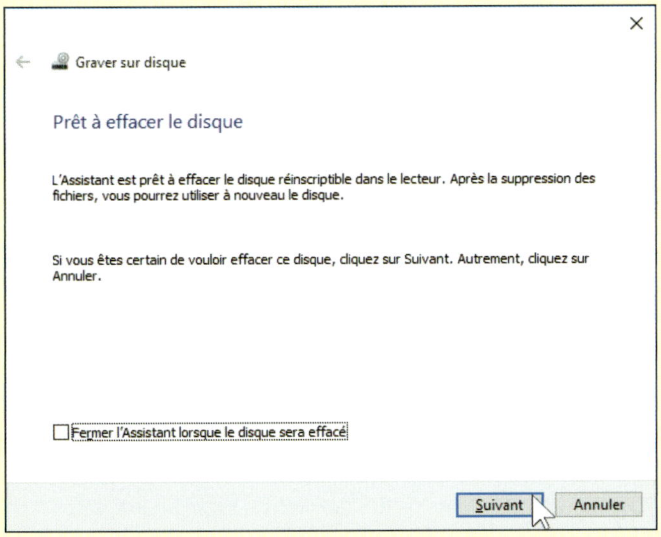

4. Cliquez le bouton **Terminer** quand le disque a été effacé.

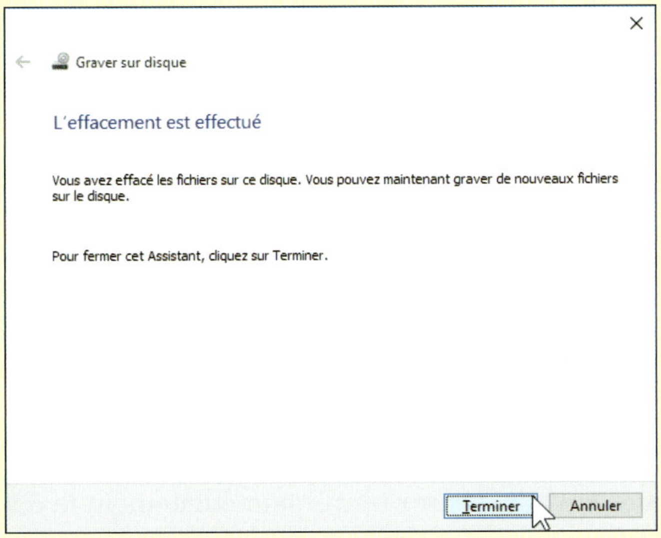

Modifier les paramètres de gravure

1. Si vous avez plusieurs graveurs ou plusieurs disques durs, vous pouvez modifier certains paramètres. Dans l'Explorateur, cliquez avec le bouton droit l'icône de votre graveur.

2. Cliquez la commande **Propriétés** dans le menu contextuel.

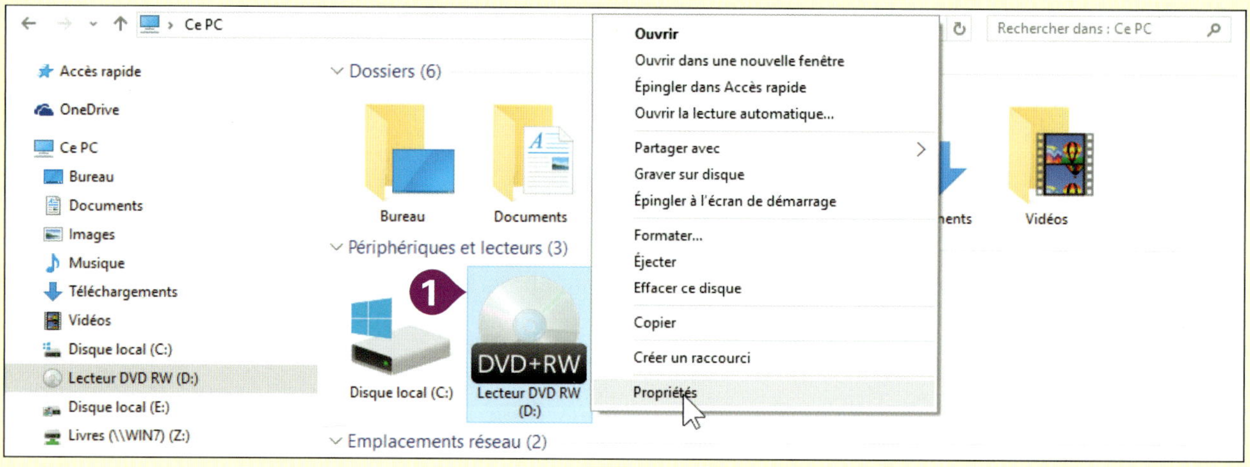

3 Dans la boîte **Propriétés**, cliquez l'onglet **Enregistrement**.

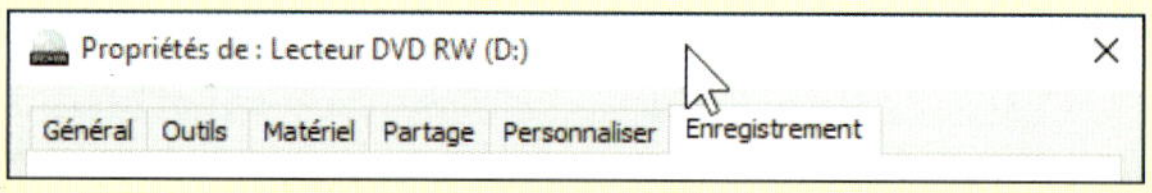

4 Dans la liste **Sélectionnez le lecteur de gravure...**, choisissez le graveur à utiliser en priorité.

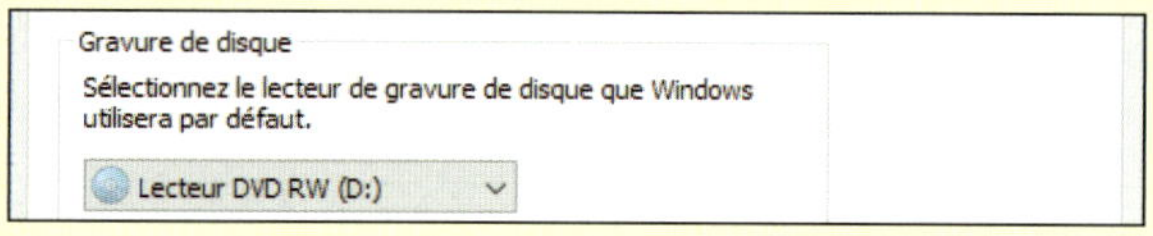

5 Dans la liste **Sélectionnez un lecteur de disque...**, sélectionnez le disque dur qui doit être utilisé pour les fichiers temporaires de la gravure.

6 Cochez la case **Éjecter automatiquement...** si vous désirez retirer immédiatement le disque après la gravure.

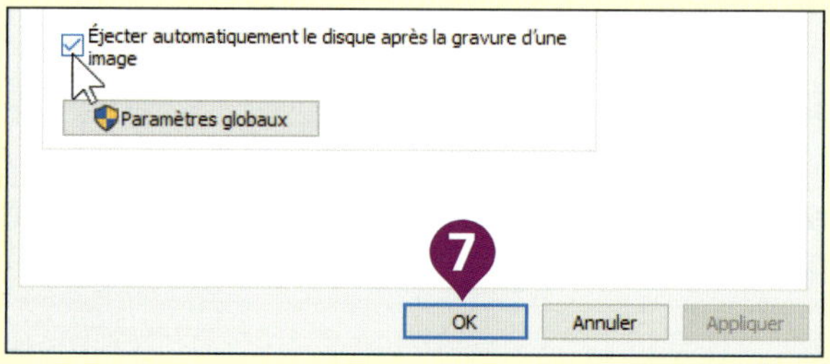

7 Cliquez le bouton **OK**.

Exploiter les images et les photographies

7

Avec l'apparition des scanners et des appareils photo numériques, l'ordinateur est devenu un outil indispensable pour les amateurs de photographies et d'images. Il remplace à lui seul le laboratoire de développement, le studio de retouches et l'armoire de stockage.

Windows a été conçu pour vous faciliter la tâche dans ce domaine, en proposant des outils pour transférer, capturer ou scanner des images, mais aussi les classer, les visionner et les imprimer.

Dans ce chapitre

Transférer des photographies d'un appareil numérique

Pour consulter, retoucher ou imprimer des photos, vous devez les transférer de votre appareil photo numérique (APN) vers l'ordinateur. Dès que le câble USB est connecté et que l'appareil photo est en marche, Windows le détecte automatiquement.

Transférer vos photos avec l'application Photos

1. Cliquez le bouton **Démarrer** , puis cliquez **Photos** dans l'écran de démarrage.

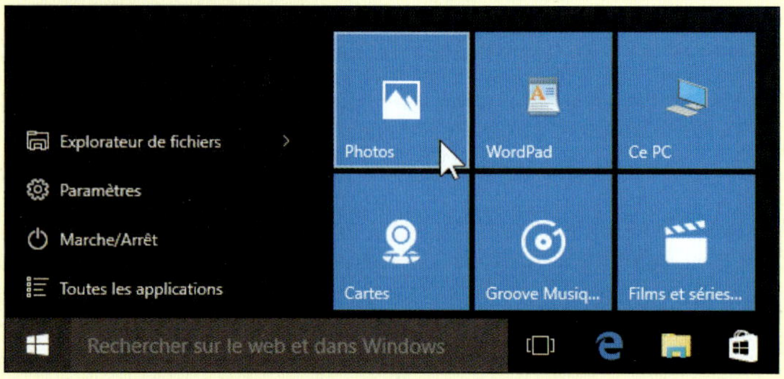

Si la vignette **Photos** n'est pas présente dans l'écran de démarrage, cliquez **Toutes les applications** puis recherchez cette application.

2. Connectez et allumez votre APN. Au besoin, consultez sa notice.

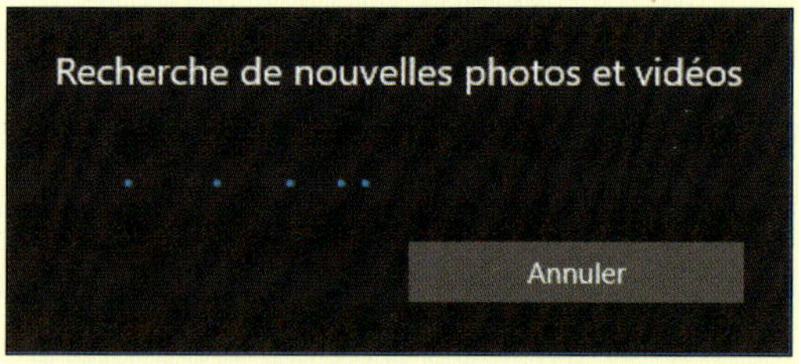

3. Cliquez le bouton . L'application Photos recherche des photos et des vidéos sur votre APN.
4. Cliquez le bouton **Importer** pour débuter le transfert.

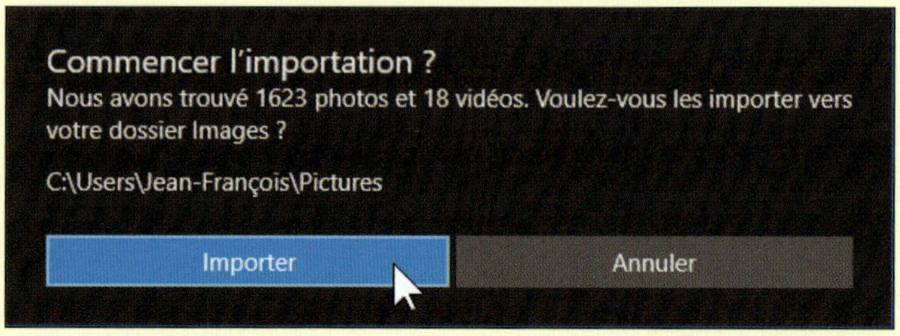

Les photos sont placées dans de nouveaux sous-dossiers de votre dossier Images, avec un nom correspondant aux mois de prises de vue (2015-01, 2015-02, *etc*.).

Transférer vos photos avec l'Explorateur

1. Tapez le raccourci + **E** ou cliquez le bouton dans la barre des tâches.

2. Connectez et allumez votre APN.

3. Recherchez, dans l'arborescence de l'Explorateur, le dossier de votre APN. Généralement, il porte le nom de « DCIM » puis le nom d'un sous-dossier.

4. Sélectionnez les photos à copier. Cliquez et faites glisser la sélection vers le dossier de vos images.

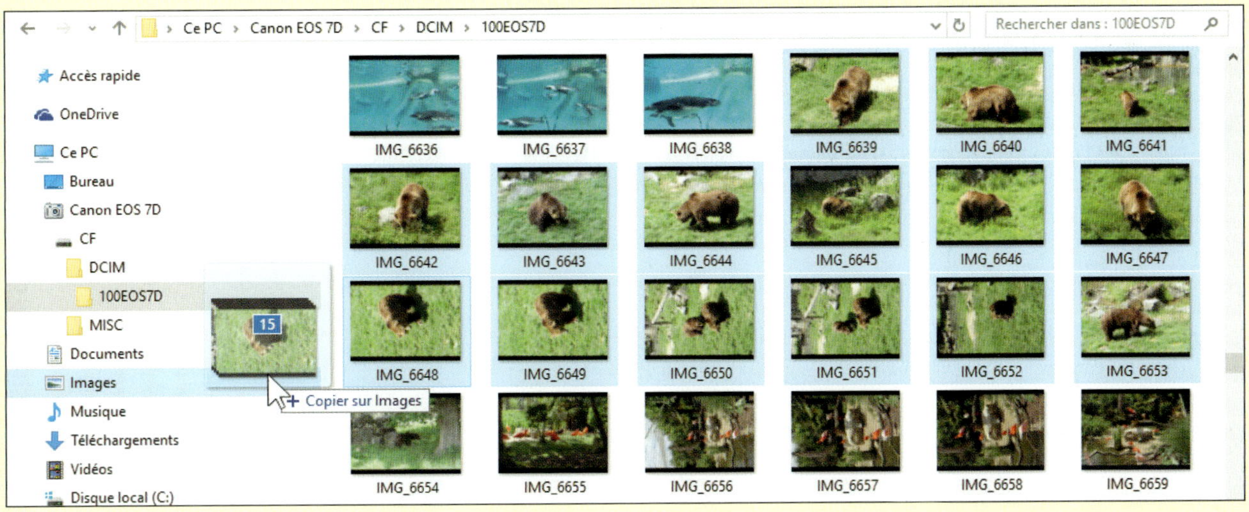

Pour créer des dossiers, consultez le chapitre **4**.

Gérer vos photographies

Après le transfert des photos de votre APN, vous pouvez les gérer avec l'application Photos.

Consulter les photographies

1 Cliquez le bouton **Démarrer** .

2 Cliquez la vignette Photos dans l'écran de démarrage.

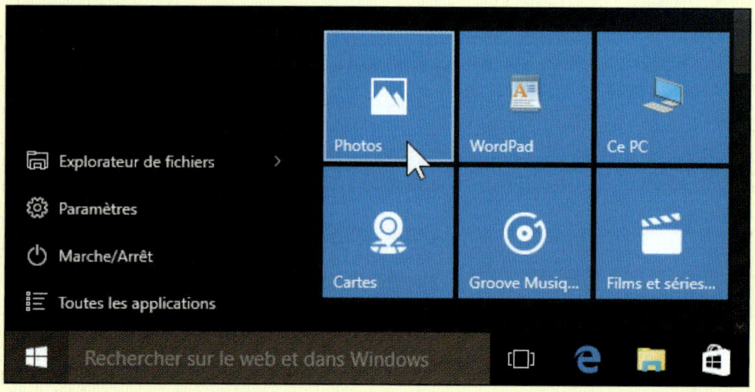

Si la vignette Photos n'est pas présente dans l'écran de démarrage, cliquez **Toutes les applications** puis recherchez son raccourci dans ce menu.

3 La barre de gauche propose des boutons pour les commandes principales.

4 Pour afficher leur nom, cliquez le bouton ≡.

5 Cliquez le bouton ≡ pour masquer les noms.

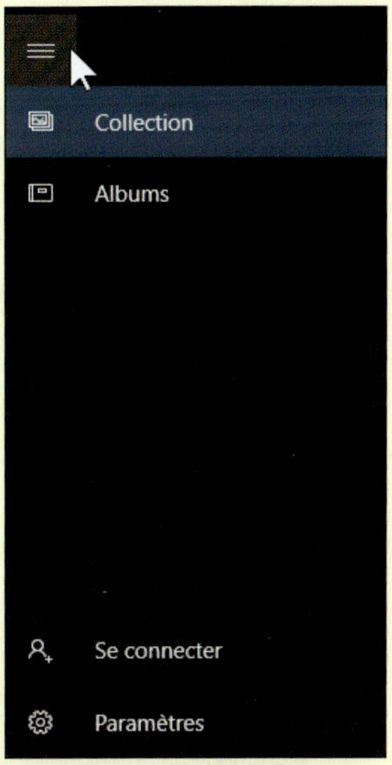

6 Cliquez le bouton **Collection** pour afficher les photos de votre dossier **Images**. Les photos sont classées par dates.

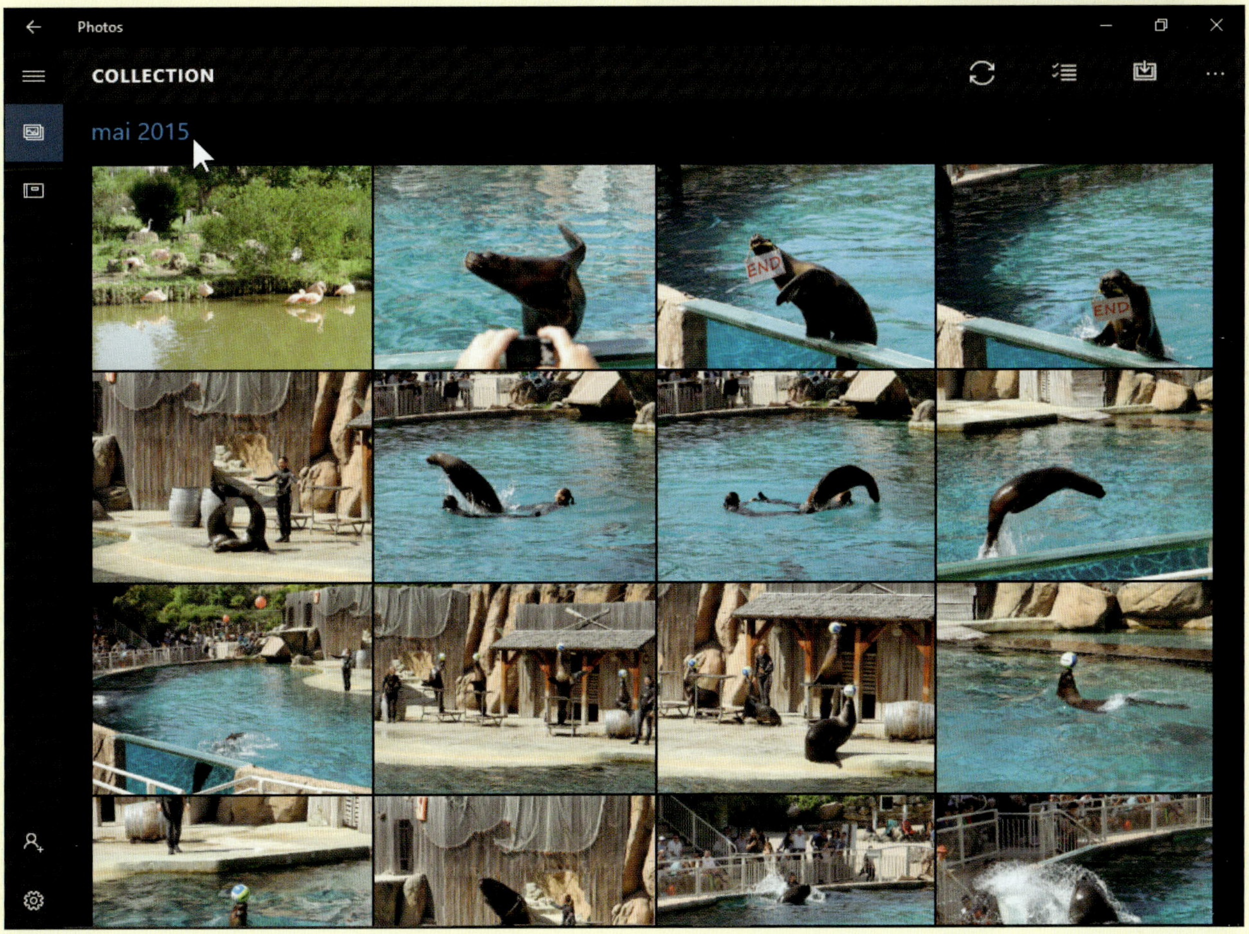

Ajouter un dossier

1. Vous pouvez ajouter des dossiers autres que ceux proposés dans votre dossier **Images**. Cliquez le bouton **Paramètres** ⚙.

2. Cliquez **Ajouter un dossier**.

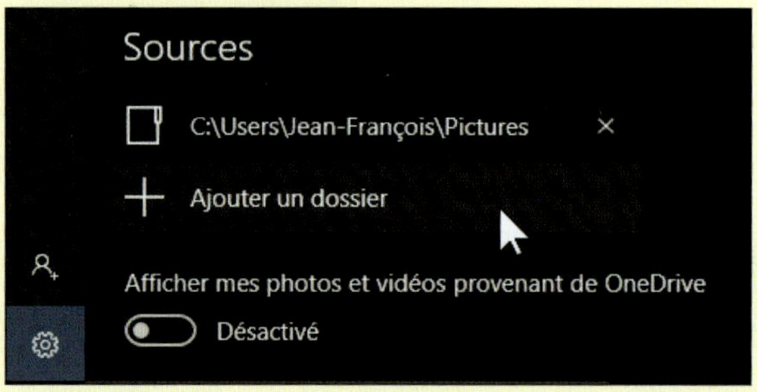

3. Sélectionnez le dossier contenant les photos dans l'arborescence de gauche.

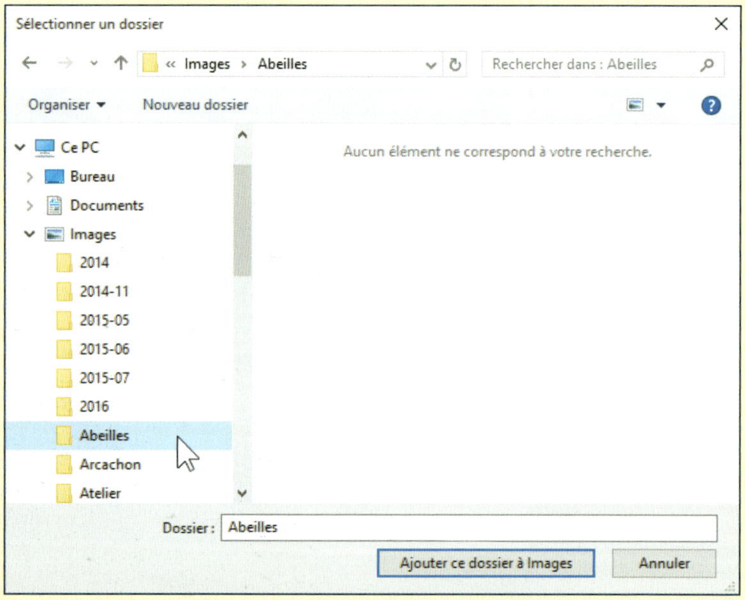

4. Cliquez le bouton **Ajouter ce dossier à Images**.

5 Pour supprimer un dossier, cliquez le bouton × en regard de son nom.

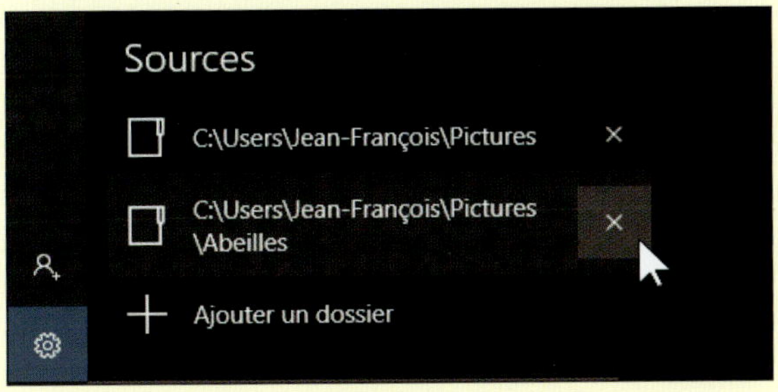

6 Cliquez le bouton ← en haut à gauche pour revenir aux images.

7 Si vous avez ajouté des photos avec l'Explorateur, cliquez le bouton **Actualiser** pour que l'application Photos en tienne compte.

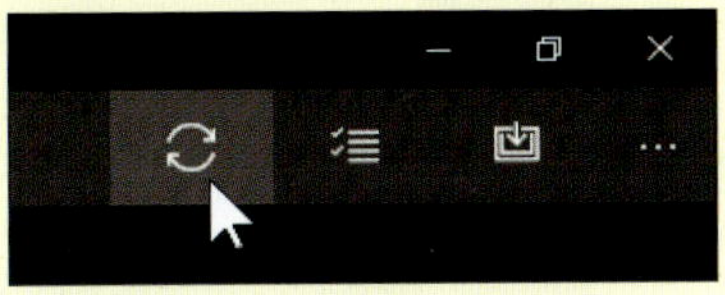

Accéder aux photos par dates

1 Cliquez une date.

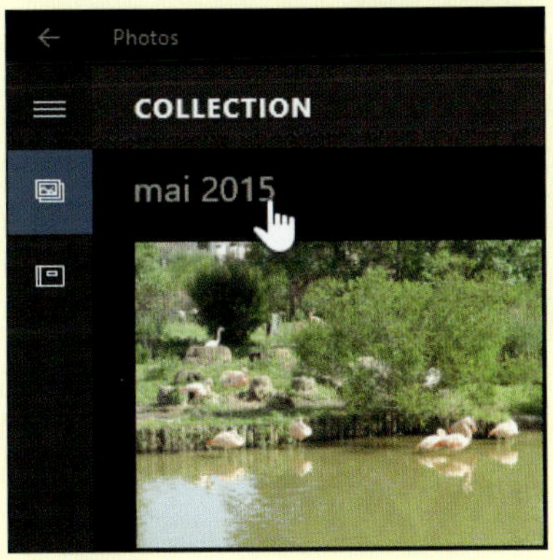

2 Cliquez la date à consulter.

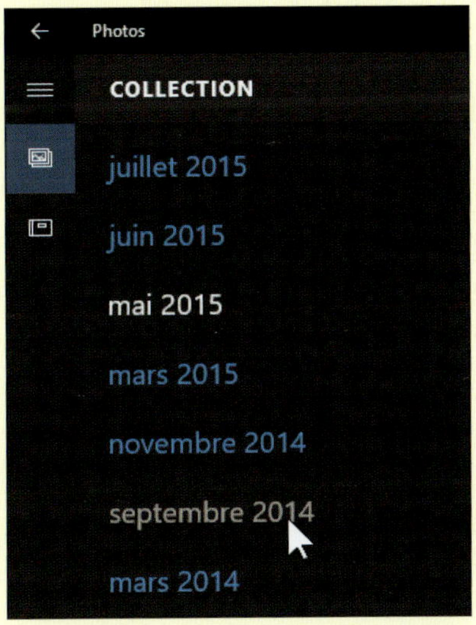

3 Au-dessous du mois et de l'année, vous trouverez le jour et le nombre de photos.

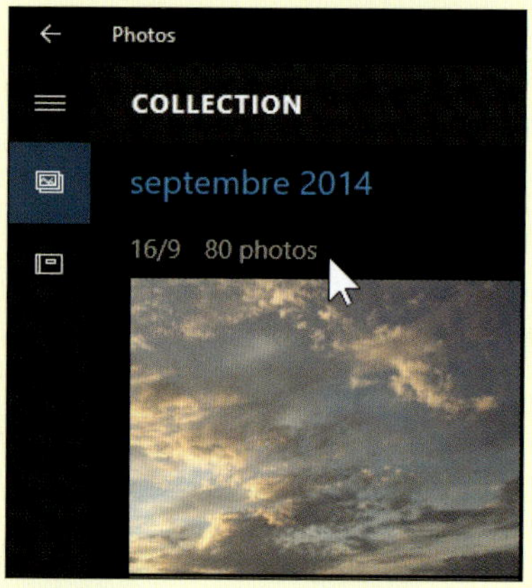

4 Si les photos sont peu nombreuses, c'est une période qui s'affiche.

Consulter les photos

1 Faites défiler les photos avec la roulette de la souris ou la barre de défilement verticale pour trouver celle à consulter. Cliquez la photo à consulter.

2 La photo s'affiche en plein écran.

3 Cliquez les boutons < et > pour changer de photo. Ces boutons apparaissent dès que vous déplacez la souris. Vous pouvez aussi utiliser la roulette de la souris ou les flèches gauche et droite du clavier.

4 Cliquez la photo pour afficher ou masquer la barre d'outils en haut à droite.

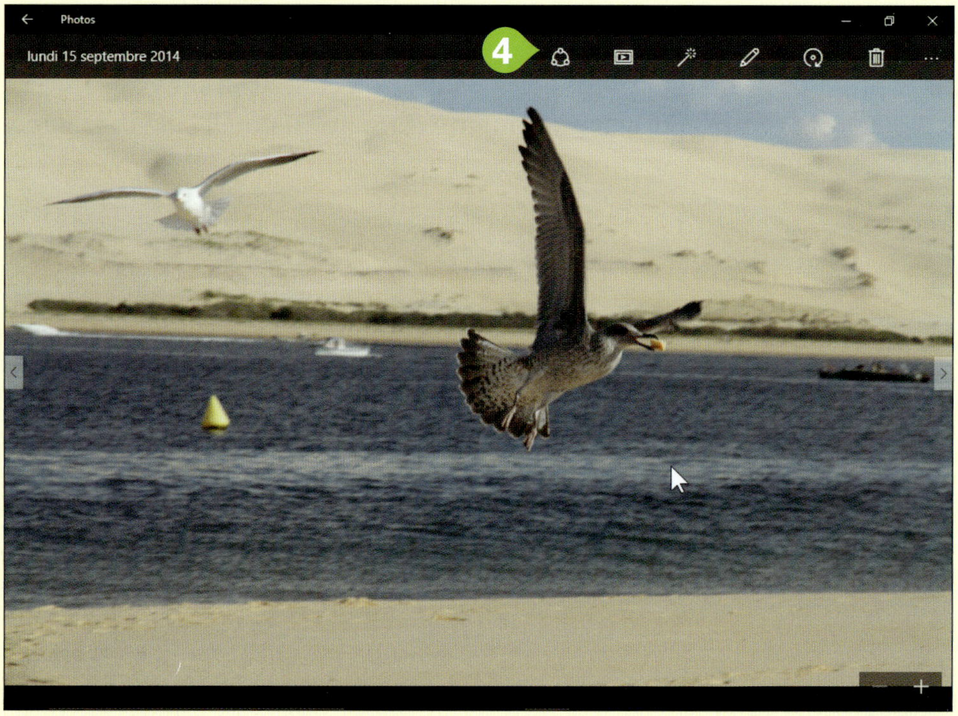

5 Cliquez les boutons − et + en bas à droite pour zoomer sur la photo. Vous pouvez aussi utiliser la roulette de la souris en maintenant la touche **Ctrl**. Pour effectuer un zoom rapide, double-cliquez la photo.

6 Cliquez et faites glisser la photo pour la centrer.

7 Éventuellement, cliquez l'image pour afficher la barre d'outils.

8 Le bouton 🗑 expédie l'image dans la Corbeille (consultez le chapitre **5**). Cliquez le bouton **Supprimer** pour confirmer.

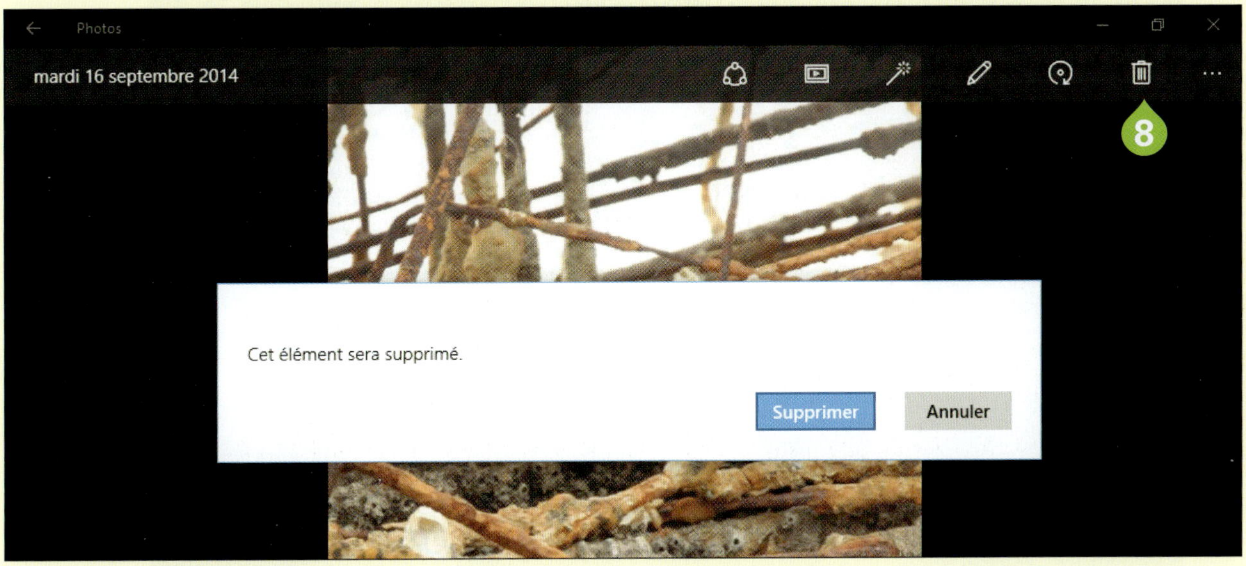

9 Le bouton [icône] permet de faire pivoter la photo.

10 Le bouton [icône] effectue des améliorations de base de l'image.

11 Cliquez le bouton [...] → **Informations sur le fichier**. La partie de gauche affiche les caractéristiques de la photographie (date, taille, type d'appareil, *etc.*).

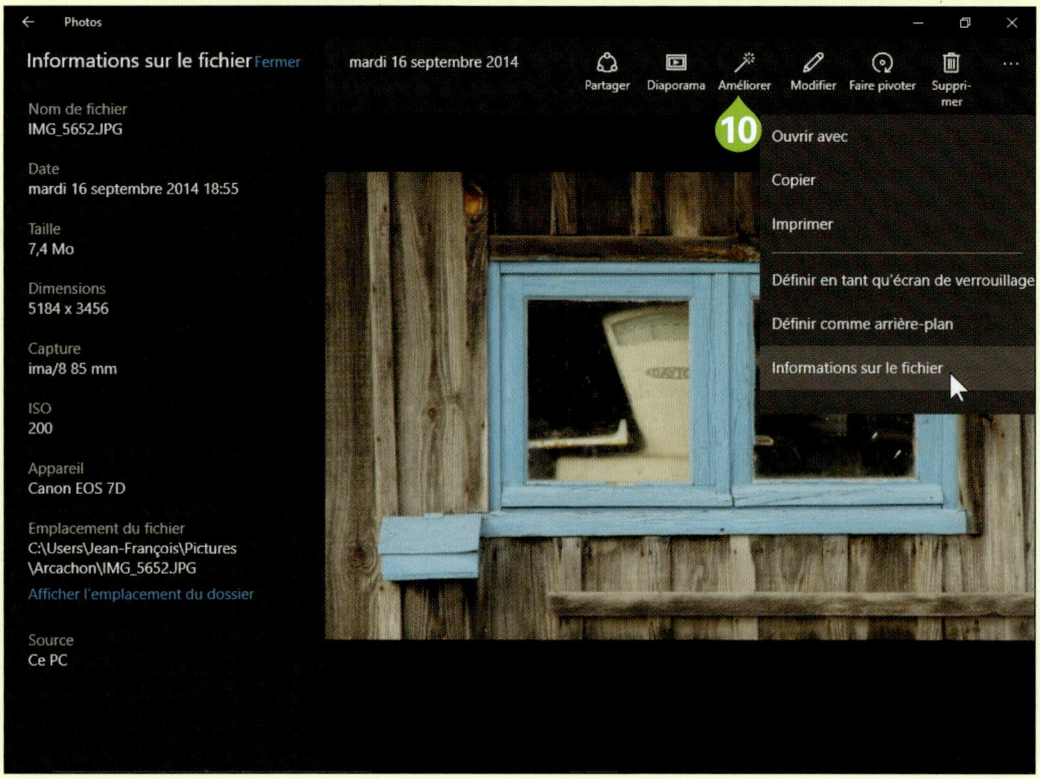

12 Cliquez **Fermer** en haut à gauche pour masquer les informations.

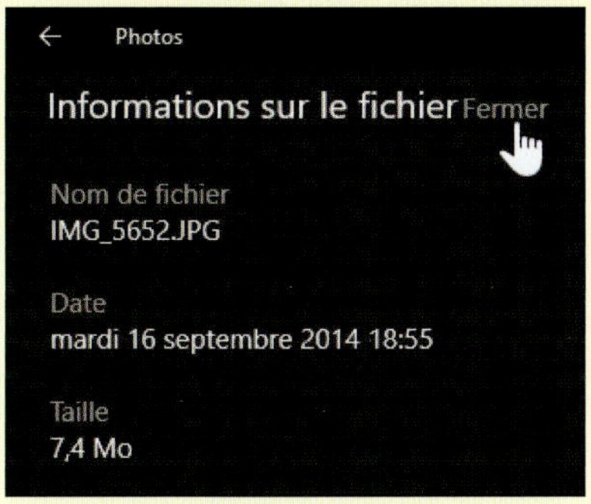

13 Le bouton permet d'expédier l'image par e-mail.

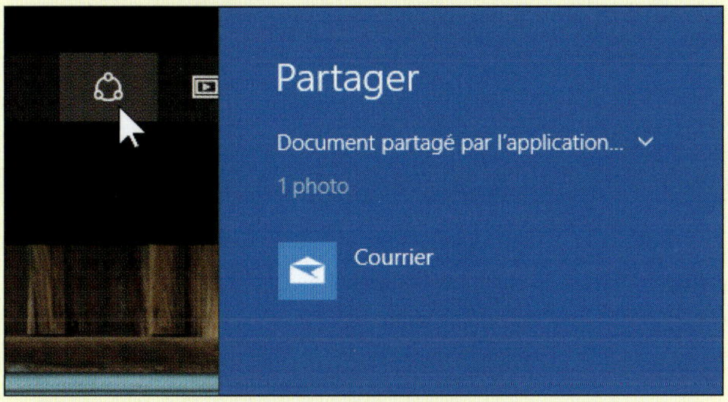

14 Pour revenir aux dossiers, cliquez le bouton en haut à gauche.

Afficher des photographies sous forme de diaporama

1 Cliquez la première image du diaporama pour l'afficher en plein écran.

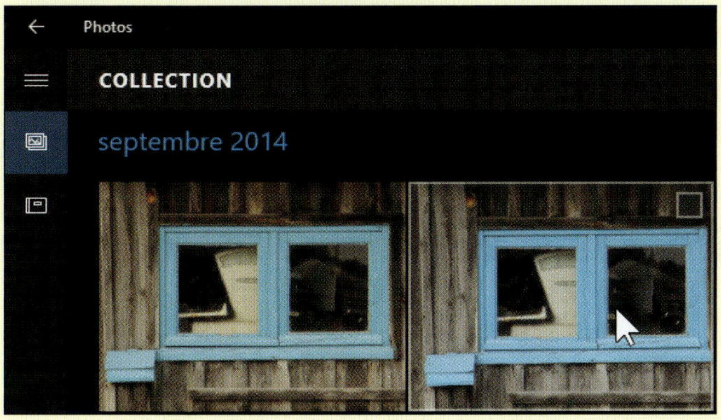

2 Cliquez le bouton dans la barre d'outils.

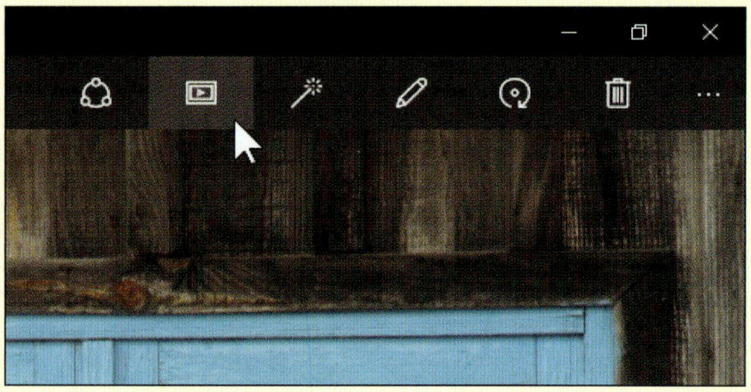

3 Le diaporama débute à partir de l'image choisie à l'étape **1**.

4 Pour fermer le diaporama, cliquez simplement l'image en cours.

Utiliser les albums

L'application Photos crée automatiquement des albums à partir de vos meilleures photographies. Vous pouvez les personnaliser en choisissant d'autres photos et en définissant un nom et une photo principale.

Consulter les albums

1. Cliquez le bouton pour afficher les albums.

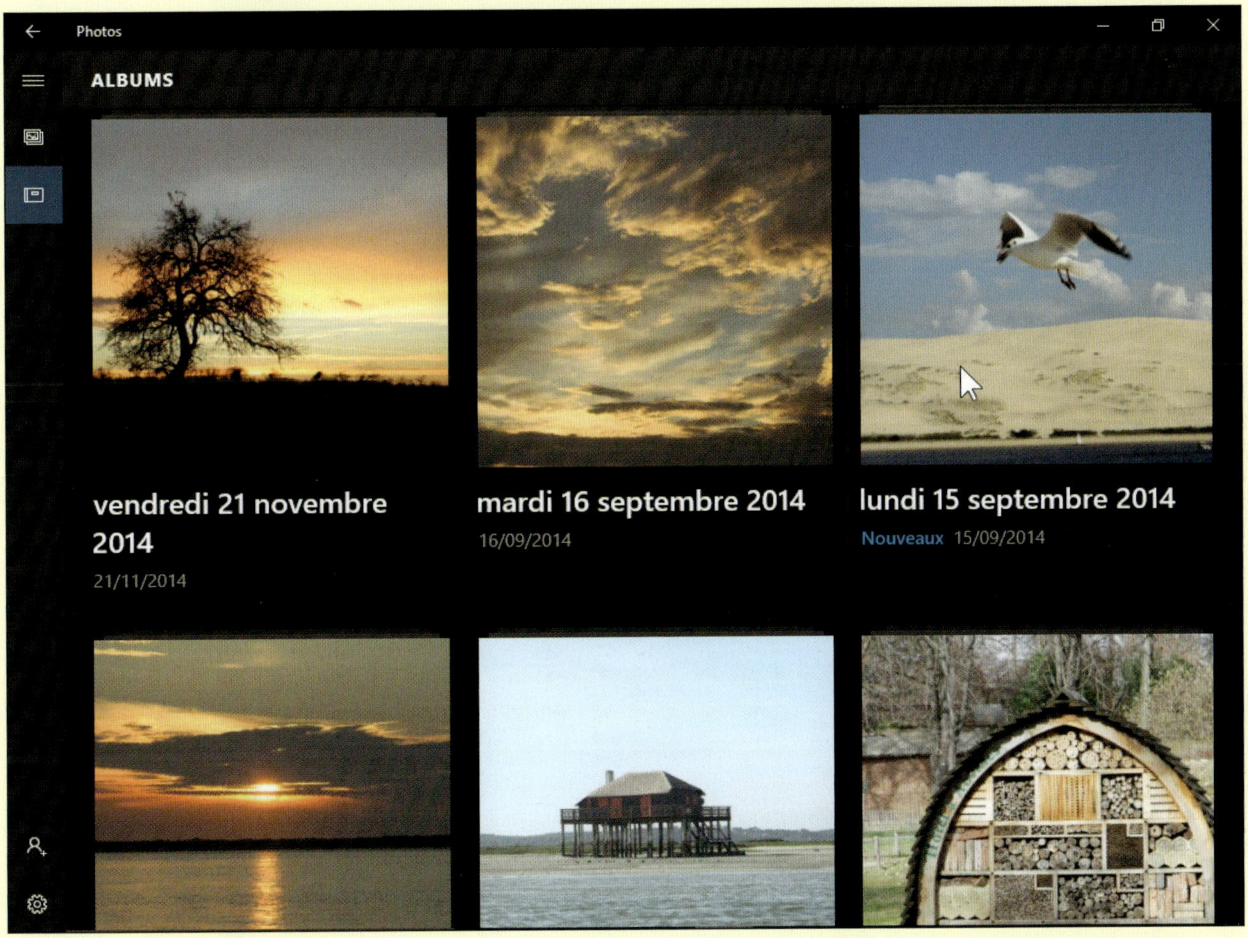

2. Cliquez un album pour l'ouvrir.

3 Faites défiler les photos avec la roulette de la souris ou la barre de défilement verticale pour toutes les consulter.

Modifier un album

1. Affichez l'album comme vu précédemment.
2. Cliquez le bouton ✎ pour modifier l'album.

3. Cliquez la zone **Titre**, puis tapez votre texte.
4. Cliquez le bouton **Modifier la couverture**.

5. Cliquez l'image à utiliser comme couverture.
6. Cliquez le bouton ✓ pour valider ou × pour annuler.

7 Cliquez **Ajouter ou supprimer des photos**.

8 Cochez les photos à ajouter à l'album et décochez les autres.

9 Cliquez le bouton ✓ pour valider ou × pour annuler.

10 Cliquez le bouton ✓ pour valider les modifications de l'album.

Corriger des photographies

Si vous n'avez pas de logiciel de retouche d'images, l'application Photos propose quelques outils pour corriger les défauts de vos photographies ou ajouter des effets.

Corriger rapidement des photographies

1 Cliquez la photo à modifier pour passer en plein écran.

2 Cliquez le bouton ✎.

3 Cliquez le bouton **Corrections de base** dans la barre d'outils de gauche. La barre de droite propose les outils correspondants.

4 Cliquez le bouton **Améliorer** pour effectuer, sans intervention de votre part, les corrections d'exposition de la photographie (contraste, luminosité, *etc.*).

5 Cliquez le bouton **Faire pivoter** pour appliquer une rotation de 90 °.

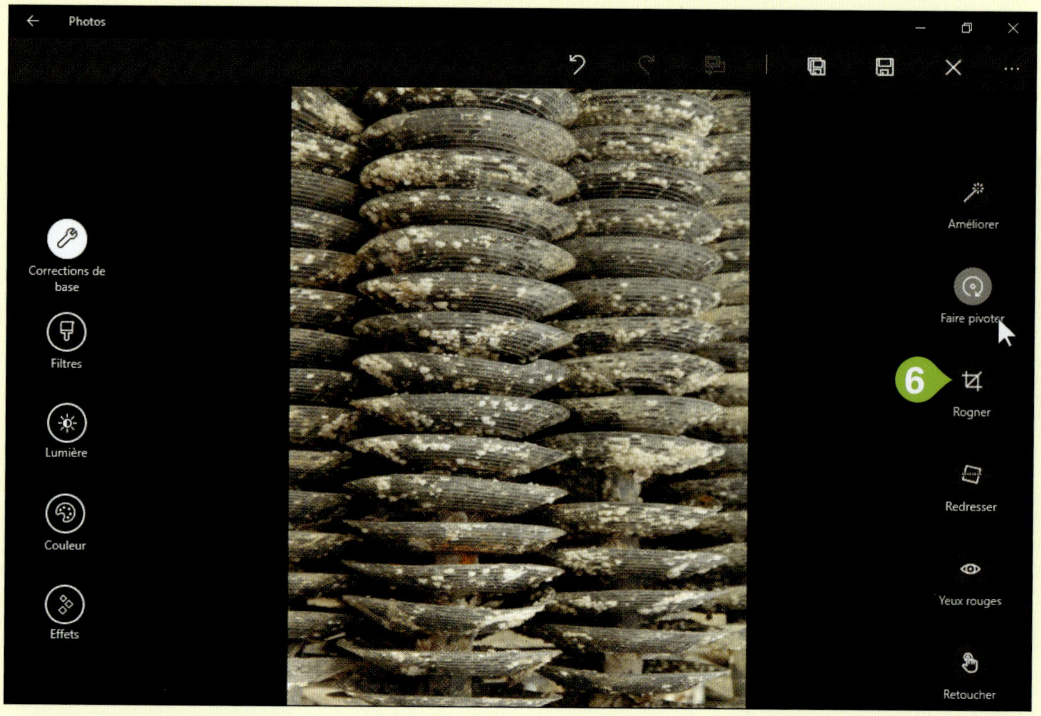

6 Cliquez le bouton **Rogner** pour recadrer l'image. Cliquez le bouton **Proportions** pour choisir le format à respecter (original, 10 x 15, *etc.*) .Faites glisser les ronds blancs pour choisir la taille. Faites glisser l'image pour choisir la partie à conserver.

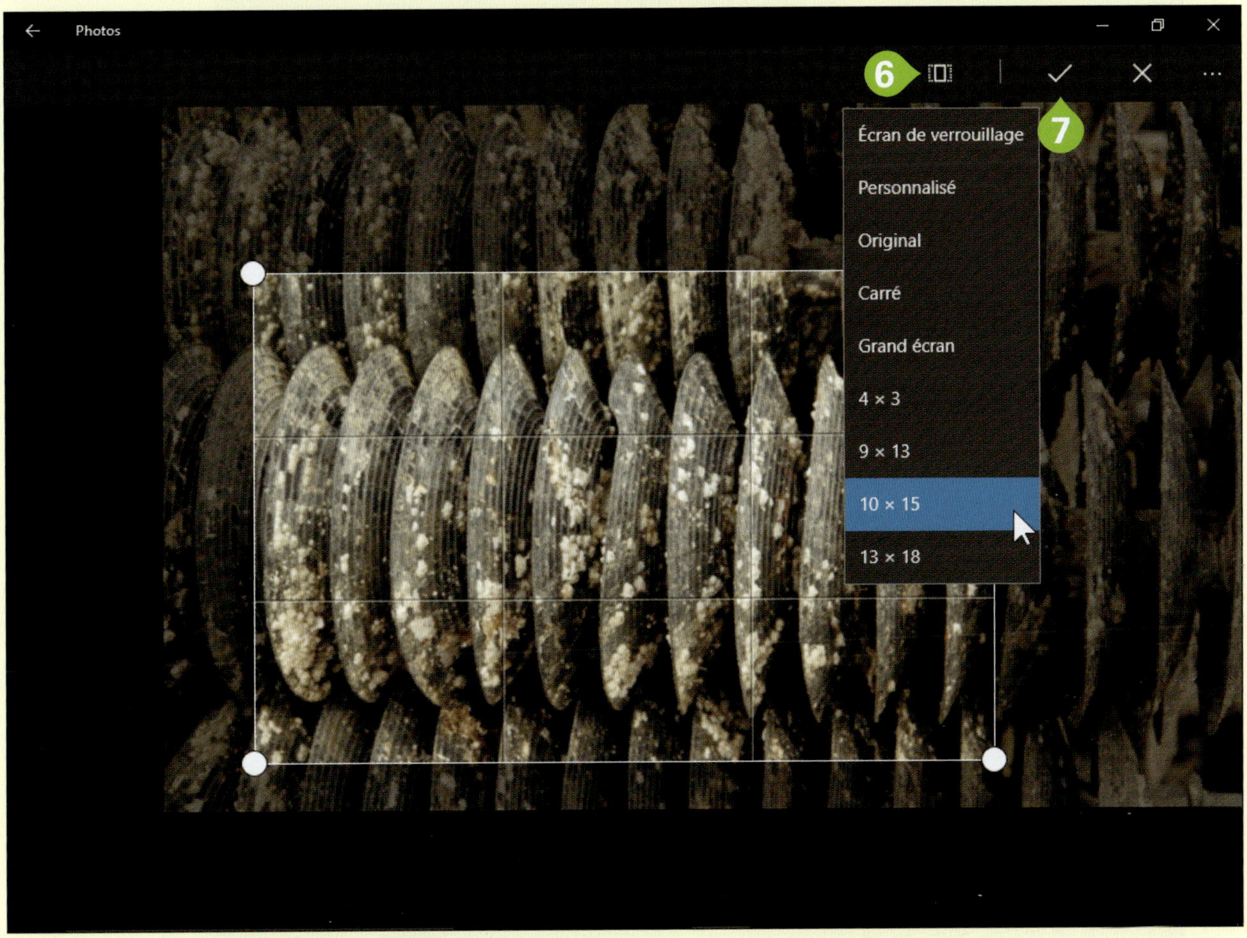

7 Cliquez le bouton **Appliquer** pour conserver les modifications.

8 Cliquez le bouton **Redresser** pour appliquer une rotation de quelques degrés. Faites glisser le rond blanc pour choisir le degré de rotation.

9 Cliquez le bouton **Yeux rouges** pour supprimer l'effet des yeux rouges dû au flash. Faites éventuellement un zoom au préalable avec le bouton + sur les yeux de votre sujet. Cliquez avec le rond bleu l'œil à corriger.

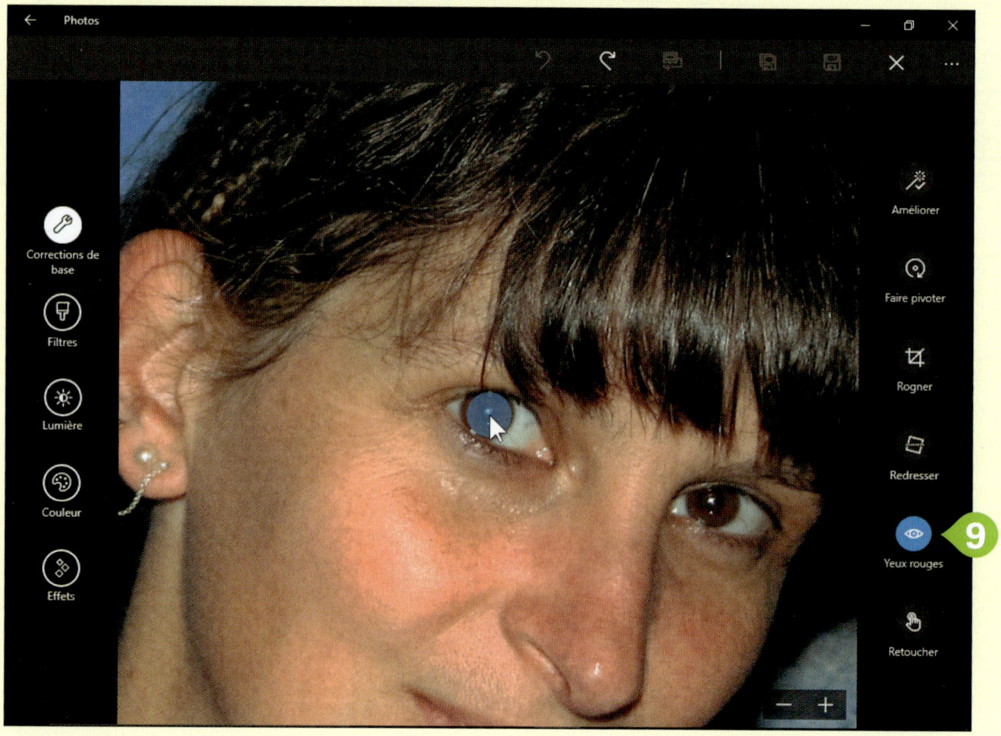

10 Cliquez le bouton pour supprimer les imperfections de la photographie (taches, rayures, *etc.*). Faites un zoom au préalable sur l'imperfection. Cliquez avec le rond bleu la tache ou la rayure à supprimer.

Appliquer d'autres corrections

1 Cliquez la photo à modifier pour passer en plein écran.

2 Cliquez le bouton **Filtres** pour modifier les couleurs de l'image. Cliquez le type de filtre dans la barre d'outils de droite.

3 Cliquez le bouton **Lumière** pour modifier la luminosité de la photographie. Cliquez **Luminosité**, **Contraste**, **Effets** ou **Ombres** dans la barre d'outils de droite, puis faites glisser le rond blanc pour modifier le réglage.

4 Cliquez le bouton **Couleur** pour modifier les teintes de l'image. Cliquez **Température**, **Teinte**, **Saturation** dans la barre d'outils de droite, puis faites glisser le rond blanc pour modifier le réglage.

5 Cliquez le bouton **Couleur**. Cliquez et faites glisser le bouton **Amélioration des couleurs** vers une zone de la photographie, puis faites glisser le rond blanc pour modifier le réglage.

6 Cliquez le bouton **Effets** . Cliquez **Vignette** , puis faites glisser le rond blanc pour ajouter un halo noir ou blanc autour de l'image.

7 Cliquez le bouton **Effets** . Cliquez **Focus sélectif** . Cliquez et faites glisser les petits ronds blancs pour choisir la taille de la zone qui ne sera pas floue. Cliquez et faites glisser le centre de la zone pour la déplacer. Cliquez **Flou** , puis choisissez l'intensité du flou.

8 Cliquez pour valider les modifications.

9 Pour comparer les modifications avec l'original, cliquez et maintenez enfoncé le bouton . Relâchez le bouton pour passer de l'original à la version modifiée.

10 Vous pouvez à tout moment annuler ou refaire une modification avec les boutons et .

11 Après les modifications, cliquez le bouton pour sauvegarder l'image ou cliquez pour effectuer une copie.

Imprimer des photographies

Si vous êtes l'heureux possesseur d'une imprimante, l'application Photos et l'Explorateur peuvent coucher sur papier vos meilleurs chefs-d'œuvre.

Imprimer une image avec Photos

1 Dans l'écran **Collection**, cliquez l'image à imprimer.

2 Cliquez le bouton pour afficher le menu, puis cliquez **Imprimer**.

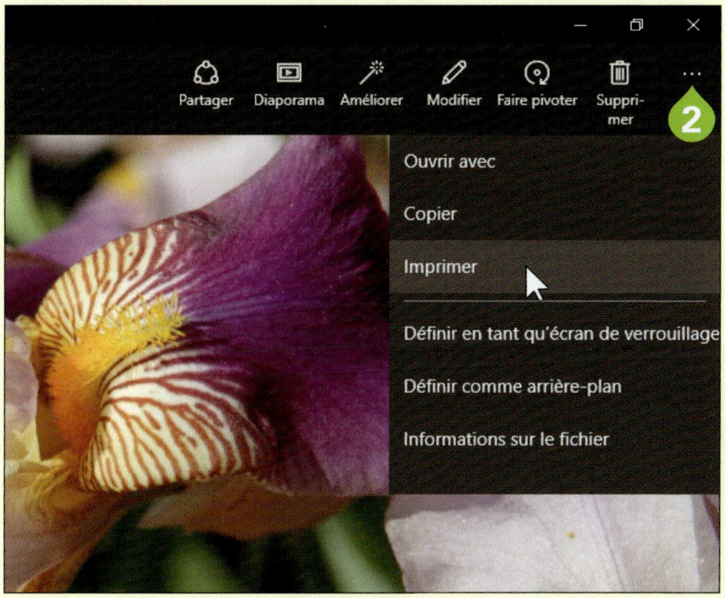

3 Sélectionnez dans les listes les paramètres d'impression (imprimante, orientation, *etc*.).

4 Pour affiner l'impression, cliquez le lien **Autres paramètres**.

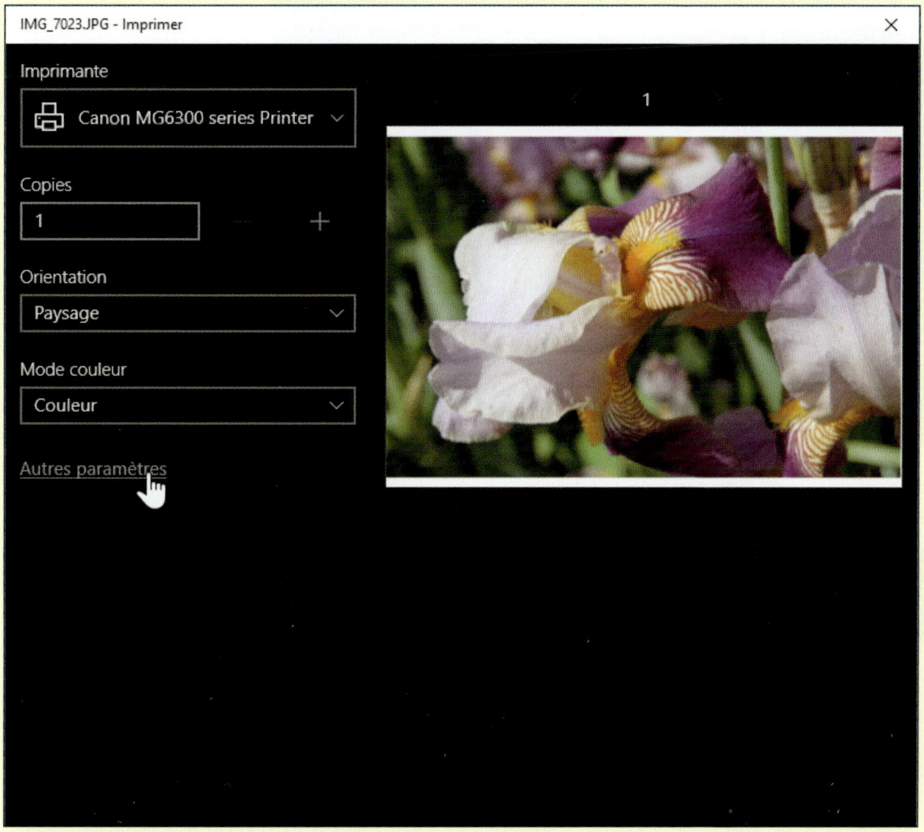

5 Sélectionnez dans les listes les autres paramètres d'impression (taille et type du papier, qualité d'impression, *etc.*).

Les options disponibles sont fonction du modèle de votre imprimante.

6 Cliquez le bouton **OK**.

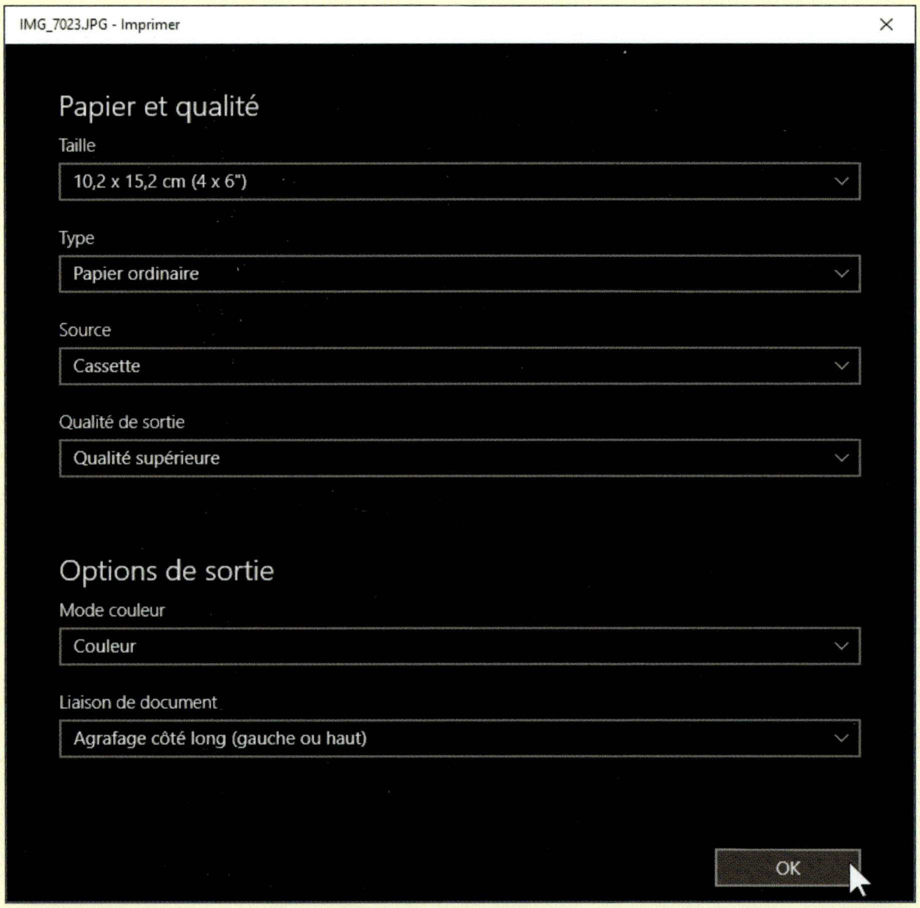

7 Cliquez le bouton **Imprimer**.

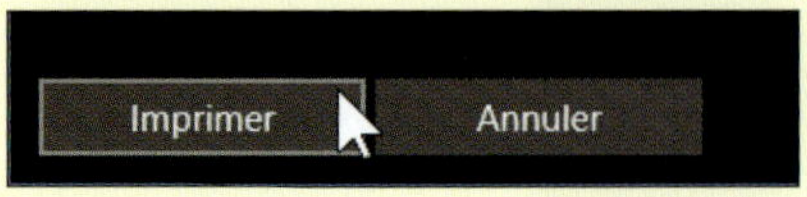

Imprimer plusieurs images avec l'Explorateur

L'impression de plusieurs photographies nécessite l'aide d'un assistant. En effet, le coût du papier de qualité photo étant élevé, il est préférable d'imprimer plusieurs photos sur la même page. Par exemple, l'impression d'une seule image au format 9 x 13 sur une feuille A4 engendre une perte de 75 % du papier, alors qu'il serait possible d'imprimer quatre photos en même temps.

1. Cliquez le bouton dans la barre des tâches ou tapez **Ctrl** + **E**.
2. Dans le volet de navigation (partie gauche), sélectionnez le dossier qui contient les photographies à imprimer.
3. Sélectionnez la ou les photographies à imprimer. Pour sélectionner plusieurs clichés, utilisez les touches **Ctrl** et **Maj** (consultez le chapitre **4**).

> Sélectionnez le nombre de photos en fonction de ce que vous voulez imprimer. Par exemple, si vous désirez quatre photographies par feuille, choisissez un nombre de photos multiple de quatre. Si vous ne sélectionnez que trois photos, vous perdrez 25 % de la surface de la page.

4. Cliquez la sélection avec le bouton droit, puis cliquez **Imprimer** dans le menu contextuel.

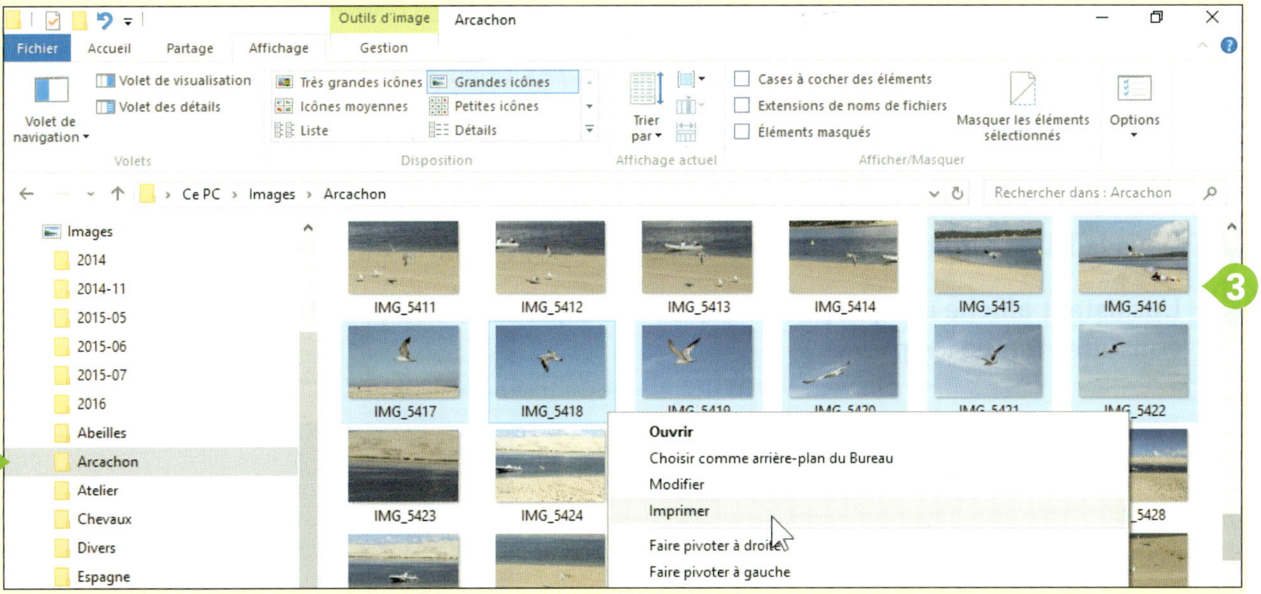

5. Si vous avez plusieurs imprimantes, sélectionnez celle à utiliser dans la liste **Imprimante**.
6. Dans la liste **Format pap**, sélectionnez la taille de vos feuilles.

2 Cliquez le bouton ···.

3 Cliquez **Définir en tant qu'écran de verrouillage** ou **Définir comme arrière-plan** selon le cas.

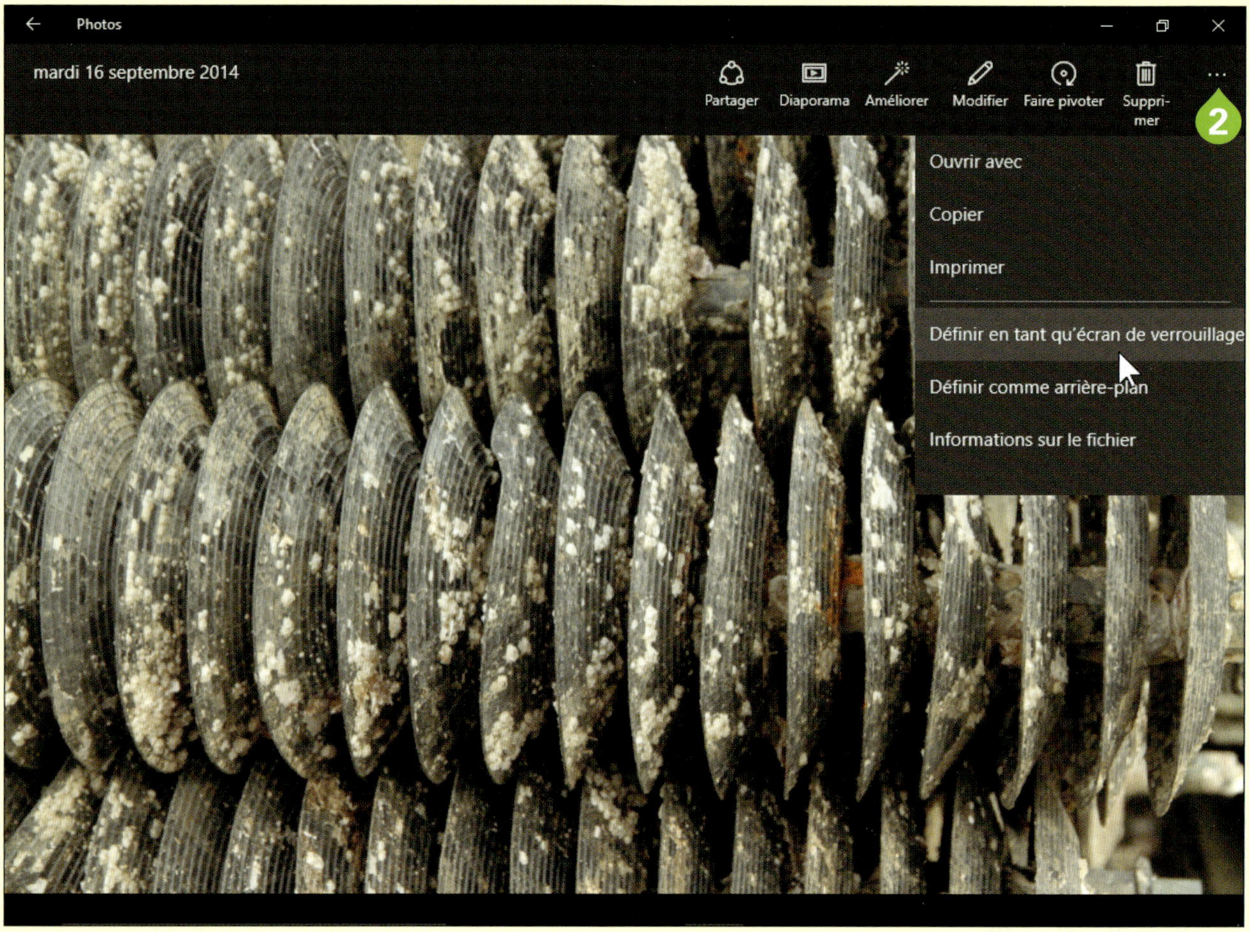

Dans l'Explorateur :

1 Cliquez avec le bouton droit l'image à utiliser en fond d'écran du bureau.

2 Cliquez la commande **Choisir comme arrière-plan du Bureau** dans le menu contextuel.

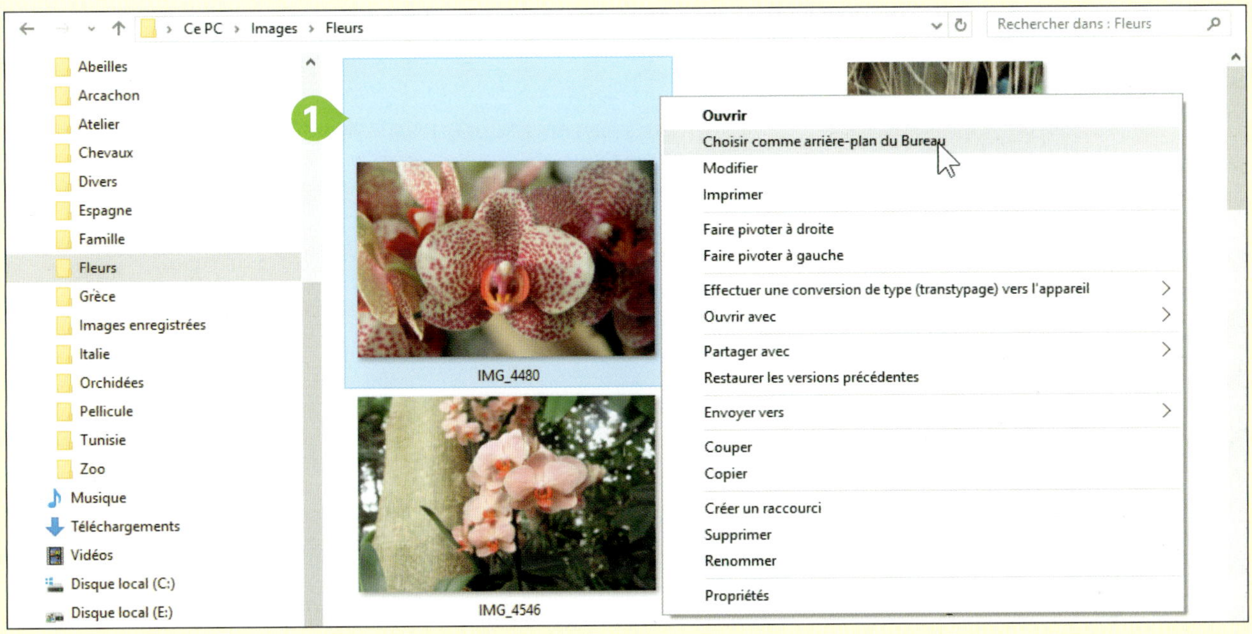

Pour vérifier l'image du bureau :

1. Appuyez sur les touches ⊞ + **D** pour réduire toutes les applications et afficher le bureau.

2 L'image s'affiche comme fond du bureau.

> Pour modifier les propriétés de l'image du bureau (étirement, mosaïque, *etc.*), consultez le chapitre **11**.

Pour vérifier l'écran de verrouillage :

1 Cliquez le bouton **Démarrer** .

2 Cliquez votre nom en haut du menu **Démarrer**.

3 Cliquez **Verrouiller** dans la liste.

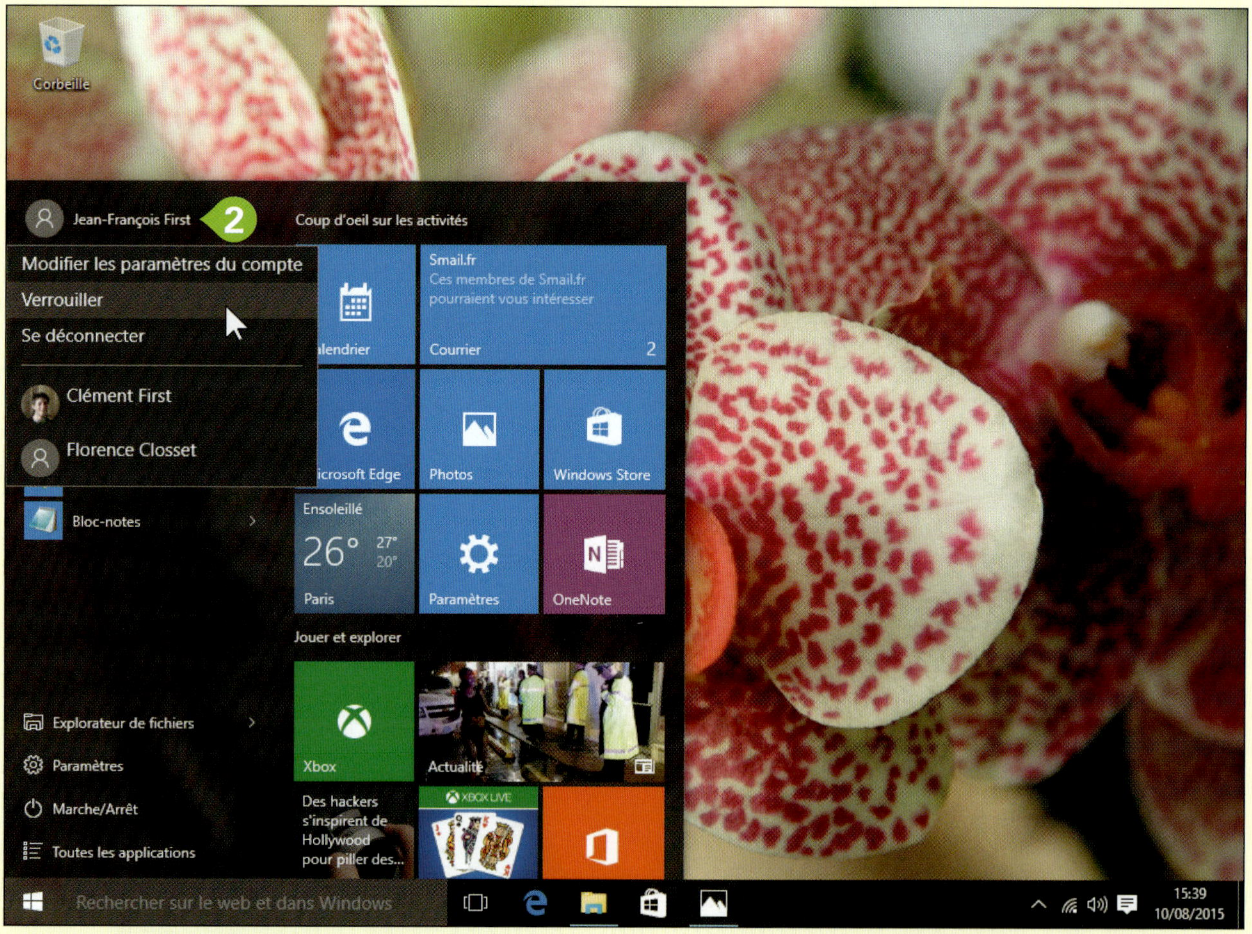

4 L'écran de verrouillage affiche votre image.

Profiter de la musique et de la vidéo

8

Ce chapitre vous fait découvrir la deuxième partie du monde du multimédia avec Windows 10 : la musique et la vidéo. Une fois de plus, votre ordinateur a toutes les qualités requises pour exploiter ces deux supports.

Avec le Lecteur Windows Media, vous pourrez écouter de la musique, créer vos propres compilations pour votre baladeur ou votre autoradio, ou visionner des films.

Dans ce chapitre

- Découvrir le Lecteur Windows Media
- Ouvrir un fichier multimédia
- Écouter un CD audio
- Copier des musiques et créer des CD audio
- Graver des CD et des DVD MP3
- Visionner un DVD ou un Blu-ray

Découvrir le Lecteur Windows Media

Le Lecteur Windows Media est le centre stratégique de toutes les sources multimédias : fichiers son ou vidéo, CD audio, *etc.* Toutes les fonctions du Lecteur Windows Media sont regroupées dans la barre située dans la partie supérieure de l'interface (Bibliothèque, Lire, Graver, *etc.*). La présentation par défaut du Lecteur Windows Media peut être modifiée parmi des centaines proposées sur Internet.

Découvrir l'interface

1. Cliquez le bouton **Démarrer** ➜ **Toutes les applications** ➜ **Lecteur Windows Media**.

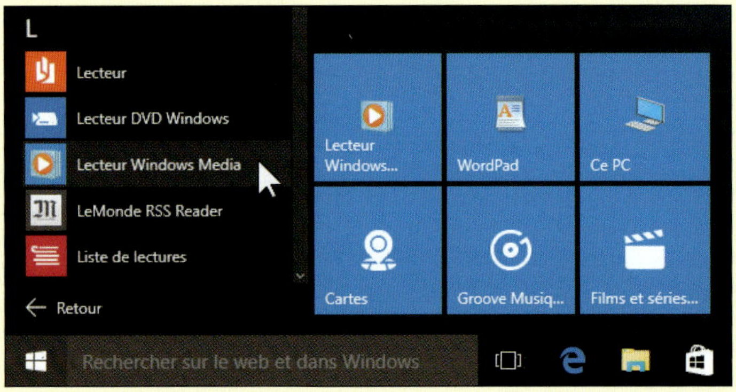

2. La barre située en haut de l'interface donne accès aux principales commandes.

3. La partie gauche, le volet de navigation, affiche une arborescence de vos fichiers multimédias (musiques, vidéos, *etc.*) et du contenu de vos lecteurs CD/DVD.

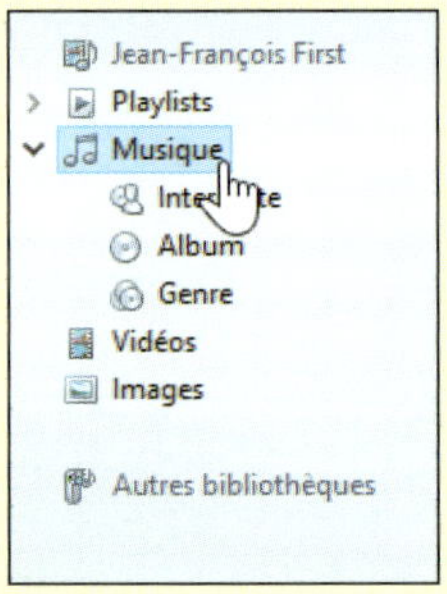

4 La partie du centre affiche le contenu sélectionné dans le volet de navigation.

5 L'onglet **Lecture** contient la liste des fichiers à lire (musiques ou vidéos).

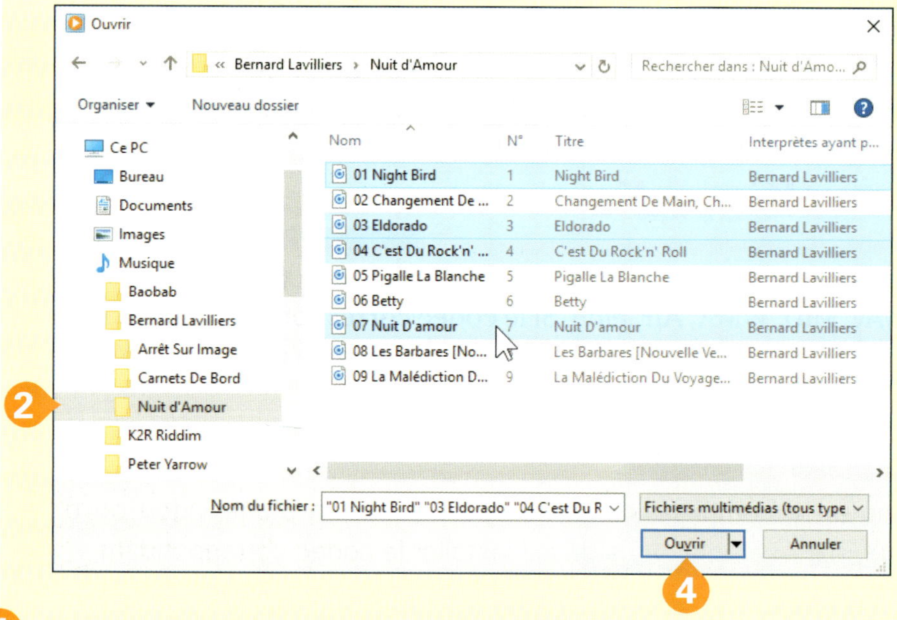

4 Cliquez le bouton **Ouvrir**.

5 Le ou les fichiers audio ou vidéo sont ouverts dans le lecteur. Utilisez les boutons en bas de l'interface pour le piloter comme vous le faites d'habitude avec un lecteur de CD ou de DVD. Le curseur permet de choisir une position particulière dans la musique ou la vidéo.

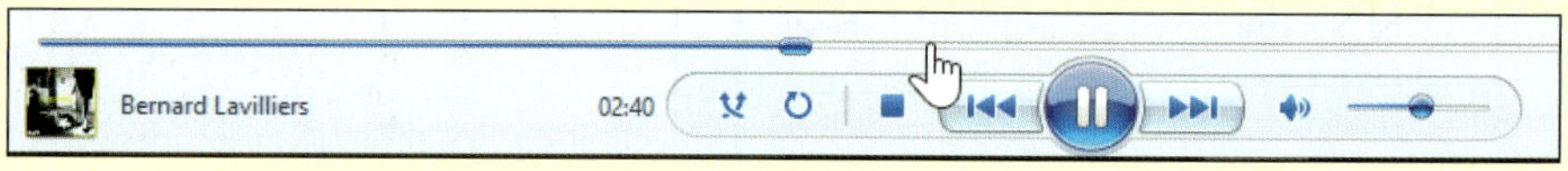

6 Si vous avez sélectionné des fichiers audio à l'étape **3**, cliquez l'onglet **Lecture** pour afficher la liste. Double-cliquez le nom des chansons pour passer de l'une à l'autre.

7 Si vous avez sélectionné des fichiers vidéo à l'étape **3**, cliquez avec le bouton droit la vidéo en cours, puis sélectionnez la commande **Afficher la liste**.

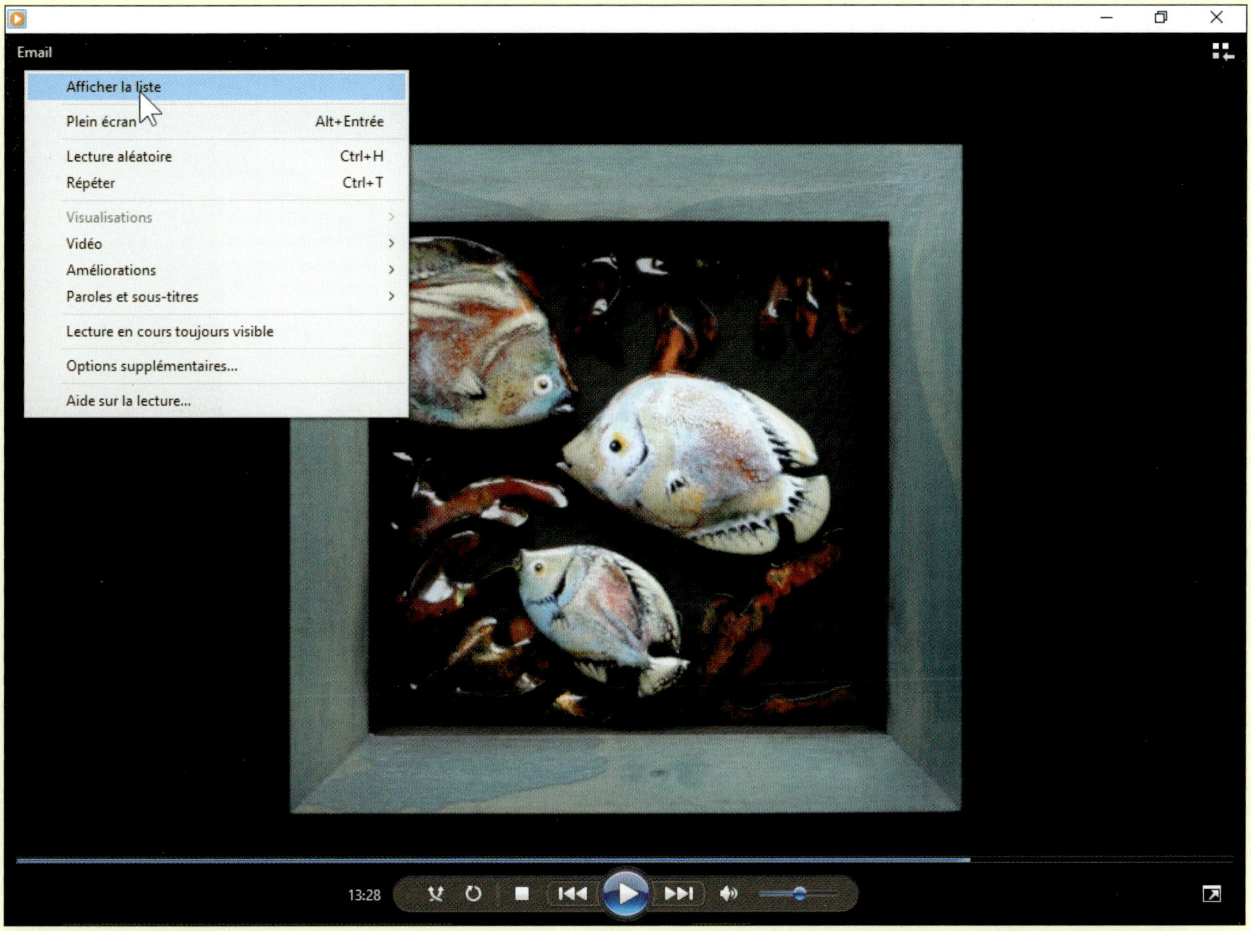

8 La liste des vidéos apparaît dans la partie droite de l'interface. Double-cliquez le nom des vidéos pour passer de l'une à l'autre.

9 Double-cliquez la vidéo pour passer en plein écran.

10 Pour accéder aux boutons de commande du lecteur, déplacez la souris.

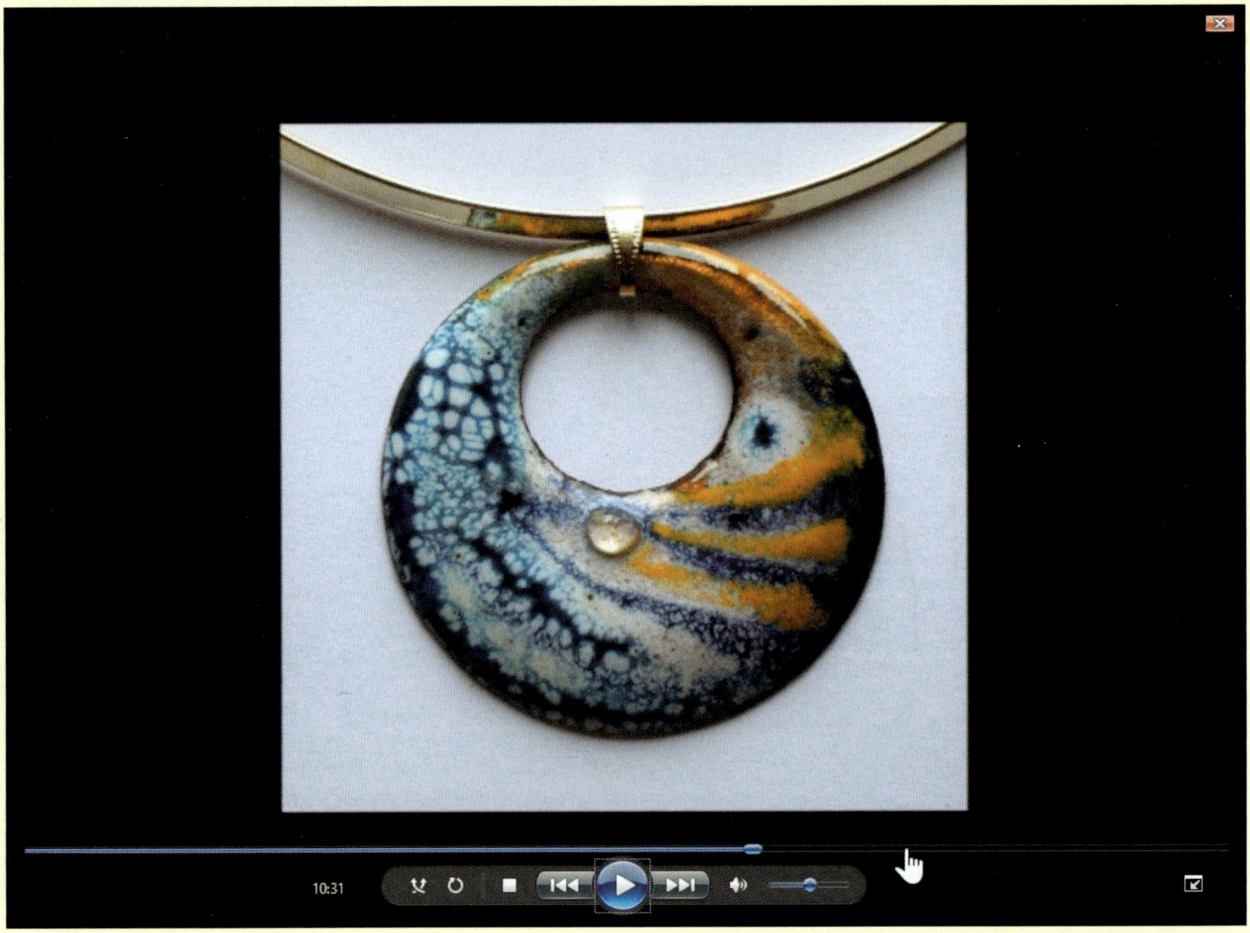

11 Pour revenir à l'interface standard, double-cliquez la vidéo.

12 Pour enregistrer une liste (audio ou vidéo), cliquez le bouton **Enregistrer la liste** puis tapez son nom pour remplacer le texte **Playlist sans titre**.

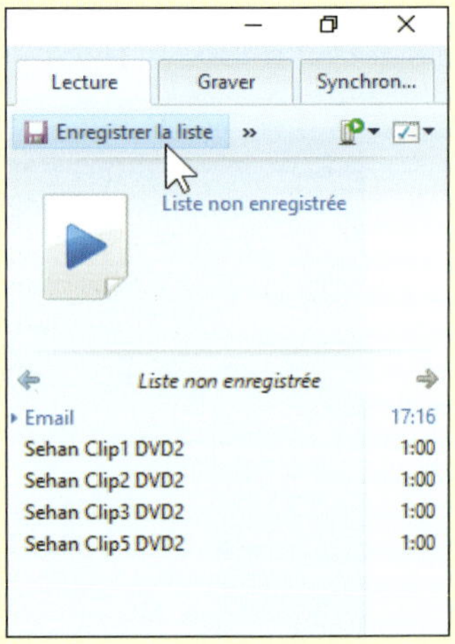

Écouter un CD audio

Le Lecteur Windows Media ne se contente pas de lire les CD audio. Si vous êtes connecté à Internet, il peut retrouver le titre d'un album, le nom de l'interprète et les titres des morceaux, la jaquette du boîtier, *etc.*

1. Insérez le CD audio dans le lecteur.
2. Utilisez les boutons en bas de l'interface pour changer de morceau comme vous le faites d'habitude avec un lecteur de CD ou de DVD.

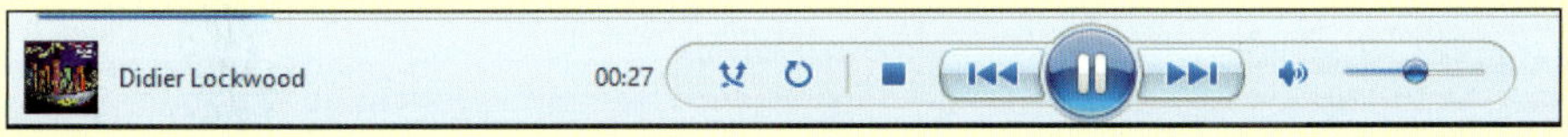

3. Si vous êtes connecté à Internet, le Lecteur Windows Media recherche automatiquement la référence du CD et affiche la liste des titres dans la partie droite de l'interface. Au centre, il affiche la jaquette du boîtier (cela peut prendre quelques minutes).

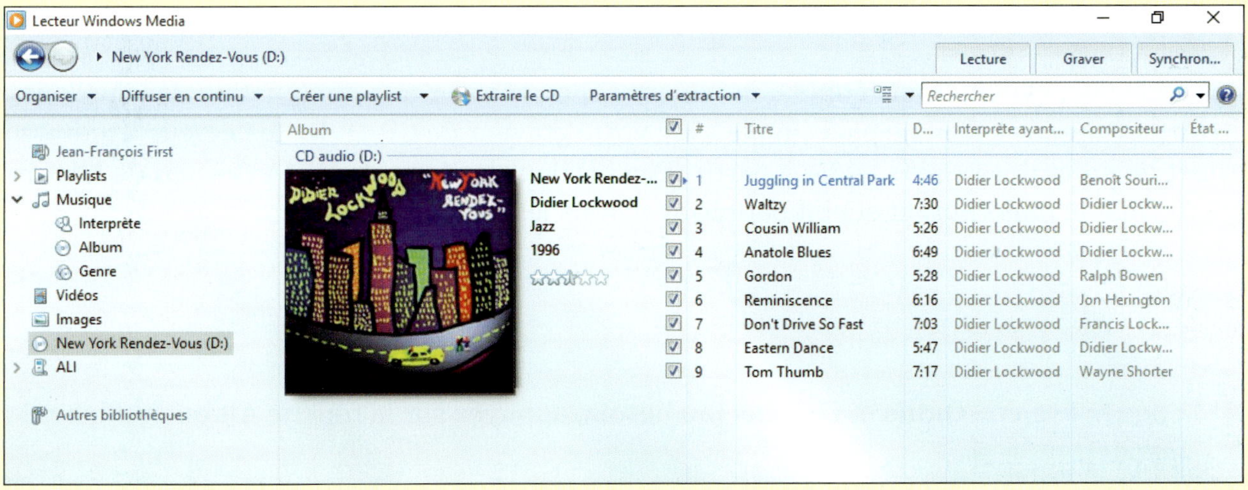

4. Si vous êtes connecté à Internet et que la jaquette ne s'affiche pas après plusieurs minutes, cliquez avec le bouton droit la note de musique puis cliquez **Mettre à jour les informations de l'album** dans le menu contextuel.

Si le Lecteur Windows Media n'affiche aucune information, vous devrez modifier les options. Appuyez sur la touche **Alt**, puis cliquez le menu **Outils → Options**. Dans l'onglet **Lecteur**, cochez la case **Se connecter à Internet**. Dans l'onglet **Confidentialité**, cochez la case **Afficher les informations sur les médias provenant d'Internet**. Cliquez le bouton **OK**.

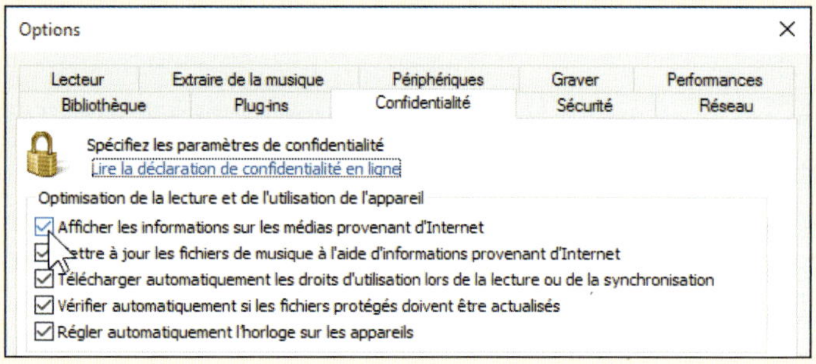

Copier des musiques et créer des CD audio

Vous souhaitez effectuer une copie d'un de vos CD ou réaliser une compilation des meilleurs titres de votre CDthèque ? Rien de plus simple avec votre graveur de CD/DVD. Le Lecteur Windows Media permet de créer des fichiers audio à partir d'un CD dans les formats WMA (format de Microsoft) et MP3 (format le plus courant et compatible avec tous les baladeurs).

Définir le format d'encodage

1. Cliquez le menu **Outils → Options** (au besoin, appuyez sur la touche **Alt** pour afficher les menus).

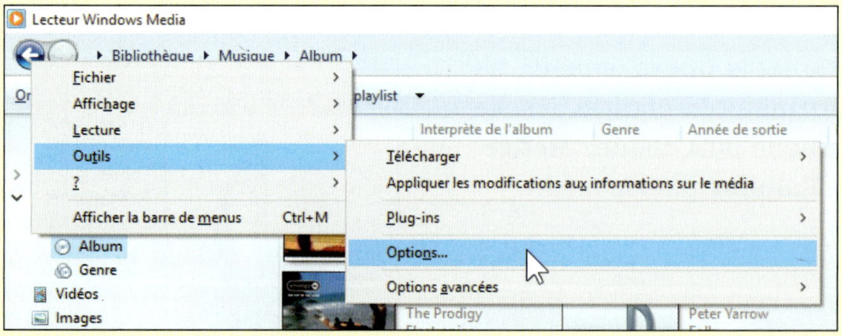

Pour afficher ou masquer la barre de menus, appuyez sur **Ctrl** + **M**.

2 Cliquez l'onglet **Extraire de la musique**.

3 Éventuellement, cliquez le bouton **Modifier** dans la zone **Extraire la musique à cet emplacement** pour modifier le dossier de sauvegarde des fichiers encodés.

Nous vous conseillons de conserver le dossier Musique attribué par défaut.

4 Sélectionnez le dossier dans l'arborescence.

5 Cliquez le bouton **OK**.

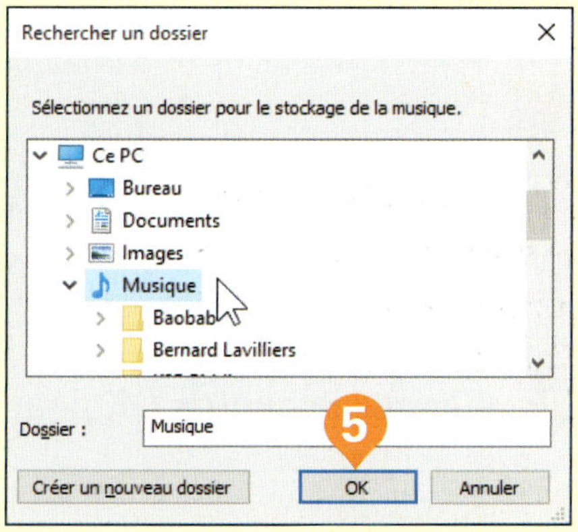

6 Pour créer des fichiers au format WMA, sélectionnez **Audio Windows Media** dans la liste **Format**.

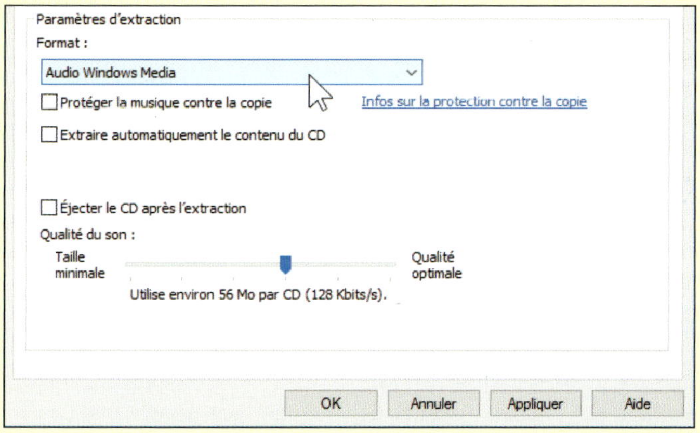

7 Pour créer des fichiers au format MP3, sélectionnez **MP3** dans la liste **Format**.

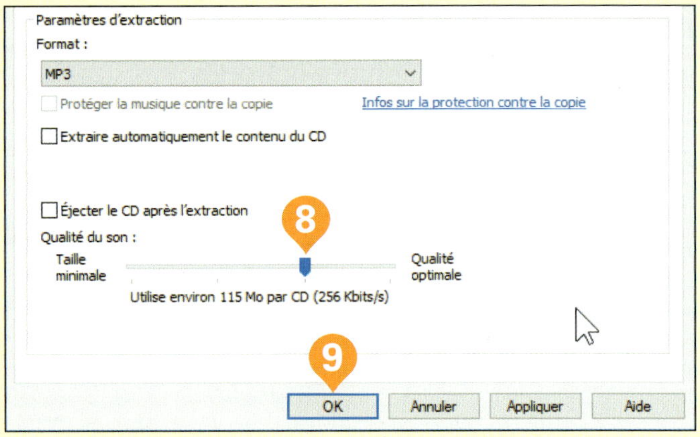

8 Faites glisser la barre de défilement horizontale pour choisir la qualité du son. Un texte au-dessous de la barre de défilement indique le débit choisi ainsi que la taille approximative des fichiers sur le disque dur.

Le format **Audio Windows Media sans perte** force la valeur du débit binaire à son maximum (environ 600 kbit/s). C'est le format à utiliser si vous désirez uniquement copier ou compiler des CD audio et effacer ensuite les fichiers intermédiaires.

9 Cliquez le bouton **OK** pour valider le choix du format.

Définir rapidement le format et la qualité avant l'extraction

1 Dans la barre d'outils, cliquez **Paramètres d'extraction → Format** puis celui désiré dans la liste.

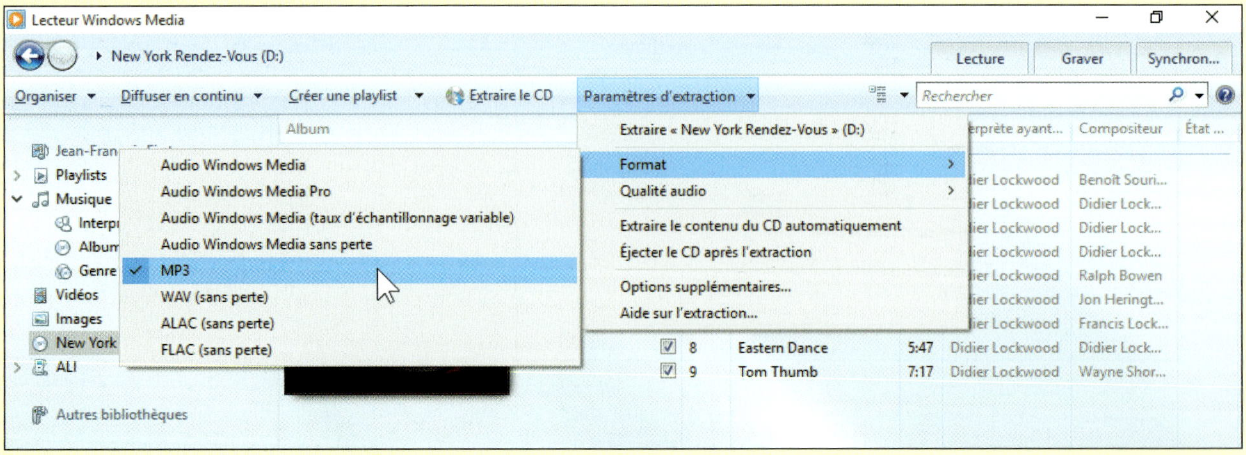

2. Dans la barre d'outils, cliquez **Paramètres d'extraction → Qualité audio** puis cliquez celle désirée dans la liste.

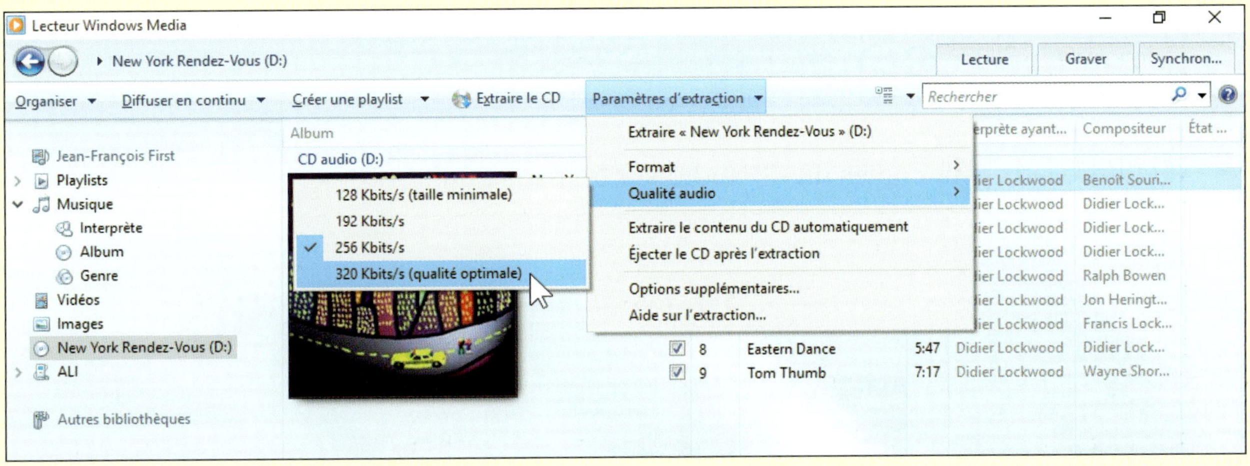

Encoder les fichiers en WMA ou MP3

1. Avant de graver un CD, vous devez copier chaque morceau sur le disque dur. Cela vous permettra aussi de les écouter sans réinsérer le CD audio correspondant. Insérez le CD audio dans le lecteur.
2. Éventuellement, cliquez le bouton pour basculer en mode Bibliothèque.
3. Cochez les titres que vous désirez copier.

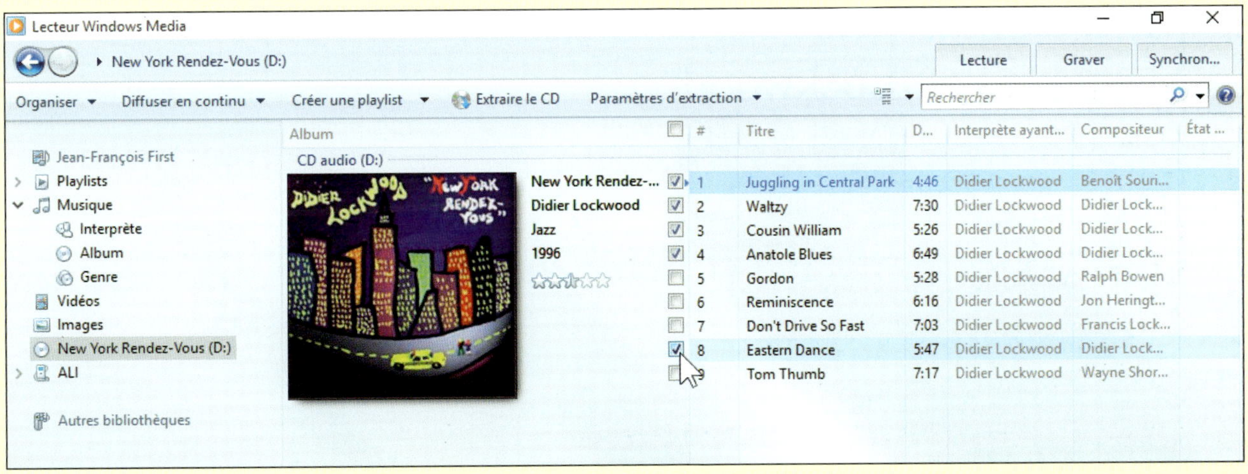

4 Cliquez le bouton **Extraire le CD** dans la barre des tâches.

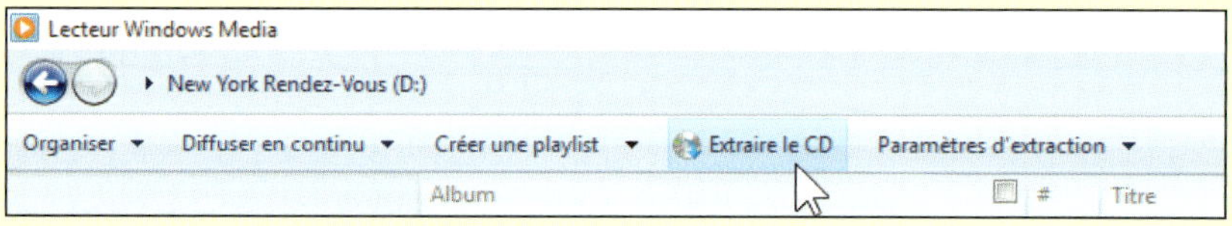

5 Les morceaux sont copiés du CD audio sur le disque dur.

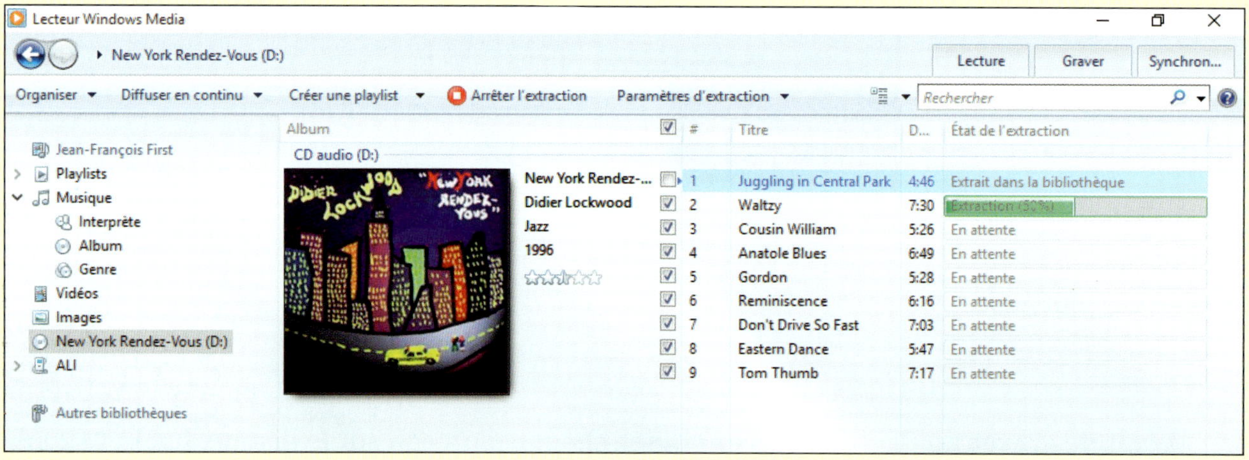

6 Répétez les étapes **1** à **5** pour ajouter les morceaux d'autres CD.

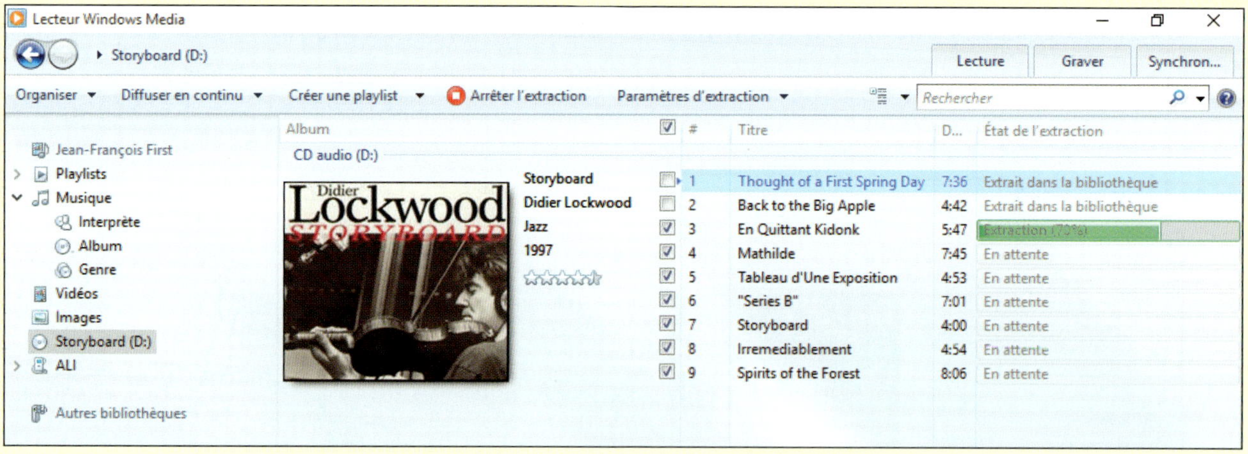

Écouter les musiques enregistrées

1 Les morceaux de musique copiés sont placés sur le disque dur dans des sous-dossiers du dossier **Musique** correspondant aux noms des artistes et des albums.

2 Double-cliquez **Musique** dans l'arborescence de la bibliothèque.

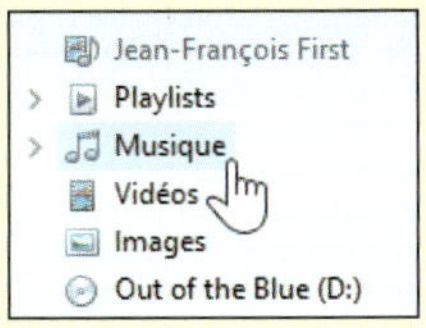

3 Cliquez **Album** dans l'arborescence.

4 Double-cliquez la pochette de l'album.

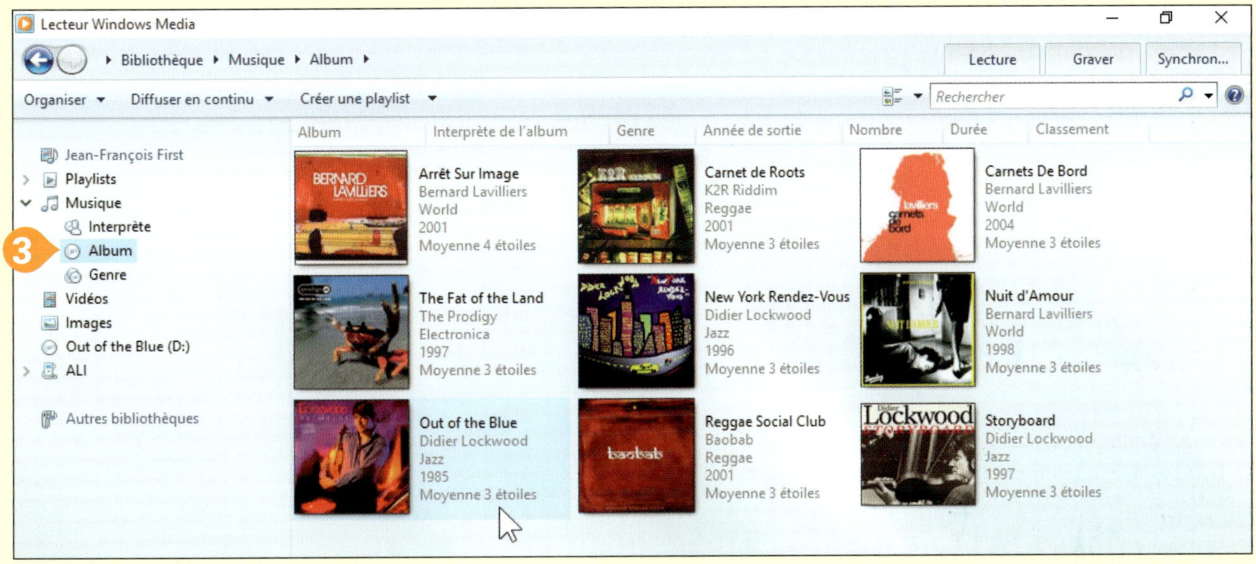

5 Windows Media affiche la liste des titres de l'album.

6 Double-cliquez les titres à écouter.

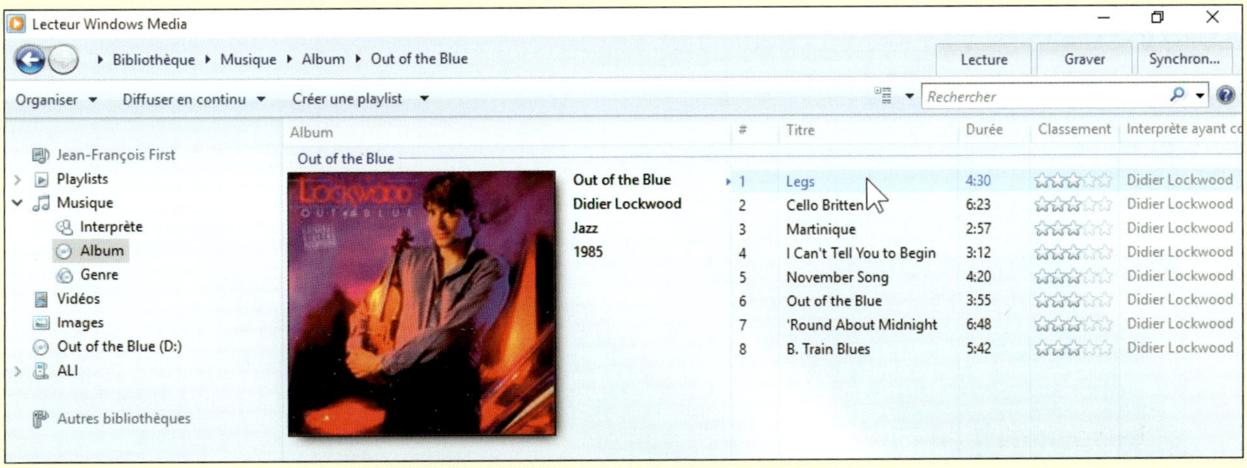

Lors de la copie d'un CD audio vers un WMA ou un MP3, le Lecteur Windows Media enregistre dans chaque fichier les informations complètes sur le morceau (interprète, album, genre, titre, *etc.*). Ces informations sont appelées des *tags*.

Créer un CD audio

1. Maintenant que vos morceaux sont copiés sur le disque dur et présents dans la bibliothèque multimédia, vous pouvez les copier sur un CD-R ou un CD-RW. Insérez un CD-R ou un CD-RW dans le graveur.

2. Cliquez l'onglet **Graver** dans la barre des tâches de Windows Media.

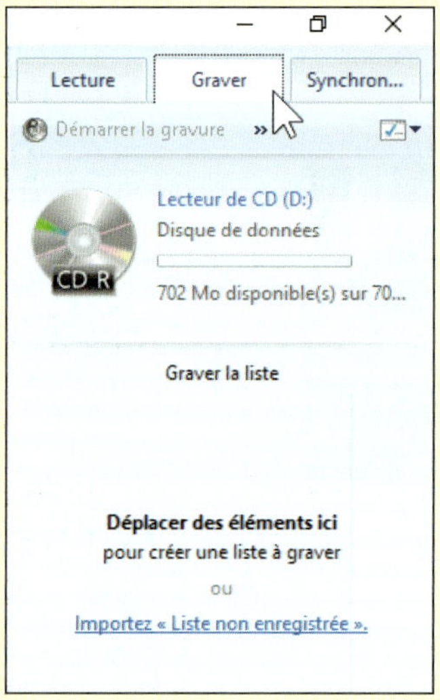

3. Cliquez le bouton [icône] → **CD audio**.

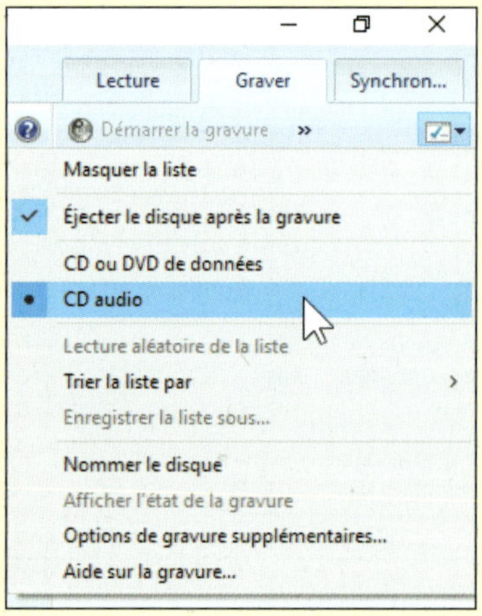

4 Cliquez **Album** dans l'arborescence de gauche. Double-cliquez l'album.

5 Faites glisser les titres à copier dans la zone **Déplacer des éléments ici**.

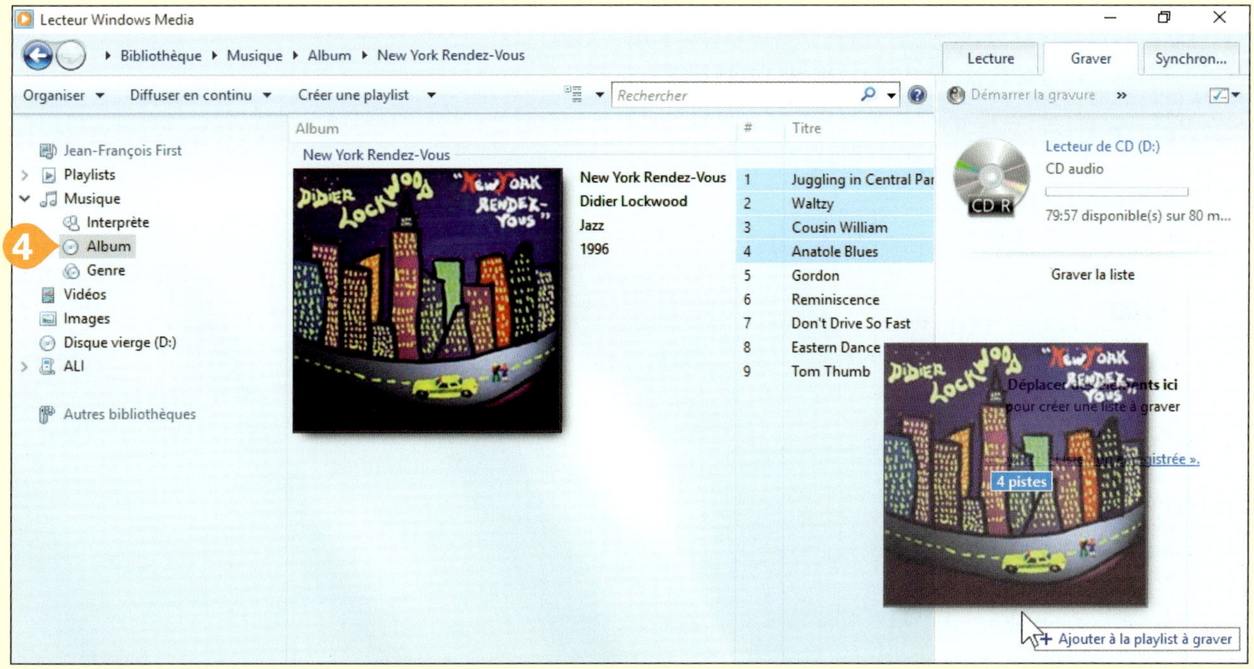

6 Répétez les étapes **4** et **5** pour ajouter d'autres albums.

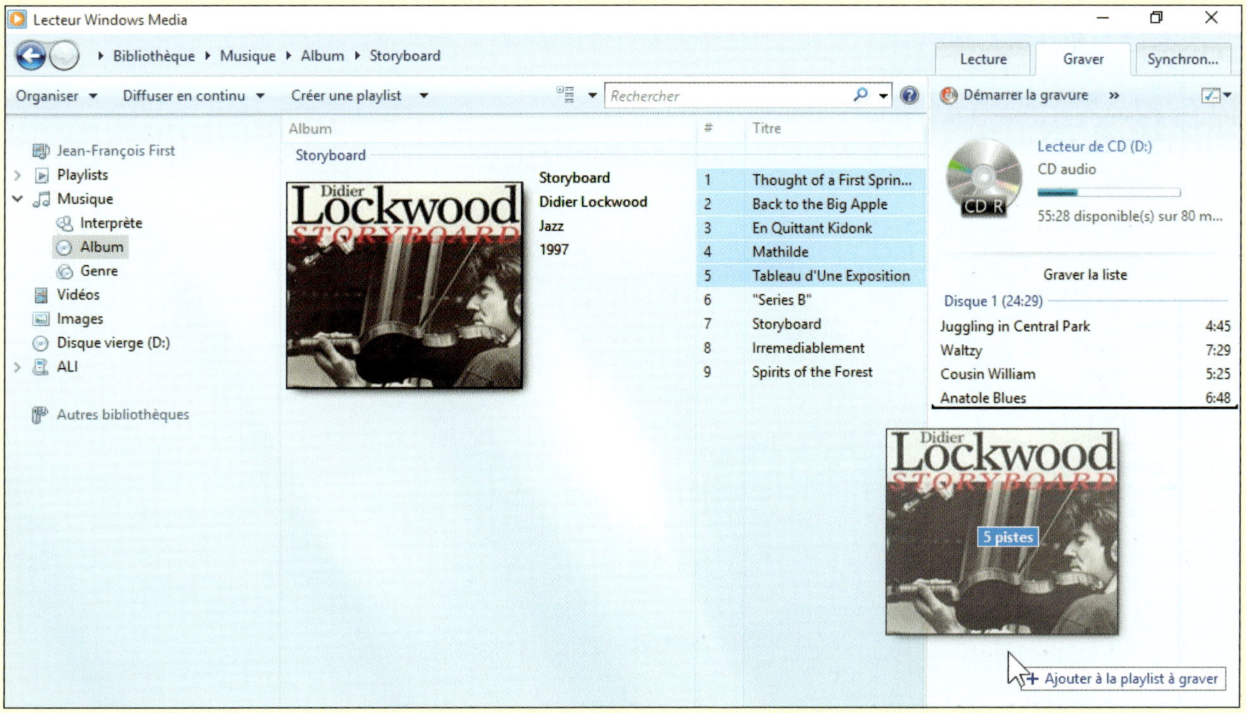

En haut de la partie droite, vous trouverez des indications sur le type de CD inséré ainsi que le nombre de minutes restant sur le disque après l'ajout des titres.

7 Cliquez le bouton **Démarrer la gravure**.

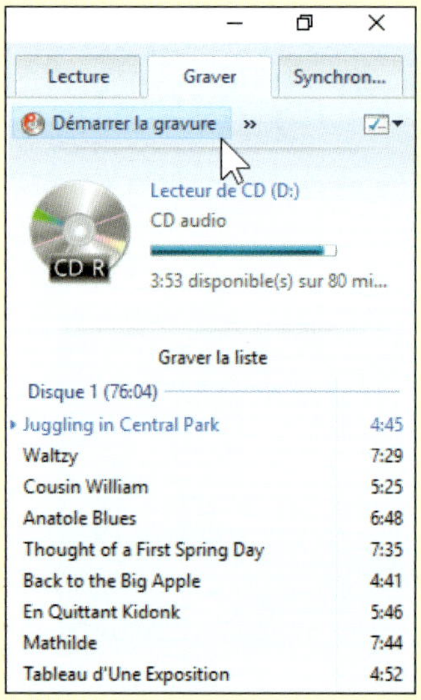

8 Les titres choisis sont copiés sur le CD.

Graver des CD et des DVD MP3

Un CD ou un DVD MP3 est un CD-ROM ou un DVD-ROM sur lequel on place des fichiers audio dans ce format. En pratique, la lecture d'un tel disque ne pose aucun problème sur un ordinateur. Pour les lecteurs extérieurs, cela implique de relire un CD/DVD-ROM et de décoder chaque fichier. Ces lecteurs doivent donc être équipés d'un logiciel spécifique. C'est le cas des baladeurs et des autoradios CD MP3 et de la plupart des lecteurs DVD/Blu-ray de salon.

Choisir les albums de la compilation MP3

1. Dans la barre des tâches du Lecteur Windows Media, cliquez l'onglet **Graver**.

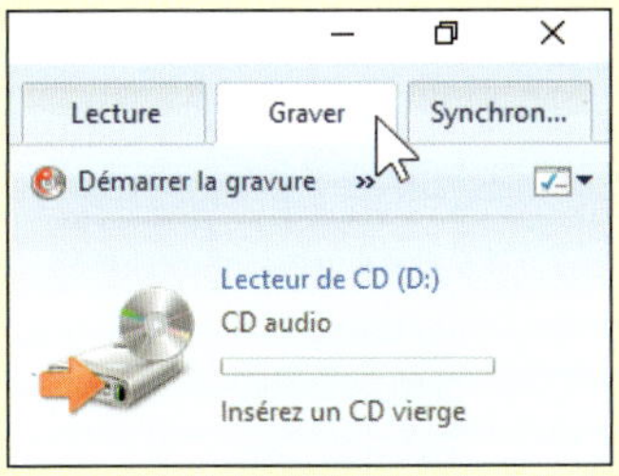

2. Cliquez le bouton → **CD ou DVD de données**.

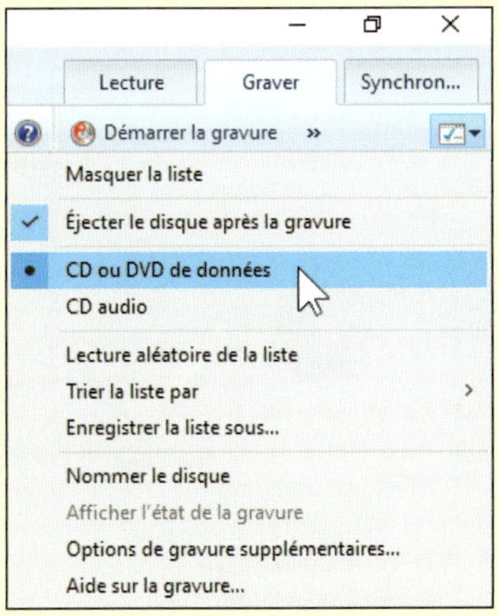

3. Insérez un CD/DVD-R ou un CD/DVD-RW dans le graveur.

Vous pouvez réaliser des compilations sur un CD-R (disque enregistrable une seule fois) ou un CD-RW (disque réinscriptible un millier de fois). Si vous désirez avant tout effectuer des tests, utilisez des CD-RW. Vous pourrez toujours les effacer ensuite (consultez la fin du chapitre **6** à ce sujet).

4 Si la boîte **Exécution automatique** s'affiche, cliquez le bouton ×.

5 Cliquez **Album** dans l'arborescence de gauche.

6 Faites glisser les albums ou les titres à copier dans la zone **Déplacer des éléments ici** (n'ajoutez que des dossiers contenant des MP3 et non des fichiers WAV).

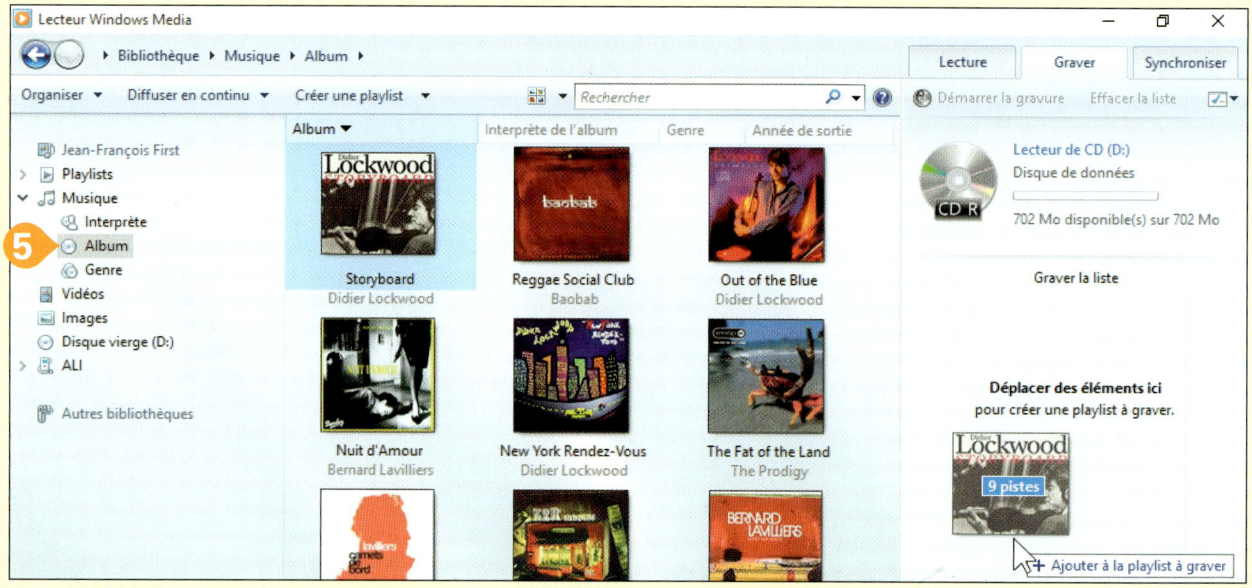

7 Répétez l'étape **6** pour ajouter d'autres albums ou d'autres titres.

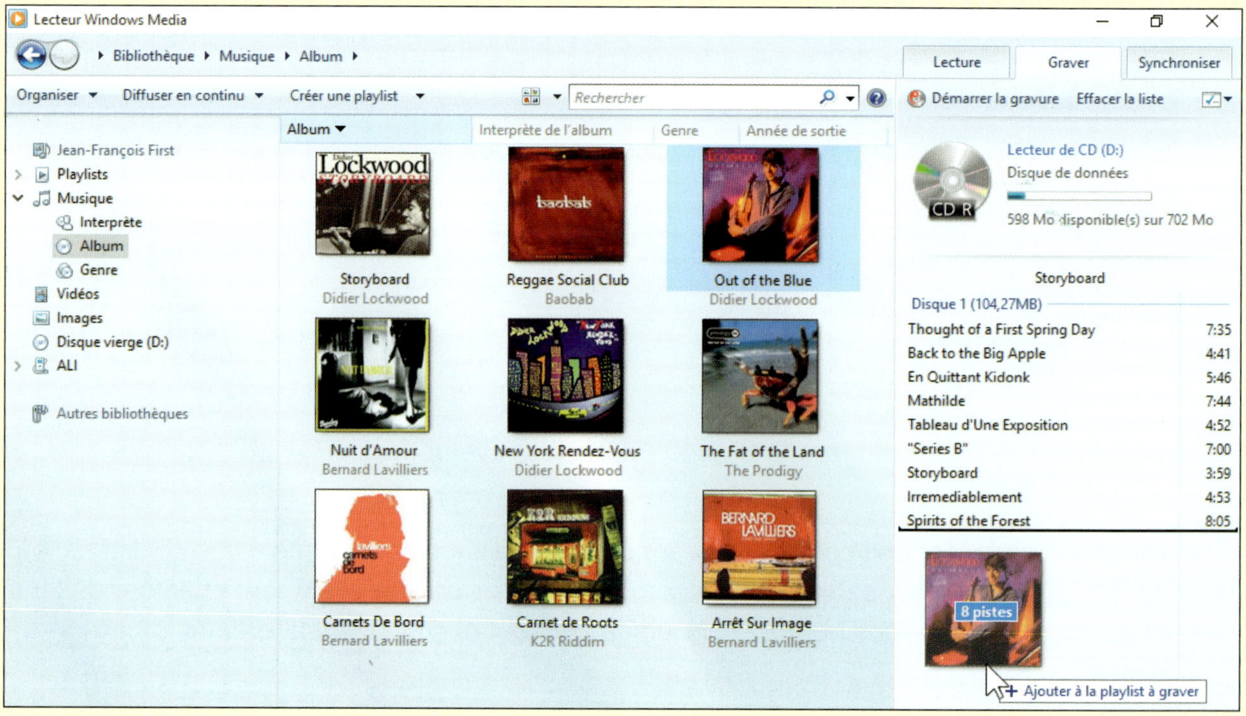

En haut de la partie droite, vous trouverez des indications sur le type de CD/DVD inséré ainsi que le nombre de mégaoctets restant sur le disque après l'ajout des titres.

8 Éventuellement, cliquez le bouton ➔ **Trier la liste par** puis le type de classement (par **Album**, par exemple).

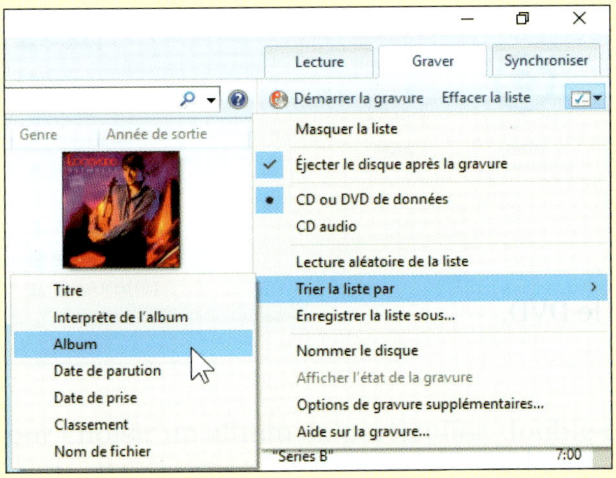

9 Pour donner un nom à votre CD ou à votre DVD et conserver les références de votre compilation, cliquez le texte **Graver la liste**, tapez le nom de votre compilation puis validez avec la touche **Entrée**.

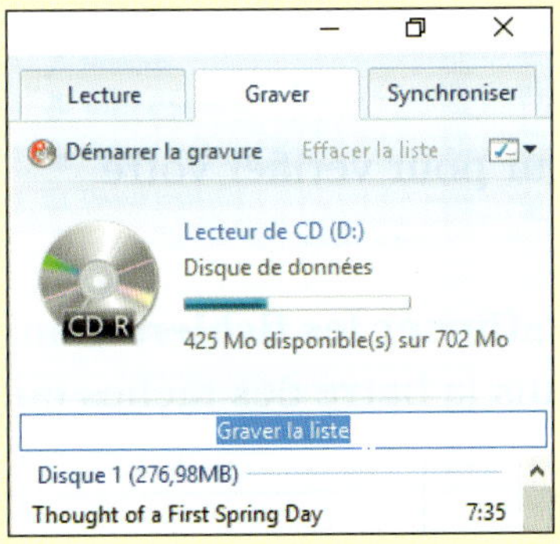

10 Pour écouter votre compilation, double-cliquez le premier titre dans la liste à droite.

Installer VLC

1. Ouvrez avec Microsoft Edge le site `telecharger.com` (pour utiliser Internet, consultez le chapitre **9**).

2. Recherchez sur le site le logiciel **VLC Media Player**.

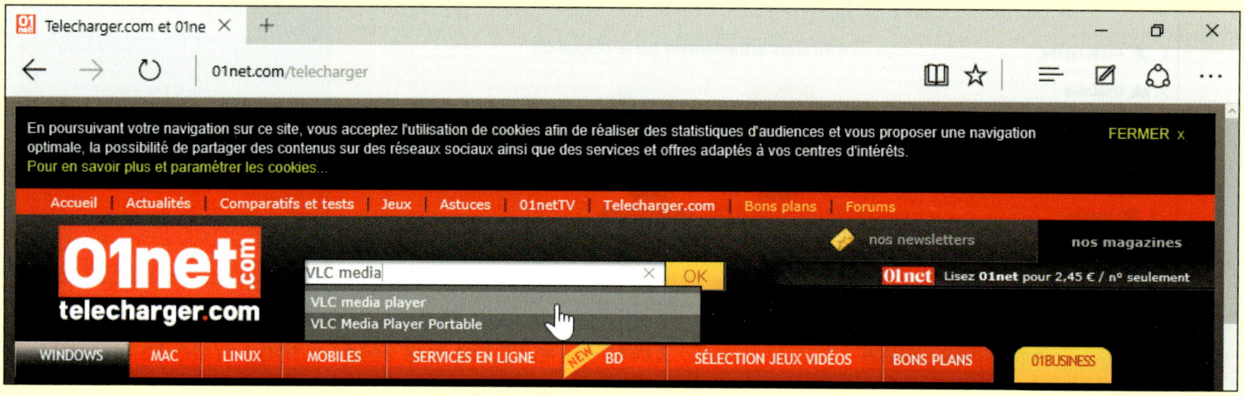

3. Cliquez le lien ou le bouton **Télécharger**.

4. Microsoft Edge affiche la barre de téléchargement en bas de l'écran. Cliquez le bouton **Exécuter**.

5. Suivez les instructions de téléchargement et d'installation.

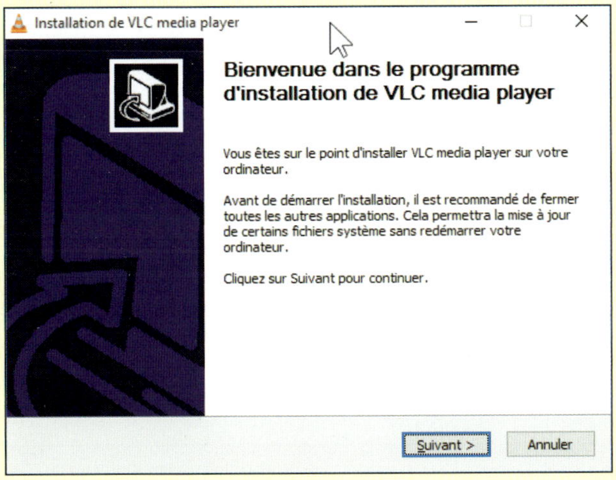

6. Si vous désirez lire uniquement les DVD et Blu-ray avec VLC et continuer à utiliser le Lecteur Windows Media pour les fichiers multimédias, décochez les cases **Fichiers Audio**, **Fichiers Vidéo** et **Autres** à l'étape **Choisissez les composants**. Ne conservez que la case **Lecture de disques**.

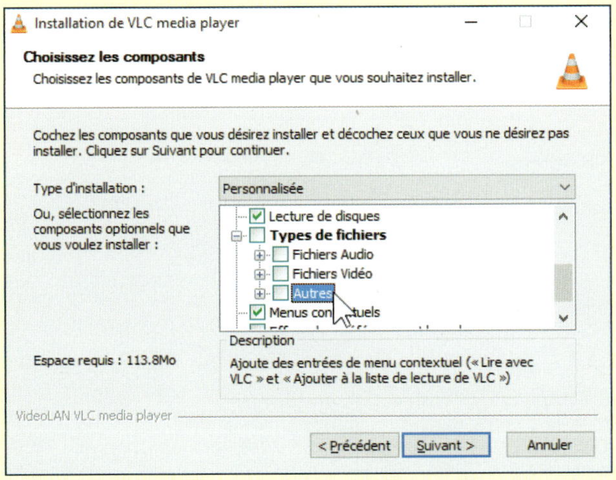

Lire un DVD ou un Blu-ray

1. Insérez le DVD ou le Blu-ray dans le lecteur.
2. Si une petite fenêtre s'affiche en bas à droite, cliquez-la, puis cliquez l'option **Lecture DVD VideoLan VLC**.

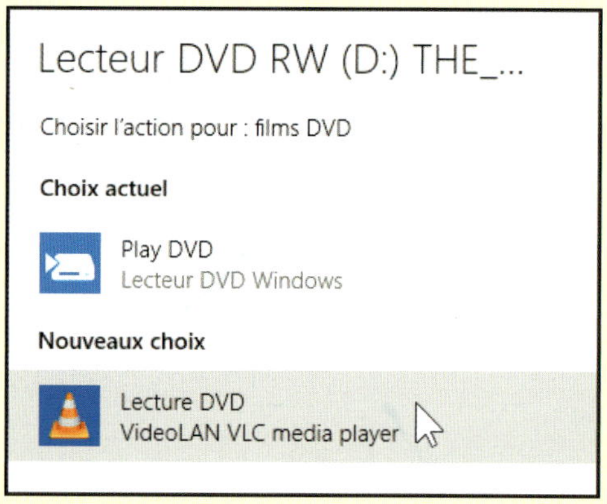

3 La lecture du DVD se lance automatiquement avec VLC media player.

Contrairement à un lecteur de DVD de salon, vous pouvez cliquer les liens pour changer de menu, à la place des traditionnels boutons de navigation des télécommandes.

Naviguer sur Internet

9

Internet présente de multiples facettes. De la simple navigation dans les pages Web à l'accès au multimédia, cet outil n'est pas près de cesser de vous étonner. Internet permet de visiter des milliards de pages proposées par les sites du monde entier. Les internautes appellent cela *surfer* : vous vous déplacez de page en page grâce aux liens proposés pour approfondir le sujet qui vous intéresse ou en découvrir de nouveaux. Et ce ne sont pas les sujets qui manquent.

Dans ce chapitre

- Visiter des sites Web
- Conserver et réutiliser les adresses des sites visités
- Utiliser les onglets
- Effectuer des recherches
- Effectuer une recherche avec Google
- Utiliser le mode lecture
- Annoter une page Web
- Télécharger des fichiers
- Naviguer en toute confidentialité

Visiter des sites Web

La navigation sur le Web est la principale activité des internautes. Son principe est très simple : vous saisissez l'adresse d'un site, puis vous cliquez les liens proposés pour « naviguer » ou « surfer » de page en page sur les sujets qui vous intéressent. Une adresse de site est composée de trois parties. Comme le service sur Internet qui permet de consulter des pages s'appelle le World Wide Web, les adresses des sites commencent par les lettres « www ». On trouve ensuite le nom du site. C'est généralement le nom d'une société, d'une marque ou d'un organisme. L'adresse est complétée par quelques lettres qui indiquent le type de site : « com » correspond à une société commerciale, « fr » à un site français, *etc*. Ces trois parties sont séparées par des points.

Ouvrir Microsoft Edge

1. Cliquez **Microsoft Edge** dans la barre des tâches.

Si le bouton n'est pas présent dans la barre des tâches, cliquez le bouton **Démarrer** → **Toutes les applications** puis recherchez-le dans ce menu.

2. Microsoft Edge s'ouvre sur la page par défaut.

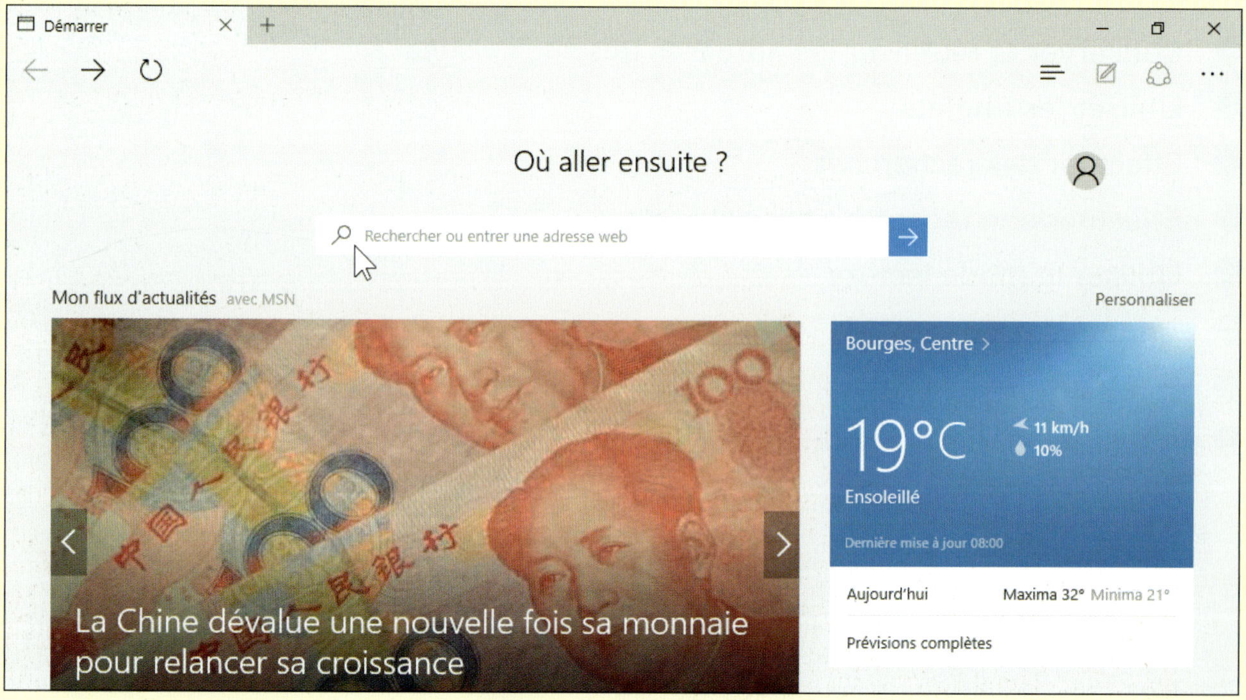

Afficher une page Web

1 Cliquez la zone **Adresse** à droite des boutons ← → et ↻. Par défaut, cette zone contient le texte « Rechercher ou entrer une adresse web ». Dans la page par défaut, elle est placée plus bas (voir écran ci-dessus).

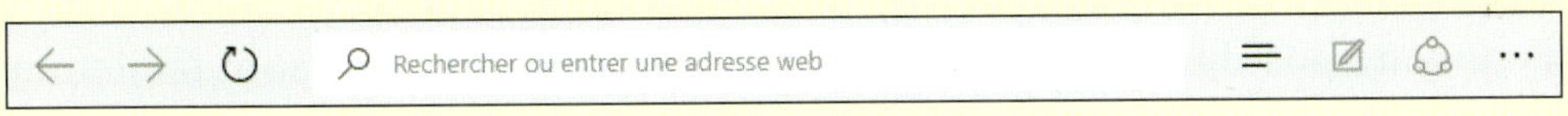

World Wide Web, ou tout simplement **Web**, est le service sur Internet qui permet de consulter des pages au format HTML. Le **HTML** (*HyperText Markup Language*) est un langage pour décrire des pages Web avec des fonctions qui n'existent pas dans un texte ordinaire : liens vers d'autres pages ou sites, insertions de tableaux ou d'images, sons, animations, vidéos, *etc.*

2 Tapez l'adresse du site. Par exemple, pour accéder au site de la radio RTL, il suffit de taper l'adresse `www.rtl.fr` puis de valider avec la touche **Entrée**. Notez que les espaces n'existent pas dans les adresses. Les majuscules ne sont pas prises en compte. Il est donc inutile de les saisir.

Il n'est pas nécessaire de faire précéder l'adresse du protocole http://. Pour les adresses qui se terminent par .com, tapez uniquement le nom du site et appuyez sur **Ctrl** + **Entrée**. L'adresse est automatiquement complétée : par exemple, google devient www.google.com.

3 La page correspondant à l'adresse saisie est affichée. Si vous avez tapé uniquement l'adresse du site, c'est la page principale qui s'affiche.

Pour actualiser le contenu d'une page, cliquez le bouton . Pour arrêter le chargement d'une page, cliquez le bouton .

4 Maintenant, vous pouvez naviguer de page en page. Comment ? Tout simplement en recherchant les liens qui vous dirigent vers d'autres pages. Certains liens sont facilement reconnaissables : ils ont une couleur différente du reste du texte et sont généralement soulignés. Mais ce n'est pas toujours le cas.

5 Pour repérer un lien, déplacez la souris. Si le curseur prend la forme , il s'agit d'un lien. Dans ce cas, cliquez-le pour passer à une autre page ou à une autre partie de la page en cours.

6 Si l'adresse saisie est mal orthographiée, Edge affiche un message d'erreur, ou vous êtes redirigé vers un autre site, celui de votre fournisseur d'accès par exemple. Corrigez dans ce cas votre saisie, puis appuyez sur **Entrée**.

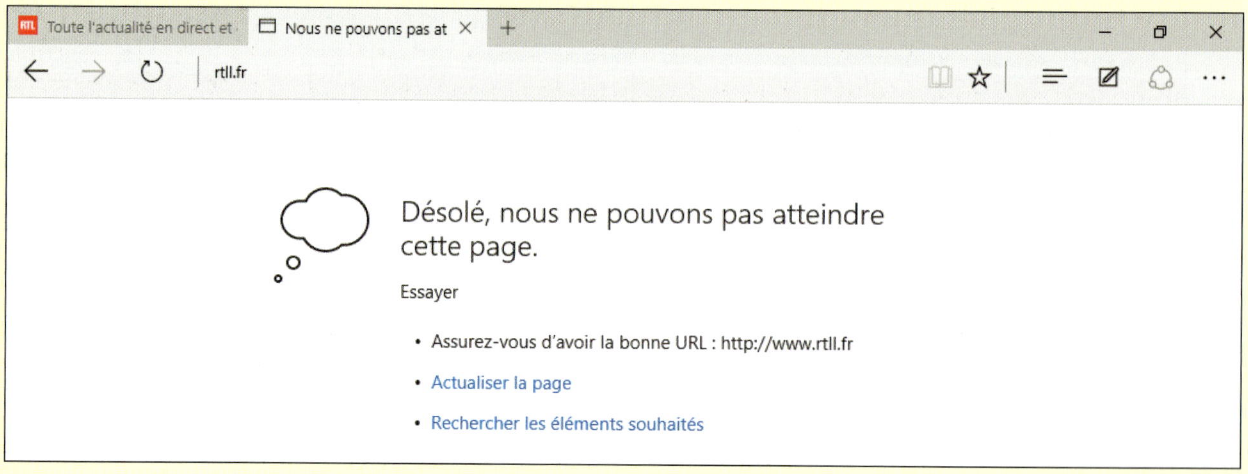

Changer de page

1. Si vous avez cliqué le mauvais lien ou si vous désirez parcourir les pages déjà visitées, Edge vous propose des boutons pour accéder aux pages suivantes et précédentes Pour revenir à la page précédente, cliquez le bouton ←.

2. Pour voir la page suivante, cliquez le bouton →.

Ces boutons ne sont disponibles que si vous avez déjà consulté au minimum deux pages depuis l'ouverture de Microsoft Edge.

Conserver et réutiliser les adresses des sites visités

Avec le temps, vous verrez que l'on revient très souvent sur les mêmes sites. Généralement parce qu'ils correspondent à des hobbies, des informations pour le travail ou des sites marchands que l'on privilégie. Pour ne pas retaper l'adresse de ces sites, vous pouvez conserver les liens correspondants dans un dossier appelé « Favoris ».

Ajouter une adresse aux favoris

1. Affichez la page dont vous désirez conserver l'adresse.

2 Cliquez le bouton ☆ → ☆.

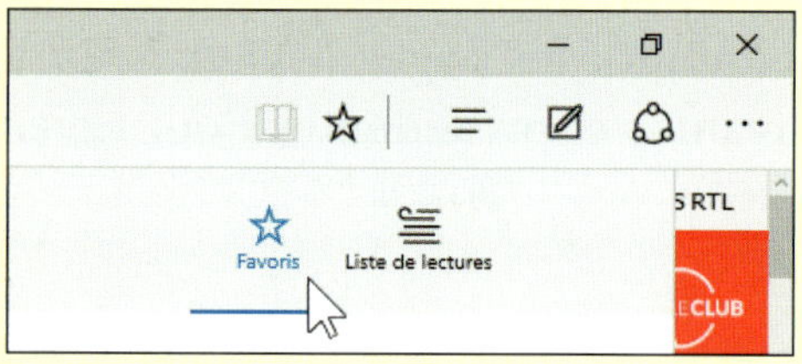

3 Tapez le nom du site ou de la page dans la zone **Nom**. Ce nom n'a aucune influence sur le lien.

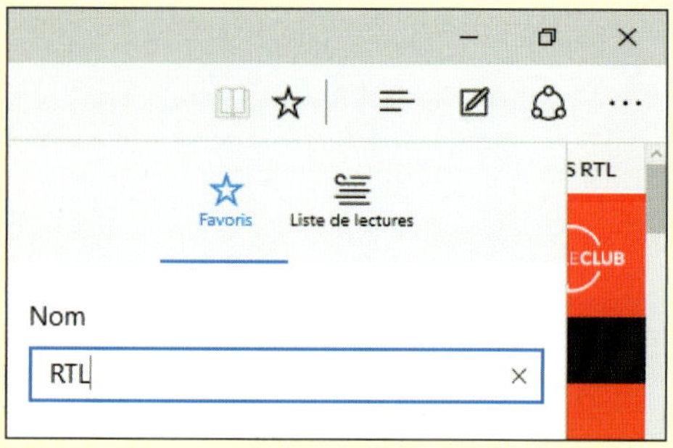

4 Sélectionnez dans la liste **Créer dans** le dossier qui doit contenir l'adresse.

5 Cliquez le bouton **Ajouter**.

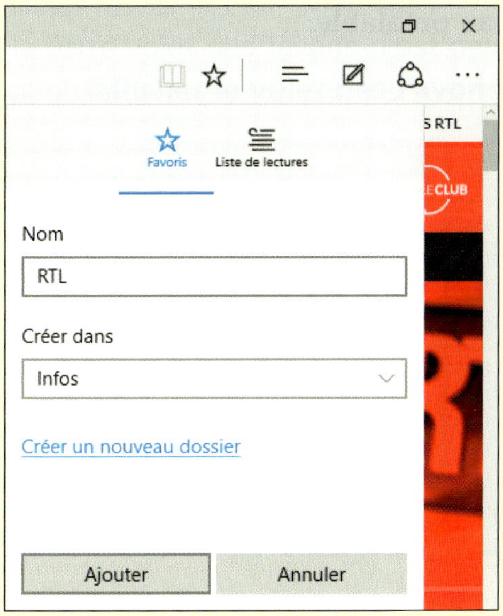

Utiliser une adresse des favoris

1 Tous les liens ajoutés sont disponibles dans un volet. Ce dernier permet de continuer à naviguer tout en ayant à disposition la liste des liens. Cliquez le bouton ≡ puis le bouton ☆.

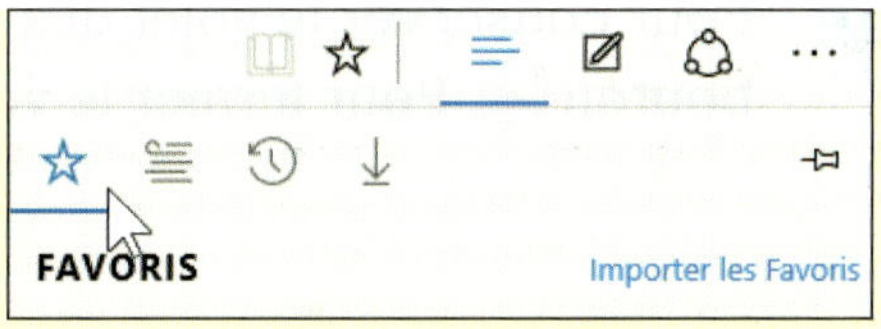

2 Cliquez l'adresse dans l'arborescence du volet des favoris. Pour l'ouvrir dans un nouvel onglet, maintenez la touche **Ctrl** puis cliquez le lien.

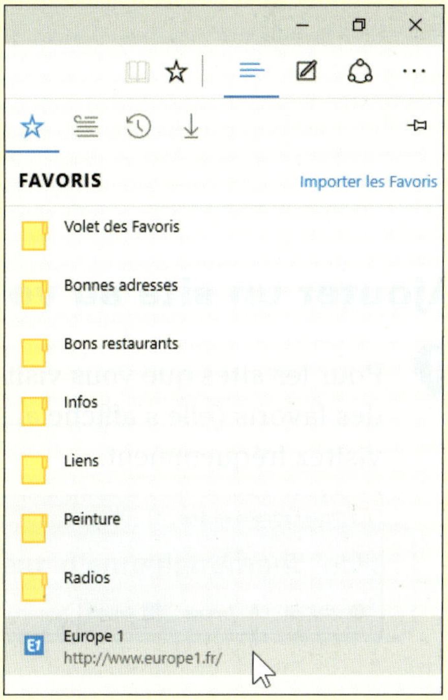

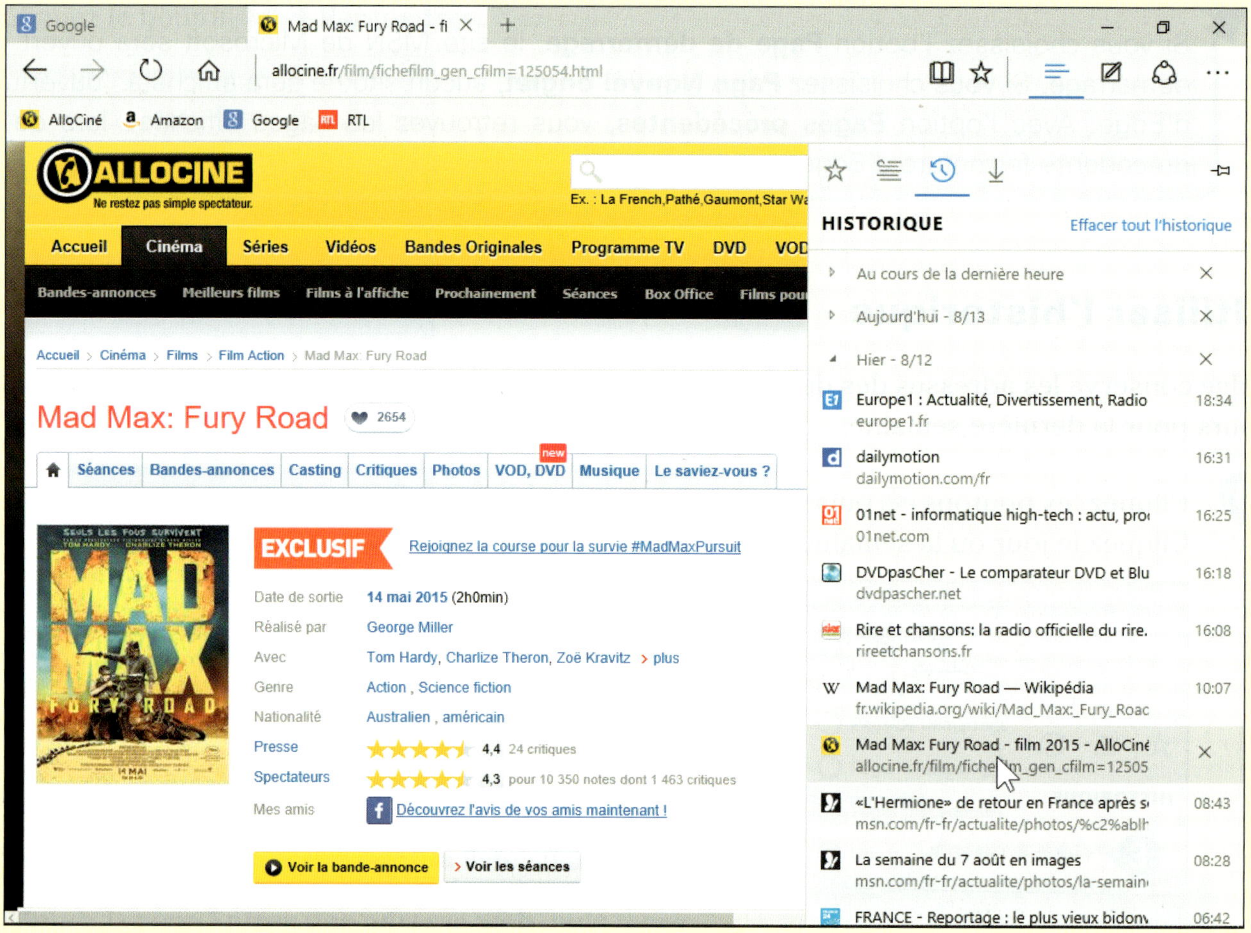

3 La page s'ouvre dans la partie gauche d'Edge.

Utiliser les onglets

Pour naviguer facilement entre les sites ouverts, utilisez les onglets. Si vous avez ouvert une grande quantité d'onglets, vous pouvez obtenir un aperçu rapide des pages en cours.

Ajouter des onglets

1 Pour ajouter une nouvelle page, cliquez le bouton + après le dernier onglet. Vous pouvez aussi utiliser le raccourci **Ctrl** + **T**.

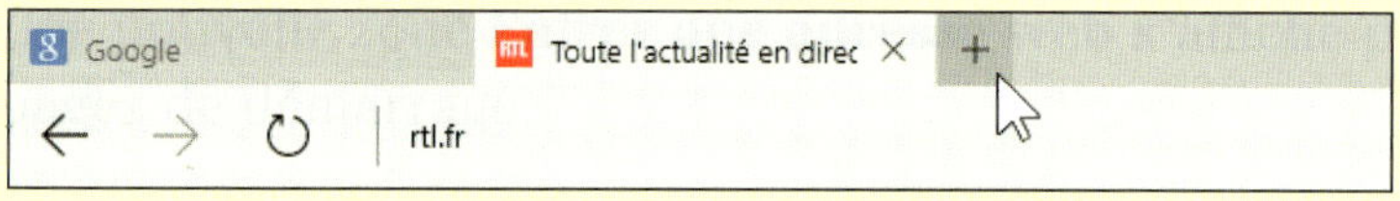

2 Saisissez l'adresse du site comme à l'accoutumée.

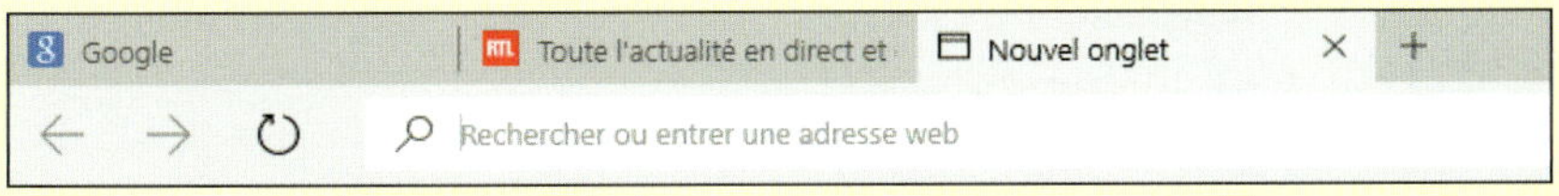

3 Pour changer de site, cliquez l'onglet correspondant.

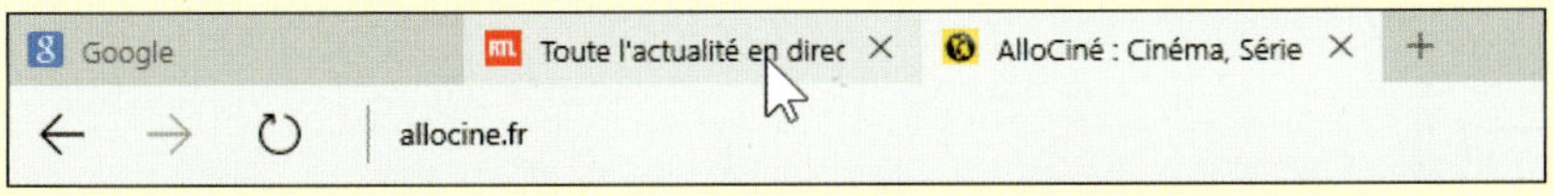

4 Pour fermer un onglet, cliquez le bouton × à l'intérieur de cet onglet. Il n'est pas possible de fermer le dernier onglet.

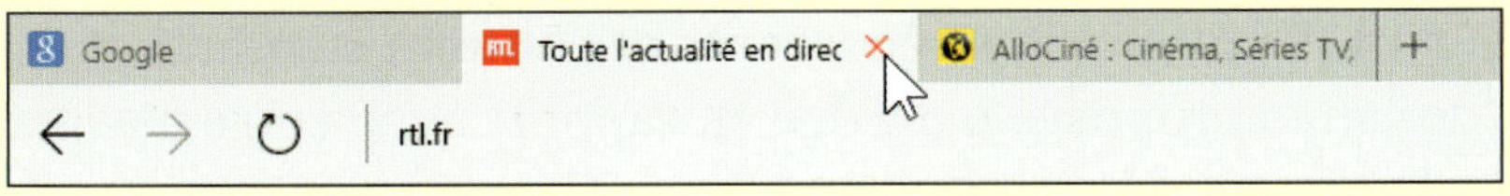

Si vous désirez ouvrir un site dans une nouvelle fenêtre et non dans un onglet, tapez le raccourci **Ctrl** + **N**. Les nouvelles fenêtres sont accessibles avec la barre des tâches.

Choisir le contenu des nouveaux onglets

1 Cliquez le bouton ··· → **Paramètres**.

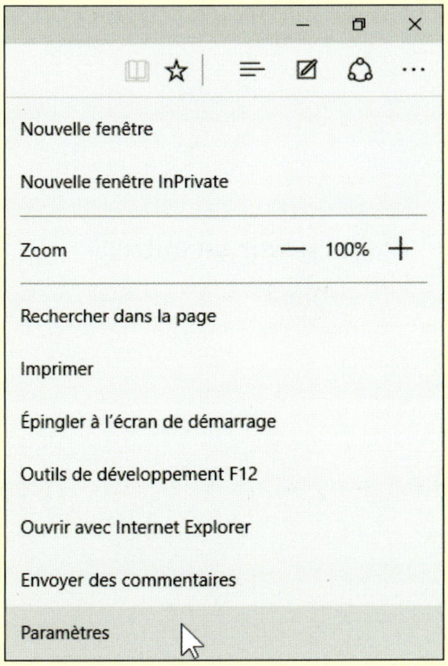

2. Cliquez la liste **Ouvrir les nouveaux onglets avec**.

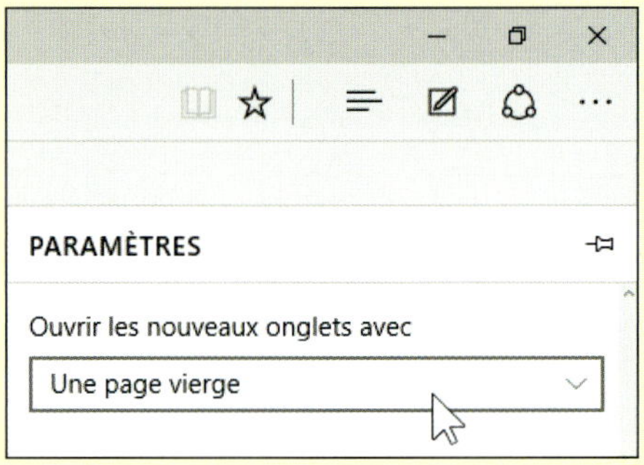

3. Cliquez les données à afficher dans les nouveaux onglets. L'option **Sites récurrents** affichera les sites que vous consultez le plus. L'option **Sites récurrents et contenu suggéré** affichera vos sites préférés, mais aussi des sites proposés par Edge en rapport avec votre navigation.

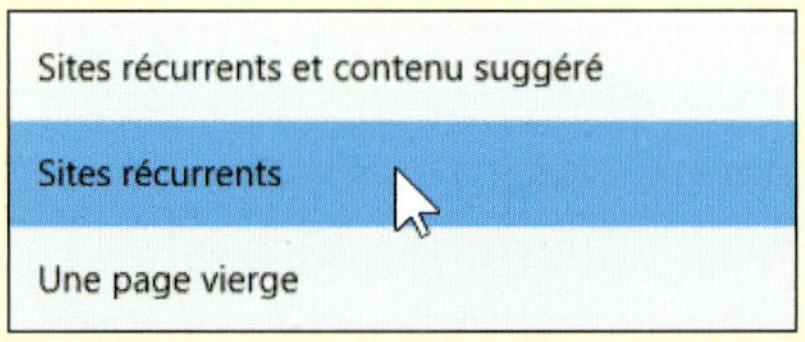

Effectuer des recherches

Si vous ne disposez pas de l'adresse Web d'un site, vous devez effectuer une recherche. Les moteurs de recherche permettent de retrouver des pages Web en fonction de mots-clés. Edge propose une zone pour accéder directement aux moteurs.

Choisir vos moteurs de recherche

Par défaut, Edge utilise le moteur de recherche Bing. Vous pouvez en choisir un autre.

1. Cliquez le bouton ··· → **Paramètres**.
2. Cliquez **Afficher les paramètres avancés** en bas du volet.

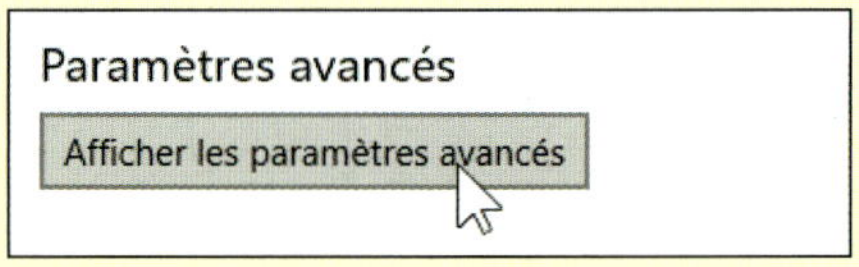

3 Cliquez la liste **Effectuer les recherches à partir de la barre d'adresses avec**.

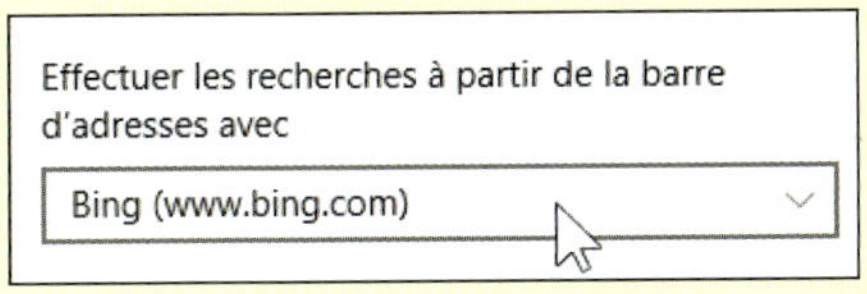

4 Cliquez **<Ajouter un nouvel élément>** dans la liste.

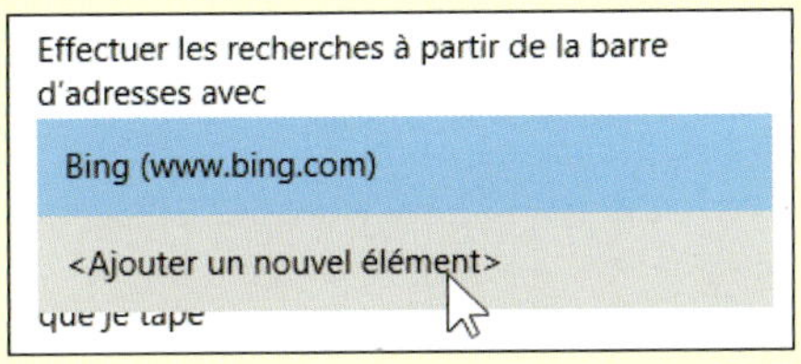

5 Cliquez le nom du nouveau moteur de recherche dans la liste.

6 Cliquez le bouton **Ajouter comme valeur par défaut**.

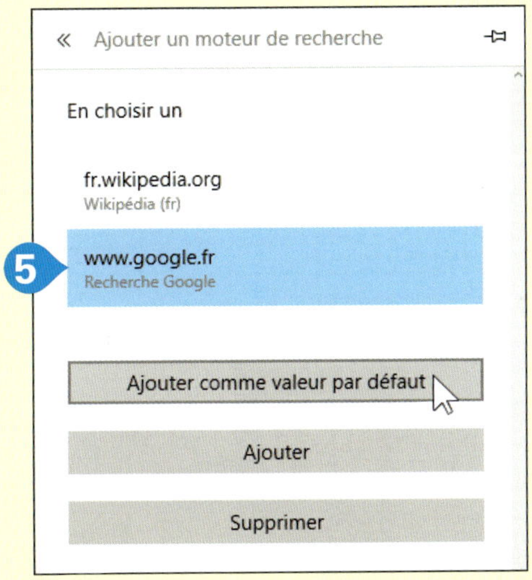

7 Cliquez le bouton ··· pour fermer le volet des paramètres.

Utiliser les moteurs de recherche

1 Tapez dans la zone **Adresse** des mots-clés qui correspondent au site auquel vous désirez accéder. Le moteur de recherche propose des liens en fonction de votre saisie.

2 Cliquez un des liens proposés, ou appuyez sur la touche **Entrée** pour afficher tous les résultats (appuyez sur **Alt** + **Entrée** pour afficher les résultats dans un nouvel onglet).

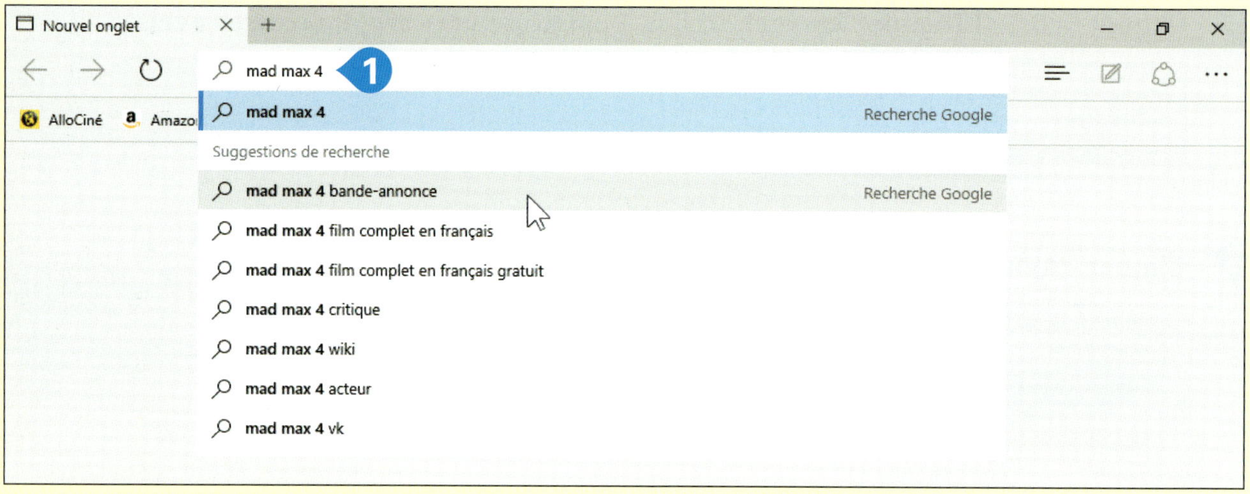

3 Le moteur de recherche vous propose plusieurs liens correspondant aux mots-clés de votre recherche.

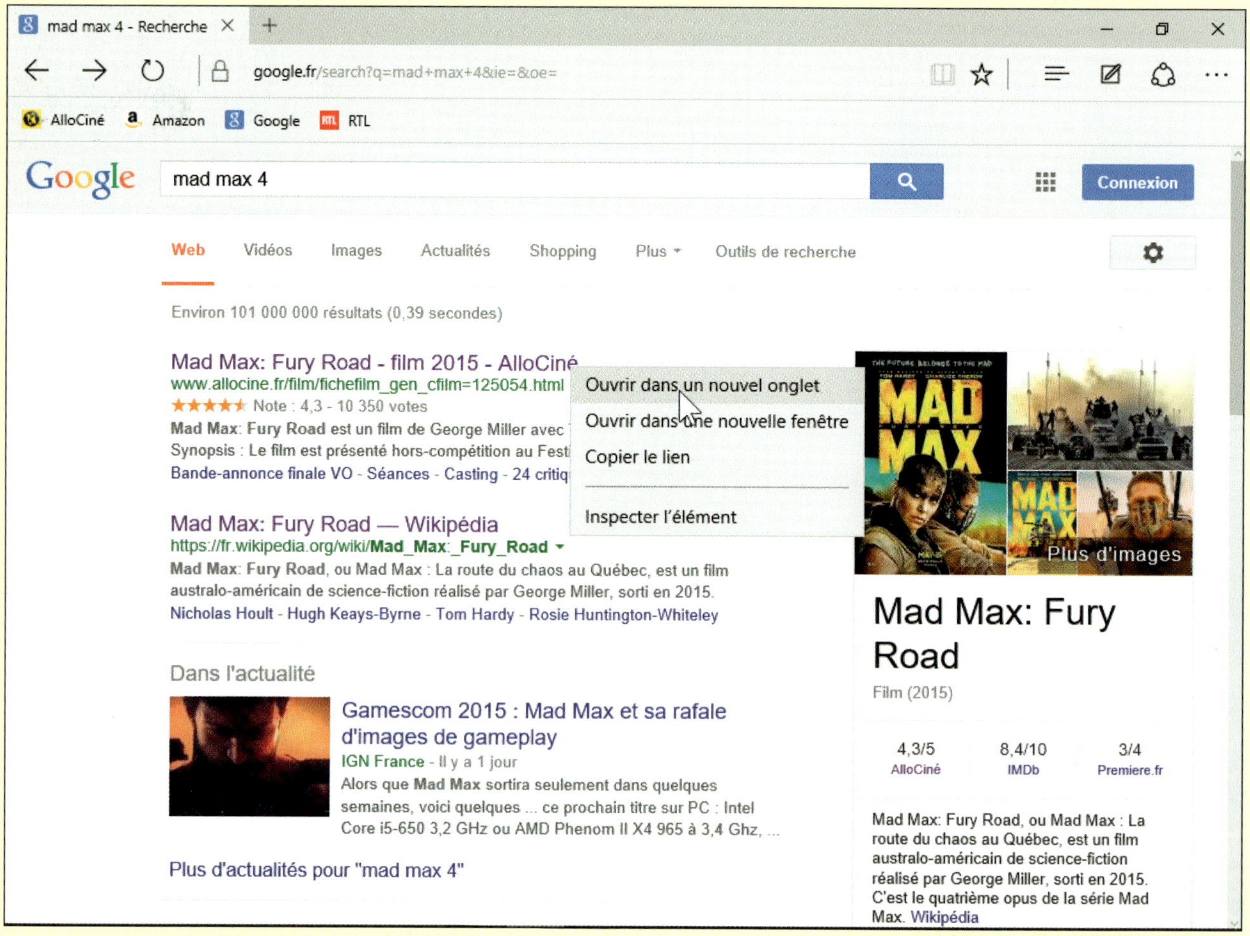

4 Cliquez un lien pour ouvrir la page associée. Pour ouvrir le lien dans un nouvel onglet, cliquez-le avec le bouton droit, puis choisissez **Ouvrir dans un nouvel onglet** dans le menu contextuel. Vous pouvez aussi maintenir la touche **Ctrl** enfoncée puis cliquer le lien. Pour ouvrir le lien dans une nouvelle fenêtre, cliquez-le avec le bouton droit, puis sélectionnez **Ouvrir dans une nouvelle fenêtre** dans le menu contextuel.

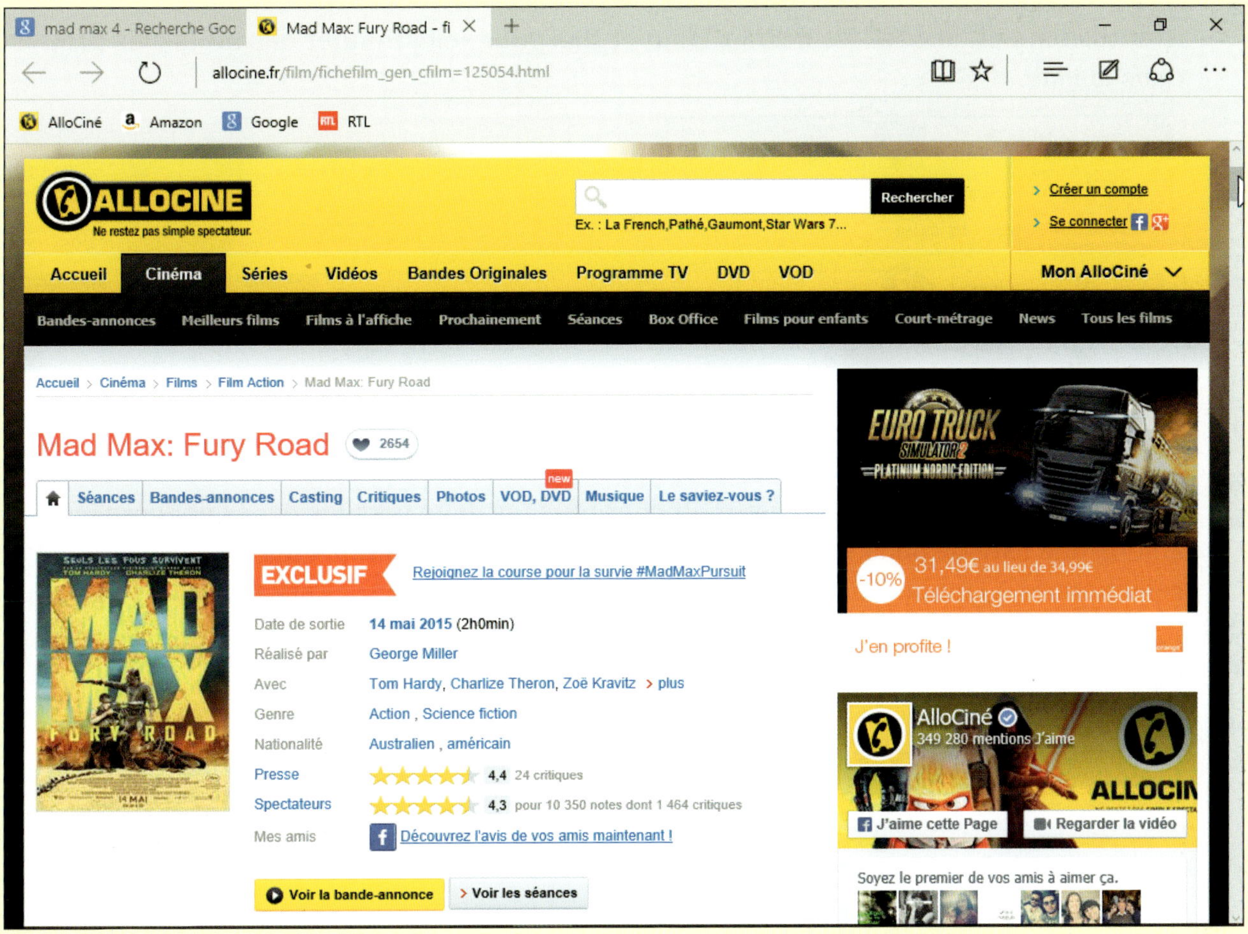

Effectuer une recherche avec Google

Le moteur de recherche Google répertorie plusieurs milliards de pages Web. C'est le meilleur moyen de trouver rapidement l'information qui vous manque.

Rechercher des sites

1. Tapez `www.google.fr` dans la barre d'adresses, puis appuyez sur **Entrée**.
2. Tapez le ou les mots-clés de la recherche.
3. Google affiche immédiatement une liste de mots-clés présents dans sa base de données. Éventuellement, utilisez les flèches **Haut** et **Bas** pour sélectionner des mots-clés proposés dans la liste.

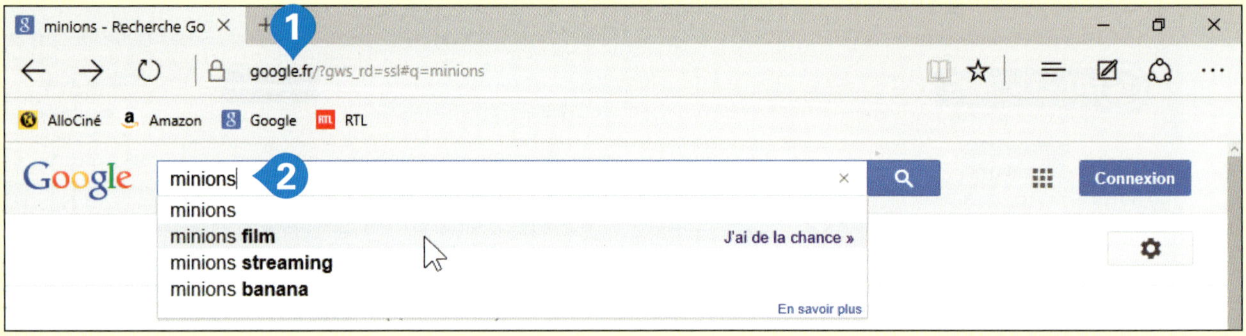

4. Appuyez sur la touche **Entrée** pour afficher tous les liens vers les pages concernées. Google affiche une liste de liens vers les pages qui contiennent les mots-clés saisis à l'étape **2** ou sélectionnés à l'étape **3**.
5. Si vous ne trouvez pas de lien intéressant, cliquez le lien **Suivant** en bas de page pour en afficher d'autres.
6. Cliquez le lien dont vous désirez consulter la page.

Pour rechercher une expression complète, par exemple le titre d'un film ou d'un livre, placez les mots entre guillemets. Pour exclure un mot de la recherche, faites-le précéder d'un signe moins (–). Google ne tient généralement pas compte des mots de liaison (de, la, *etc.*), ni des chiffres et des lettres seules. Pour forcer la recherche avec ces mots, faites-les précéder du signe plus (+). Google ne tient pas compte des majuscules. Il est donc inutile de les saisir.

Rechercher des images

1. Ouvrez la page de Google comme vu précédemment.
2. Cliquez le lien **Images** dans la barre en haut du site.

3. Tapez le ou les mots-clés de la recherche et validez avec la touche **Entrée**.

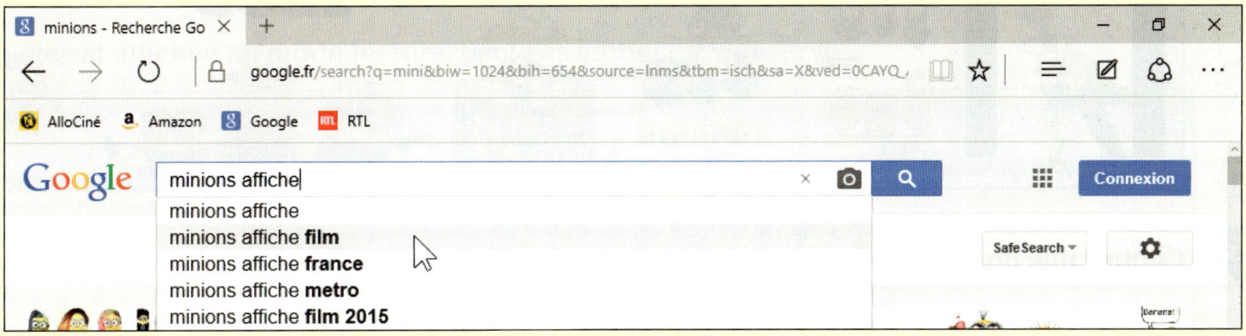

Ajouter des pages à votre liste de lecture

1. Pour lire ultérieurement des pages, vous devez les enregistrer. Affichez la page à conserver puis cliquez le bouton [📖]. Cliquez le bouton [☆].

2. Cliquez le bouton [Liste de lectures].
3. Tapez un nom simple pour cette page dans la zone **Nom**.
4. Cliquez le bouton **Ajouter**.

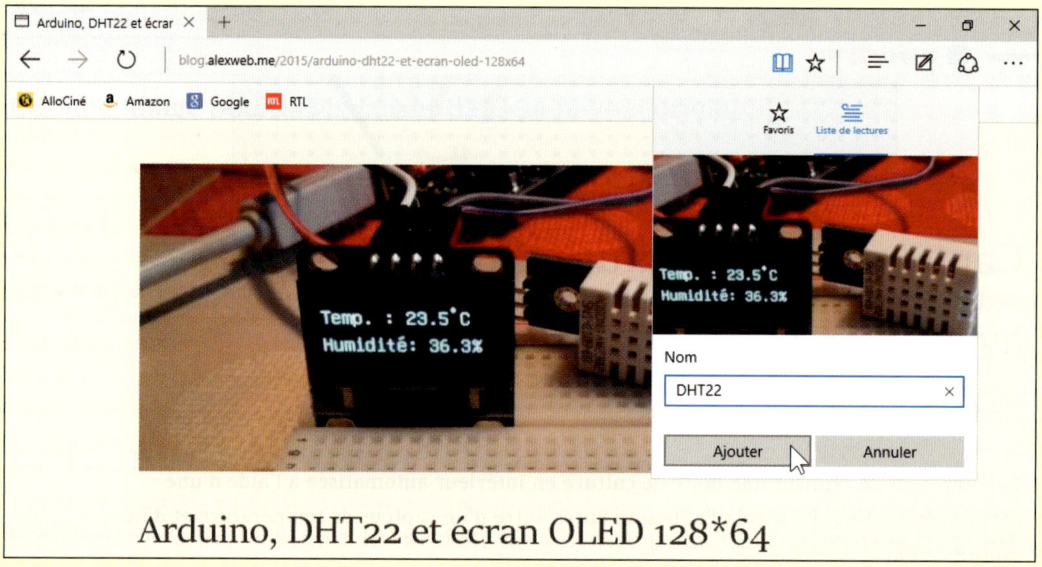

5. Faites de même pour toutes les pages à lire ultérieurement.

Consulter vos pages de lecture

Même hors connexion, vous pouvez consulter votre liste de lecture.

1. Cliquez le bouton [≡] ➜ [≣].

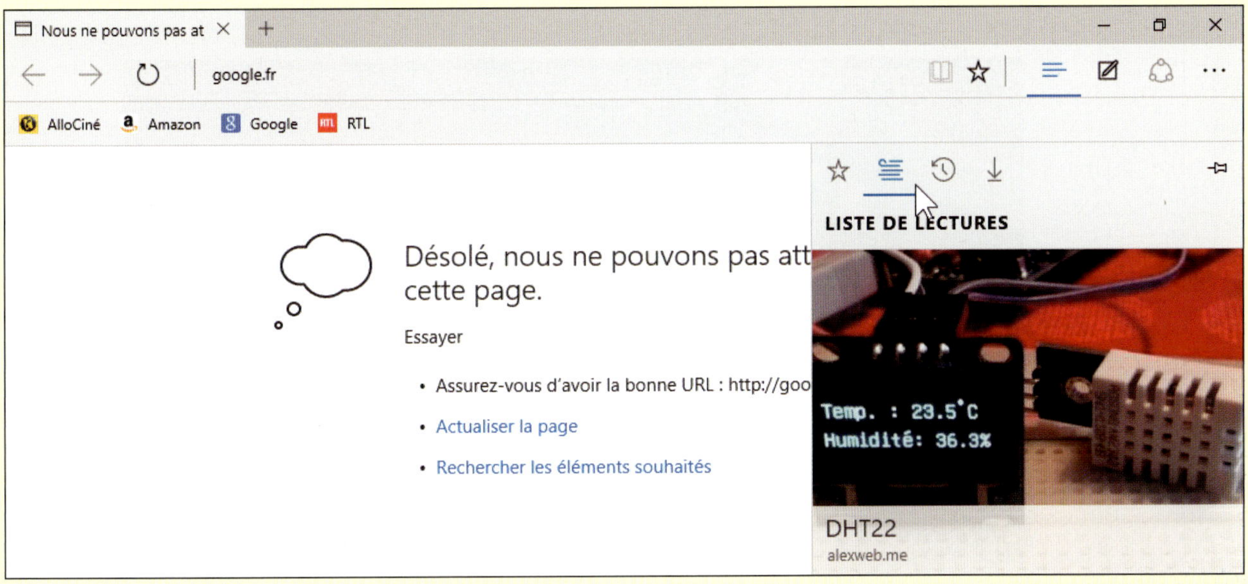

2. Cliquez la page à lire dans la liste.

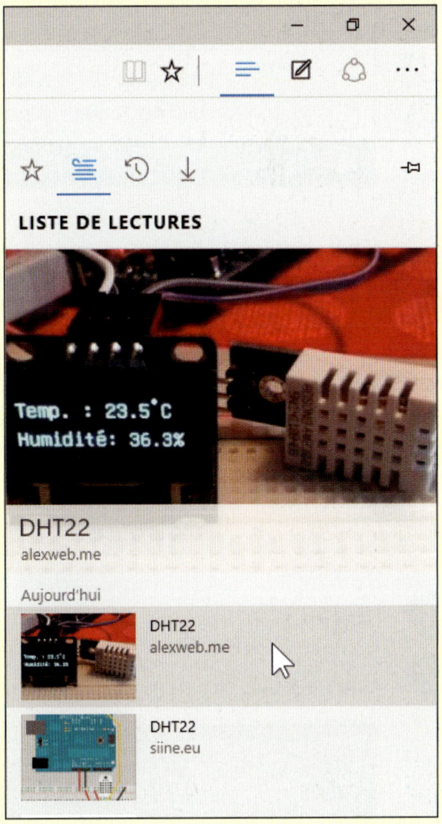

3 La page s'affiche même hors connexion. Bonne lecture !

Annoter une page Web

Vous pouvez annoter une page Web en insérant des commentaires et en ajoutant des textes ou des dessins manuscrits, ou en surligner le texte.

Ajouter des annotations

1 Affichez la page à annoter.

2 Cliquez le bouton . Une barre d'outils s'affiche en haut de l'écran.

3 Cliquez le bouton , puis cliquez-le une seconde fois.

4 Cliquez la couleur ou la taille dans le menu qui s'affiche.

5 Cliquez et faites glisser sur la page pour dessiner ou écrire.

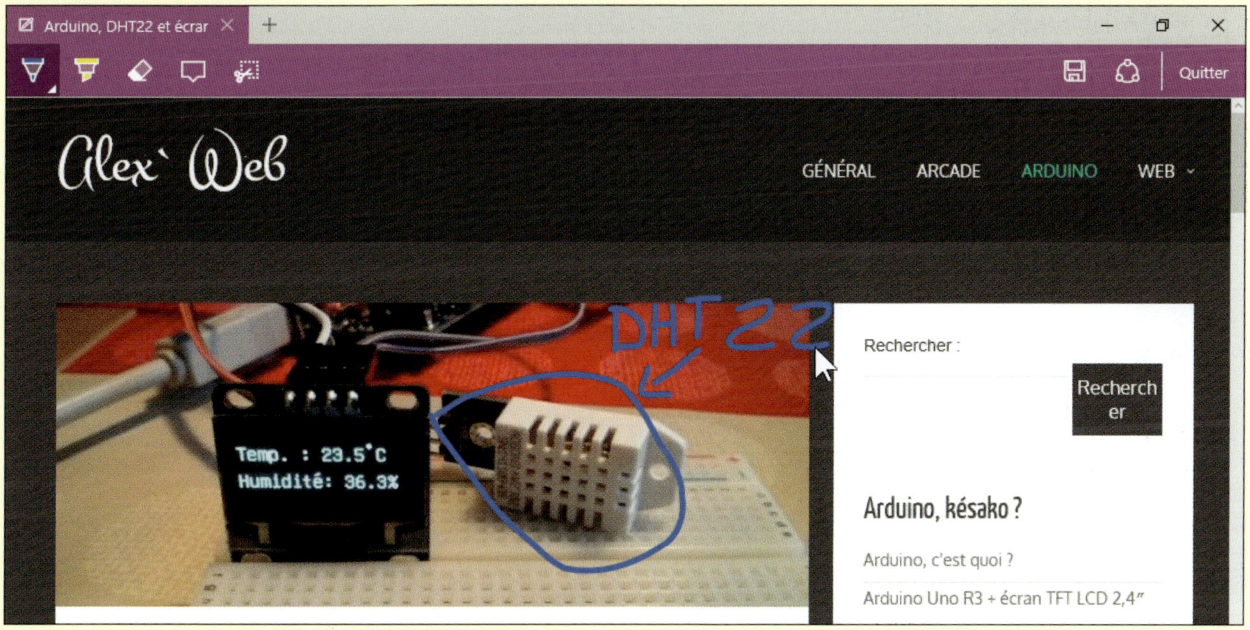

6 Cliquez le bouton . Comme pour le bouton , cliquez une seconde fois pour choisir la couleur et la taille.

7 Cliquez et faites glisser sur la page pour surligner un texte.

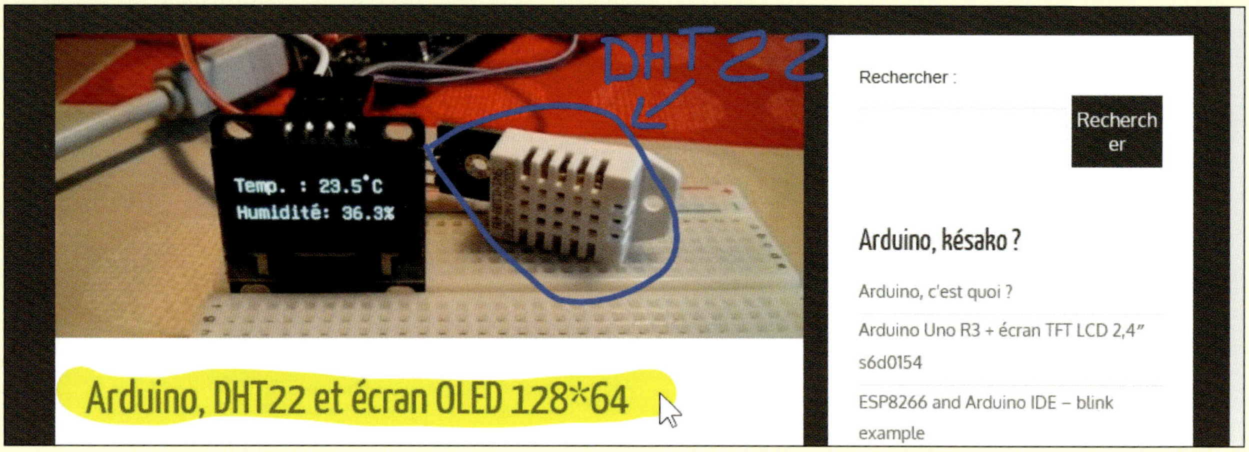

8 Cliquez le bouton ▭.

9 Cliquez sur la page pour ajouter une note. Tapez le texte de la note.

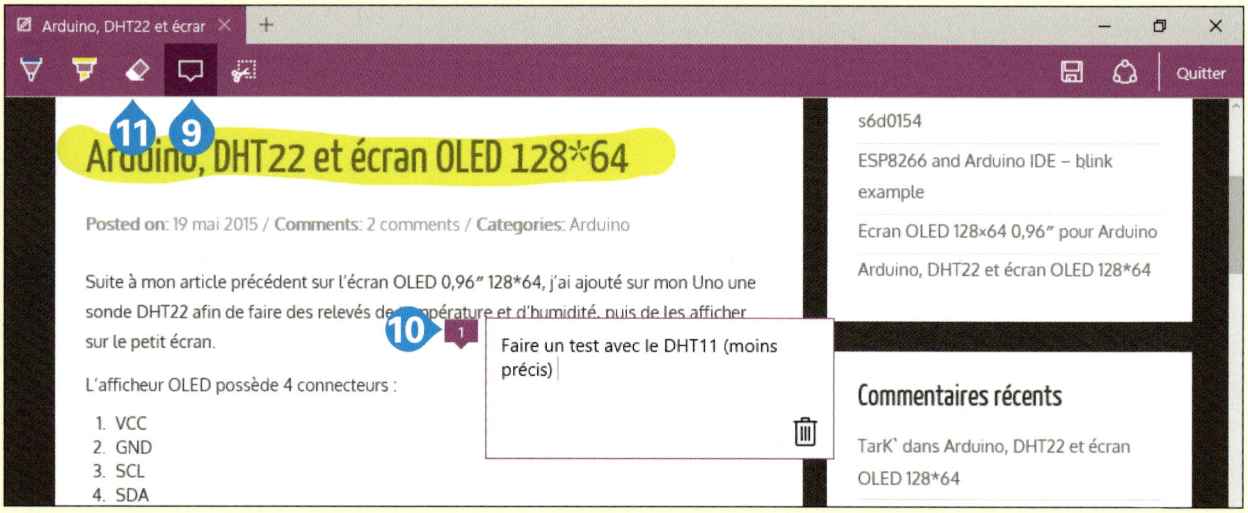

10 Pour déplacer la note, faites glisser son numéro.

11 Pour effacer des annotations, cliquez le bouton ◇ puis cliquez et faites glisser sur la zone à effacer.

Enregistrer vos annotations

1 Cliquez le bouton ▭ pour enregistrer vos annotations.

2 Cliquez la destination (**OneNote**, **Favoris** ou **Liste de lecture**).

3 Tapez la description de la note dans la zone **Nom**.

4 Cliquez le bouton **Ajouter**.

5 Cliquez le bouton **Quitter**.

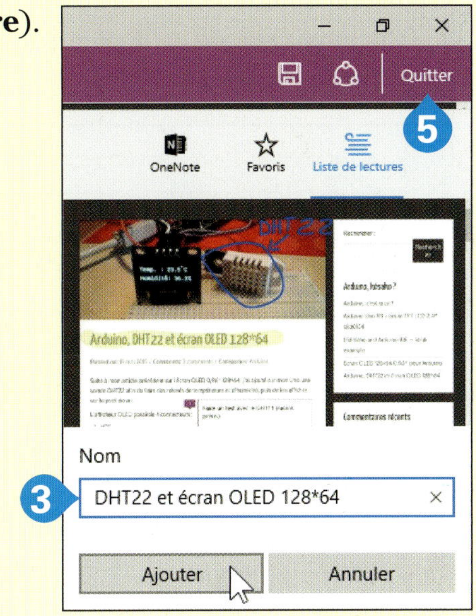

Télécharger des fichiers

Avec Internet, vous pouvez télécharger toutes sortes d'applications ou de documents.

1 Recherchez sur le Web le fichier à télécharger (musique, vidéo, programme, *etc.*).

2 Cliquez dans la page le lien ou le bouton de téléchargement.

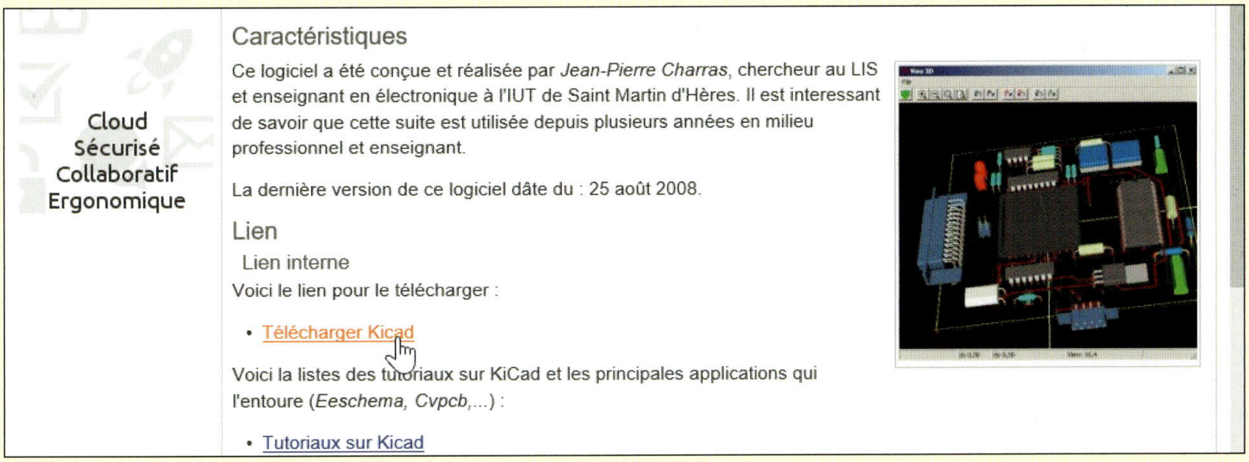

3 Edge télécharge le fichier.

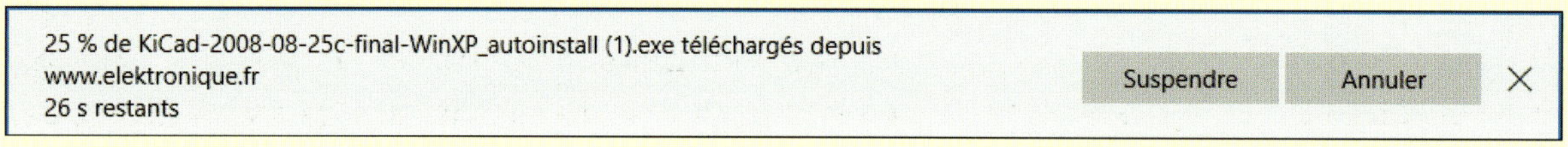

4 Cliquez **Ouvrir** ou **Exécuter** selon le cas (document ou programme). Cliquez **Afficher les téléchargements** pour consulter les fichiers téléchargés.

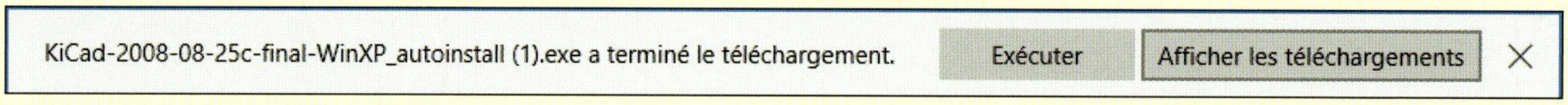

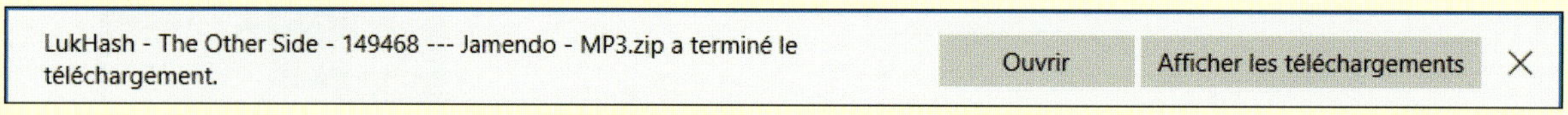

5 Pour consulter ultérieurement les téléchargements, cliquez le bouton ≡ → ↓.

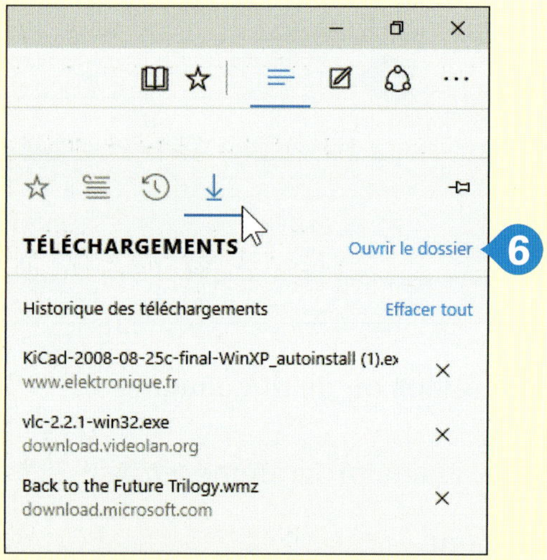

6 Cliquez le lien **Ouvrir le dossier** pour consulter le dossier de téléchargement dans l'Explorateur.

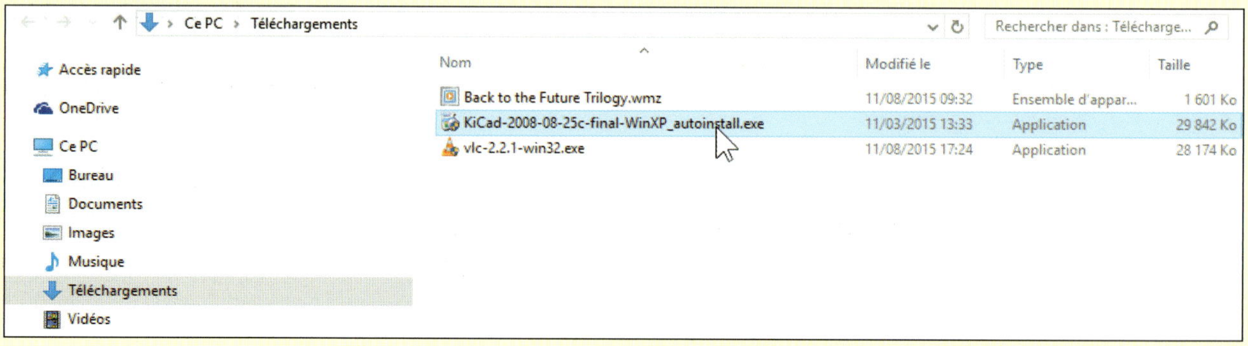

Naviguer en toute confidentialité

La fonction InPrivate permet de surfer sans laisser aucune trace de votre navigation. Pour cela, Edge supprime l'intégralité des fichiers nécessaires à la session. Cela comprend les adresses visitées (pas d'historique), les fichiers temporaires (pages HTML, images, *etc.*), les cookies, ainsi que d'autres données masquées, mais qui restent habituellement sur votre disque dur.

1. Pour activer une session InPrivate, cliquez le bouton ··· ➜ **Nouvelle fenêtre InPrivate**. Vous pouvez aussi utiliser le raccourci clavier **Ctrl** + **Maj** + **P**.

2. Edge ouvre une nouvelle fenêtre. Le message « InPrivate » apparaît alors à gauche des onglets.

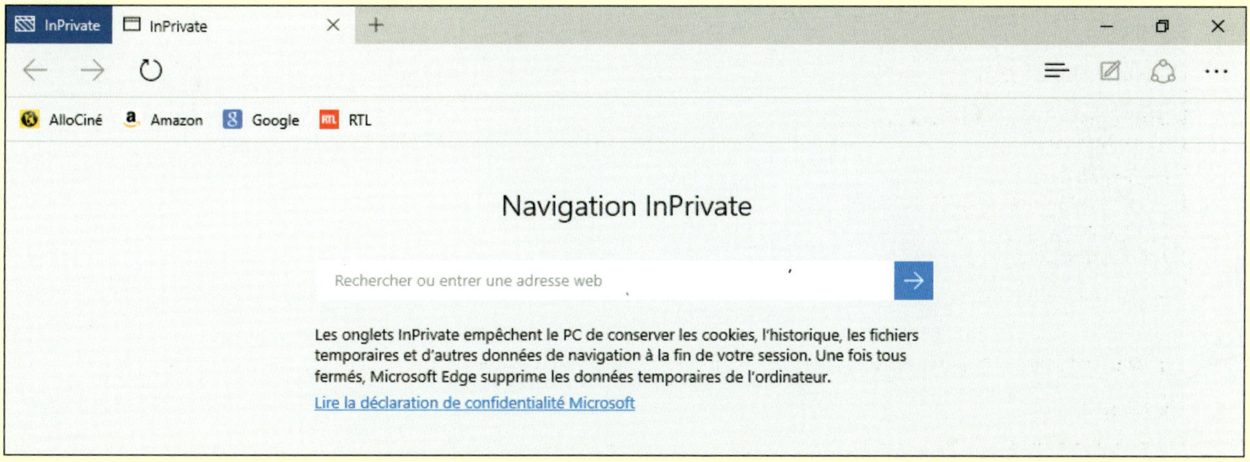

3. Pour revenir à une session normale, il est nécessaire de fermer Edge ou de revenir à la fenêtre initiale de l'étape **1**.

Pour plus d'informations sur la sécurité, consultez le chapitre **14**.

Se connecter au nuage

10

Derrière les mots « informatique en nuage » (*cloud computing* en anglais) se cache un concept simple : certaines de vos données ne sont plus dans votre ordinateur, mais dans celui d'un serveur distant.

On utilise de plus en plus de moyens de communication qui passent par Internet : ordinateur de bureau, ordinateur portable, tablette, téléphone portable, *etc.* Le *nuage* permet donc de partager des données entre tous ces appareils.

Dans ce chapitre

- Accéder au nuage
- Déposer des documents sur OneDrive
- Synchroniser vos paramètres
- Obtenir un lien vers un dossier OneDrive
- Consulter vos données avec Internet
- Connaître votre espace de stockage

Accéder au nuage

Pour utiliser le nuage, vous devez vous connecter avec un compte Microsoft. Ce compte sera utilisé lors de l'ouverture de votre ordinateur ou d'un autre appareil connecté à Internet.

Se connecter à un compte existant

1. Cliquez le bouton **Démarrer** ➜ **Paramètres**.

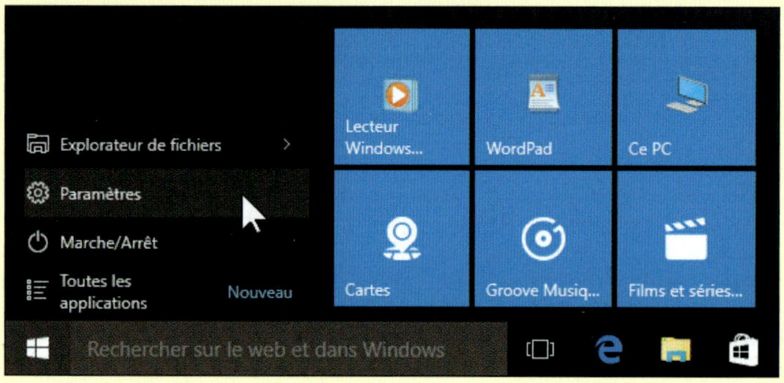

2. Cliquez **Comptes** dans la fenêtre Paramètres.

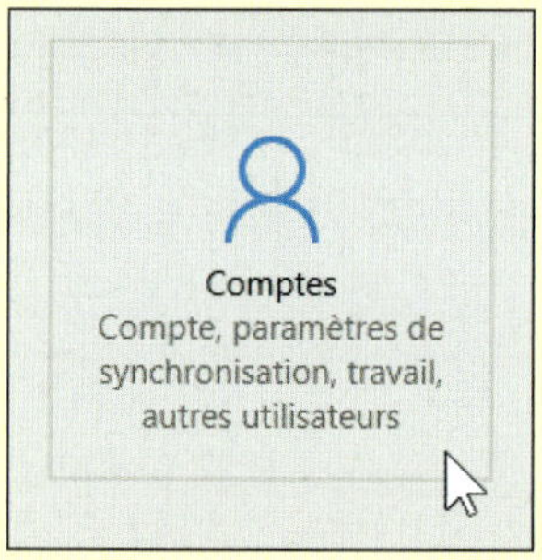

3. Cliquez **Votre compte** dans la liste à gauche.

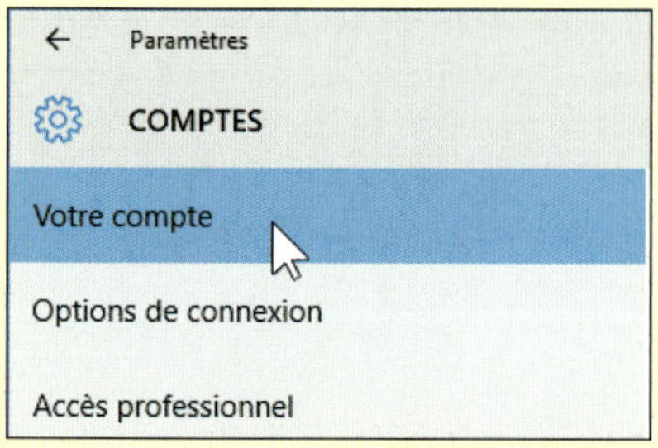

Pour créer un nouvel utilisateur, consultez le chapitre **15**.

4 Cliquez **Se connecter plutôt avec un compte Microsoft**.

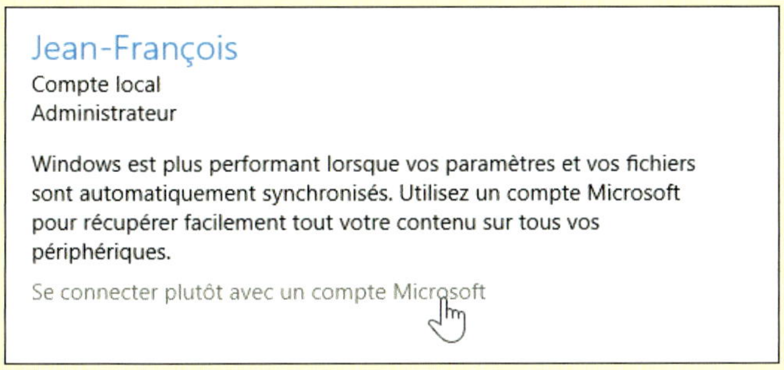

5 Tapez votre adresse e-mail.

6 Tapez votre mot de passe.

7 Cliquez le bouton **Se connecter**.

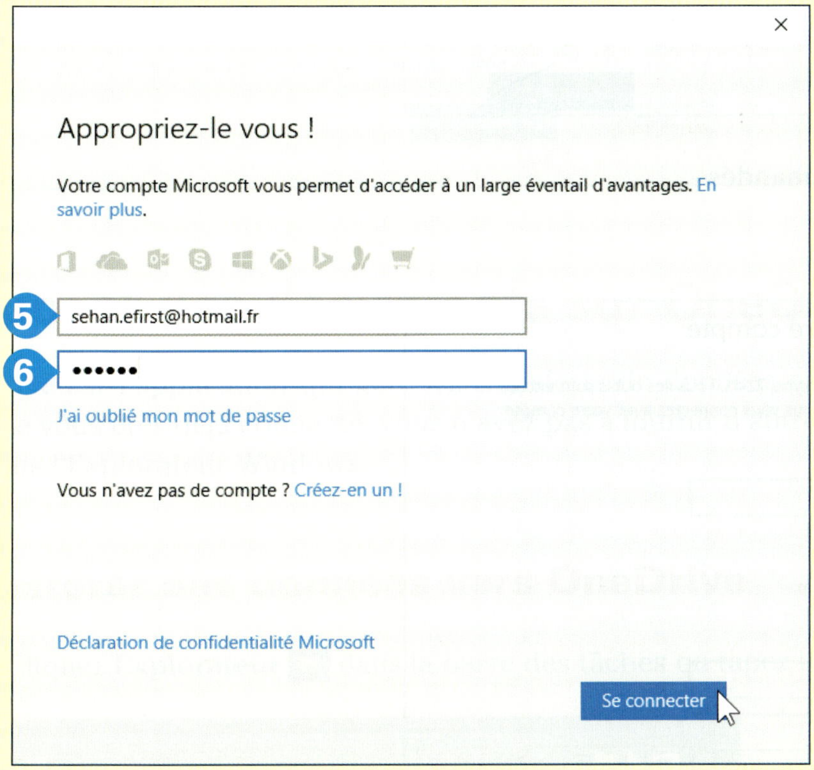

8 Windows vous connecte avec votre compte Microsoft. Vous devrez saisir votre mot de passe à chaque ouverture.

4 Utilisez la barre de commandes pour ajouter des dossiers, télécharger des fichiers, trier les éléments, *etc.*

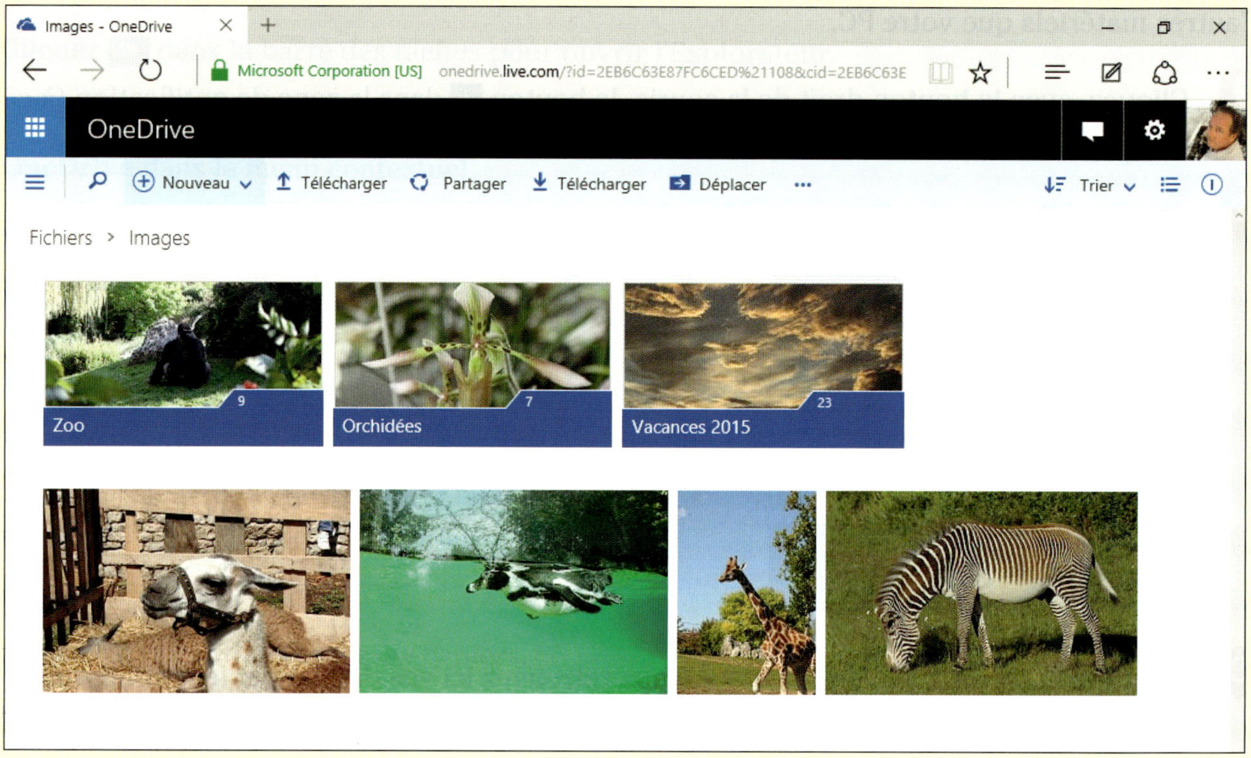

Connaître votre espace de stockage

L'espace de stockage sur OneDrive étant limité, vous pouvez consulter la place encore disponible.

1 Cliquez, avec le bouton droit de la souris, le bouton dans la zone de notification (à côté de l'horloge).

2 Cliquez **Gérer le stockage** dans le menu contextuel.

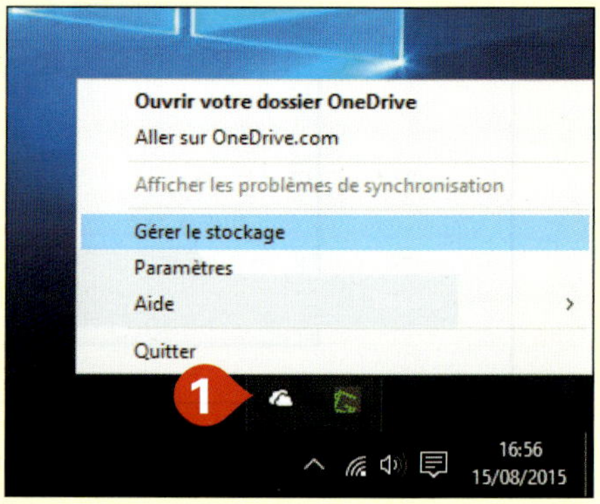

3 Cette page vous indique le nombre de Go disponibles sur votre compte OneDrive.

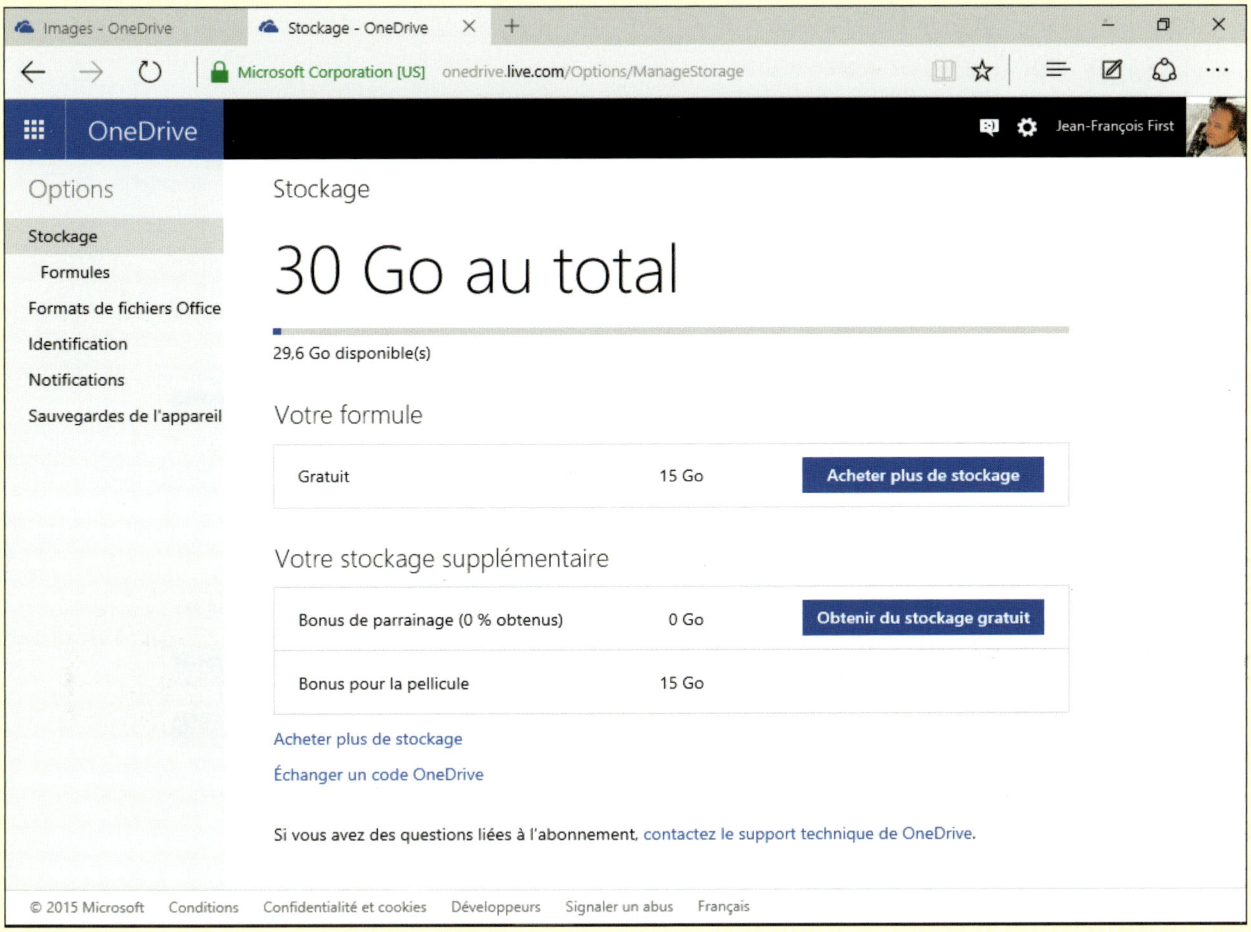

Vous bénéficiez gratuitement de 15 Go de stockage lors de la création de votre compte. Vous obtenez 15 Go supplémentaires pour vos photographies. En achetant Office 365, votre compte passe à 1 To (1 000 Go).

Si vous n'avez plus de place, vous pouvez obtenir de l'espace supplémentaire moyennant finance.

1 Cliquez le bouton **Acheter plus de stockage**.

2 Choisissez votre formule, puis cliquez le bouton **Sélectionner**.

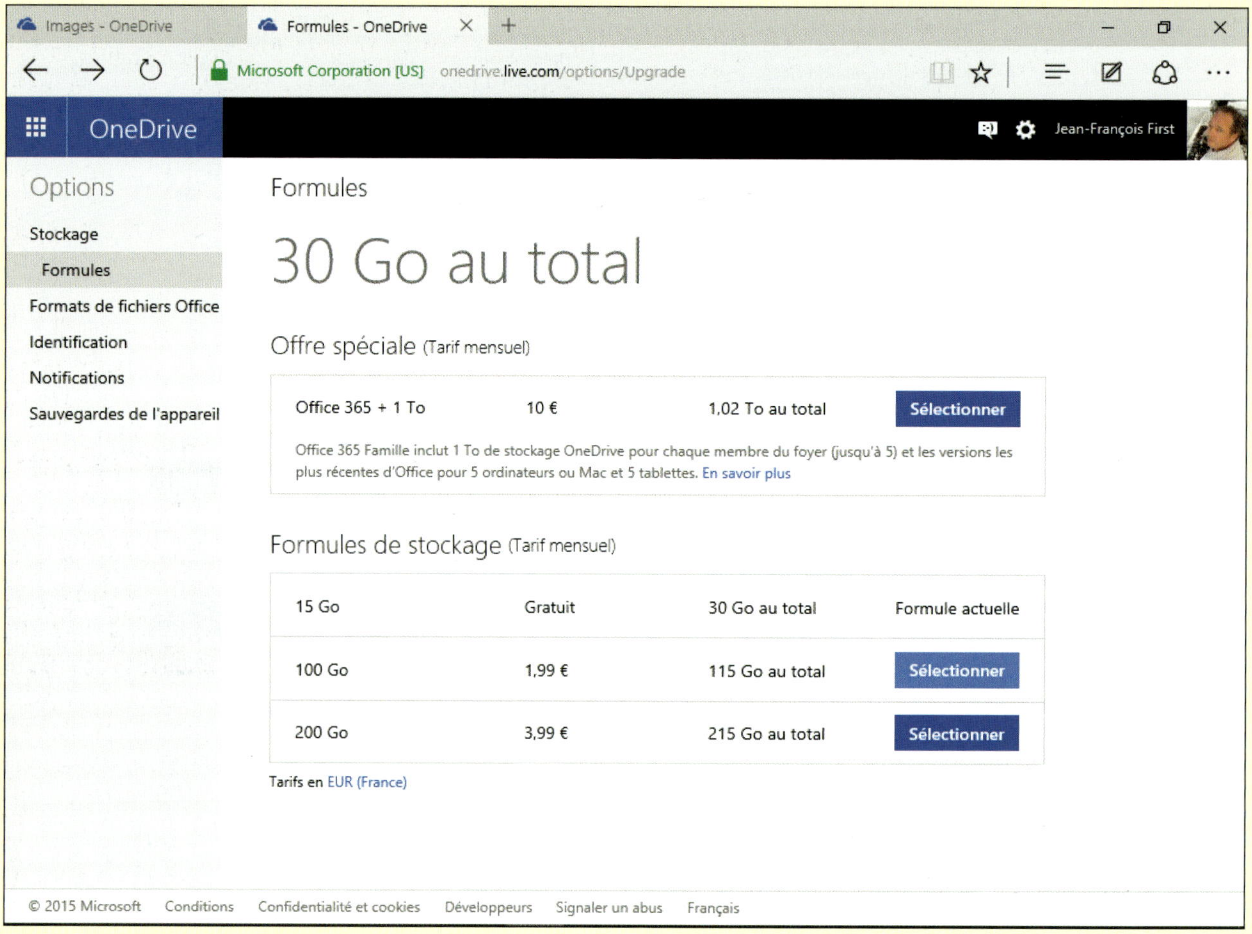

3 Suivez les instructions pour le paiement.

Configurer le menu Démarrer et le bureau 11

Pour travailler confortablement, selon vos goûts et vos habitudes, Windows vous permet d'adapter la configuration du menu Démarrer et du bureau, ainsi que l'environnement qui vous convient le mieux. Vous trouverez ici toutes les explications pour modifier la résolution de l'écran, ajouter une image ou un écran de veille, et réorganiser les vignettes de l'écran de démarrage et les icônes du bureau.

Dans ce chapitre

- Afficher les paramètres du PC
- Personnaliser les écrans
- Modifier votre avatar
- Placer une image sur le bureau
- Changer l'écran de veille
- Gérer l'alimentation de l'ordinateur
- Afficher ou masquer les icônes du bureau
- Changer la résolution d'écran
- Réorganiser les vignettes de l'écran de démarrage
- Réorganiser les icônes du bureau

Afficher les paramètres du PC

Les paramètres étant très nombreux, ils sont accessibles par des listes. Nous commençons par cette rubrique, car l'accès aux paramètres est utilisé tout au long de ce chapitre.

1 Cliquez le bouton **Démarrer** → **Paramètres**.

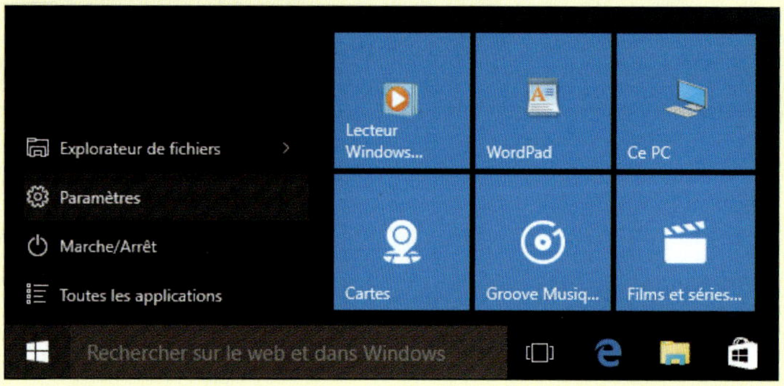

2 La fenêtre **Paramètres** regroupe les principales catégories de paramètres. Cliquez une des catégories, par exemple **Périphériques**.

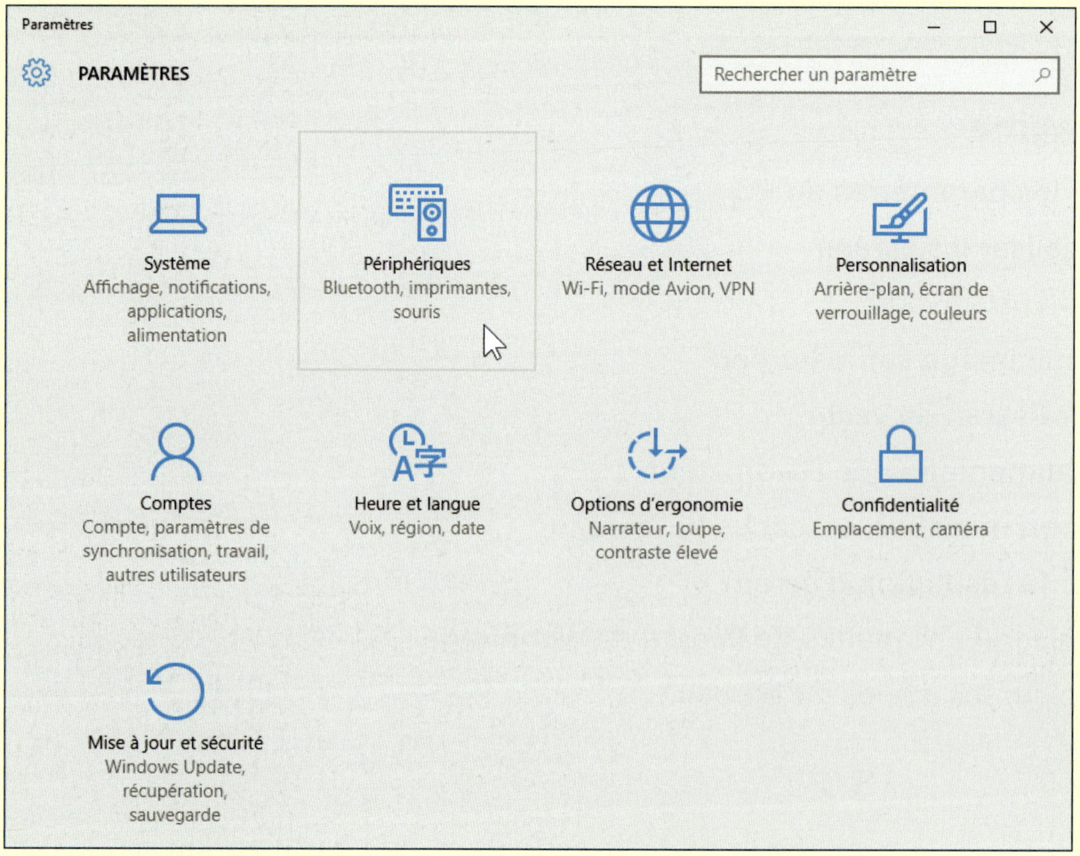

3 La liste de gauche affiche les sous-catégories correspondant à la catégorie choisie à l'étape **2**. Cliquez une sous-catégorie, par exemple **Souris et pavé tactile**.

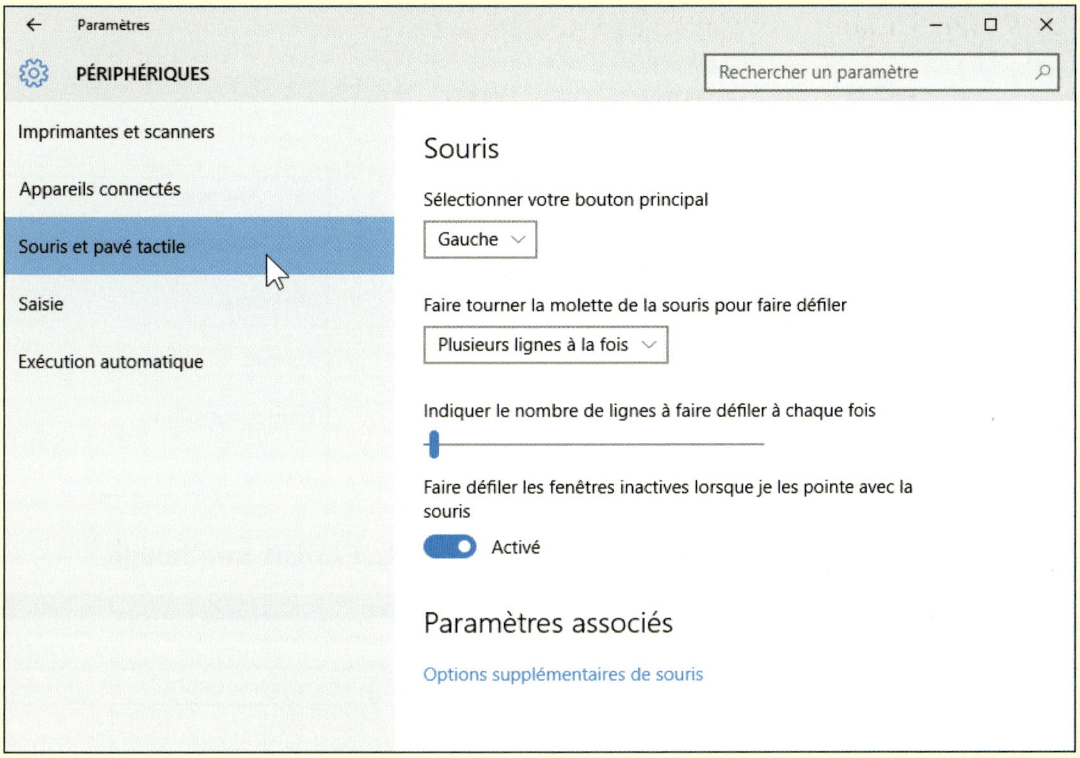

4 Pour revenir aux catégories principales, cliquez le bouton ⚙ en haut à gauche. Pour revenir à l'écran précédent, cliquez le bouton ←.

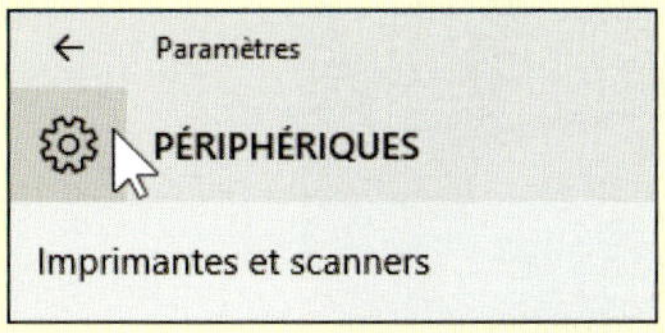

Pour simplifier les commandes que vous devez exécuter, nous utiliserons la notation suivante : cliquez **Démarrer** → **Paramètres** → ***Catégorie*** → ***Sous-catégorie***. Par exemple, pour modifier la souris, nous utiliserons les termes « cliquez le bouton **Démarrer** → **Paramètres** → **Périphériques** → **Souris et pavé tactile** ».

Personnaliser l'écran de verrouillage

Les écrans de l'interface Windows peuvent être modifiés avec des images et des palettes de couleurs.

Définir l'image de l'écran de verrouillage

1. Cliquez le bouton **Démarrer** ➜ **Paramètres** ➜ **Personnalisation** ➜ **Écran de verrouillage**.

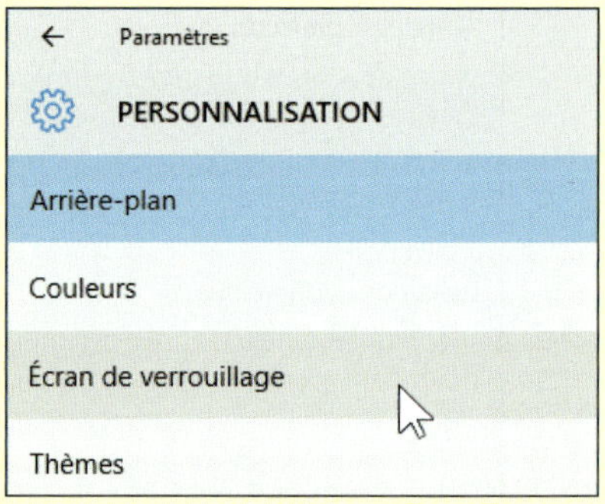

2. Cliquez l'image à utiliser parmi celles proposées dans la liste **Choisir une image**.

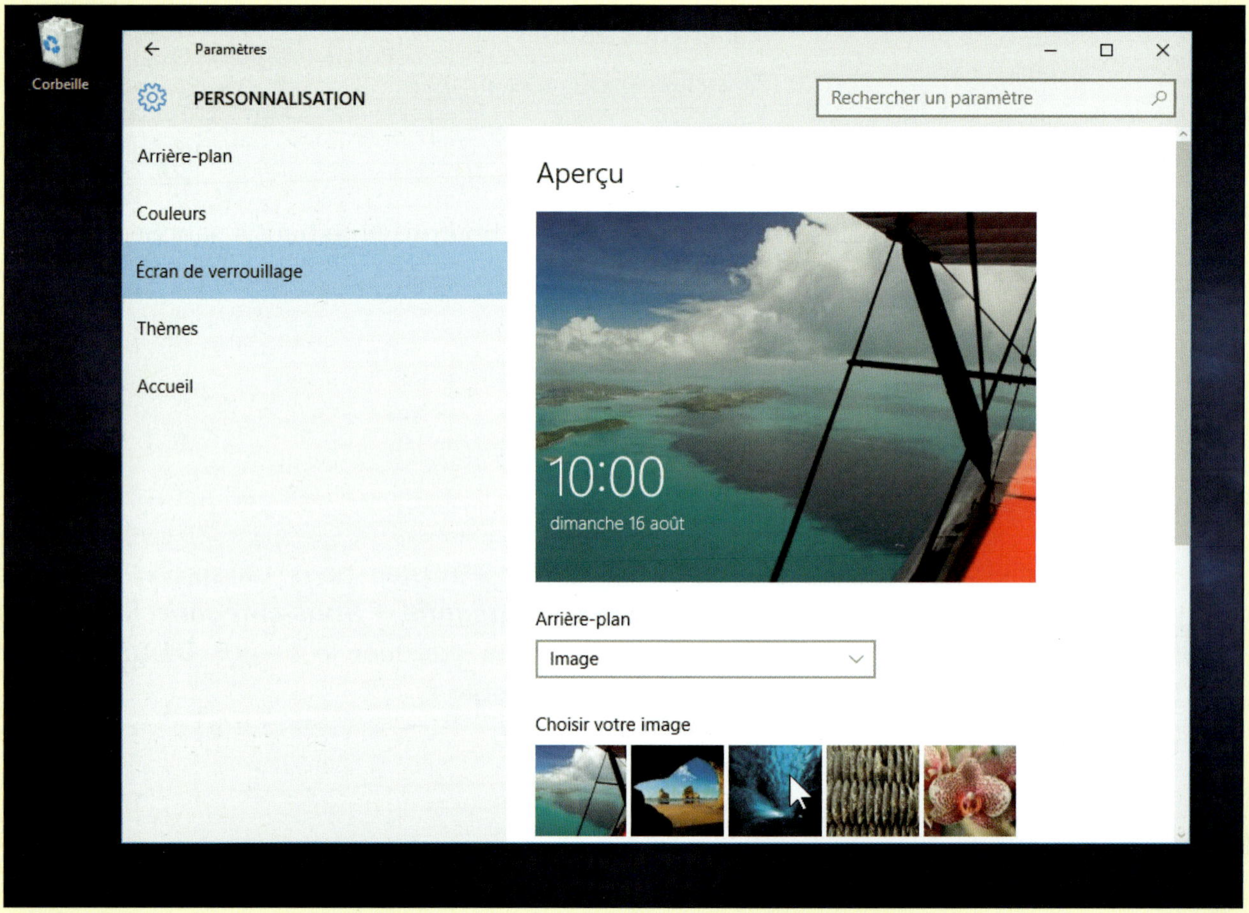

Ajouter une image personnelle à l'écran de verrouillage

1 Cliquez le bouton **Démarrer** ➜ **Paramètres** ➜ **Personnalisation** ➜ **Écran de verrouillage**.

2 Cliquez le bouton **Parcourir**.

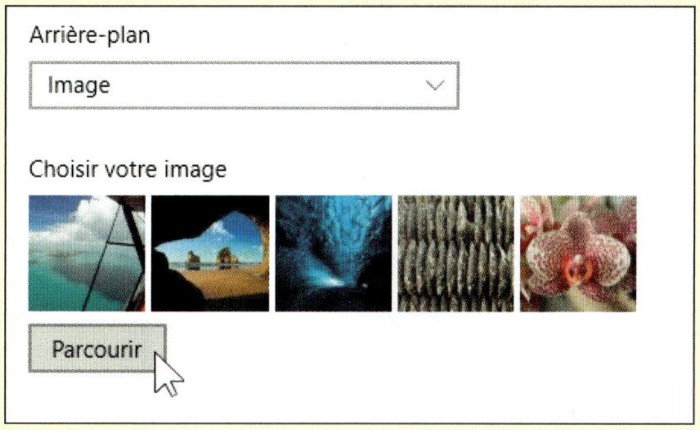

3 Recherchez le dossier qui contient les images. Cliquez l'image à utiliser dans l'écran de verrouillage.

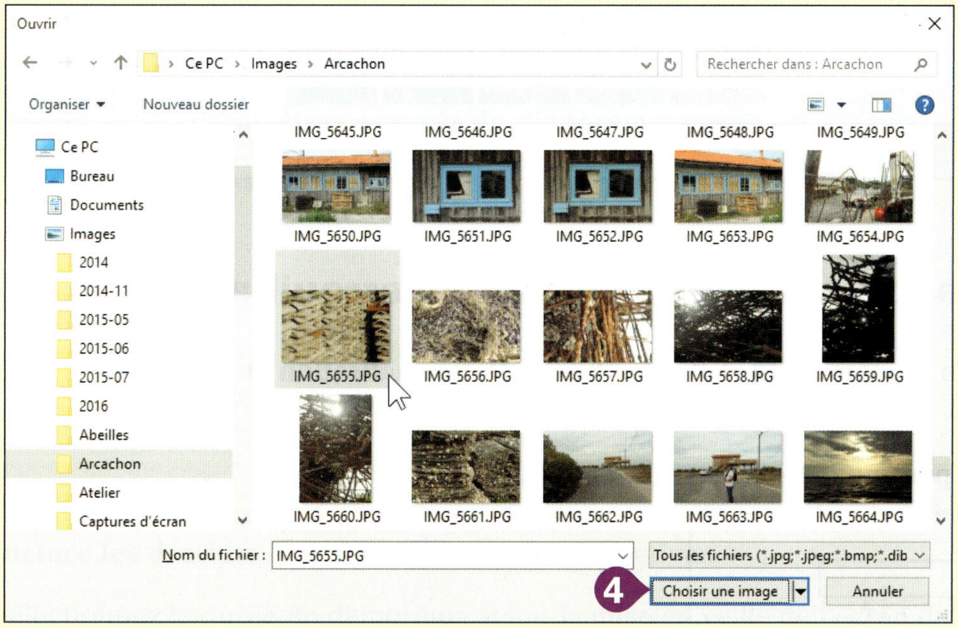

Windows accepte les images dans les principaux formats (bmp, gif, jpg, png, *etc.*).

4 Cliquez le bouton **Choisir une image**.

5 Cliquez le bouton **Choisir une image**.

6 Si vous avez une webcam, vous pouvez prendre une photo ou un film limité à 5 secondes. Cliquez le bouton **Caméra**.

7 Utilisez les boutons pour prendre une photo ou un film.

Placer une image sur le bureau

Pour modifier l'apparence de votre bureau, personnalisez-le en ajoutant une ou plusieurs images sous la forme d'un diaporama.

Choisir l'image du bureau

1 Cliquez le bouton **Démarrer** ➜ **Paramètres** ➜ **Personnalisation** ➜ **Arrière-plan**.

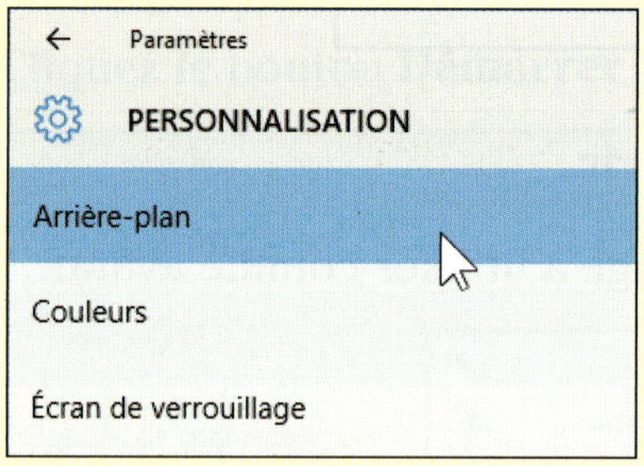

Vous pouvez aussi cliquer avec le bouton droit le fond du bureau dans une zone vide, puis sélectionner la commande **Personnaliser** dans le menu contextuel.

2 Sélectionnez **Image** dans la liste **Arrière-plan**.

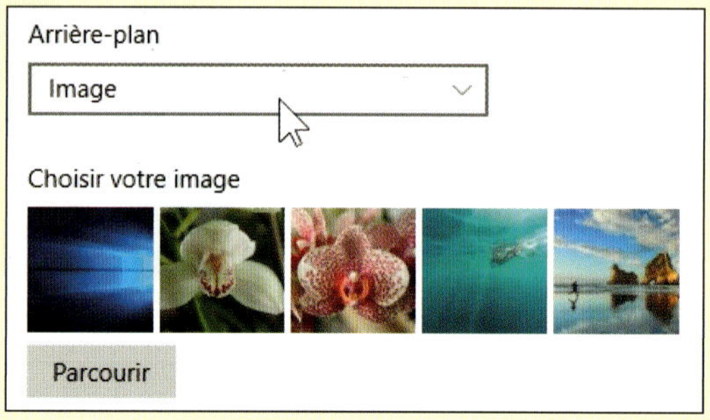

3 Cliquez une image dans la liste **Choisir votre image**.

4 L'image est immédiatement placée comme papier peint de votre bureau. La zone **Aperçu** affiche un exemple.

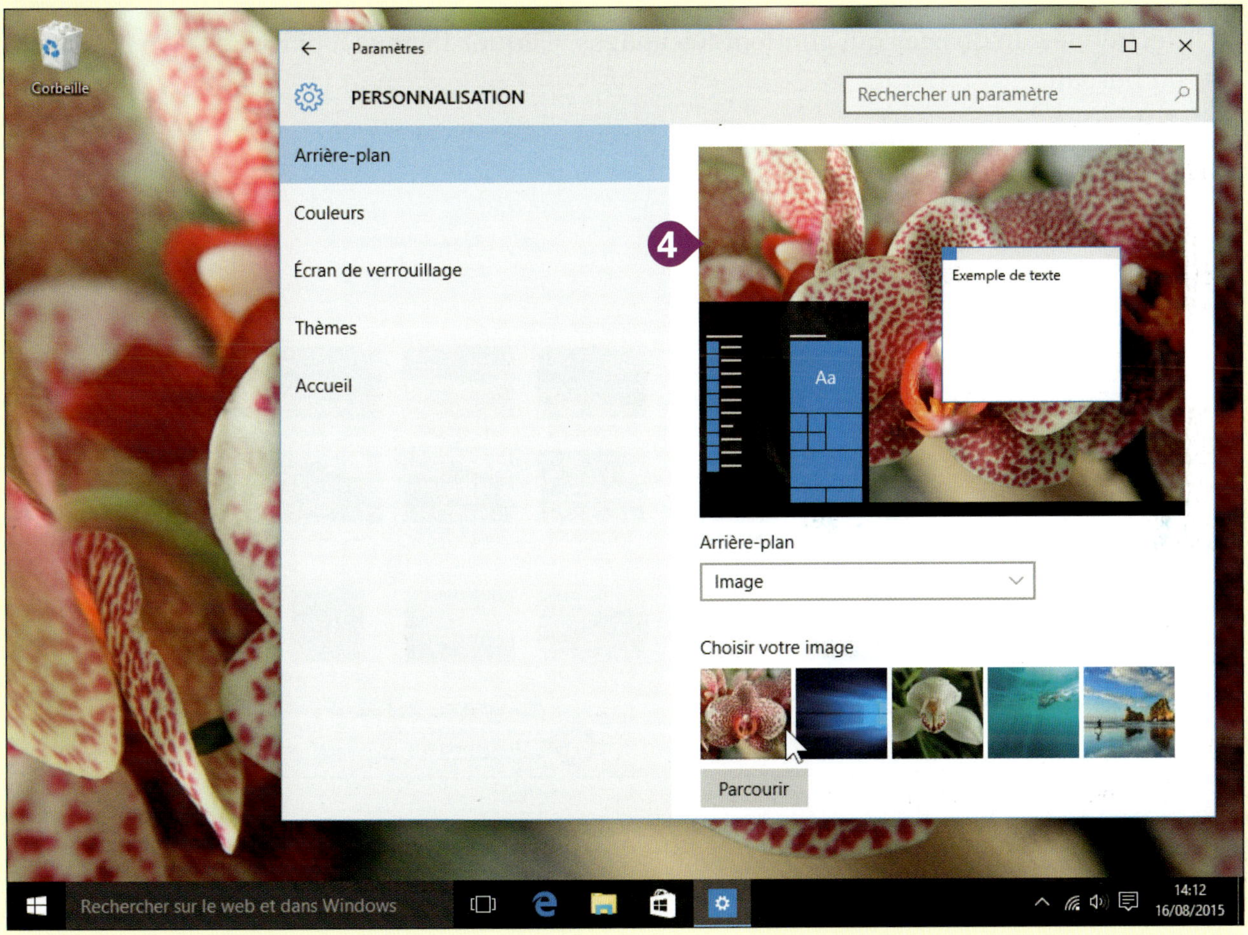

Rechercher une autre image pour le fond d'écran

1. Si vous ne trouvez pas votre bonheur dans la liste **Choisir votre image**, vous devez effectuer une recherche sur votre disque dur. Cliquez le bouton **Parcourir**.

2. Recherchez le dossier qui contient les images. Cliquez l'image à placer comme papier peint du bureau.

3. Cliquez le bouton **Choisir une image**.

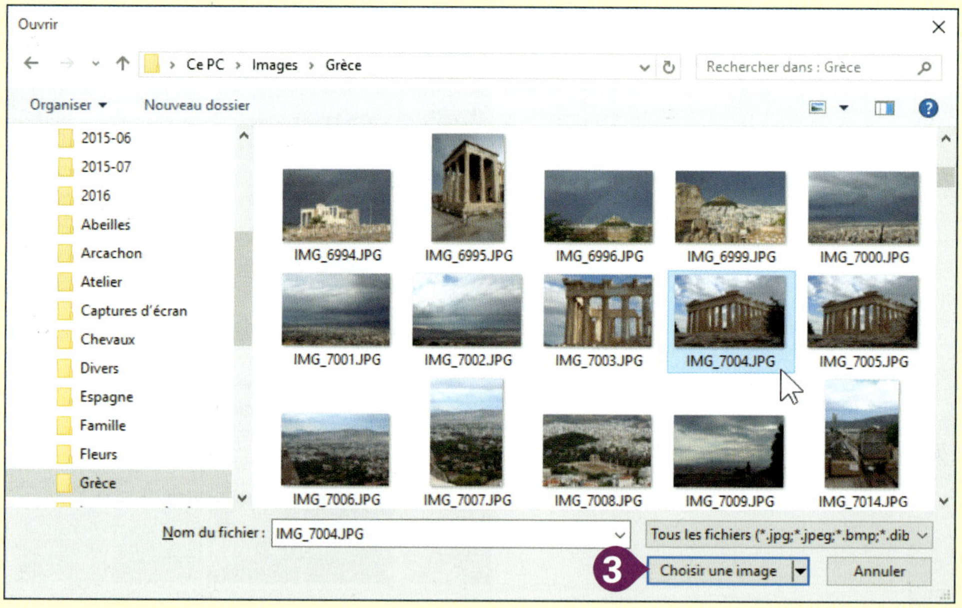

4. L'image est immédiatement placée comme papier peint de votre bureau.

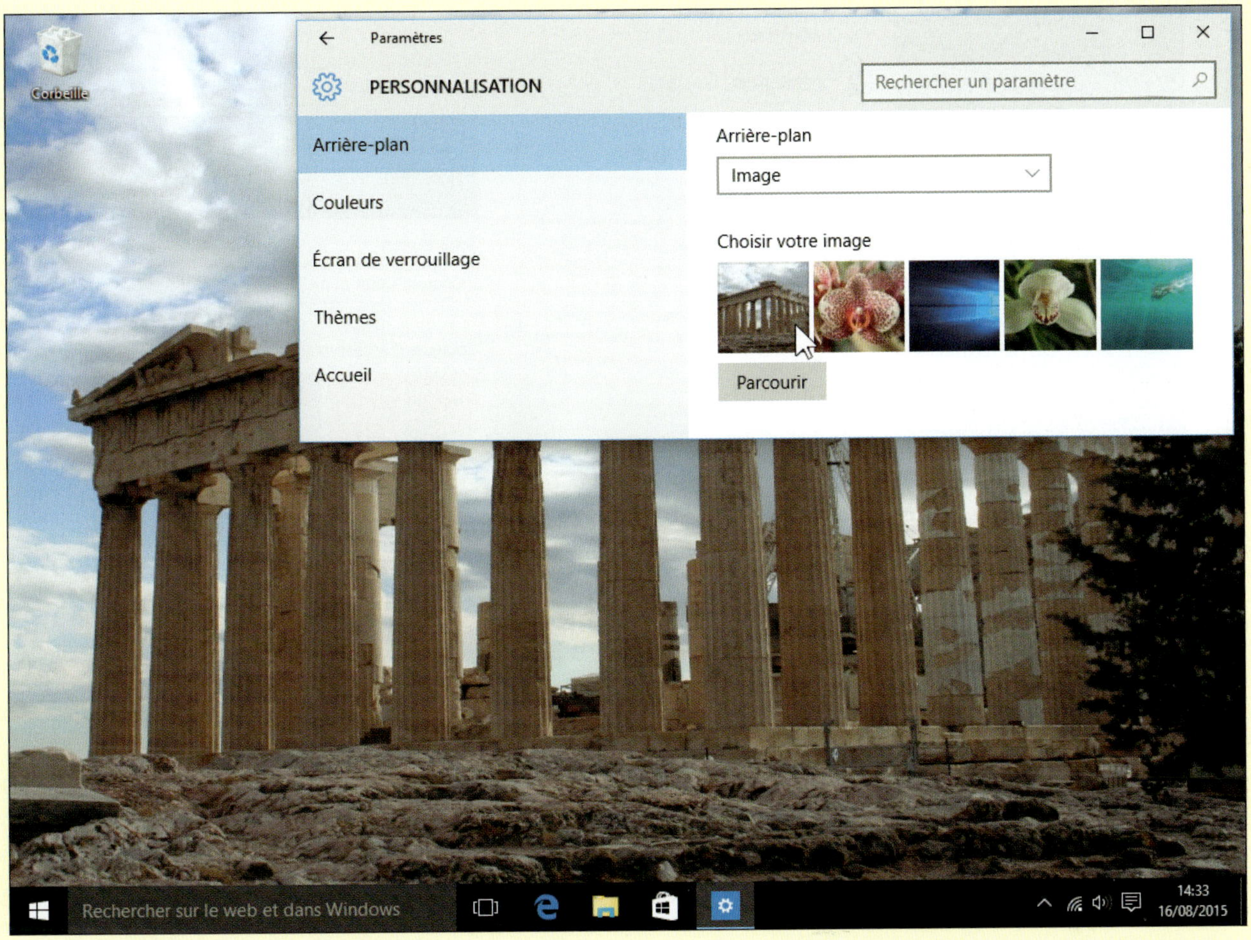

La liste **Choisir votre image** conserve les dernières photographies utilisées.

Appliquer une simple couleur comme fond d'écran

1. Sélectionnez **Couleur unie** dans la liste **Arrière-plan**.

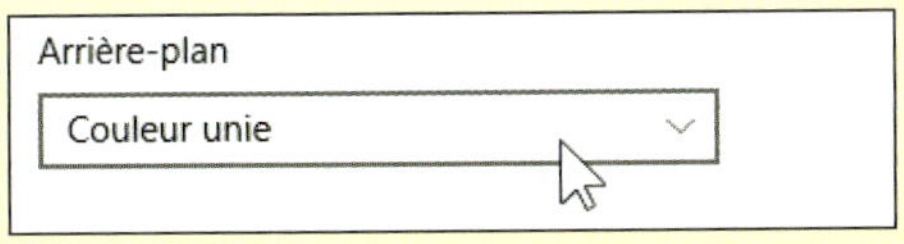

2. Cliquez dans la palette la couleur qui doit remplacer l'image de fond d'écran.

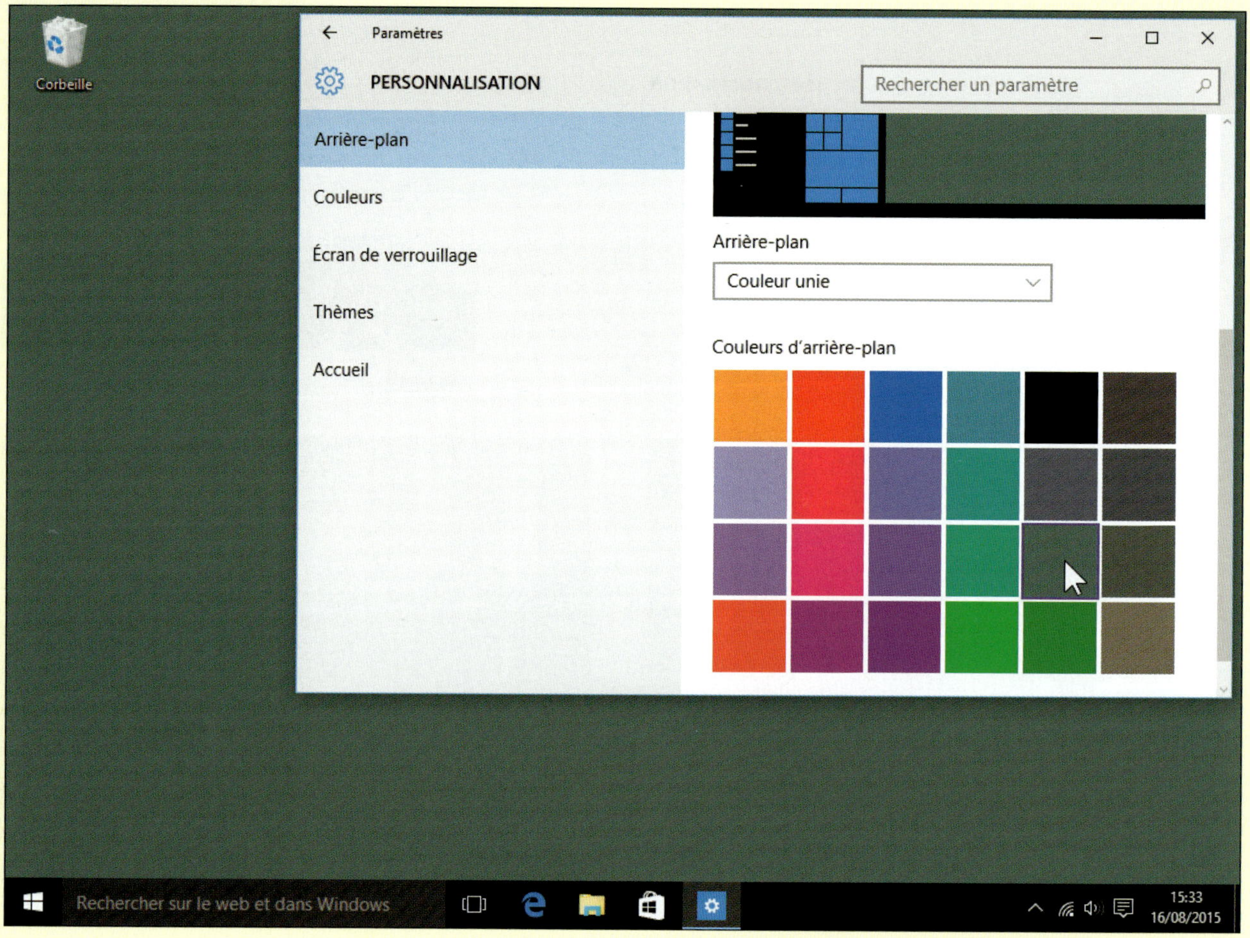

Choisir les images d'un diaporama

1. Vous pouvez aussi choisir plusieurs images qui défileront en arrière-plan sous la forme d'un diaporama. Sélectionnez **Diaporama** dans la liste **Arrière-plan**.

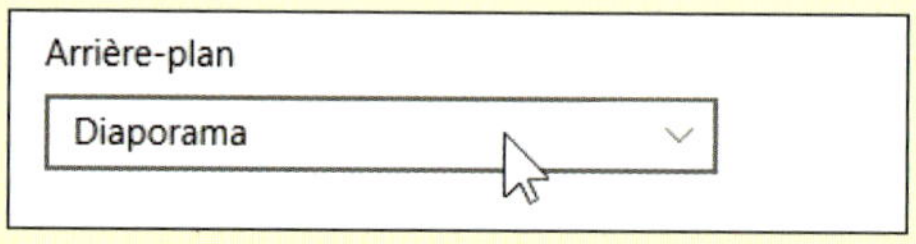

2. Pour choisir un autre dossier que le dossier Images par défaut, cliquez le bouton **Parcourir**.

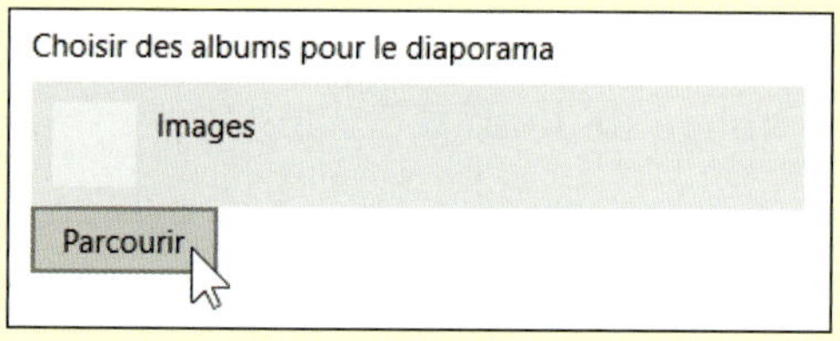

3 Recherchez le dossier contenant les images.

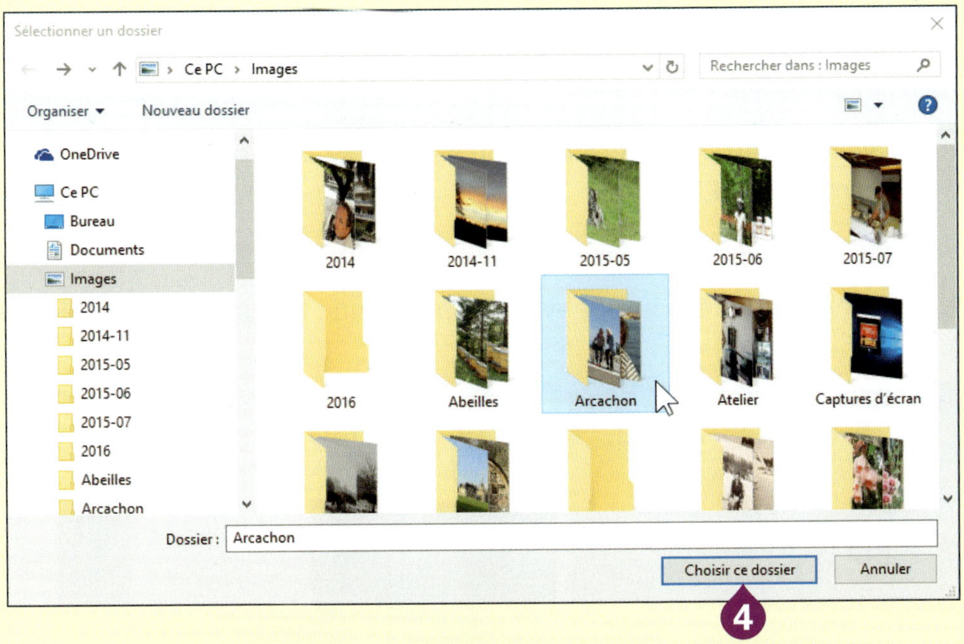

4 Cliquez le bouton **Choisir ce dossier**.

5 Sélectionnez dans la liste **Changer l'image toutes les** le laps de temps entre deux images.

Modifier l'aspect de l'image du bureau

1 Cliquez la liste **Choisir un ajustement** puis choisissez l'une des six options proposées.

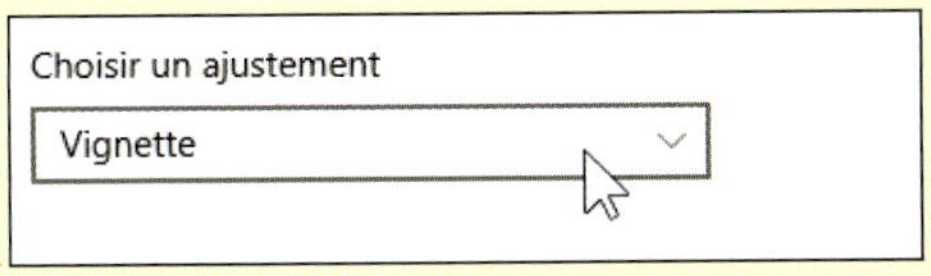

- **Remplir** : augmente la taille de l'image pour qu'elle couvre toute la surface de l'écran. L'image n'est pas déformée, mais elle peut être tronquée.
- **Ajuster** : augmente la taille de l'image pour qu'elle couvre au maximum l'écran. Comme elle n'est pas tronquée, des bandes peuvent apparaître autour de l'image (en haut et en bas, ou à gauche et à droite).

- **Étirer** : étire l'image pour qu'elle couvre tout le bureau. Si la largeur et la hauteur de l'image ne sont pas adaptées à celles de l'écran, l'image est déformée.
- **Vignette** : répète l'image pour couvrir le fond du bureau. Si la largeur et la hauteur de l'image sont supérieures à celles de l'écran, vous ne verrez qu'une partie de l'image.
- **Centrer** : place l'image au centre de l'écran. Si elle est plus grande que la taille de l'écran, vous ne verrez que le milieu de l'image.
- **Étendre** : l'image couvre toute la surface de l'écran mais elle n'est pas déformée.

2 Dans cet exemple, l'image est répétée car elle est plus petite que la résolution de l'écran (option **Vignette**).

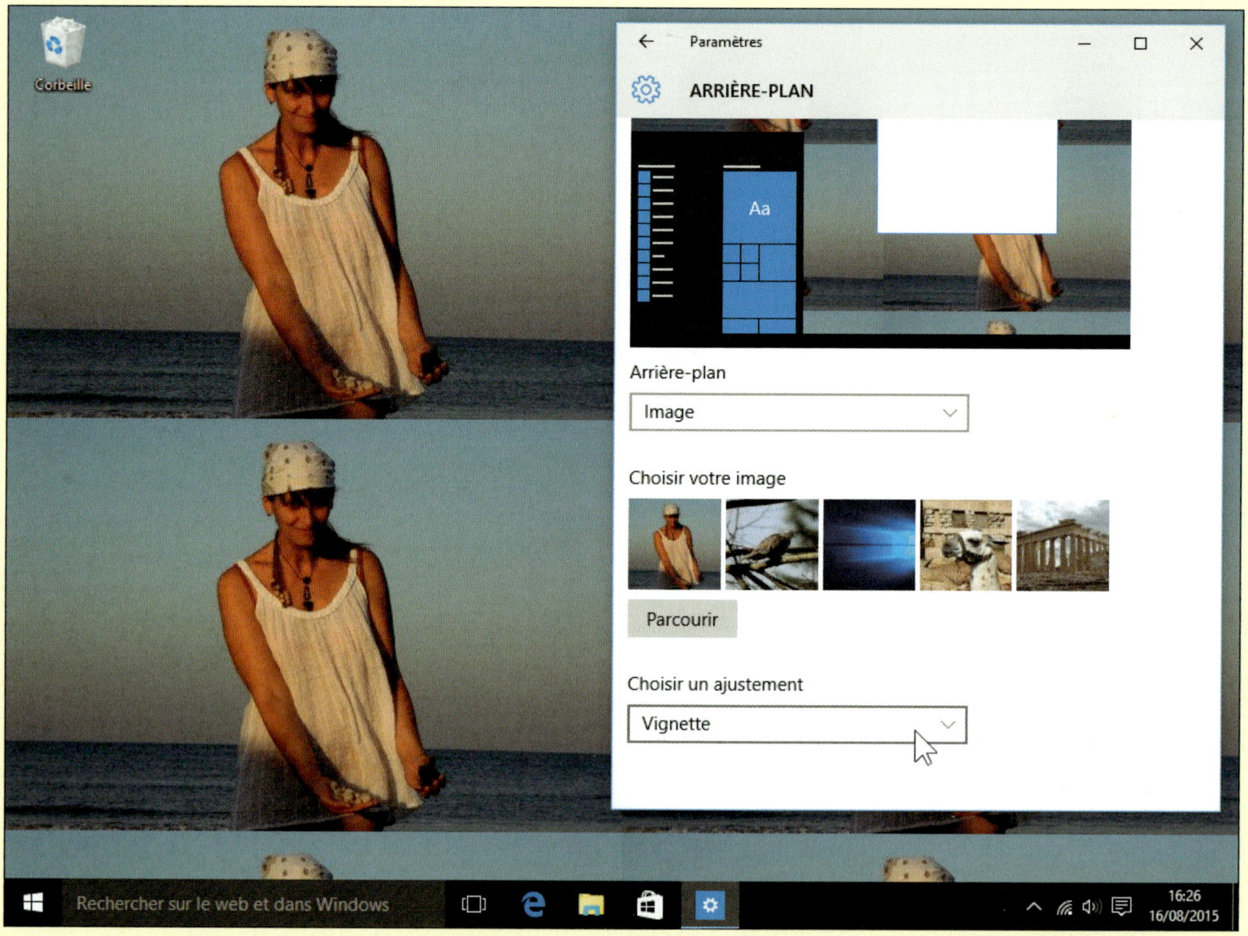

3 Un fond de couleur apparaît si l'image ne couvre pas tout l'écran. Sélectionnez dans ce cas **Couleur unie** dans la liste **Arrière-plan** et choisissez une couleur.

4 Sélectionnez ensuite l'image comme vu précédemment.

5 La couleur apparaît au-dessous de l'image (option **Centrer** dans cet exemple).

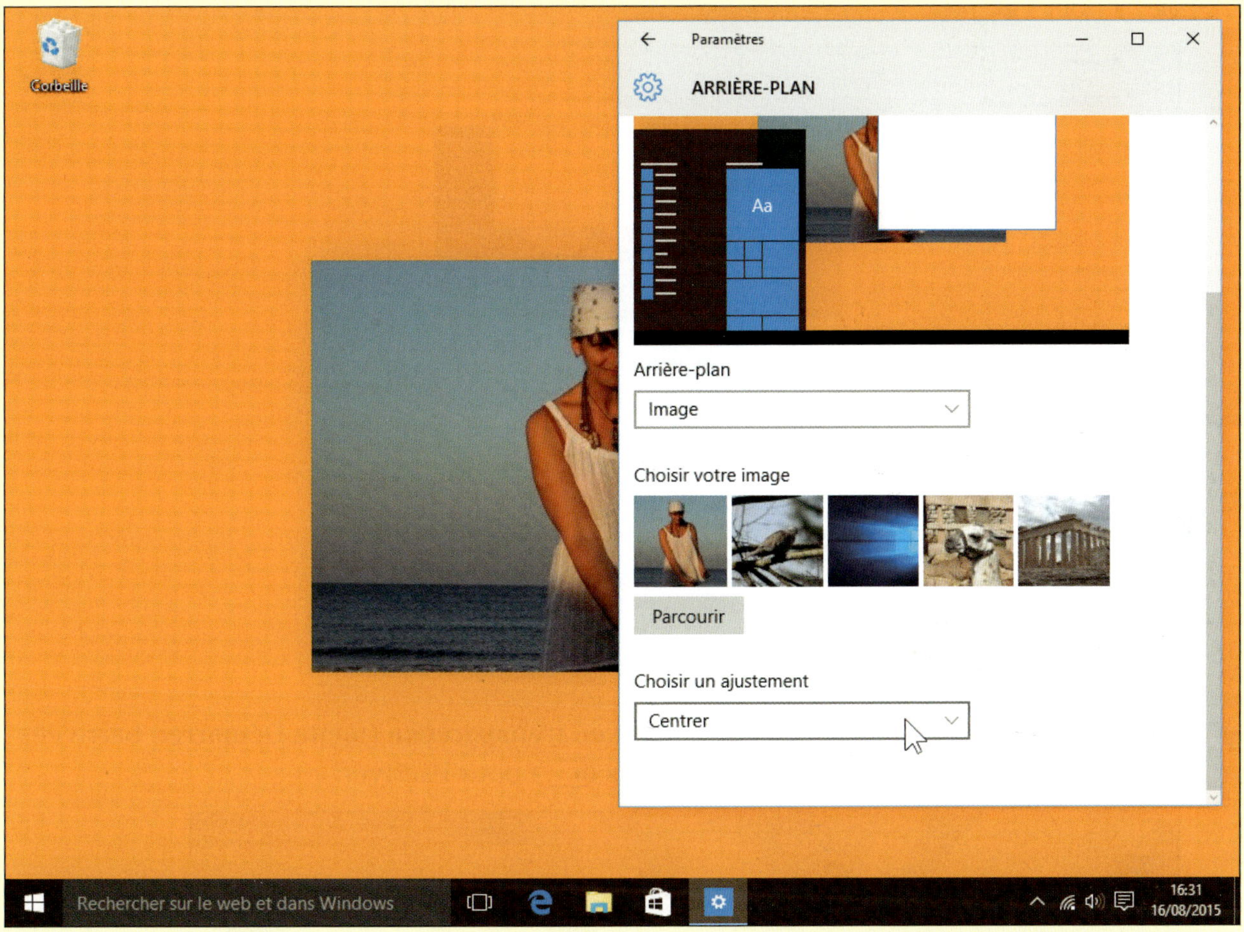

Modifier les couleurs des éléments de Windows

1 Cliquez le bouton **Démarrer** → **Paramètres** → **Personnalisation** → **Couleur**.

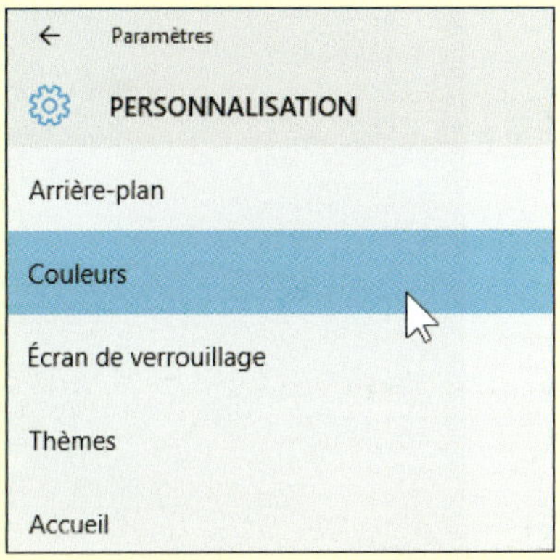

2 Pour que Windows détermine la couleur en fonction de l'image du bureau, cliquez l'option **Choisir automatiquement une couleur** pour l'activer.

3 Pour appliquer la couleur aussi au menu Démarrer, cliquez l'option **Afficher la couleur** ⊙ pour l'activer.

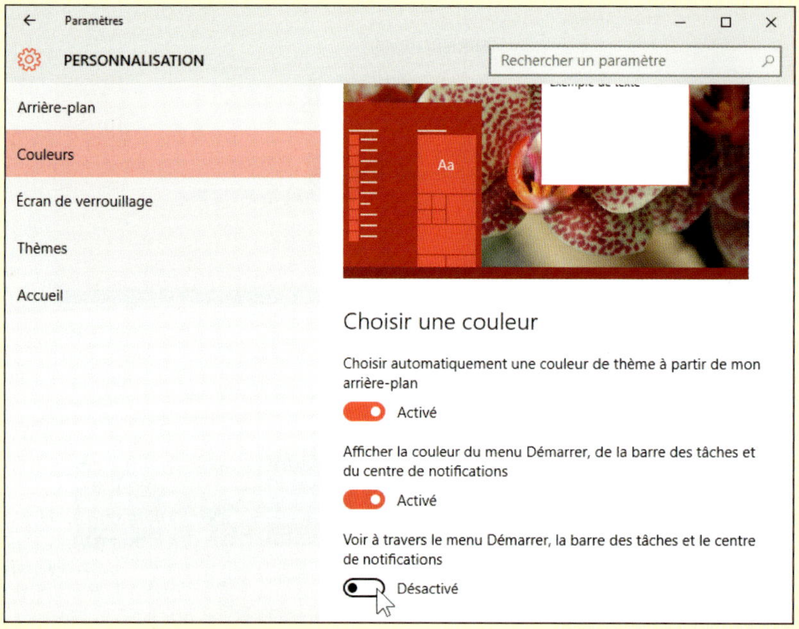

4 Pour que l'image d'arrière-plan apparaisse en transparence (menu Démarrer, barre des tâches, *etc.*), cliquez l'option **Voir à travers** ⊙ pour l'activer.

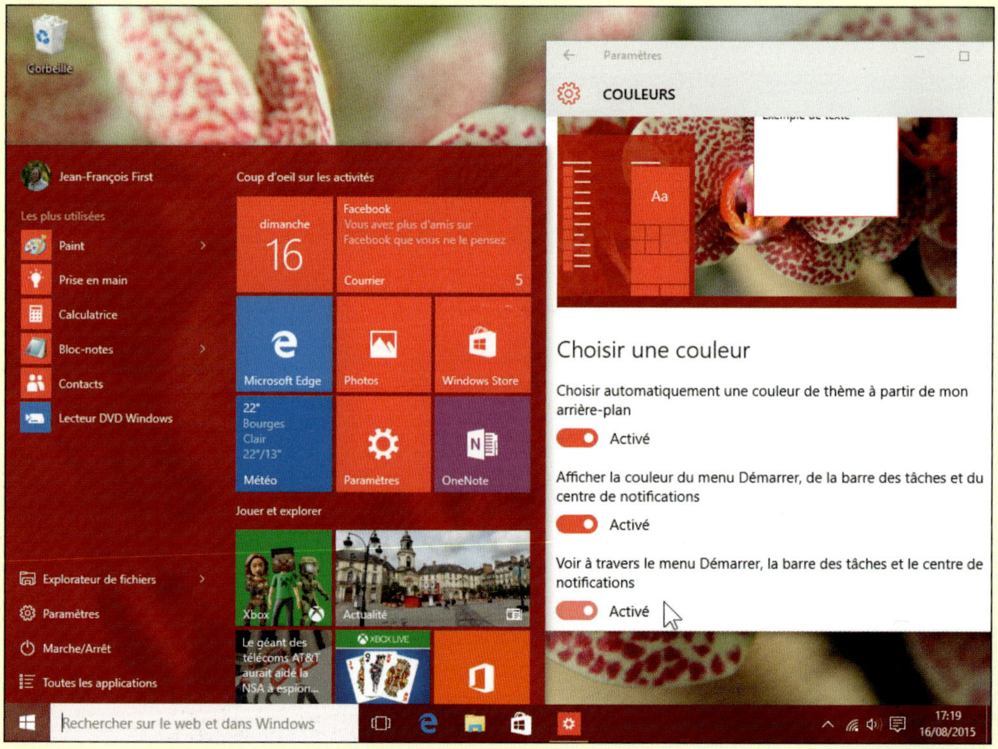

5 Pour choisir vos propres couleurs, cliquez l'option **Choisir automatiquement une couleur** pour la désactiver, puis cliquez une couleur dans la palette.

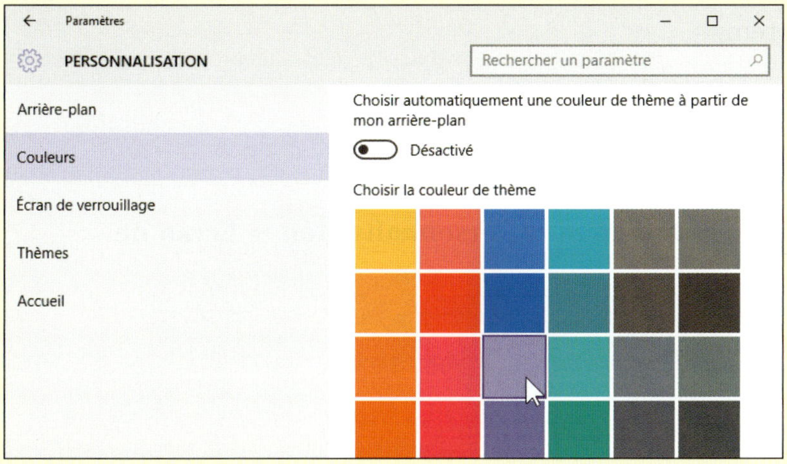

Si vous avez activé les options **Afficher la couleur** ou **Voir à travers** aux étapes **3** et **4**, elles restent en fonction même si vous choisissez votre propre couleur.

6 Dans cet exemple, la couleur est appliquée aussi au menu Démarrer et à la barre des tâches.

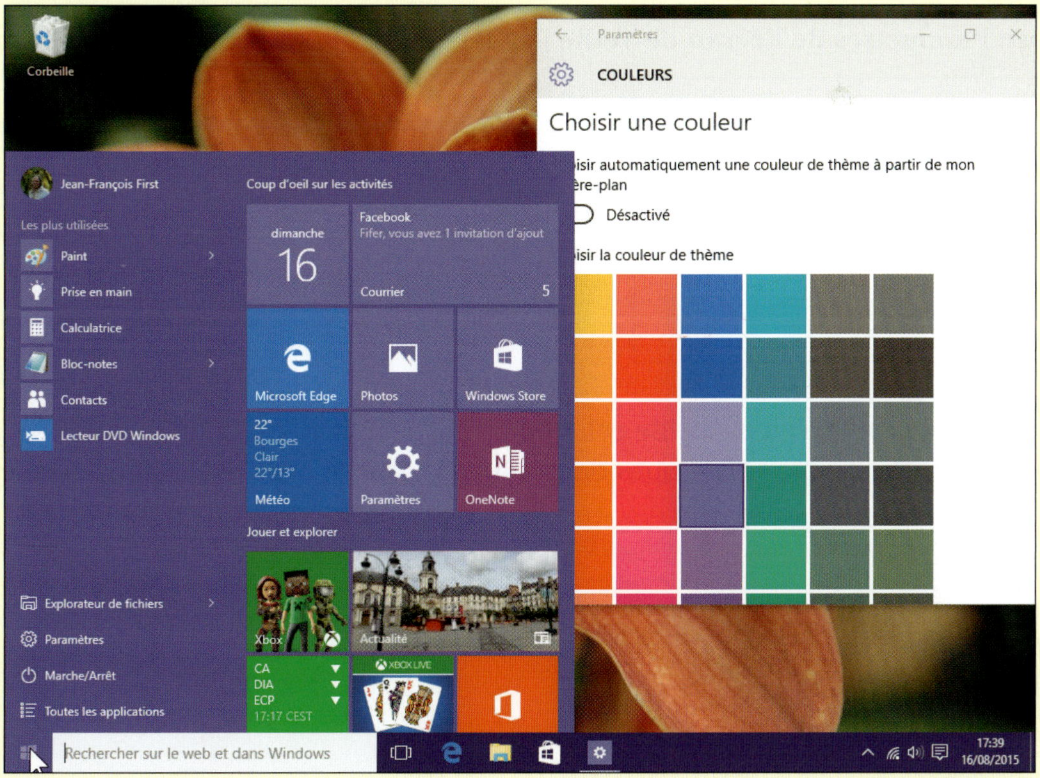

Changer l'écran de veille

L'écran de veille, appelé aussi économiseur d'écran, se déclenche dès que vous n'utilisez pas le clavier ou la souris pendant un certain temps.

Choisir l'écran de veille

1. Cliquez le bouton **Démarrer** ➜ **Paramètres** ➜ **Personnalisation** ➜ **Écran de verrouillage**.

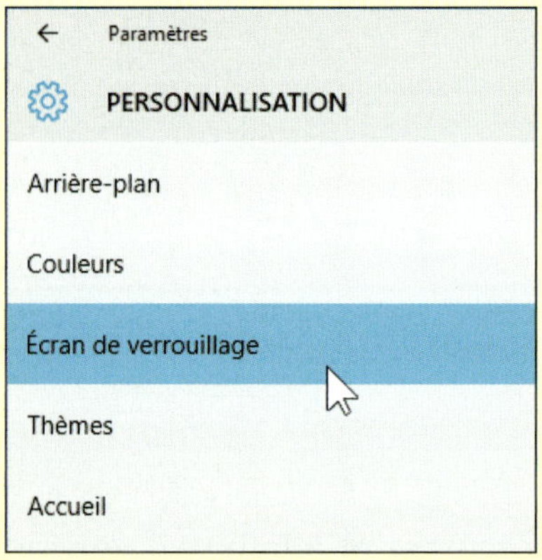

2. Cliquez le lien **Paramètres de l'écran de veille** (tout en bas de la partie droite).

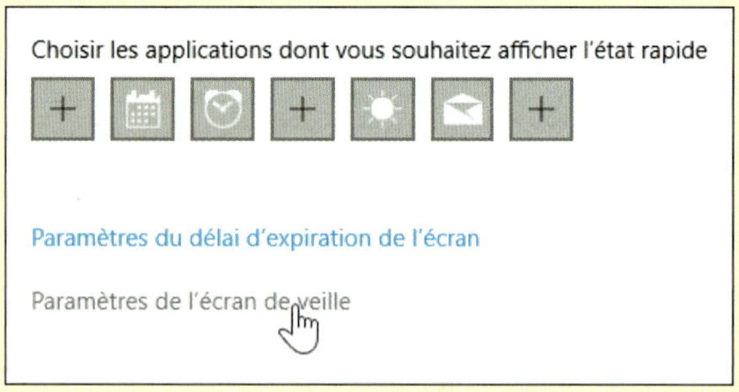

3. Sélectionnez dans la liste **Écran de veille** celui que vous désirez adopter. L'économiseur **Photos** utilise toutes les images contenues dans votre dossier **Images** et ses sous-dossiers.

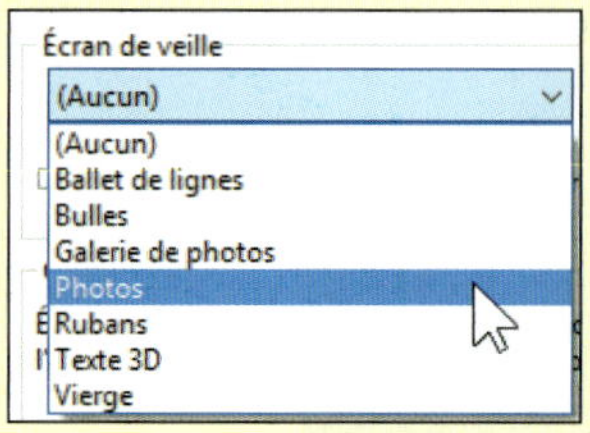

4 La boîte de dialogue affiche instantanément un exemple. Tapez dans la zone **Délai** le nombre de minutes d'inaction de la souris ou du clavier après lesquelles l'écran de veille se déclenche.

Modifier les paramètres de l'écran de veille

1 Dans la boîte Paramètres de l'écran de veille, cliquez le bouton **Paramètres**.

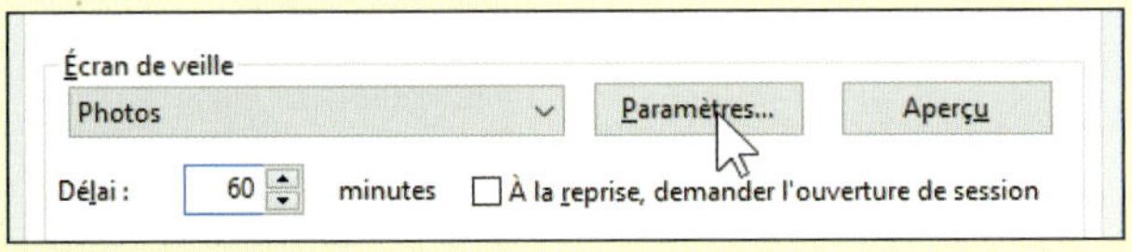

2 Les paramètres proposés sont fonction de l'écran de veille. Modifiez les paramètres selon vos souhaits.

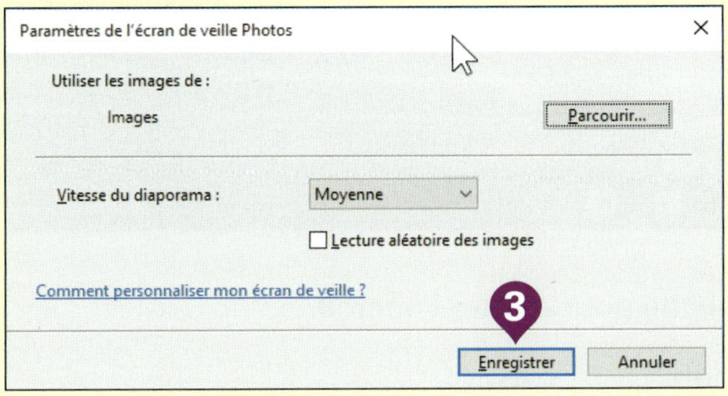

3 Cliquez le bouton **OK** ou **Enregistrer**.

Tester l'écran de veille

1 Pour vérifier immédiatement les paramètres, testez l'écran de veille sans attendre le délai choisi. Cliquez le bouton **Aperçu**.

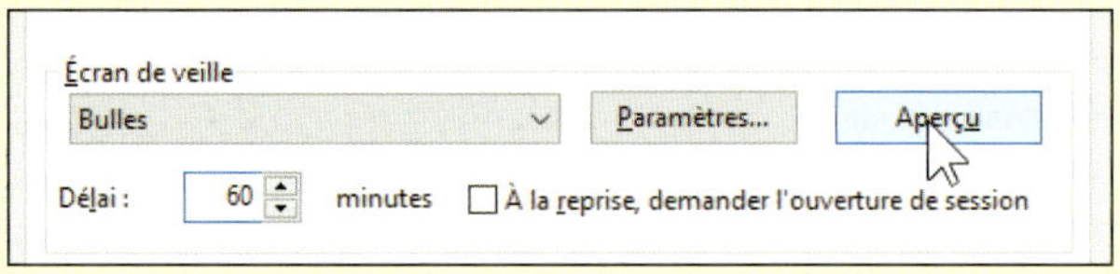

2 L'écran de veille s'affiche en tenant compte des paramètres sélectionnés.

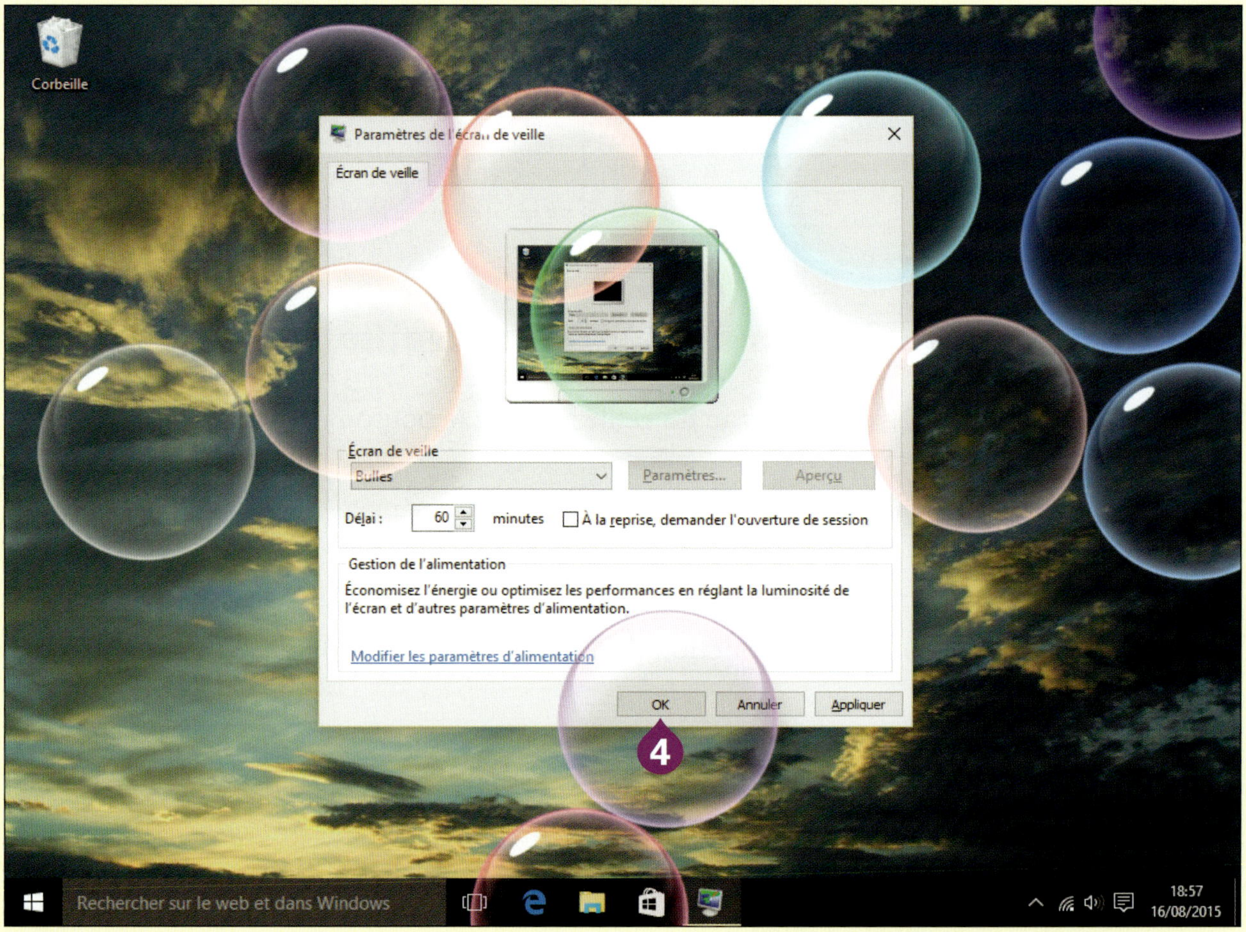

3 Déplacez la souris ou appuyez sur une touche pour quitter l'aperçu.

4 Cliquez le bouton **OK** pour valider vos choix.

Vous pouvez trouver d'autres écrans de veille sur Internet. Effectuez une recherche avec le mot-clé « screensaver » dans un moteur de recherche.

Gérer l'alimentation de l'ordinateur

Les ordinateurs modernes possèdent des fonctions d'économie d'énergie. Cela permet d'éteindre totalement le moniteur ou le disque dur quand vous n'utilisez plus votre PC, et donc de consommer moins d'électricité.

1. Cliquez le bouton **Démarrer** ➜ **Paramètres** ➜ **Système** ➜ **Alimentation et mise en veille**.

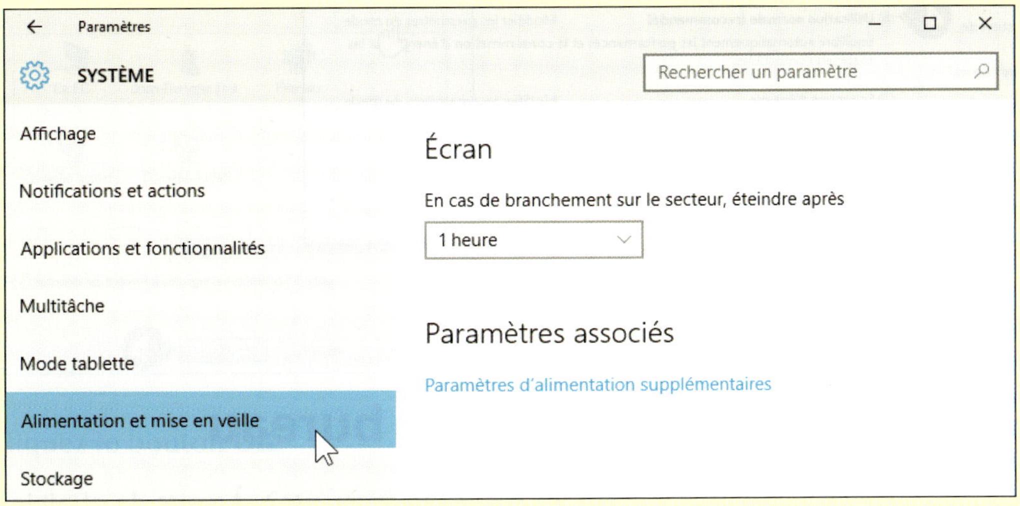

2. Sélectionnez dans la liste **En cas de branchement sur secteur** le nombre de minutes ou d'heures avant l'extinction de l'écran.

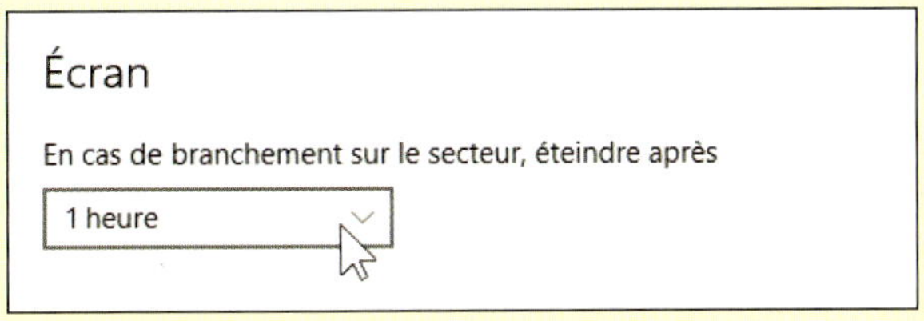

3. Cliquez le lien **Paramètres d'alimentation supplémentaires**.

Réorganiser les vignettes de l'écran de démarrage

Windows organise lui-même la position des vignettes dans l'écran de démarrage lors d'ajouts ou de suppressions. Rien ne vous empêche de modifier cet agencement.

Déplacer les vignettes

1 Cliquez et faites glisser la vignette à déplacer vers son nouvel emplacement.

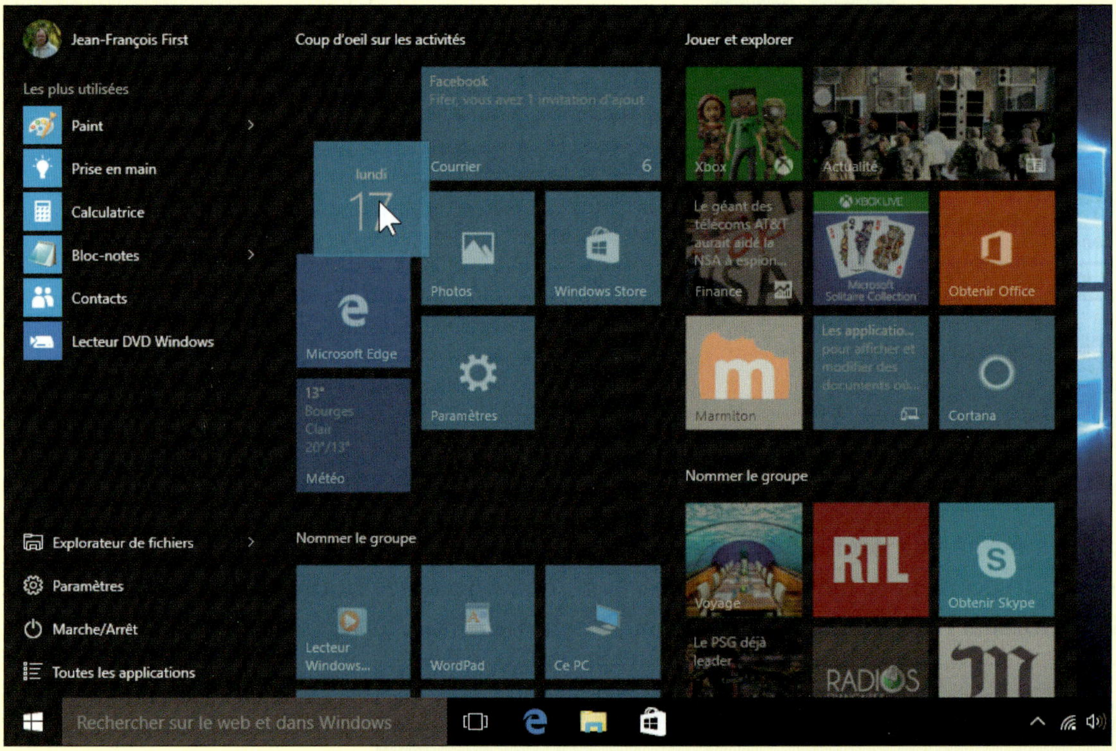

2 Dès que vous relâchez le bouton de la souris, Windows réorganise le groupe de vignettes en fonction de l'emplacement que vous avez choisi.

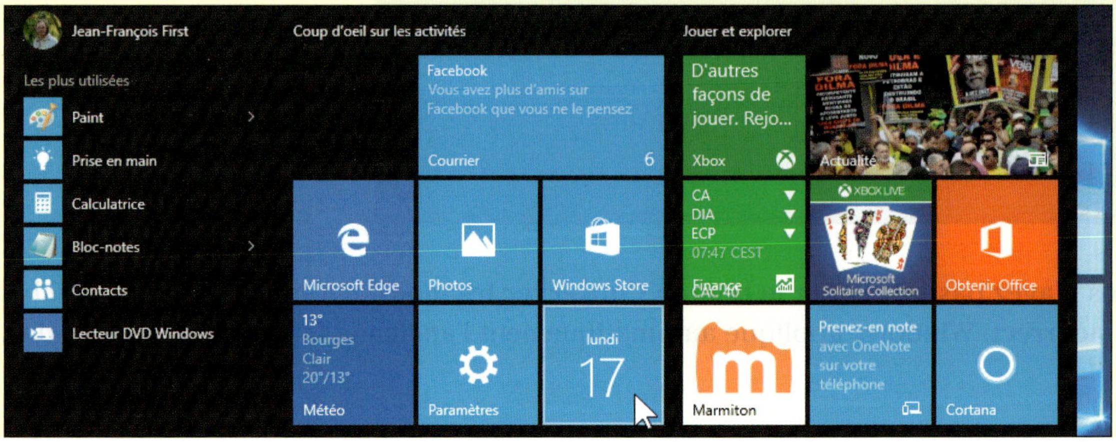

Créer un nouveau groupe de vignettes

Vous pouvez créer un nouveau groupe pour mieux classer vos vignettes.

1 Cliquez et faites glisser une vignette entre deux groupes existants ou après le dernier groupe. Windows affiche une barre horizontale pour indiquer l'emplacement du nouveau groupe.

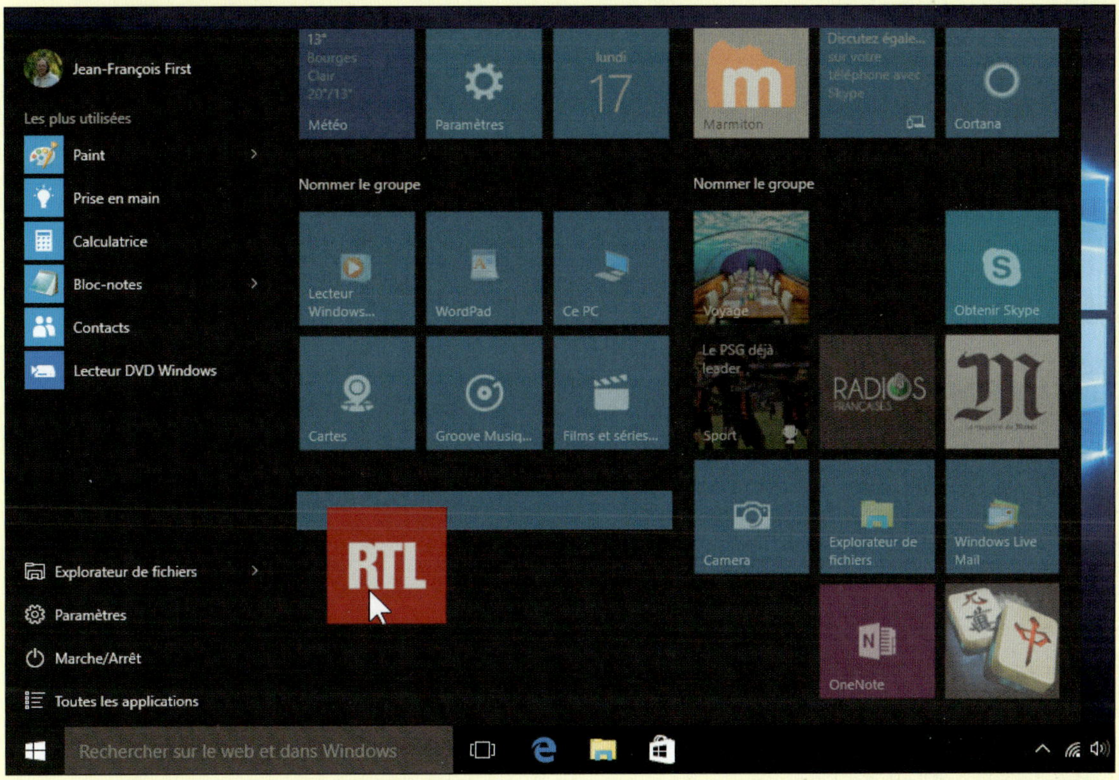

2 Dès que vous relâchez le bouton de la souris, Windows crée un nouveau groupe qui contient la vignette déplacée.

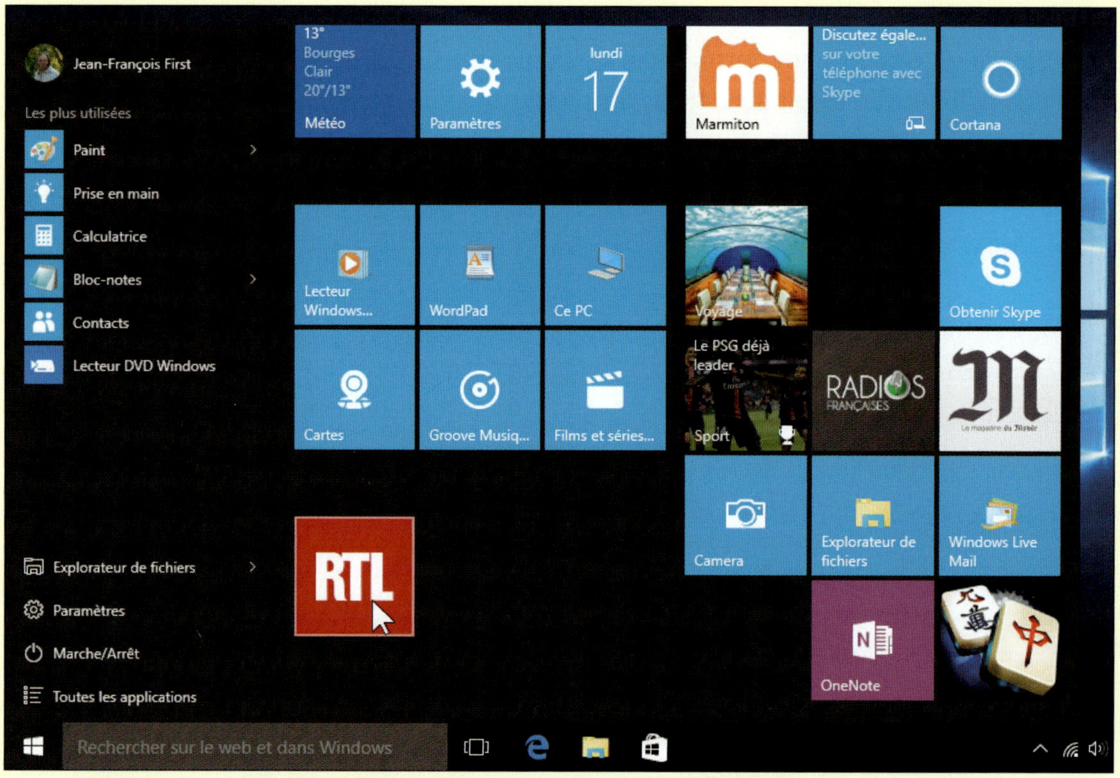

Nommer un groupe de vignettes

Chaque groupe de vignettes de l'écran de démarrage peut être nommé.

1 Pointez au-dessus d'un groupe. Le texte « Nommer un groupe » s'affiche.

2 Cliquez le texte **Nommer un groupe**.

3 Tapez un nom pour le groupe de vignettes.

4 Validez la saisie avec la touche **Entrée**.

5 Pour renommer un groupe, cliquez simplement son nom puis tapez un nouveau texte.

Changer la taille des vignettes

1 Les vignettes peuvent prendre quatre tailles différentes. Vous pouvez les réduire pour gagner de la place, ou les agrandir pour afficher plus d'informations (météo, actualités, *etc.*). Cliquez avec le bouton droit la vignette à modifier.

2 Cliquez **Redimensionner** dans le menu contextuel.

3 Cliquez la taille de la vignette dans la liste qui s'affiche.

4 La vignette s'affiche dans sa nouvelle taille.

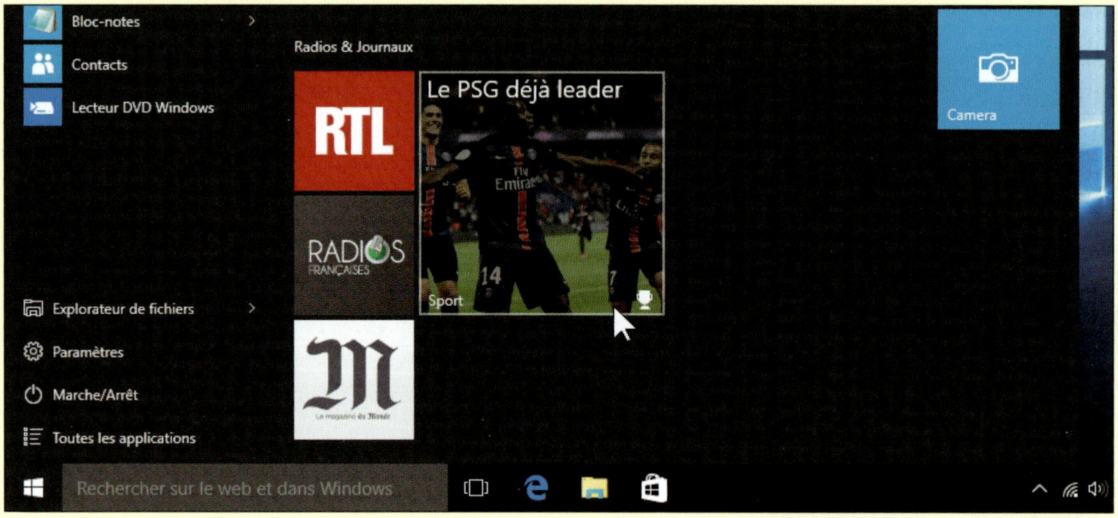

Réorganisez les icônes du bureau

Déplacez les icônes ou demandez une réorganisation automatique pour mieux adapter le bureau à votre manière de travailler.

Réorganiser les icônes automatiquement

1 Cliquez avec le bouton droit le fond du bureau dans une zone vide.

2 Cliquez la commande **Affichage → Réorganiser automatiquement les icônes** dans le menu contextuel.

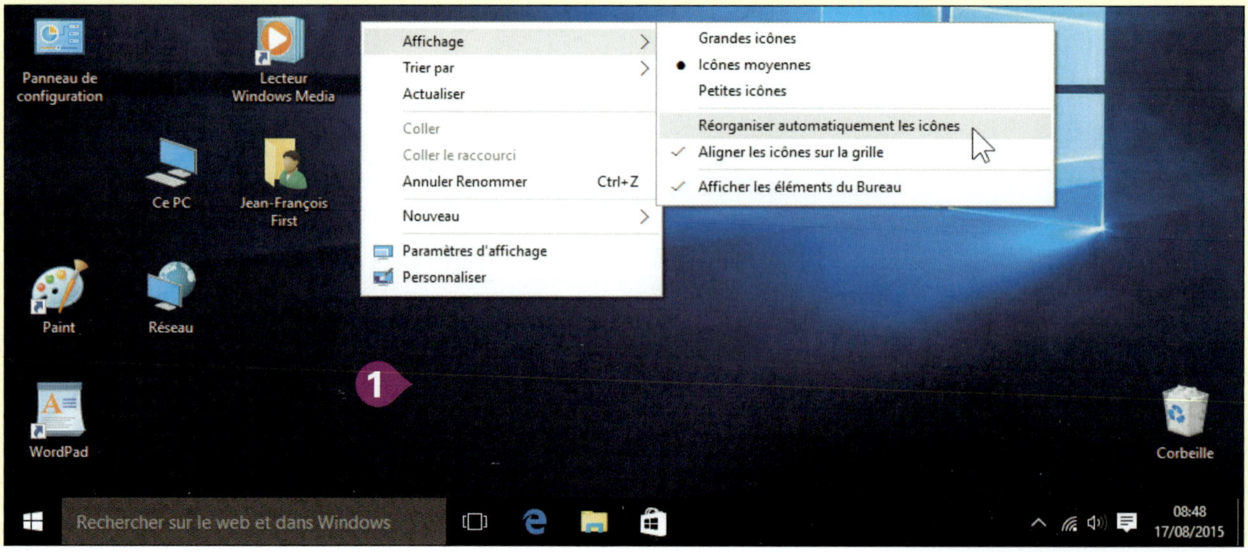

3 Toutes les icônes sont placées à gauche de l'écran, les unes en dessous des autres.

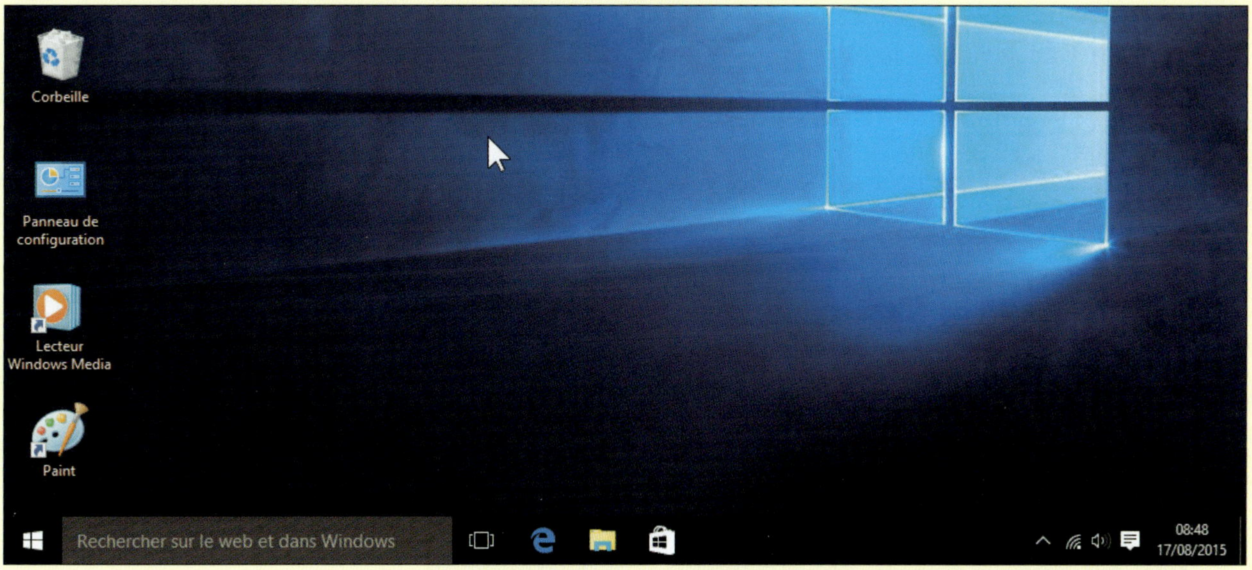

Choisir l'ordre de réorganisation automatique

1 Cliquez avec le bouton droit le fond du bureau.

2 Cliquez la commande **Trier par**.

3 Cliquez l'ordre de classement (**Nom**, **Taille**, **Type d'élément** ou date de modification).

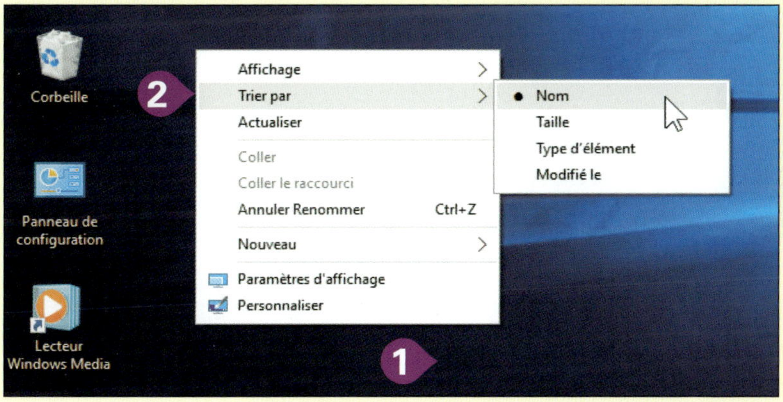

Déplacer les icônes

1 Avant de déplacer des icônes, il faut s'assurer que la réorganisation automatique n'est pas activée. Cliquez avec le bouton droit le fond du bureau dans une zone vide.

2 Cliquez la commande **Affichage** dans le menu contextuel.

3 Éventuellement, cliquez la commande **Réorganiser automatiquement les icônes** pour ôter la coche.

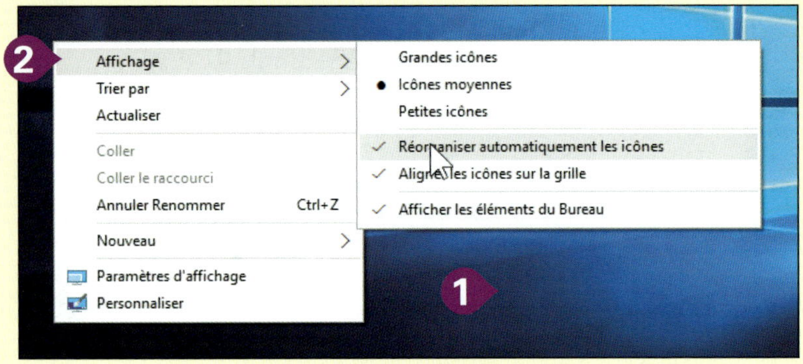

4 Cliquez et faites glisser l'icône à déplacer.

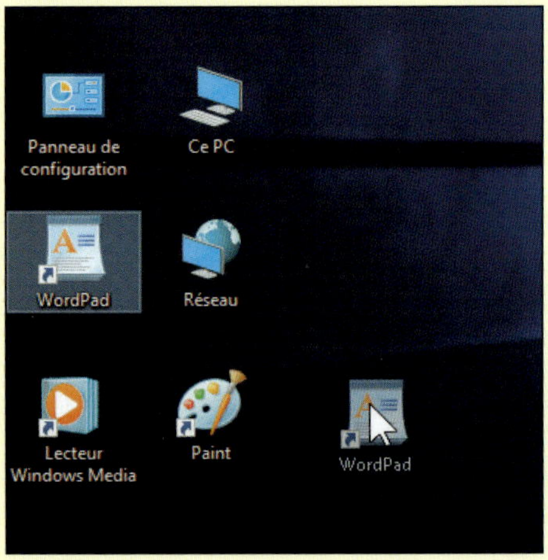

Pour déplacer plusieurs icônes, sélectionnez-les au préalable. Utilisez la touche **Ctrl** comme pour sélectionner plusieurs fichiers dans l'Explorateur.

Aligner les icônes après un déplacement

1. Les icônes ne sont pas toujours alignées les unes par rapport aux autres après un déplacement. Cliquez avec le bouton droit le fond du bureau dans une zone vide.
2. Cliquez la commande **Affichage → Aligner les icônes sur la grille** dans le menu contextuel pour cocher l'option.

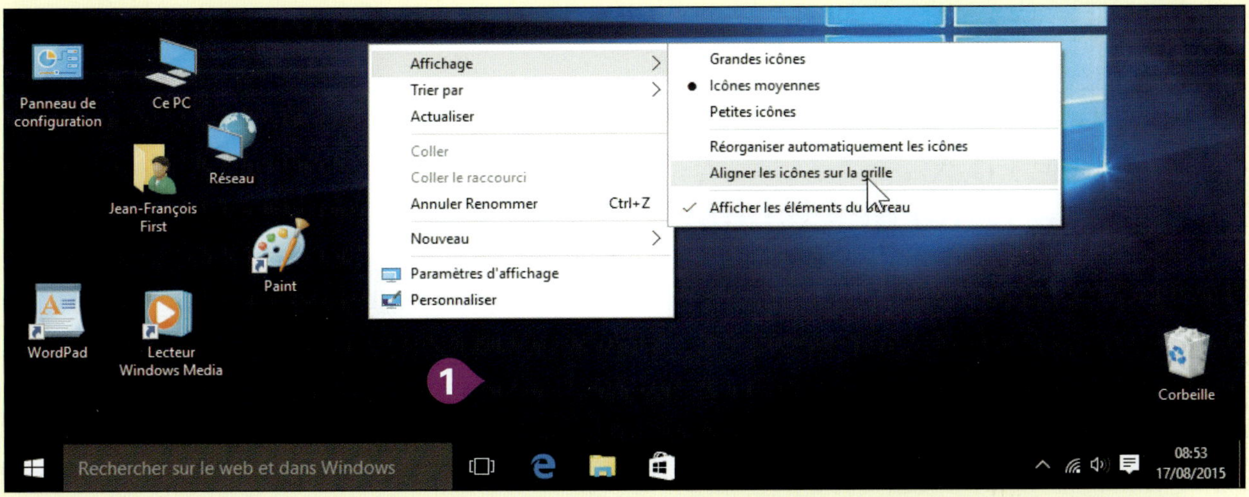

Renommer une icône

1. Cliquez l'icône pour la sélectionner.
2. Cliquez le nom en dessous de l'icône pour passer en mode édition.

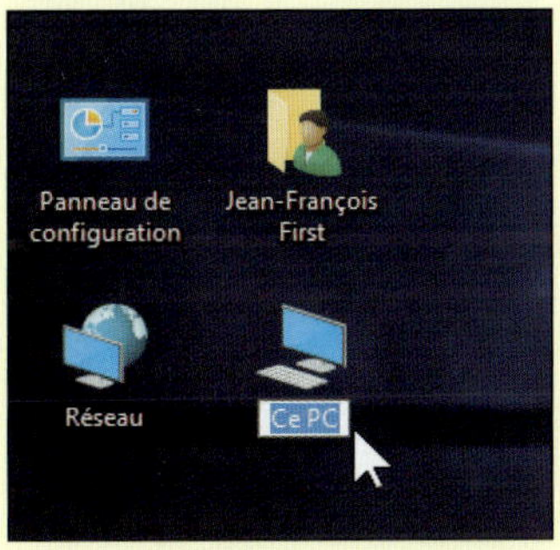

3 Tapez le nouveau nom de l'icône et validez avec la touche **Entrée**.

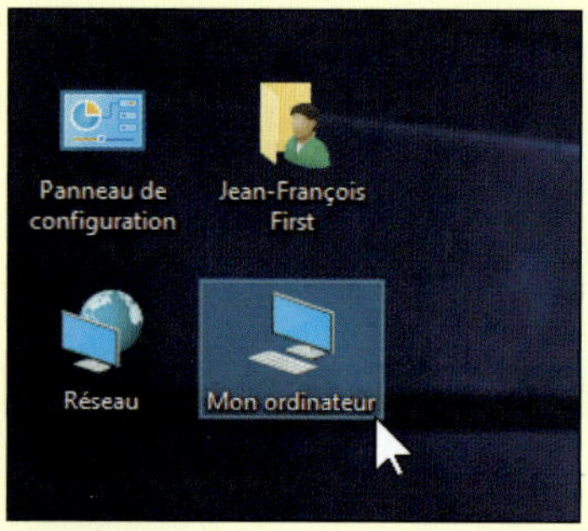

Modifier la taille des icônes

1 Cliquez avec le bouton droit le fond du bureau dans une zone vide.

2 Cliquez la commande **Affichage**.

3 Cliquez la taille souhaitée (**Grandes icônes**, **Icônes moyennes** ou **Petites icônes**).

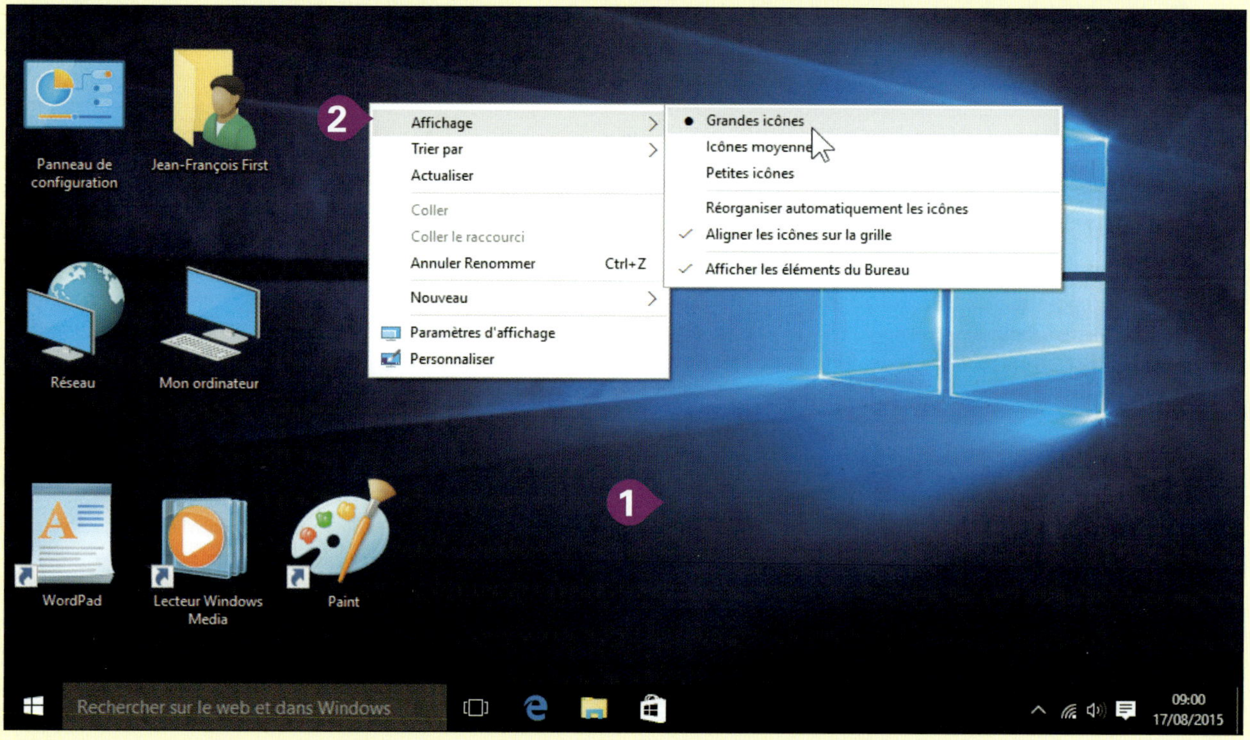

Configurer Windows 12

Une souris capricieuse ? Un contrôleur de jeu à paramétrer ? Le Panneau de configuration regroupe l'installation et la désinstallation des applications et des matériels. Il permet de régler les problèmes de souris ou de clavier, d'installer des polices ou de configurer vos périphériques audio ou de jeux.

Ce chapitre concerne la modification des paramètres de Windows ainsi que les fonctionnalités de votre PC.

Dans ce chapitre

Ce menu contextuel permet d'accéder à un grand nombre d'applications et de paramètres.

2 Le Panneau de configuration s'ouvre dans l'Explorateur. Il regroupe tous les éléments de configuration par catégories ou par tâches. Sélectionnez **Catégorie** dans la liste **Afficher par**.

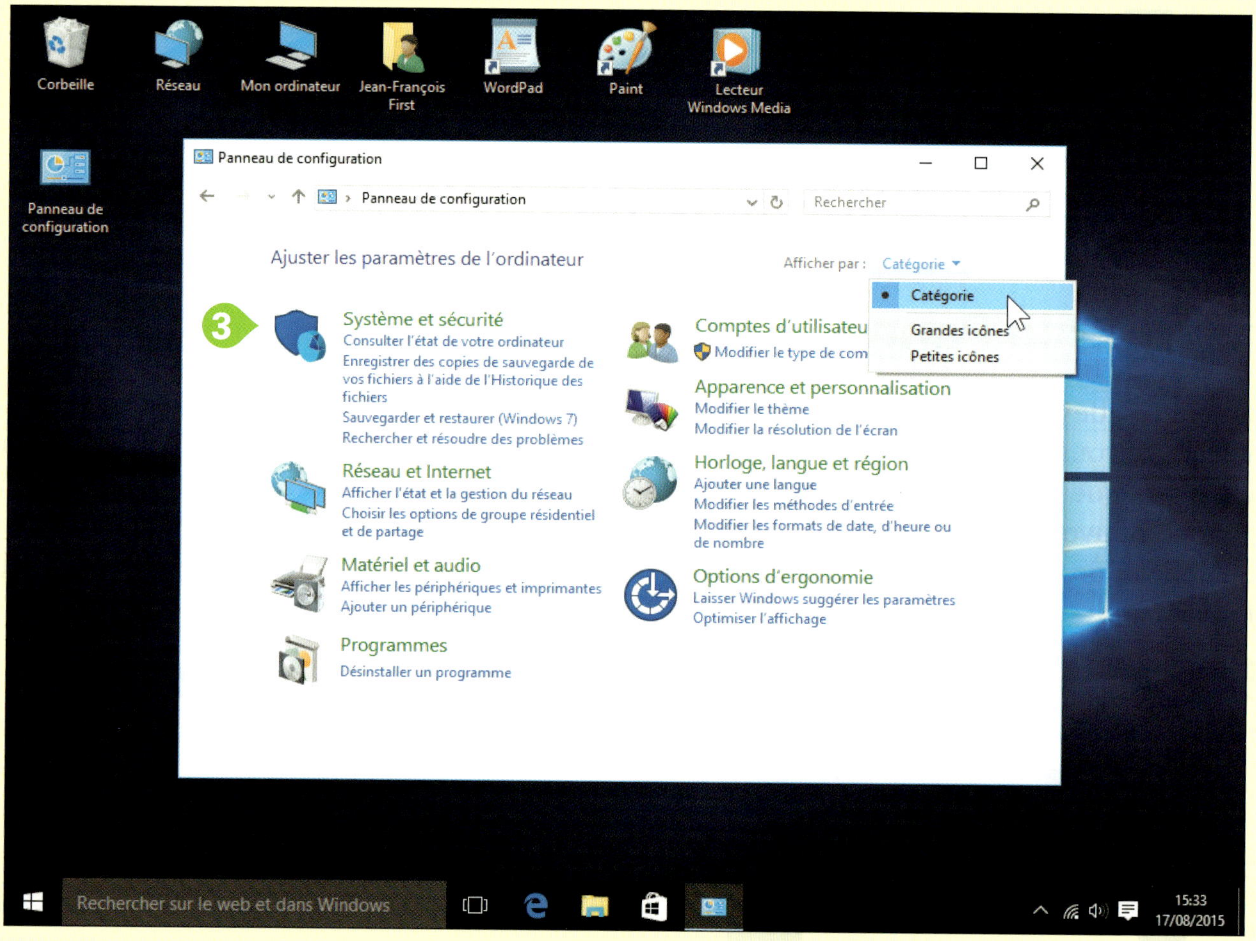

3 Dans l'affichage par catégories, chaque icône ouvre une nouvelle fenêtre proposant des tâches. Les liens à côté des icônes permettent d'accéder aux tâches les plus courantes.

4 Dans la liste **Afficher par**, sélectionnez **Grandes icônes** ou **Petites icônes**

5 Dans l'affichage par icônes, la fenêtre propose l'intégralité des paramètres du Panneau de configuration. C'est la fenêtre de référence pour toutes les pages de ce chapitre.

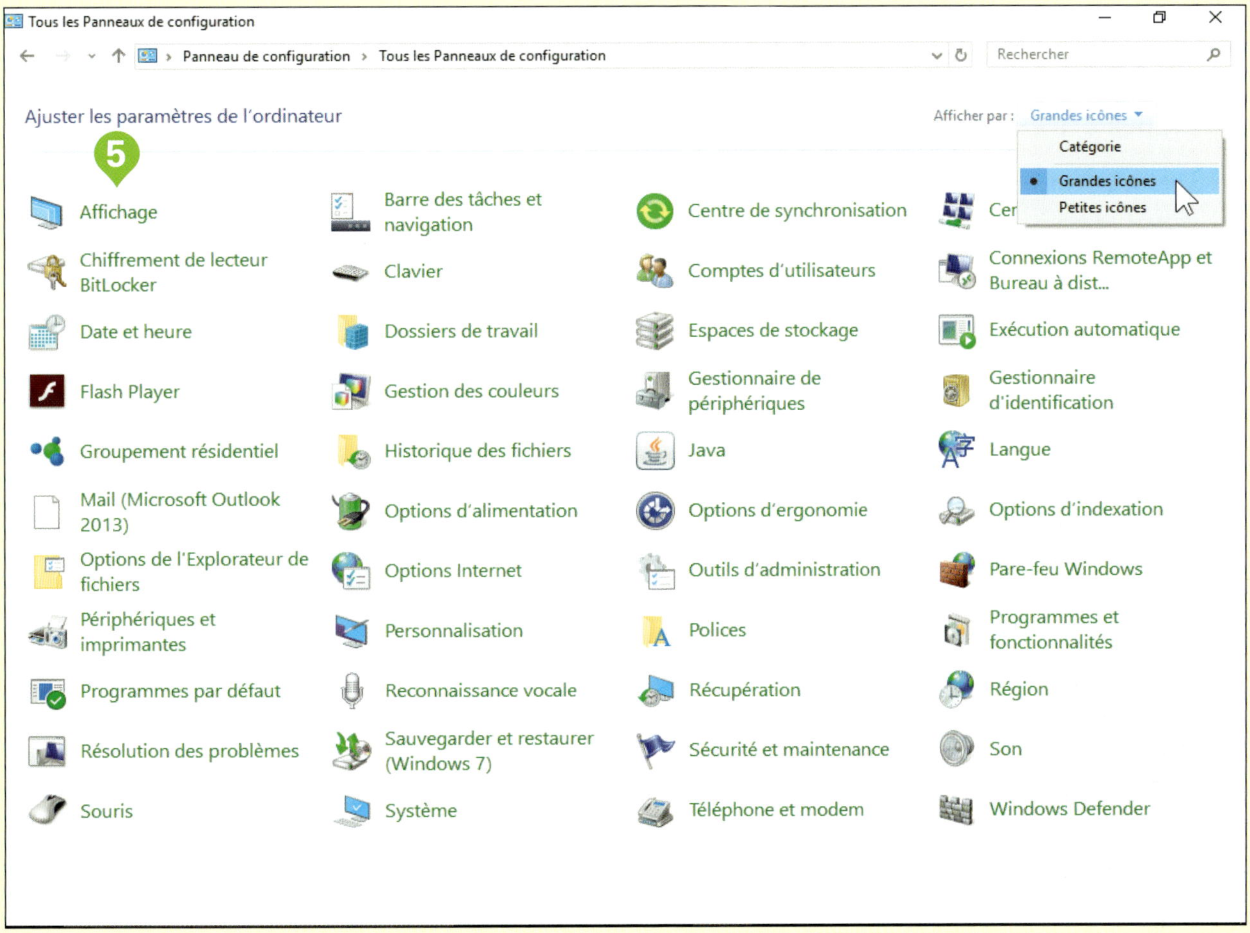

Modifier les paramètres du clavier

Votre clavier est mal réglé ? Modifiez le délai avant répétition et la fréquence de répétition.

1. Cliquez l'icône **Clavier** dans le Panneau de configuration.

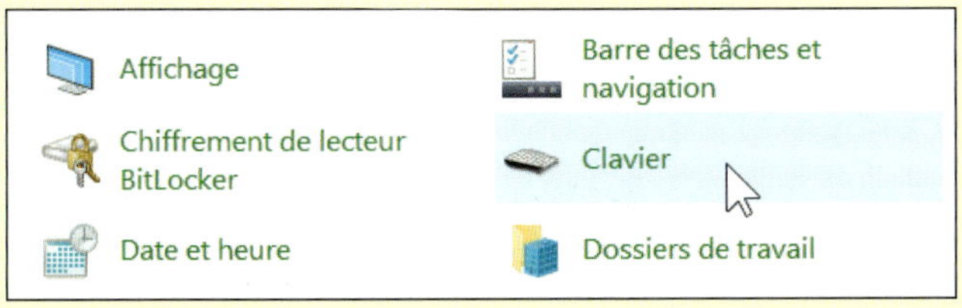

2. Déplacez le curseur **Délai avant répétition** pour choisir le délai à partir duquel une touche enfoncée est répétée.

3 Déplacez le curseur **Fréquence de répétition** pour définir la vitesse de répétition d'une touche enfoncée.

4 Tapez des caractères dans la zone **Cliquez ici…** pour tester vos réglages.

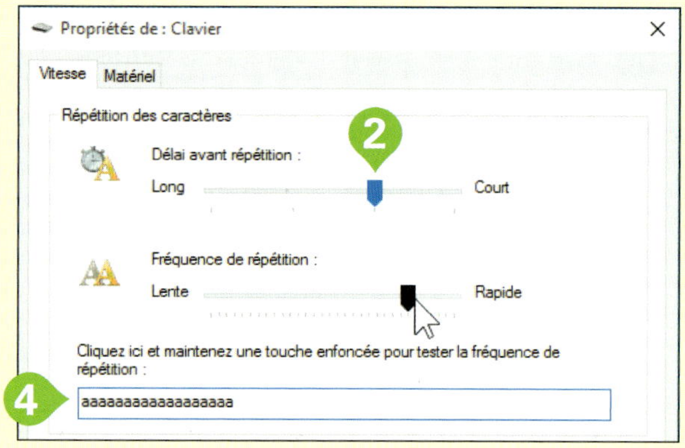

5 Déplacez le curseur **Fréquence de clignotement** pour définir la vitesse de clignotement du curseur.

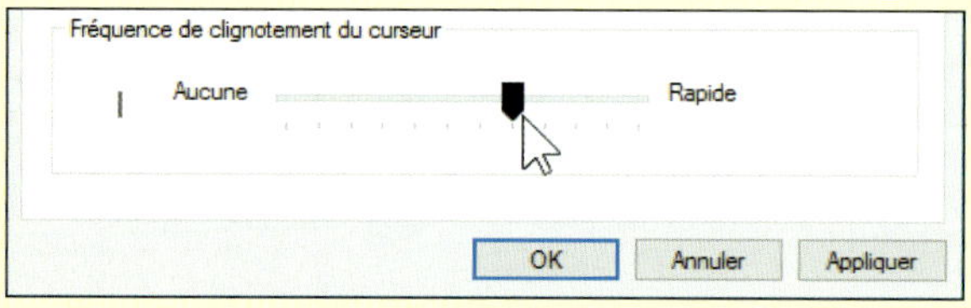

6 Cliquez le bouton **OK**.

Modifier les paramètres de la souris

La souris n'est pas toujours bien domptée ! Il est parfois nécessaire d'effectuer quelques réglages.

Inverser les boutons et régler le double clic

1 Cliquez l'icône **Souris** dans le Panneau de configuration.

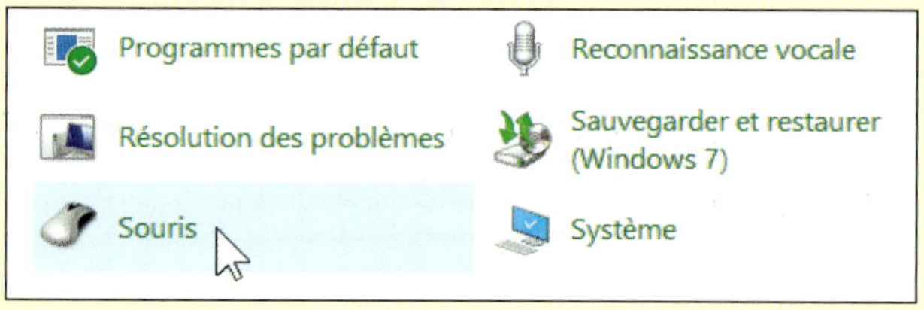

2. Cliquez l'onglet **Boutons**.

3. Si vous êtes gaucher, vous pouvez inverser les fonctions des boutons gauche et droit. Faites des tests avant d'opter définitivement pour cette solution qui se révèle problématique si plusieurs personnes utilisent l'ordinateur. Éventuellement, cochez la case **Inverser le bouton principal et secondaire**.

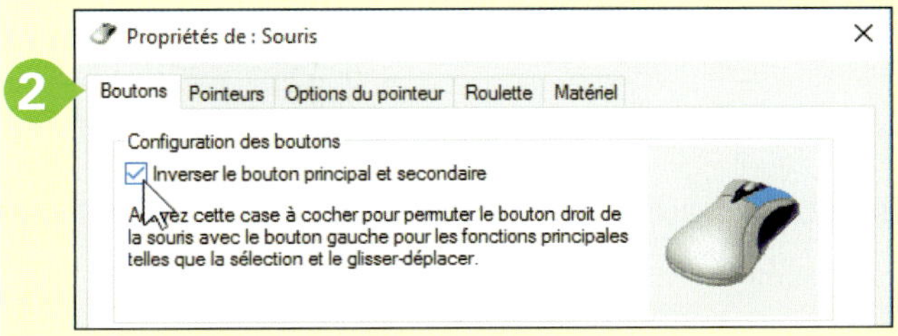

4. Si le double clic vous semble indomptable, vous pouvez choisir la durée qui espace chaque clic. Faites glisser le curseur **Vitesse** pour choisir la vitesse du double clic.

5. Double-cliquez le dossier en regard pour l'ouvrir ou le fermer, et tester ainsi le double clic.

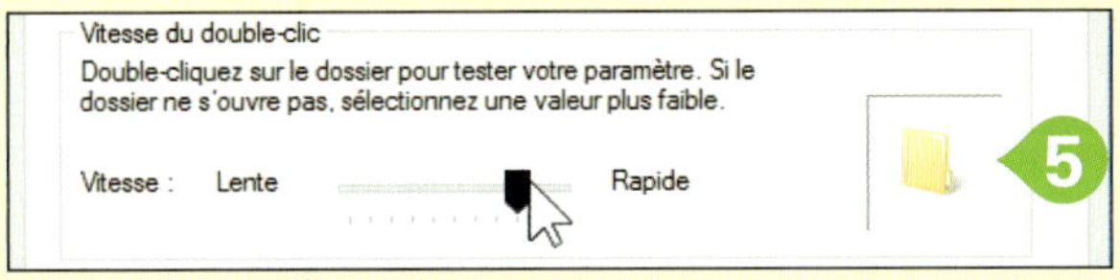

6. Éventuellement, cochez la case **Activer le verrouillage du clic** pour vous épargner de maintenir continuellement le bouton de la souris lors d'un « glisser-déposer ». Cliquez le bouton **Paramètres** pour définir le temps nécessaire au verrouillage du clic.

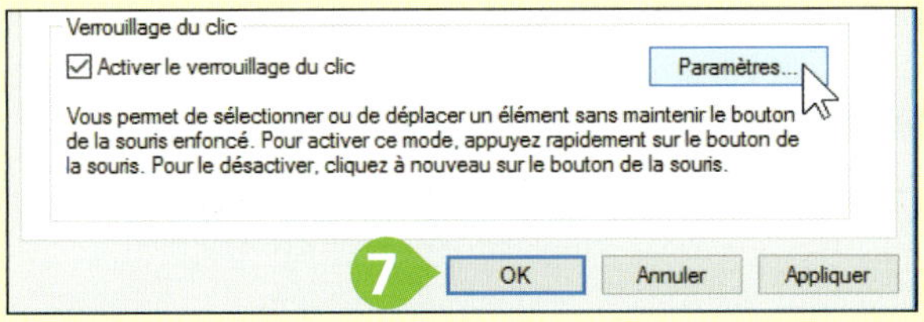

7. Cliquez le bouton **OK**.

Modifier les options du pointeur de souris

Le curseur s'affole ? Il se traîne ? Sa vitesse de déplacement est fonction du type de souris et de la taille du bureau. Un simple réglage lui imposera votre rythme.

1 Cliquez l'icône **Souris** dans le Panneau de configuration.

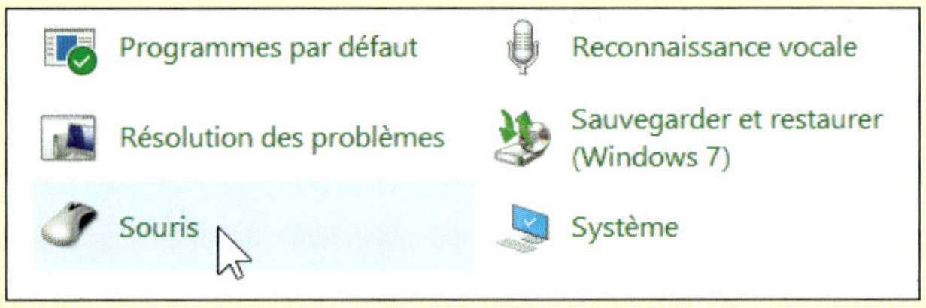

2 Cliquez l'onglet **Options du pointeur**.

3 Faites glisser le curseur **Sélectionner la vitesse** pour modifier la vitesse de déplacement du pointeur.

4 Cochez l'option **Améliorer la précision** pour accélérer ou ralentir le pointeur en fonction des déplacements de la souris.

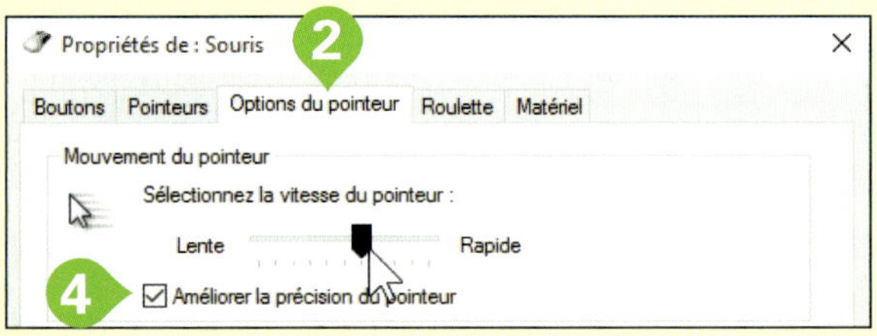

5 Cochez la case **Placer automatiquement…** pour que le pointeur soit déplacé sur le bouton par défaut des boîtes de dialogue.

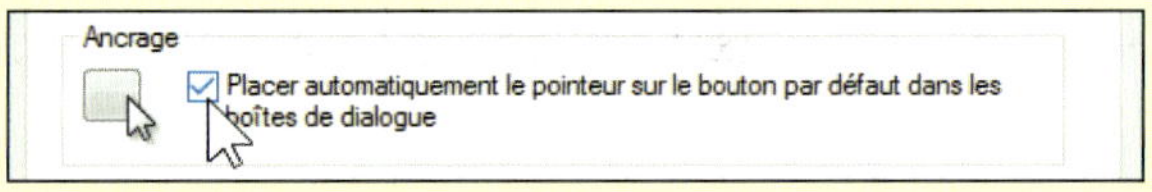

6 Cochez la case **Afficher les traces de la souris** si vous avez un portable avec un écran à cristaux liquides, et que vous vouliez que Windows simule la rémanence des tubes cathodiques avec des traînées.

7 Faites glisser le curseur au-dessous pour augmenter ou diminuer le nombre de traces.

8 Déplacez la souris pour tester les traces.

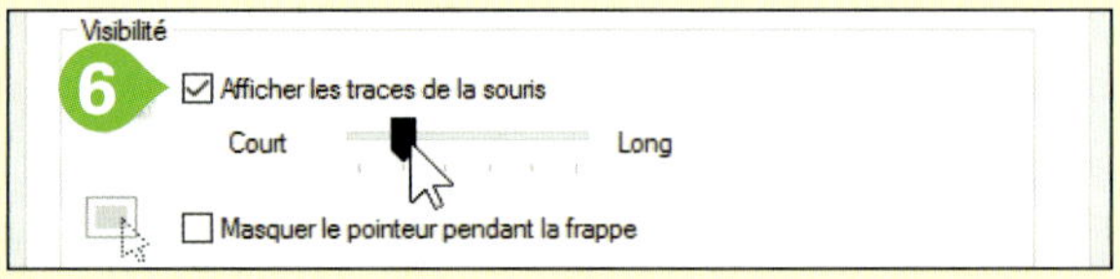

9 Cochez la case **Masquer le pointeur** pour cacher le curseur de souris quand vous tapez du texte au clavier.

10. Cochez la case **Montrer l'emplacement** pour voir la position du curseur quand vous appuyez sur **Ctrl**. Appuyez sur **Ctrl** pour tester immédiatement cette option.

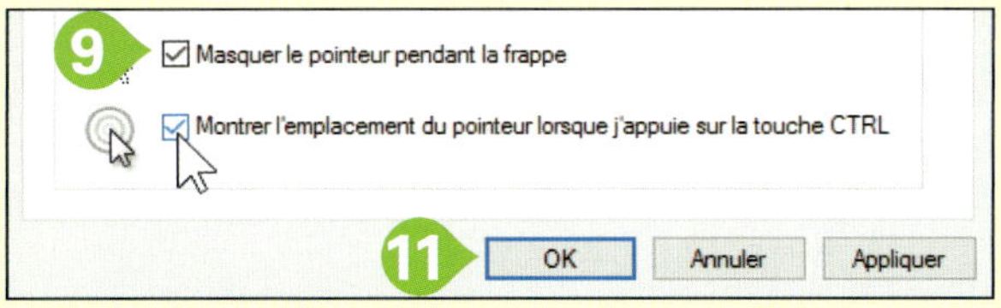

11. Cliquez le bouton **OK**.

Régler la roulette

1. Cliquez l'icône **Souris** dans le Panneau de configuration.

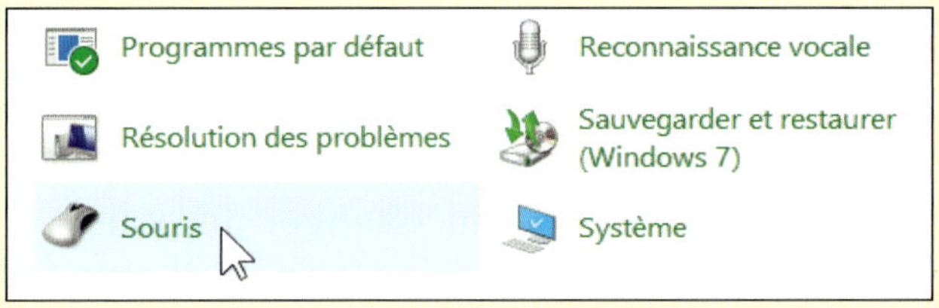

2. Cliquez l'onglet **Roulette**.
3. Dans la zone **Défilement vertical**, tapez le nombre de lignes à faire défiler lors du déplacement de la roulette vers l'avant et l'arrière. Pour vous déplacer plus rapidement, cochez l'option **Écran par écran**.

Vous pouvez bien sûr utiliser la roulette de la souris pour modifier ces valeurs ;-).

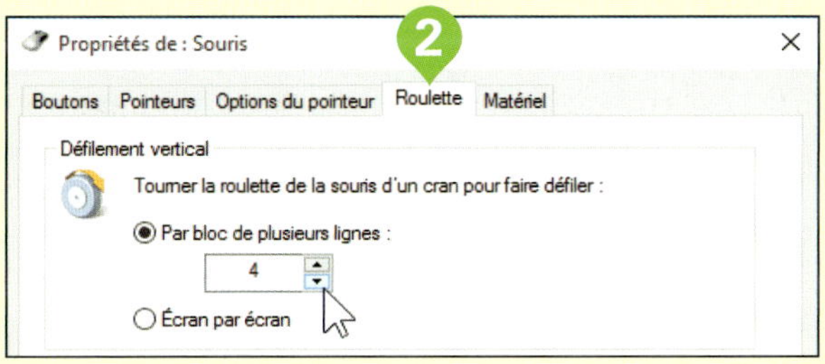

4 Dans la zone **Défilement horizontal**, tapez le nombre de caractères de déplacement du curseur vers la droite ou la gauche lors du déplacement horizontal de la roulette.

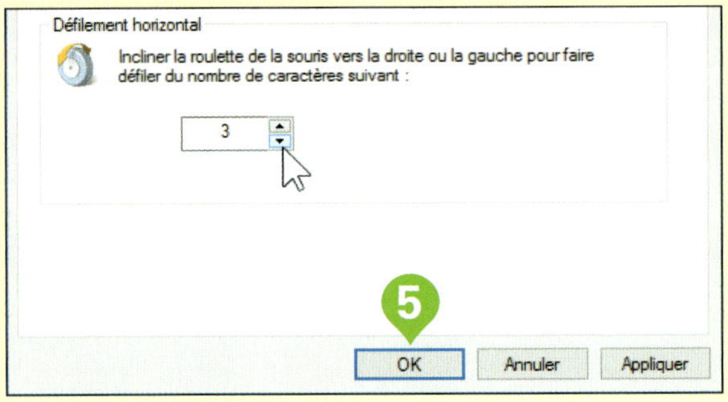

5 Cliquez le bouton **OK**.

Installer de nouvelles polices de caractères

Pourquoi ne donneriez-vous pas un nouveau look à vos documents ? Ne limitez pas vos envies de changement : installez autant de polices qu'il vous plaira. Ensuite, pour changer de police, visualisez-les, imprimez-les et choisissez-les dans vos documents. Vous trouverez de nouvelles polices sur Internet ou sur les CD et DVD de vos logiciels.

Visualiser et imprimer une police

1 Cliquez l'icône **Polices** dans le Panneau de configuration.

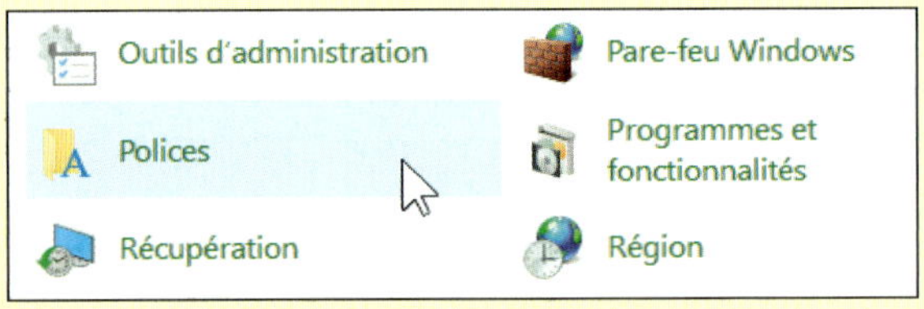

2 Double-cliquez la police à visualiser.

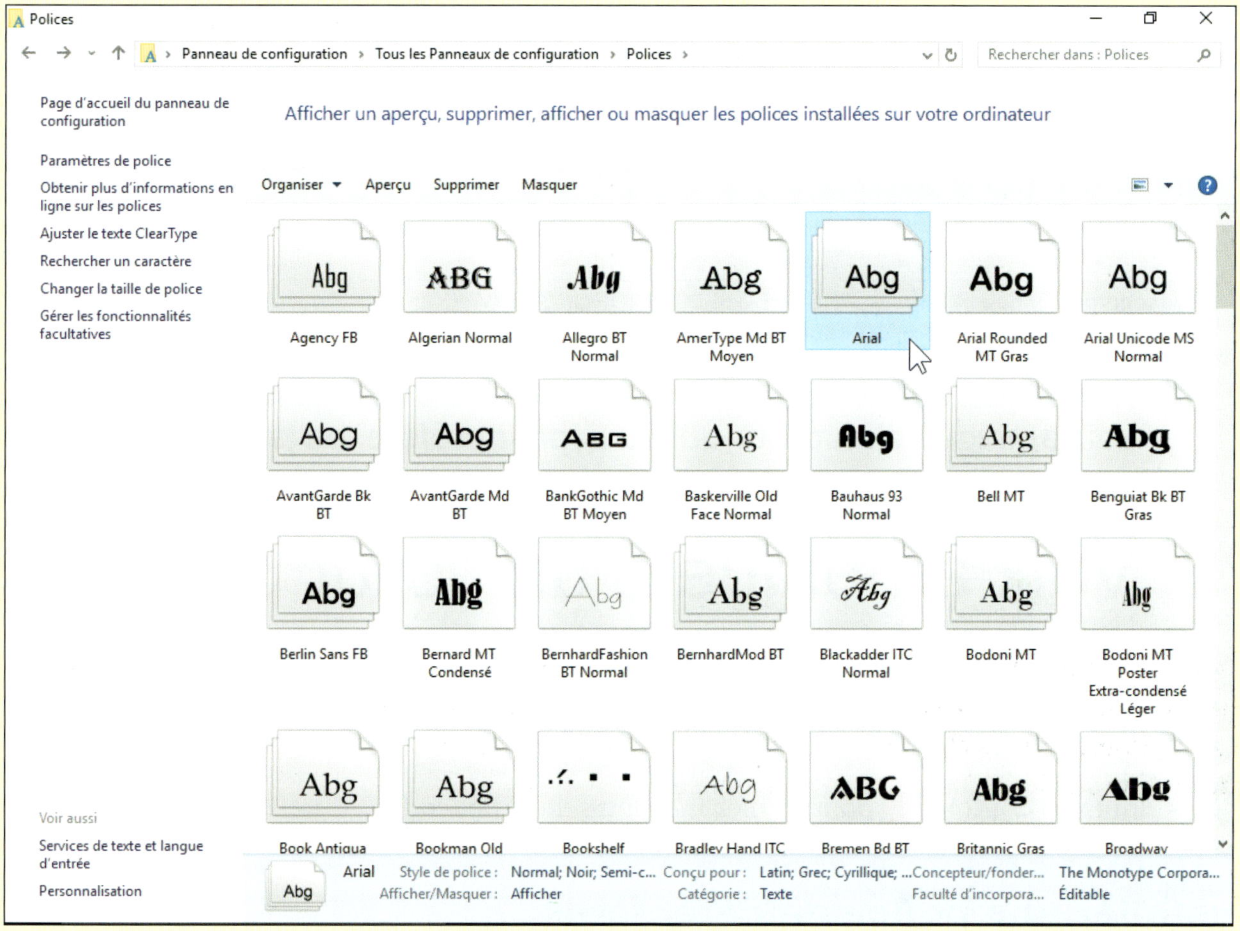

3 Si une fenêtre affiche les différentes formes de la police (gras, italique, *etc.*), double-cliquez une des icônes proposées.

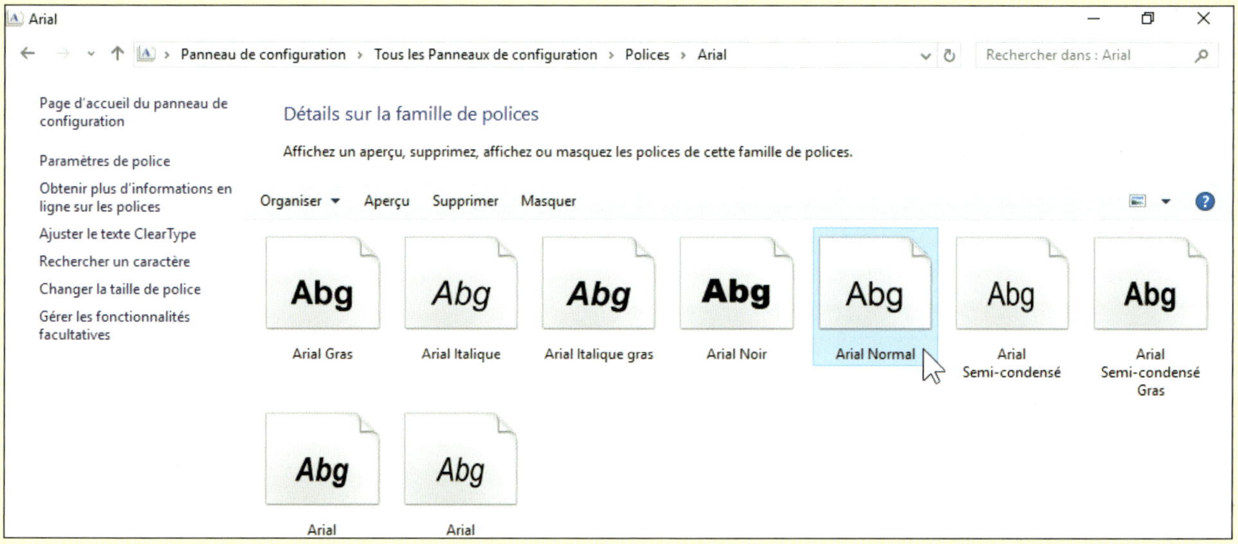

4 Le texte « Voix ambiguë d'un cœur… » présente toutes les lettres de l'alphabet.

5 Éventuellement, cliquez le bouton **Imprimer** pour garder une trace papier de la police.

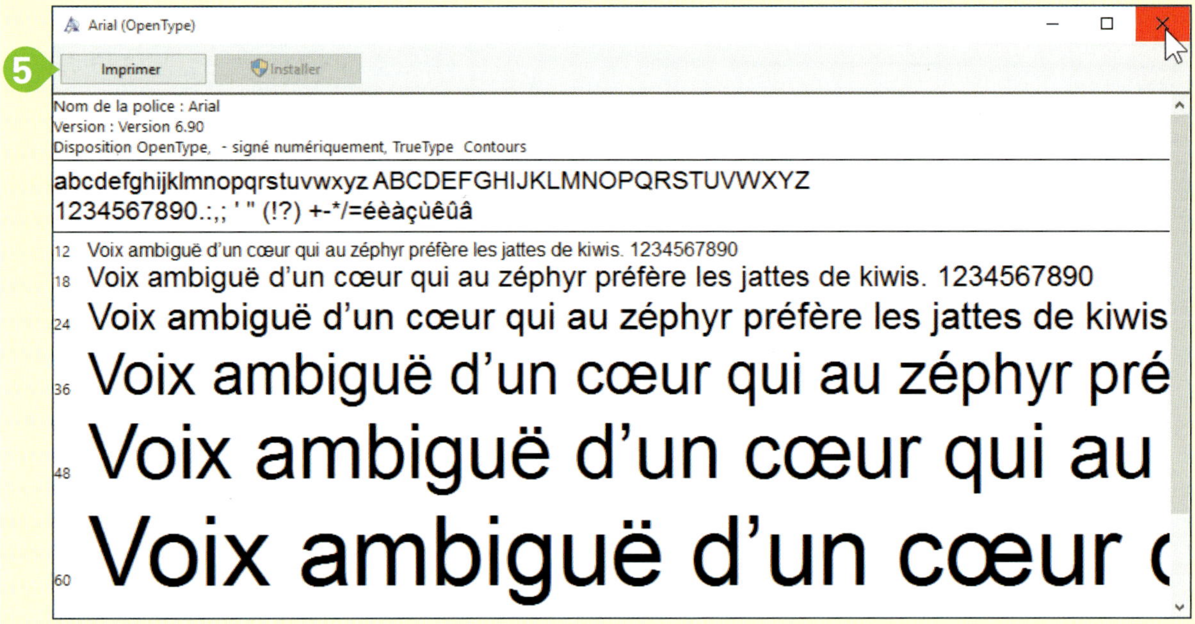

6 Cliquez le bouton × pour fermer la fenêtre de la police.

Installer une police de caractères

1 Cliquez l'icône dans la barre des tâches ou tapez le raccourci + **E** pour ouvrir l'Explorateur.

2 Si les polices ne sont pas sur le disque dur, insérez le support amovible qui contient des polices (généralement un CD ou un DVD-ROM) ou un fichier téléchargé *via* Internet.

3 Sélectionnez le lecteur puis le dossier qui contient les polices.

4 Les polices du dossier sélectionné apparaissent dans la liste à droite.

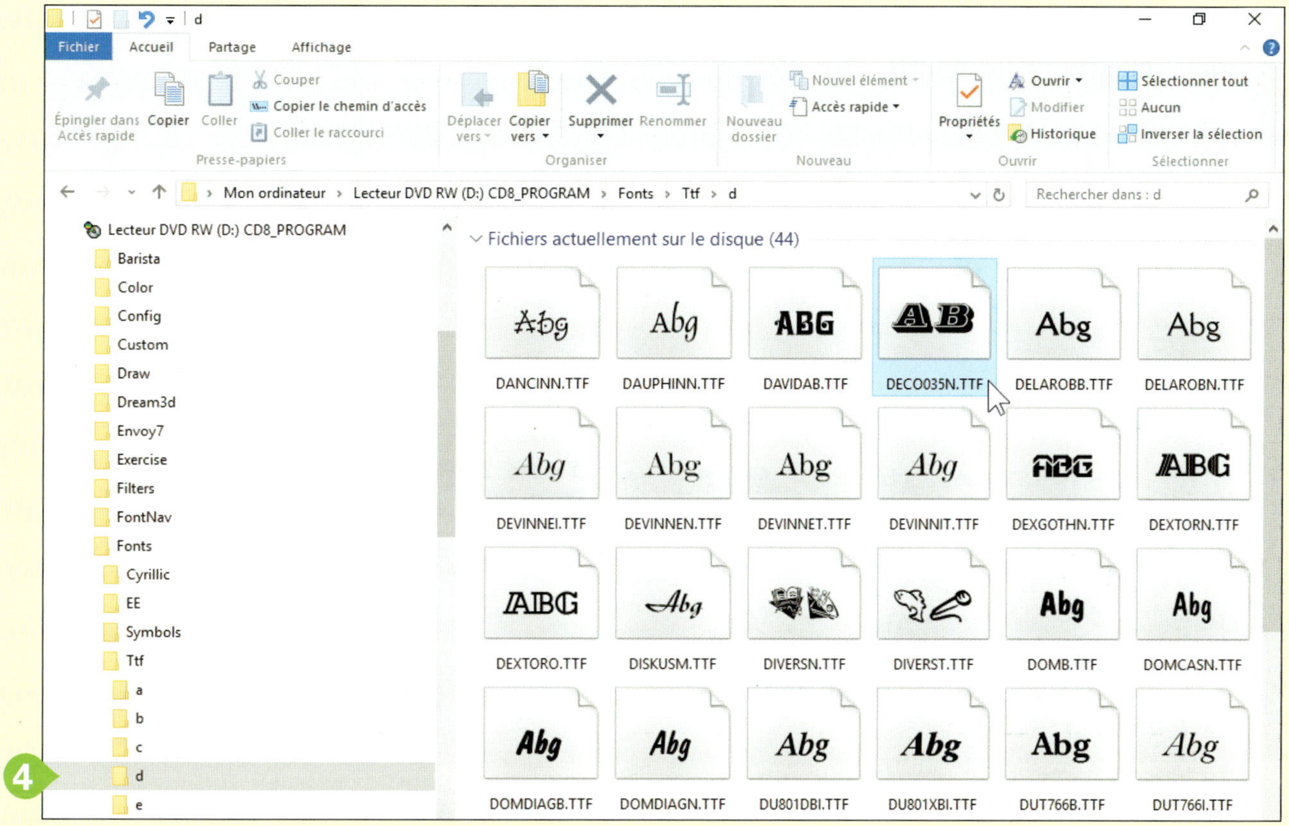

5 Au besoin, cliquez l'onglet **Affichage → Volets → Volet de visualisation**.

6 Cliquez le fichier de la police pour afficher un aperçu rapide dans le volet de visualisation.

7 Éventuellement, double-cliquez le fichier de la police pour afficher un exemple complet dans une nouvelle fenêtre.

8 Cliquez avec le bouton droit le fichier de la police, puis cliquez **Installer** dans le menu contextuel.

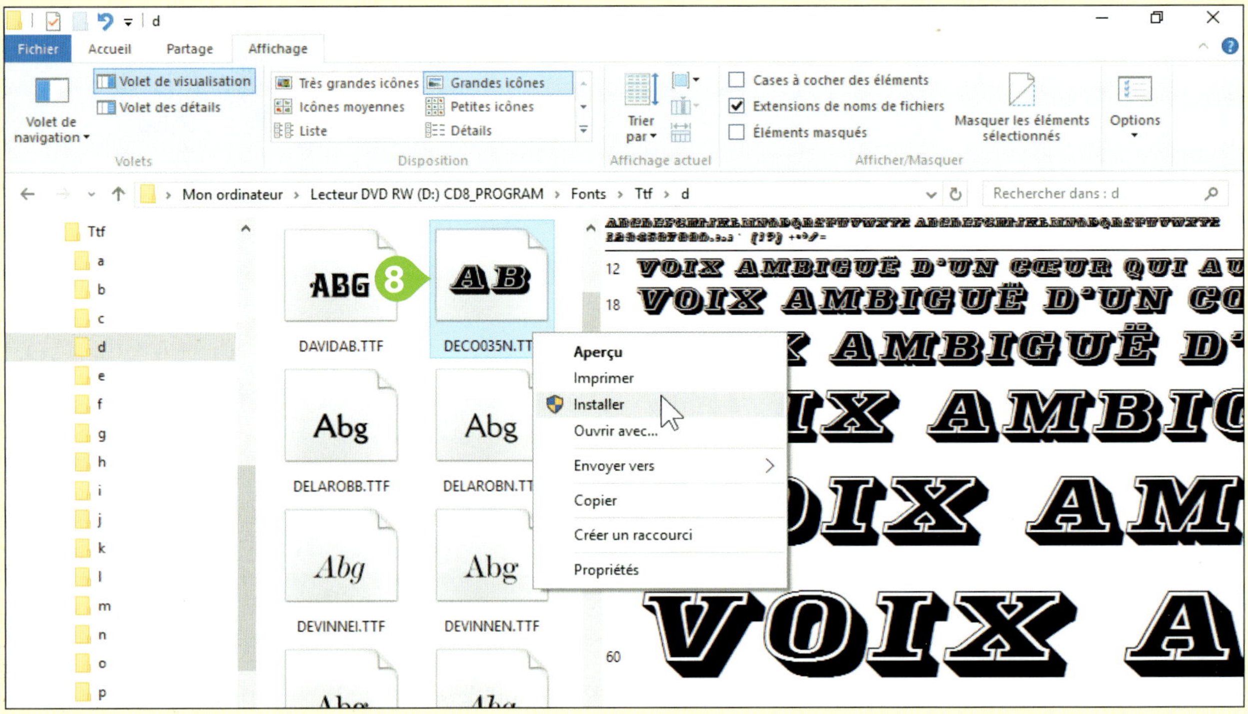

9 Si vous avez affiché l'aperçu complet à l'étape **6**, cliquez le bouton **Installer**.

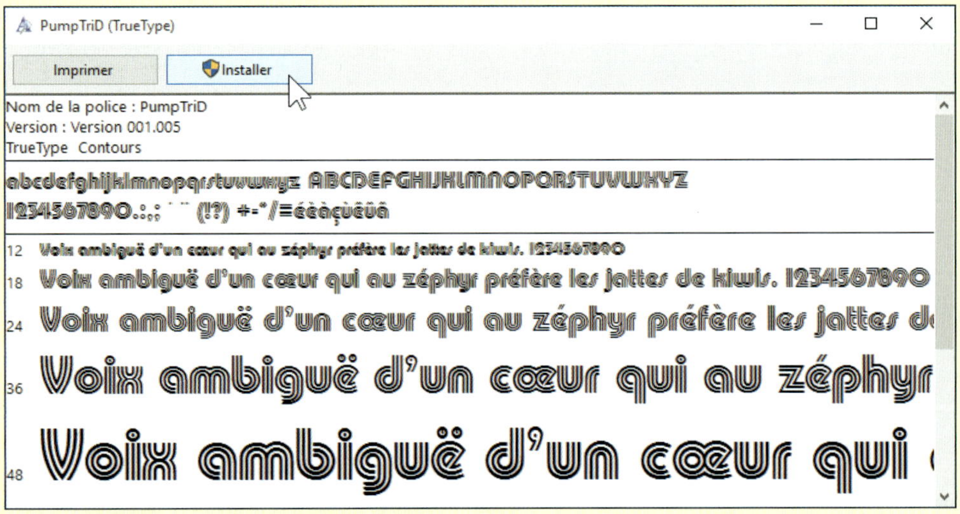

Configurer les périphériques audio

Le son est un élément important des ordinateurs d'aujourd'hui, que ce soit pour le multimédia ou pour vous avertir d'événements de manière sonore. Le Panneau de configuration vous propose une icône pour mieux configurer votre environnement sonore et choisir les sons qui accompagnent des actions ou des événements dans Windows.

Modifier la configuration sonore

1. Cliquez l'icône **Son** dans le Panneau de configuration.

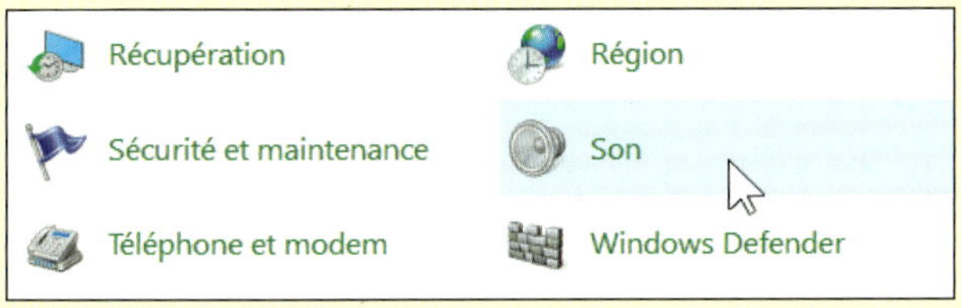

2. Cliquez l'onglet **Lecture**. Cette boîte permet de configurer vos périphériques audio et vos haut-parleurs.

3. Pour choisir le périphérique de lecture, sélectionnez-le dans la liste puis cliquez le bouton **Par défaut**.

4. Pour paramétrer vos haut-parleurs, sélectionnez-les dans la liste, puis cliquez le bouton **Configurer**.

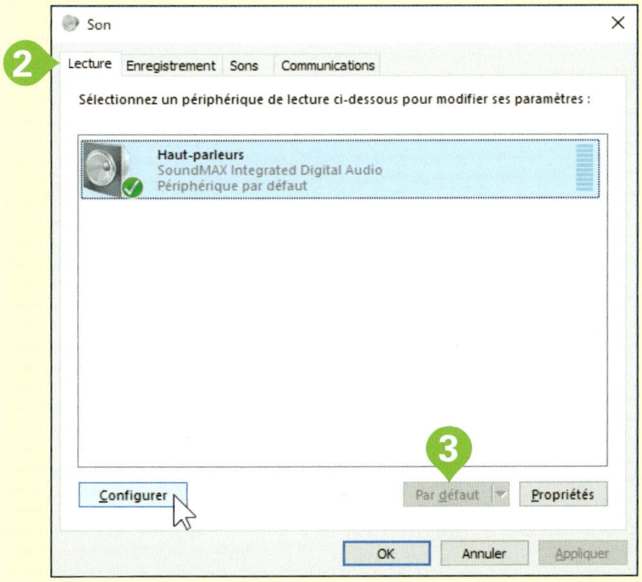

5 Windows ouvre un assistant (une suite de boîtes de dialogue). Sélectionnez dans la liste **Canaux audio** votre configuration. L'image à droite propose un exemple de disposition de votre configuration sonore.

6 Cliquez le bouton **Tester** pour écouter le son de chacun des haut-parleurs.

7 Pour vérifier un haut-parleur en particulier, cliquez-le dans l'image de la configuration sonore.

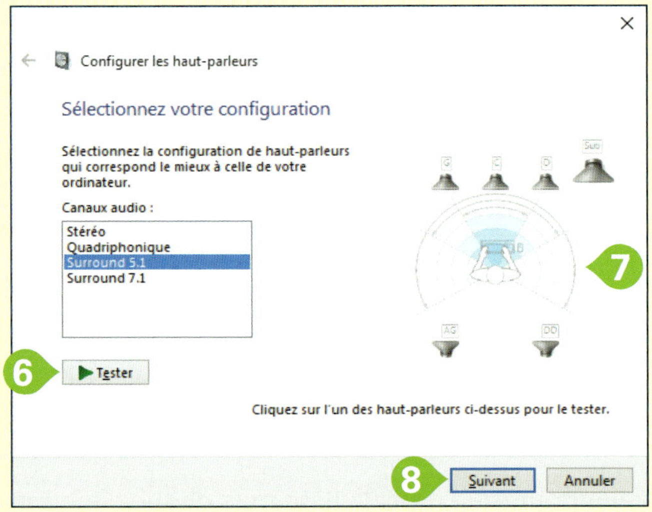

8 Cliquez le bouton **Suivant**.

9 Cochez les haut-parleurs que vous désirez réellement utiliser.

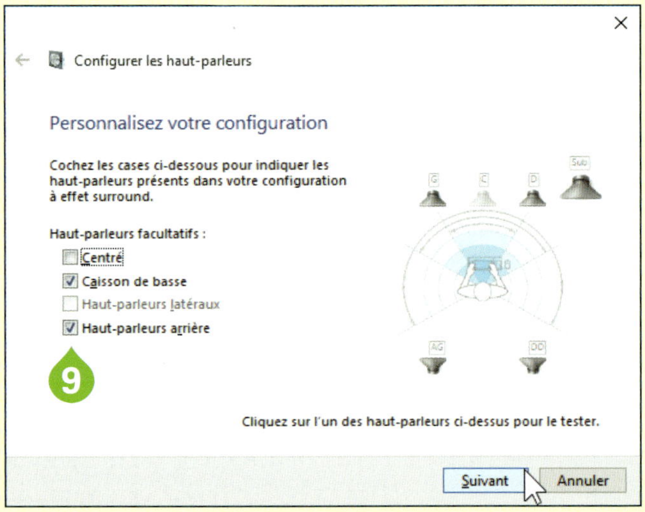

10 Cliquez le bouton **Suivant**.

11. Cochez uniquement les haut-parleurs à large bande, c'est-à-dire ceux qui peuvent restituer des sons graves. Décochez les autres.

12. Cliquez les boutons **Suivant** puis **Terminer**.

Modifier les sons des événements Windows

À chaque événement (démarrage, question, *etc.*), Windows associe un son. Bien sûr, vous pouvez modifier les sons selon vos souhaits.

1. Cliquez l'icône **Son** dans le Panneau de configuration.

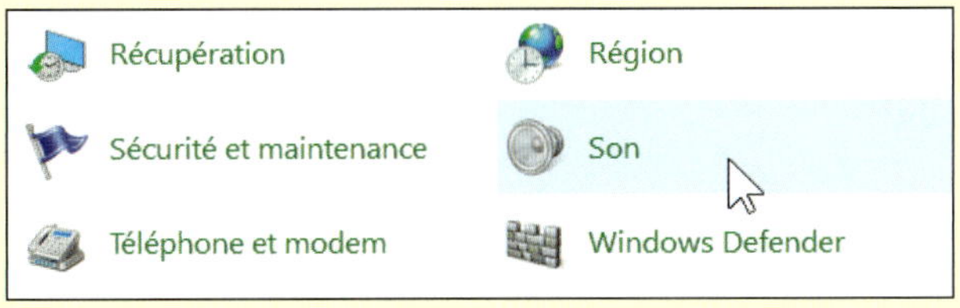

2. Cliquez l'onglet **Sons**.

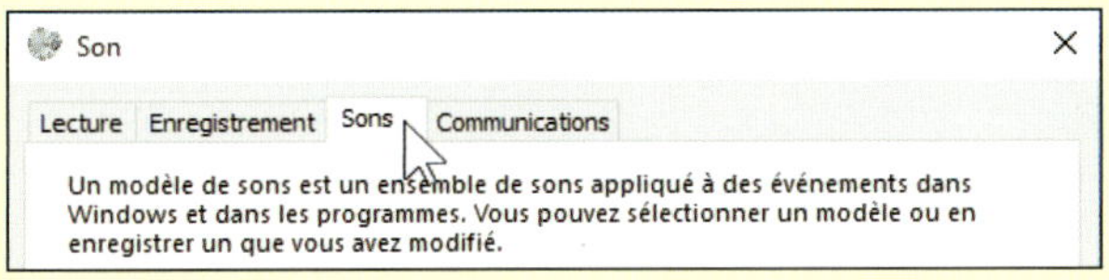

3. Les événements précédés de ont un son associé. Cliquez un événement précédé de l'icône .

4. La zone **Sons** affiche le son associé. Cliquez le bouton **Tester** pour l'écouter.

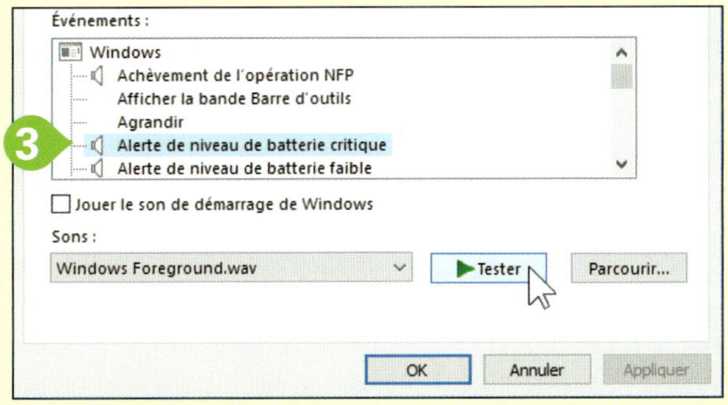

5. Cliquez un événement dans la liste **Événements**.

6 Sélectionnez dans la liste **Sons** celui à utiliser. Pour supprimer le son actuel, sélectionnez **(Aucun)** au début de la liste.

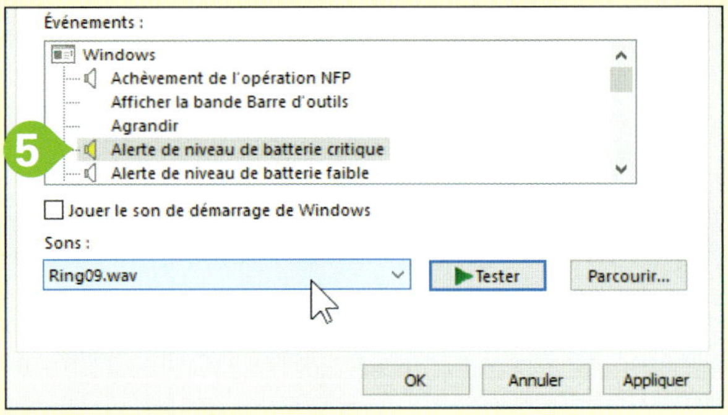

Ajouter un son personnalisé

Si les sons proposés par Windows ne vous conviennent pas, remplacez-les par vos propres fichiers son.

Les sons sont des fichiers au format Wave (extension .wav). Les sons par défaut de Windows se trouvent dans le dossier C:\Windows\Media.

1 Cliquez un événement dans la liste **Événements**.

2 Cliquez le bouton **Parcourir**.

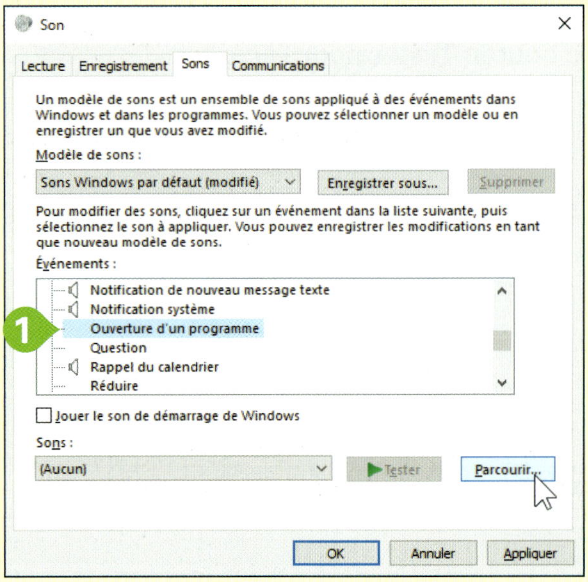

3 Éventuellement, sélectionnez le dossier dans l'arborescence.

4 Cliquez le fichier son à utiliser.

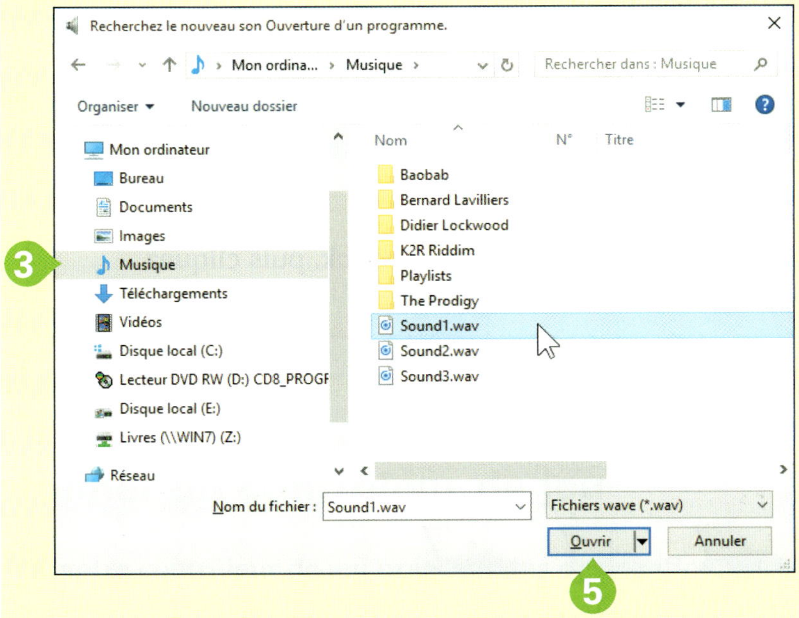

Pour trouver d'autres sons sur Internet, effectuez une recherche avec les mots-clés « son télécharger » dans un moteur de recherche (par exemple, `www.google.fr`).

5 Cliquez le bouton **Ouvrir**.

6 Si l'événement n'avait pas de son, il est maintenant précédé de l'icône 🔈. Les événements qui ne sont plus associés aux sons par défaut de Windows sont précédés de l'icône 🔈.

Si vous changez souvent les sons, vous pouvez enregistrer la configuration actuelle en cliquant le bouton **Enregistrer sous**. Cette configuration sera ensuite disponible dans la liste **Modèle de sons**.

Paramétrer les contrôleurs de jeux

Les contrôleurs de jeux, ou *joysticks*, sont des accessoires spécifiques comme la souris ou le clavier. Le Panneau de configuration propose une icône pour gérer l'ensemble de ces matériels.

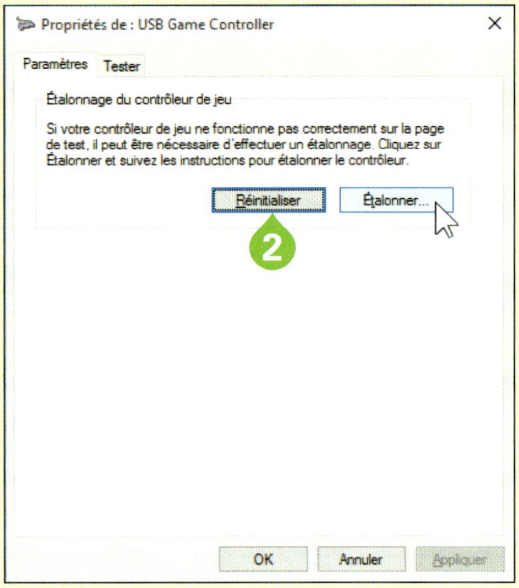

Tester un contrôleur de jeu

1. Testez votre contrôleur de jeu pour vous assurer de son bon fonctionnement. Cliquez l'onglet **Tester**.

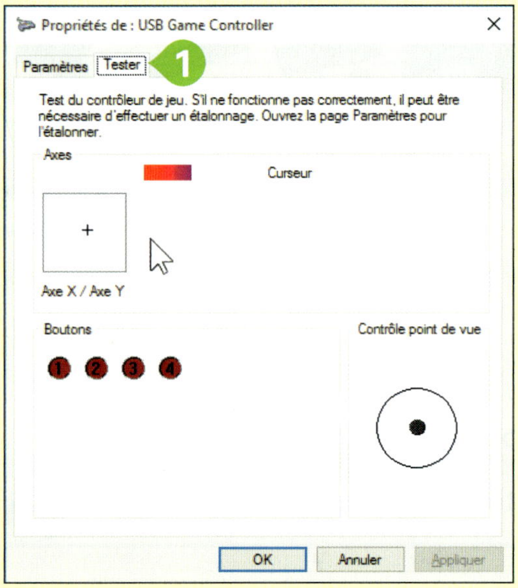

2. Déplacez les éléments mobiles (manche à balai, manette des gaz, palonnier, point de vue, *etc.*) et appuyez sur les boutons pour tester votre contrôleur.

3. Cliquez les boutons **OK** des boîtes ouvertes.

Dépanner et maintenir en forme votre ordinateur

13

Comme toute « mécanique », votre ordinateur a besoin d'un entretien régulier. Cela vous épargnera le désagrément des pannes. Windows inclut un programme de sauvegarde de ses fichiers et de la configuration actuelle pour redémarrer sans problème votre ordinateur si vous devez rencontrer un jour des dysfonctionnements. Ce chapitre vous explique aussi comment gagner de la place sur votre disque dur, vérifier son intégrité ou le rendre plus rapide.

Dans ce chapitre

- Mettre à jour Windows
- Restaurer Windows
- Vérifier l'intégrité d'un disque dur
- Réorganiser les données d'un disque
- Nettoyer un disque

Mettre à jour Windows

Pour être toujours à la pointe de la technologie, mettez à jour Windows et ses applications. Ces corrections régulières permettent aussi d'éviter certains virus et des failles de sécurité.

Les mises à jour sont effectuées *via* Internet. Vous devez être régulièrement connecté pour en bénéficier.

Vérifier les mises à jour

1. Cliquez le bouton **Démarrer** → **Paramètres** → **Mise à jour et sécurité** → **Windows Update**.

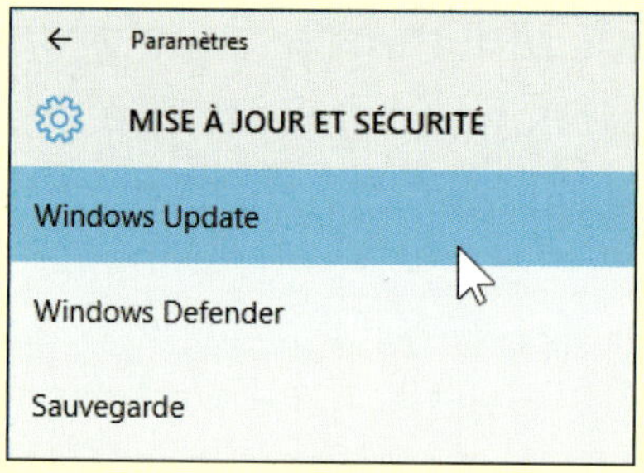

2. Cliquez le bouton **Rechercher des mises à jour**.

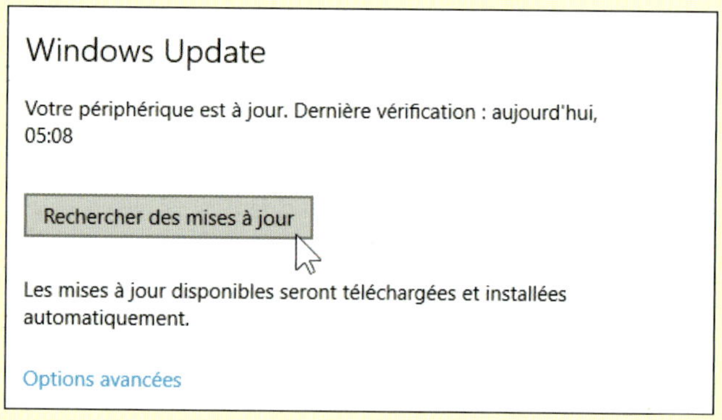

3. Windows vérifie sur le site Internet de Windows Update les mises à jour de Windows 10, mais aussi celles qui concernent le matériel de votre ordinateur.

4 Windows vous indique si des mises à jour sont disponibles.

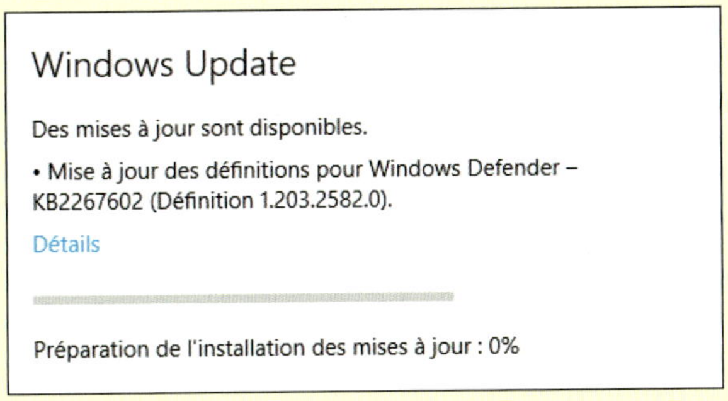

5 Les mises à jour sont installées automatiquement.

Gérer les mises à jour de Windows

1 Cliquez le bouton **Démarrer** → **Paramètres** → **Mise à jour et sécurité** → **Windows Update**.

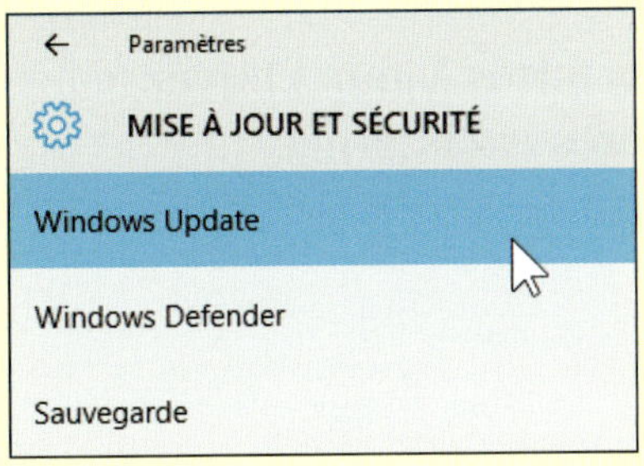

2 Cliquez le lien **Options avancées**.

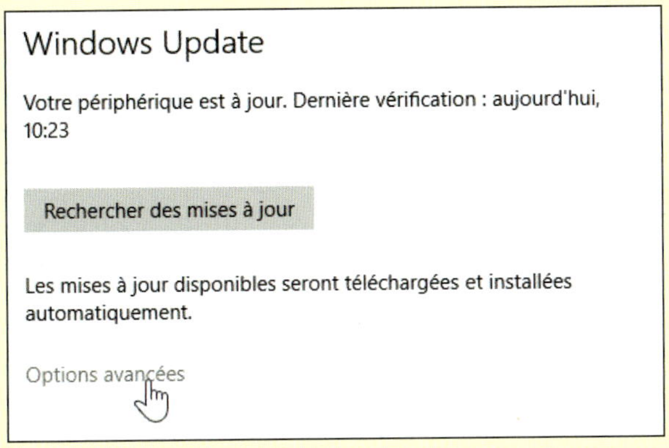

3. Pour que l'ordinateur ne redémarre pas automatiquement après une mise à jour sans vous avertir, sélectionnez **M'informer de planifier un redémarrage** dans la liste **Choisir le mode d'installation**.

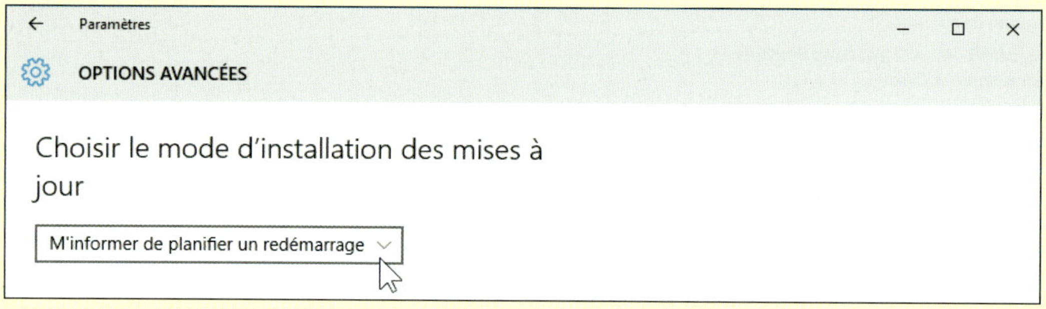

4. Si vous avez des applications Microsoft comme Office (Word, Excel, *etc.*), cochez la case **Me communiquer les mises à jour** pour qu'elles soient vérifiées en même temps que Windows.

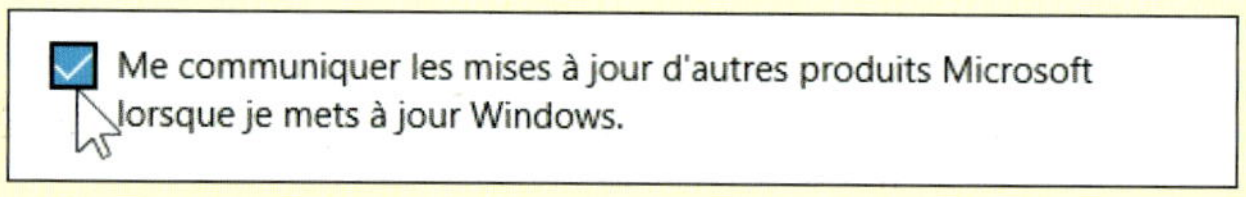

5. Cochez la case **Différer les mises à niveau** pour reporter les mises à jour. Cliquez le lien **En savoir plus** pour obtenir des informations complémentaires *via* Internet.

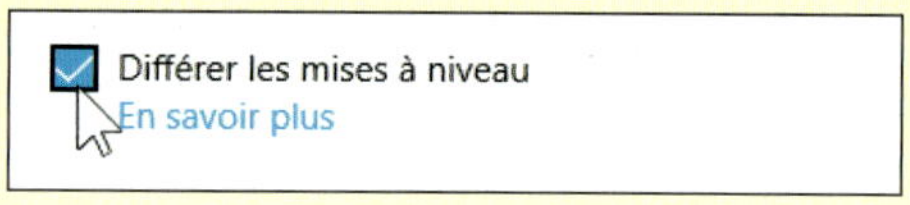

Restaurer Windows

Si vous constatez des dysfonctionnements dans Windows, il est nécessaire de restaurer le système. Cela peut survenir après l'installation d'une mise à jour de Windows ou d'une application, ou après le branchement d'un nouveau matériel.

1. Cliquez avec le bouton droit de la souris le bouton **Démarrer** , puis cliquez **Panneau de configuration** dans le menu contextuel.
2. Cliquez **Récupération** dans le Panneau de configuration.

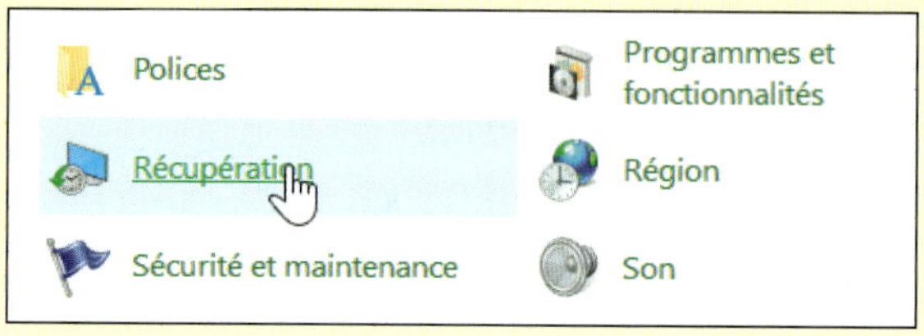

3 Cliquez le lien **Ouvrir la restauration du système**.

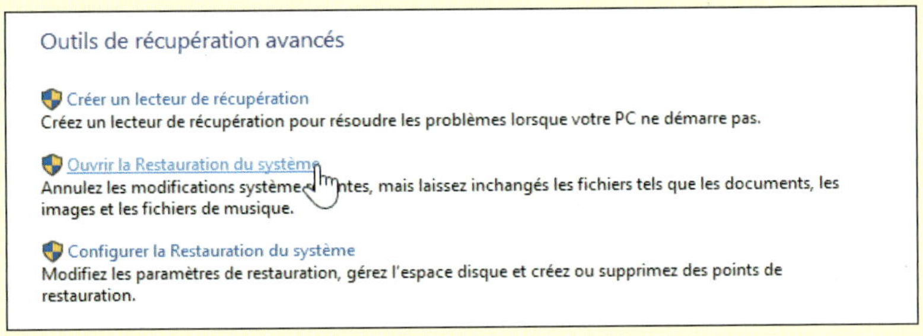

4 Cliquez le bouton **Suivant**.

5 Windows crée des points de restauration en enregistrant les paramètres de l'ordinateur avant chaque modification importante (mise à jour, installation d'une application ou d'un matériel, *etc.*).

> Windows supprime les programmes et les pilotes des matériels dont l'installation a été effectuée depuis le point de restauration. Ne restaurez donc votre ordinateur qu'en cas de gros problèmes. Vous serez peut-être amené à réinstaller certains logiciels.

6 Cliquez dans la liste le point de restauration voulu. Vérifiez la date et la description de ce point de restauration.

7 Cliquez le bouton **Suivant**.

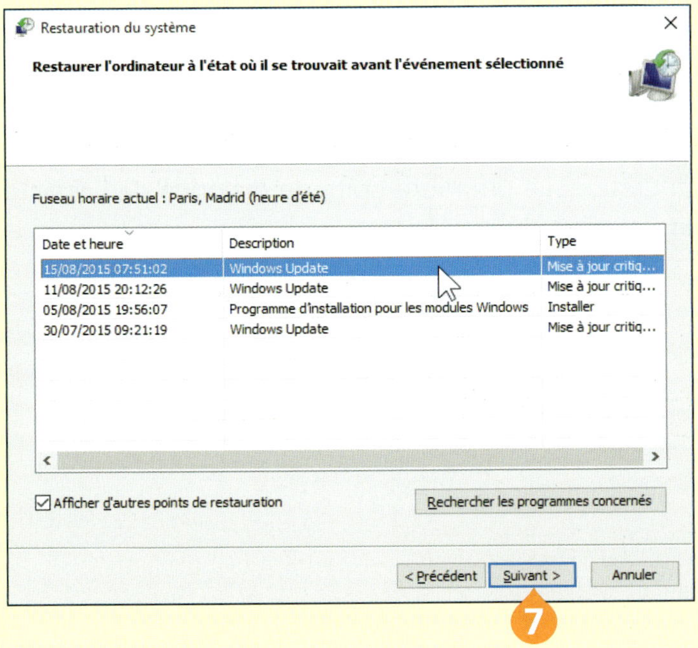

8 Cliquez le bouton **Terminer** pour débuter la restauration au point choisi.

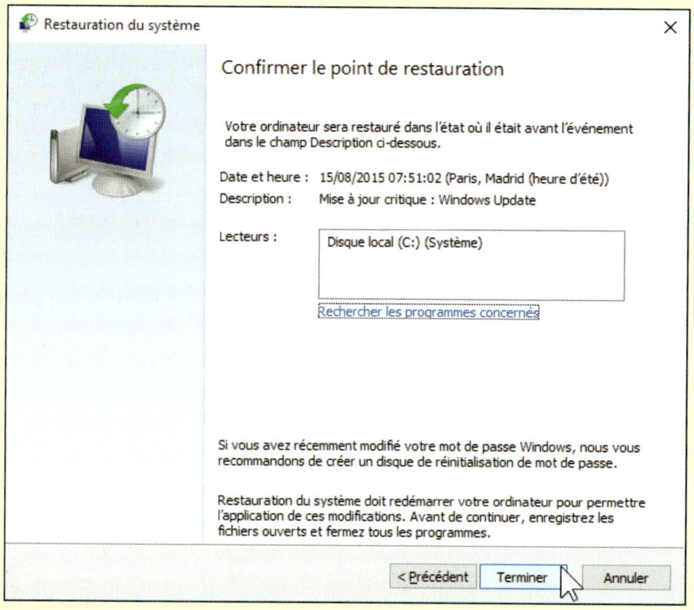

9 Cliquez le bouton **Oui** pour confirmer la restauration.

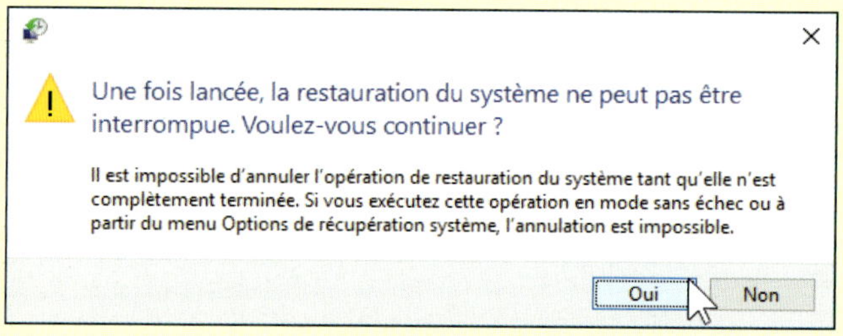

Vous pouvez annuler la dernière restauration et retrouver vos paramètres actuels. Relancez tout simplement le programme de restauration. La première boîte de dialogue de l'assistant vous proposera l'option **Annuler la restauration du système**.

Vérifier l'intégrité d'un disque

Des erreurs peuvent apparaître après un arrêt brutal de l'ordinateur, suite à une coupure de courant, par exemple. Dans ce cas, Windows contrôle les disques au redémarrage. Effectuez cependant des vérifications régulièrement si vous avez des doutes. Le vérificateur de disque est accessible par l'Explorateur.

1. Tapez ⊞ + **E** pour ouvrir l'Explorateur.
2. Cliquez avec le bouton droit votre disque dur, ou le disque à vérifier si vous en possédez plusieurs.
3. Cliquez la commande **Propriétés** dans le menu contextuel.

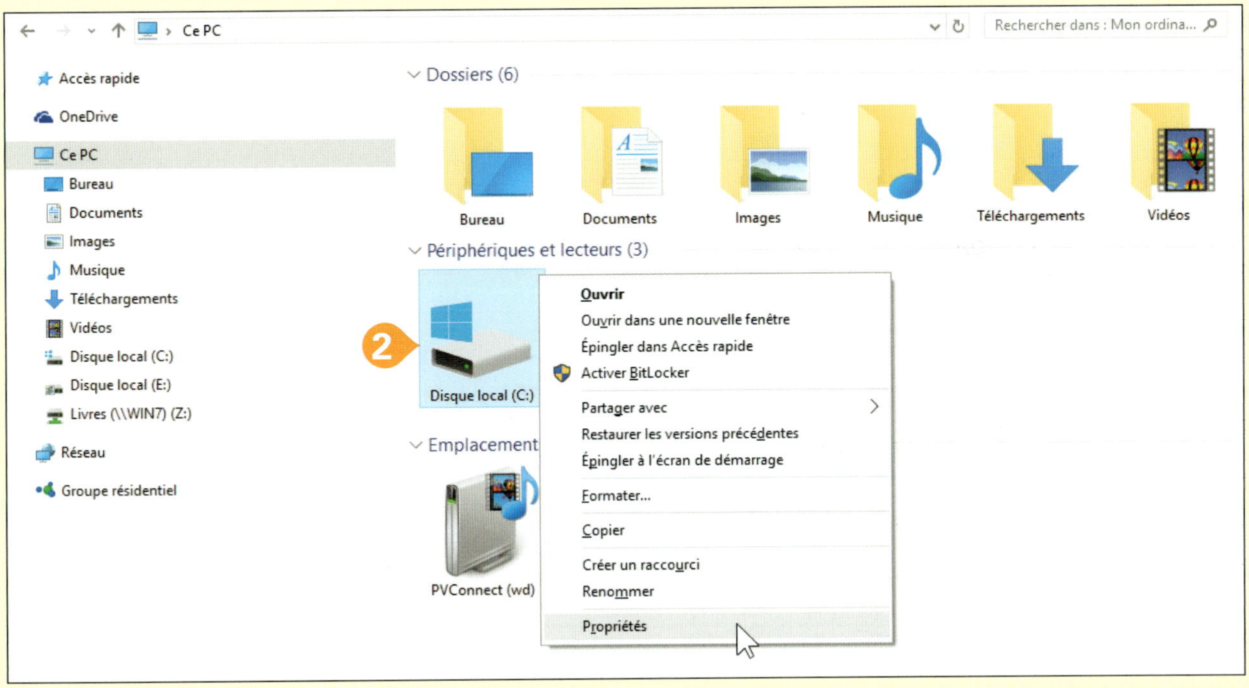

4. Cliquez l'onglet **Outils**.

5 Cliquez le bouton **Vérifier**.

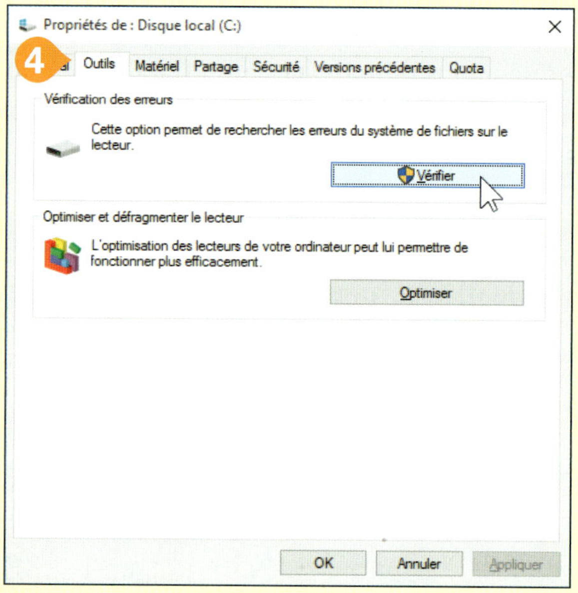

6 Cliquez le bouton **Oui** si Windows demande de confirmer.

7 Cliquez le lien **Analyser le lecteur** pour débuter la vérification.

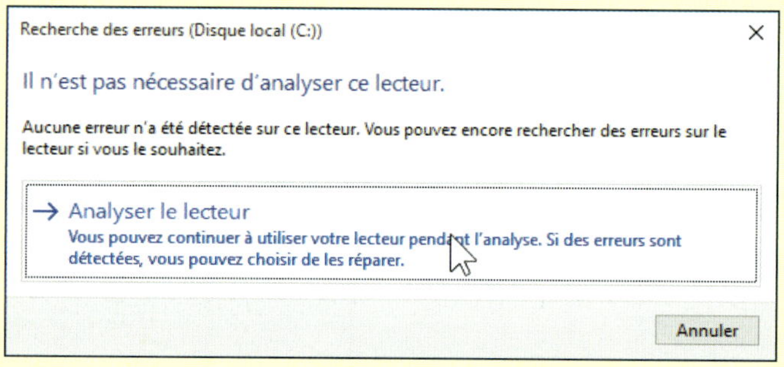

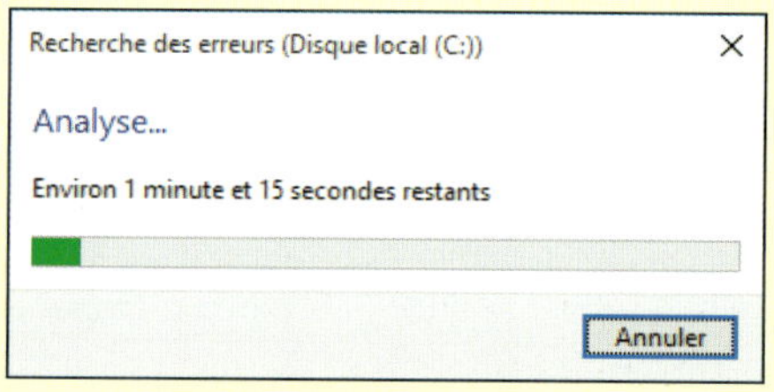

8 Cliquez **Fermer** après la vérification.

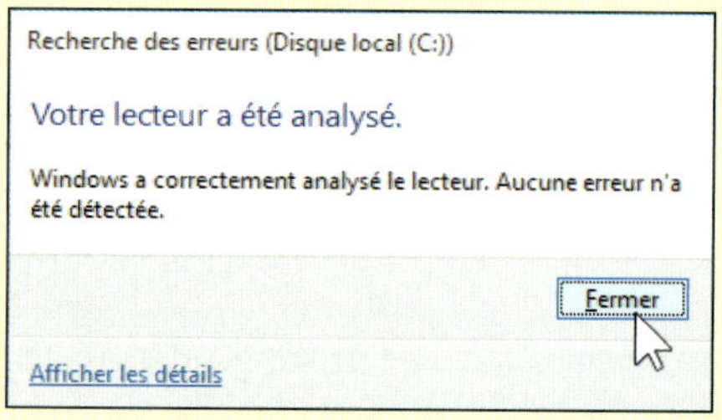

Réorganiser les données d'un disque

À force d'ajouts, de suppressions et de modifications, les fichiers se trouvent répartis dans des emplacements non contigus de votre disque dur : votre disque est fragmenté et il perd en rapidité. Défragmentez-le régulièrement.

1. Tapez ⊞ + **E** pour ouvrir l'Explorateur.
2. Cliquez le disque à vérifier.
3. Cliquez l'onglet **Gestion → Gestion → Optimiser**.

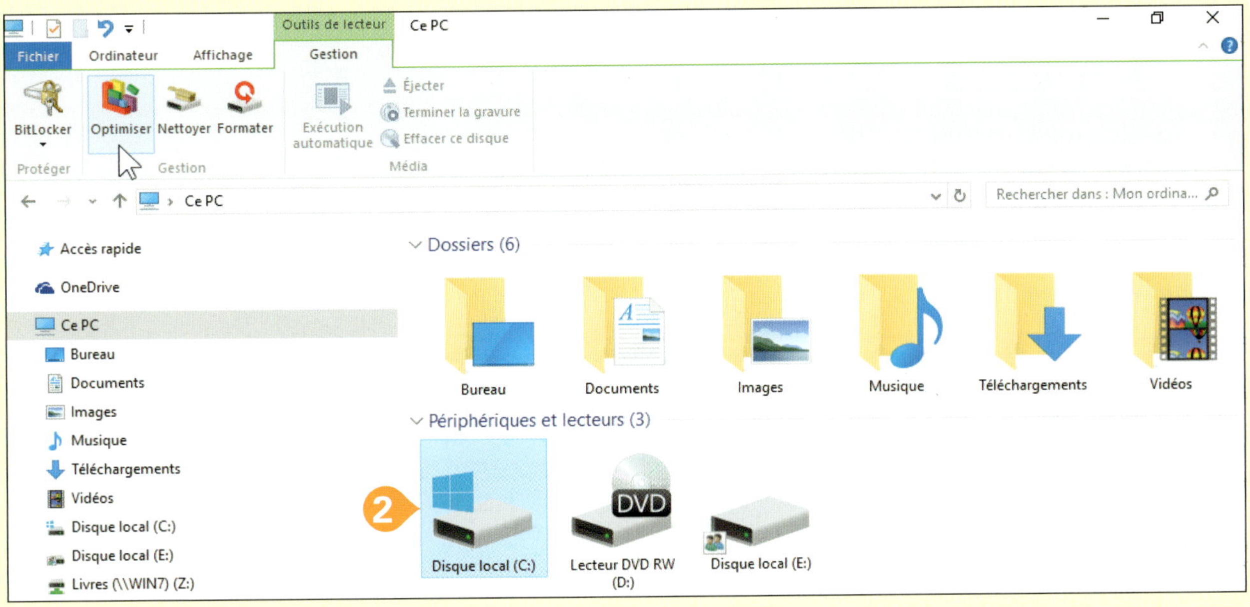

4. Pour ne pas avoir à s'occuper de la défragmentation, il est possible de la planifier. Cliquez le bouton **Modifier les paramètres**.

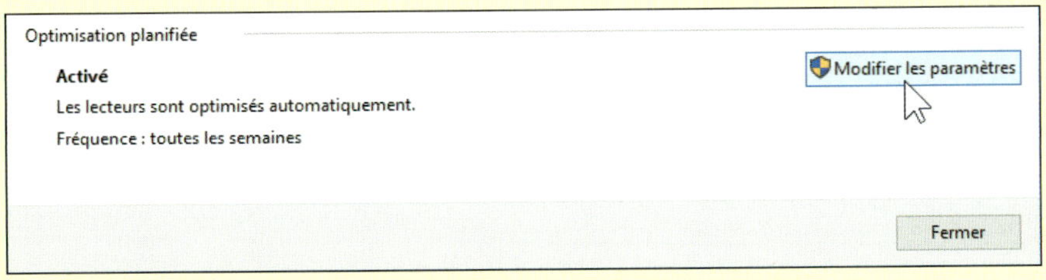

5. Cochez la case **Exécution planifiée**.
6. Dans la liste **Fréquence**, sélectionnez quand doit être effectuée la défragmentation (jour, semaine ou mois).

7 Si votre ordinateur est équipé de plusieurs disques, cliquez le bouton **Choisir** pour sélectionner ceux à défragmenter.

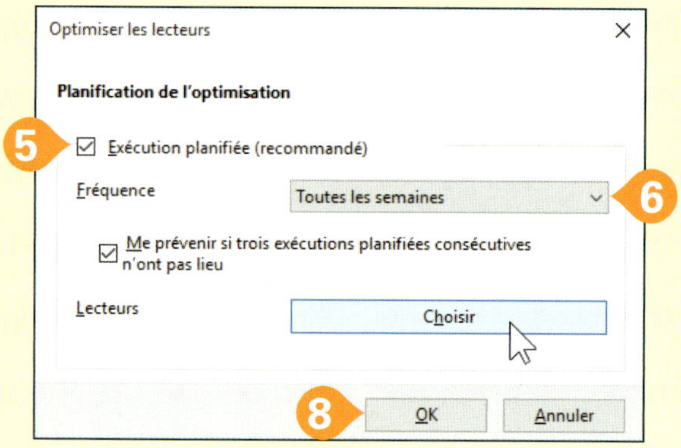

8 Validez avec le bouton **OK**.

9 Même si vous avez défini une planification, rien ne vous empêche de défragmenter vos disques immédiatement. Cliquez le disque à défragmenter dans la liste.

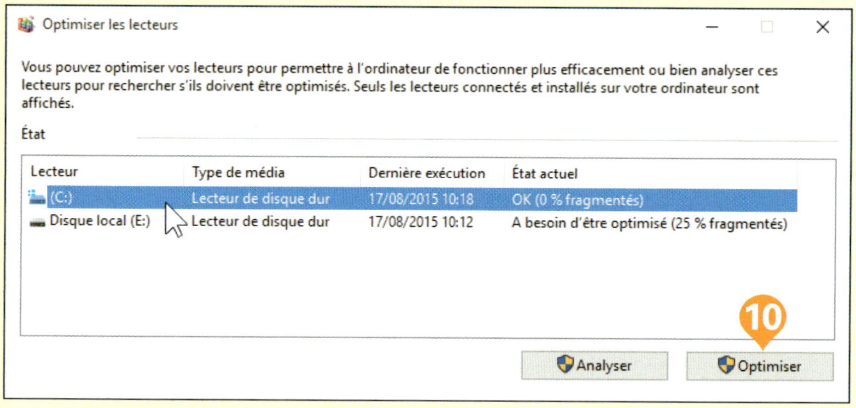

10 Cliquez le bouton **Optimiser**.

11 La défragmentation commence. Si le disque est très fragmenté, elle peut prendre plusieurs heures. Pour éviter cela, lancez régulièrement ce programme ou planifiez son exécution au moins une fois par semaine.

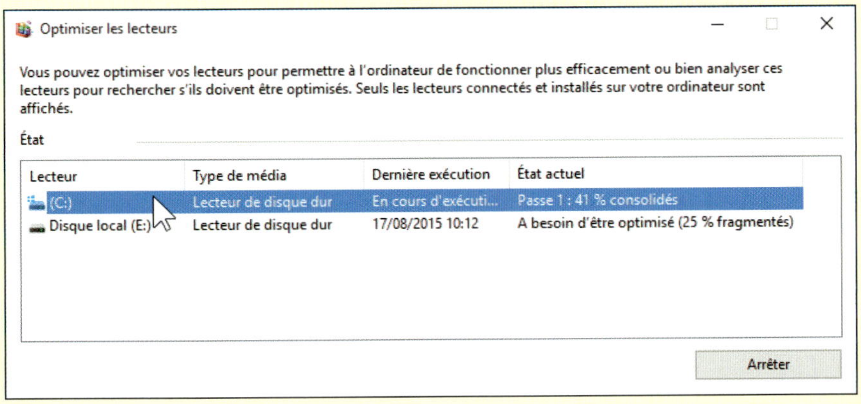

Nettoyer un disque

Beaucoup de programmes, Edge notamment, utilisent des fichiers temporaires. Ces fichiers sont conservés sur le disque dur tant que vous ne demandez pas à les supprimer. Pour libérer de l'espace, vous devez régulièrement les supprimer.

1. Tapez ⊞ + **E** pour ouvrir l'Explorateur.
2. Cliquez le disque à vérifier.
3. Cliquez l'onglet **Gestion** → **Gestion** → **Nettoyer**.

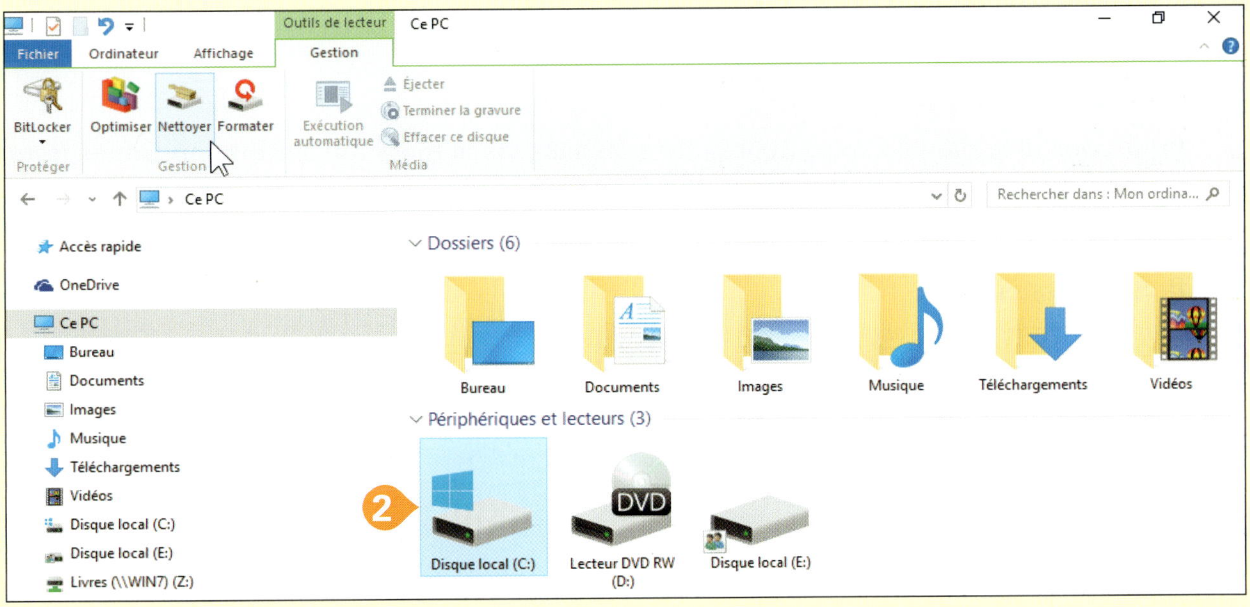

S'il n'y a vraiment plus de place sur votre disque, Windows vous proposera automatiquement de le nettoyer.

4 L'application **Nettoyage de disque** vérifie les fichiers temporaires à supprimer.

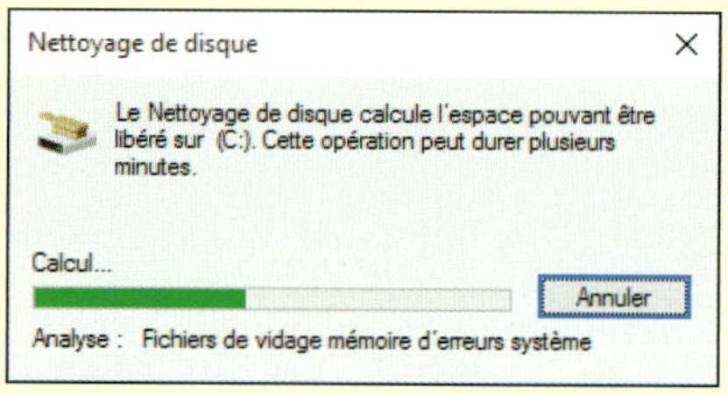

5 La boîte **Nettoyage de disque** affiche la liste des fichiers que vous pouvez supprimer. Cliquez un type de fichiers pour afficher en bas de la boîte une description et des conseils.

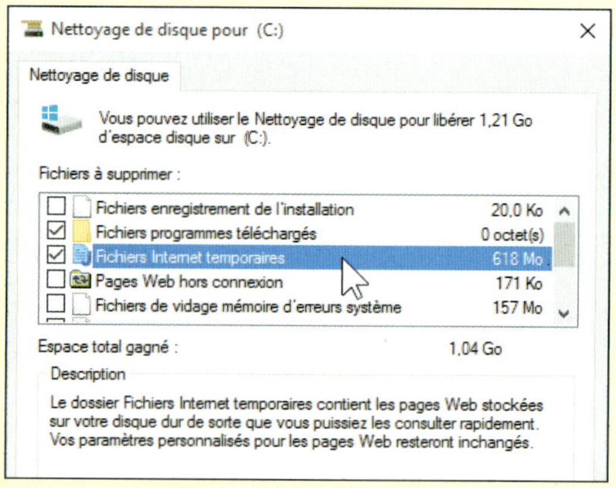

6 Pour consulter dans l'Explorateur la liste de tous les fichiers qui seront supprimés pour le type sélectionné, cliquez le bouton **Afficher les fichiers**.

7 Pour supprimer les fichiers temporaires de Windows, cliquez le bouton **Nettoyer les fichiers système**.

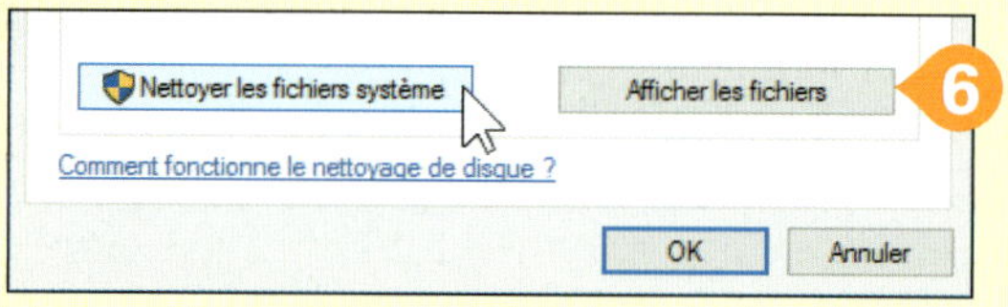

8 Cochez les types de fichiers à supprimer. Vous trouvez, au-dessous de la liste, la taille globale des fichiers qui seront supprimés.

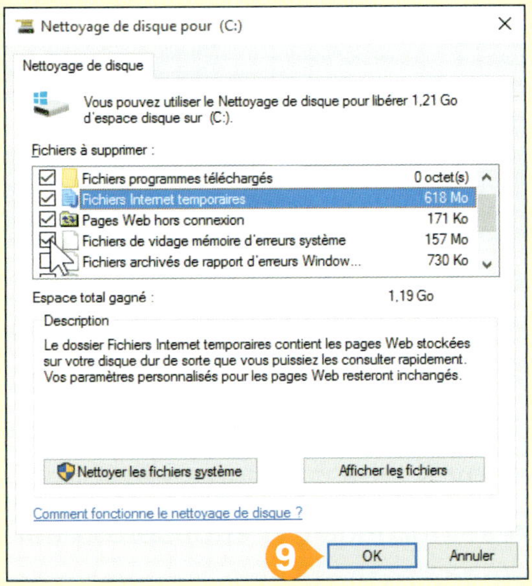

9 Cliquez le bouton **OK** pour démarrer les suppressions.

10 Cliquez le bouton **Supprimer les fichiers** dans la boîte **Nettoyage de disque** pour confirmer les suppressions.

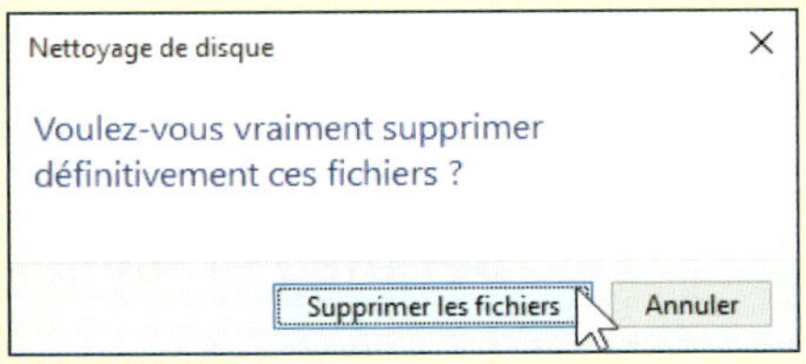

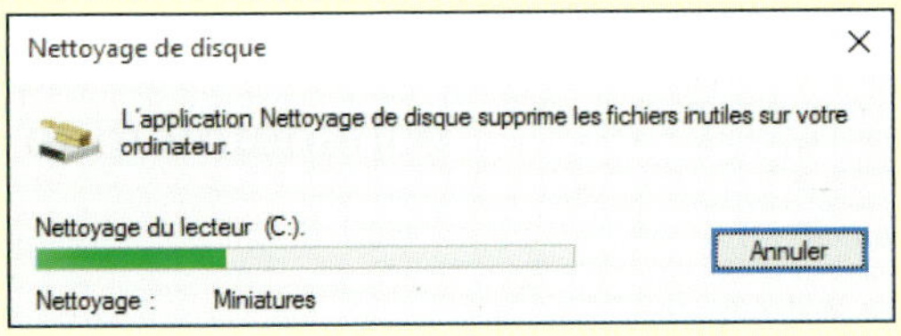

Gérer la confidentialité

Certaines applications utilisent des informations vous concernant, comme votre localisation, votre nom, votre avatar ou les sites que vous consultez. Modifiez ces paramètres pour ne plus être « espionné ».

1 Cliquez le bouton **Démarrer** ➜ **Paramètres** ➜ **Confidentialité**.

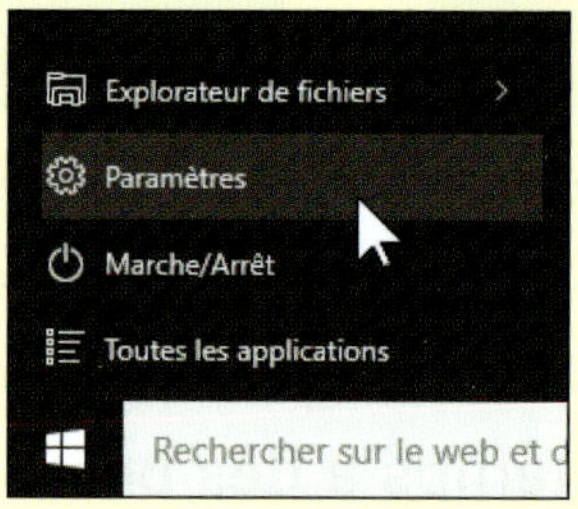

2 Cliquez dans la liste de gauche le type de données à protéger (**Général**, **Emplacement**, **Appareil photo**, *etc.*).

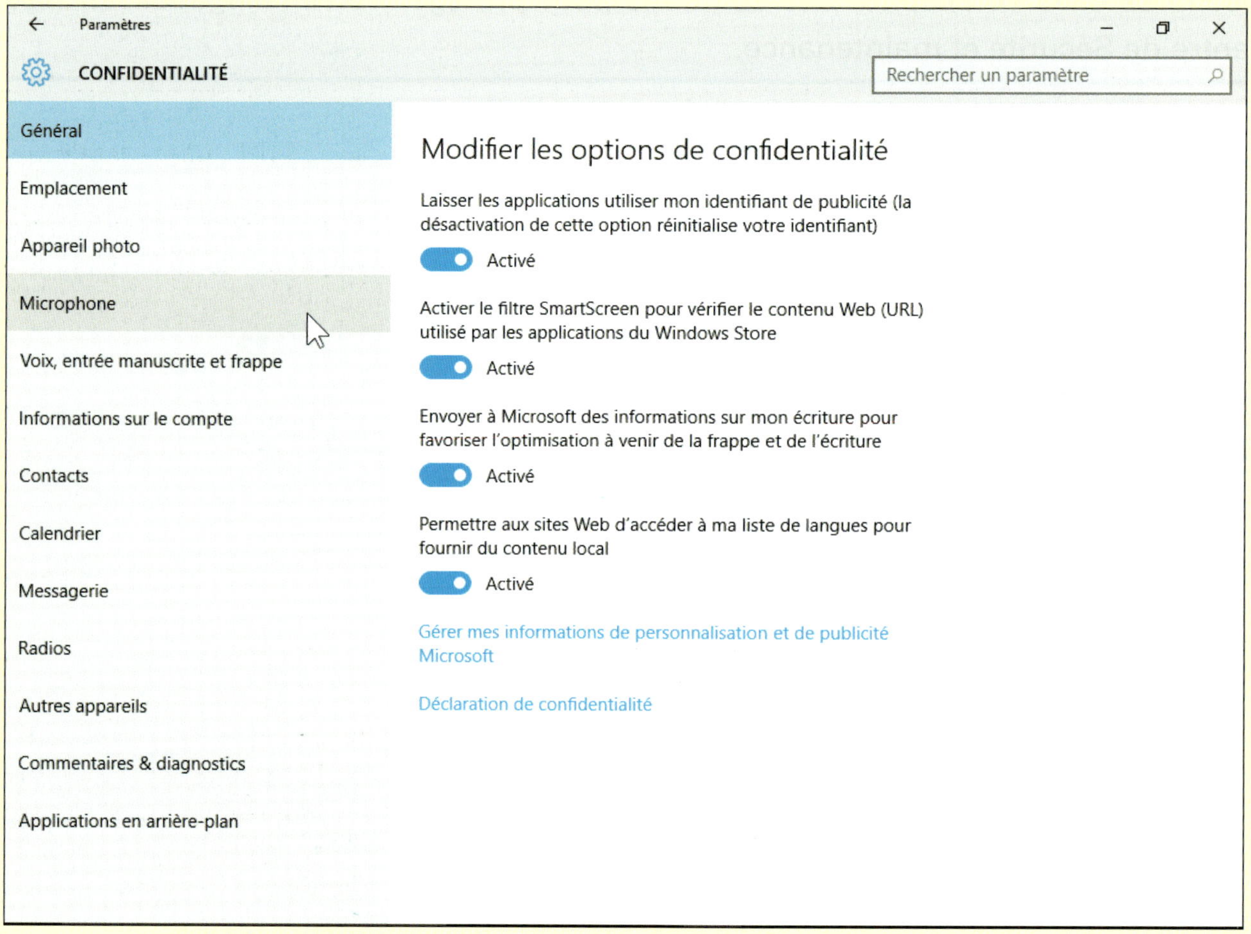

3 Cliquez les boutons pour activer ou pour désactiver les autorisations aux applications.

4 Cliquez les liens pour obtenir des informations complémentaires sur l'utilisation de vos données personnelles.

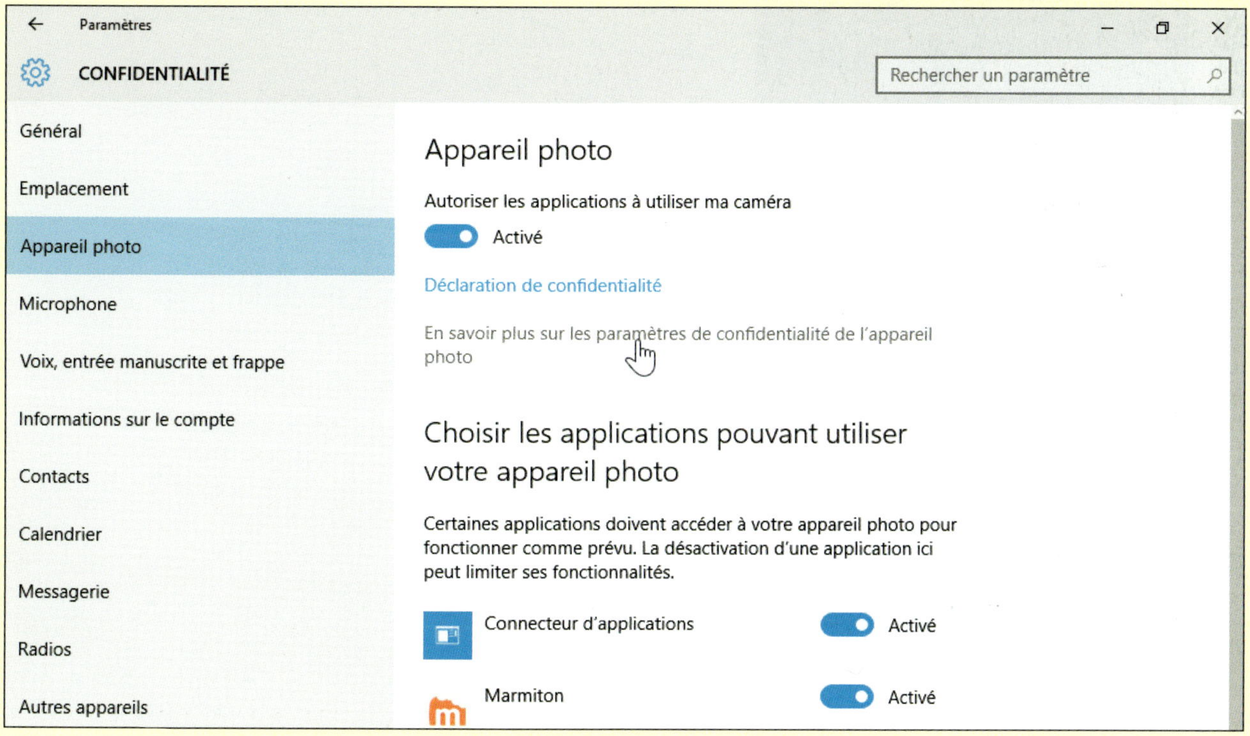

Consulter le centre de Sécurité et maintenance

Windows propose le centre de Sécurité et maintenance pour vérifier et gérer l'ensemble de vos protections. Pour examiner la manière dont votre ordinateur est protégé, consultez-le.

Vérifier les notifications du centre de Sécurité et maintenance

1. Si le service de Sécurité et maintenance a détecté un problème de protection ou de mise à jour, il l'affiche dans les notifications. Cliquez l'icône à droite de la barre des tâches.

2. Cliquez la notification **Sécurité et maintenance**.

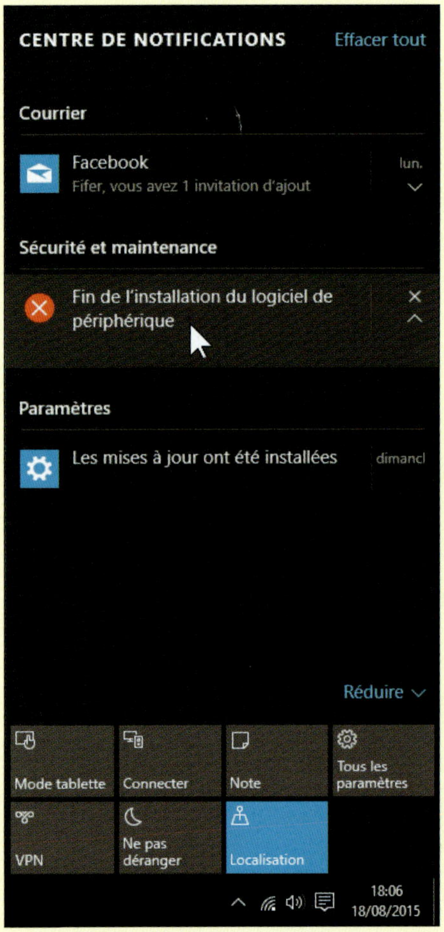

3 Suivez les instructions à l'écran.

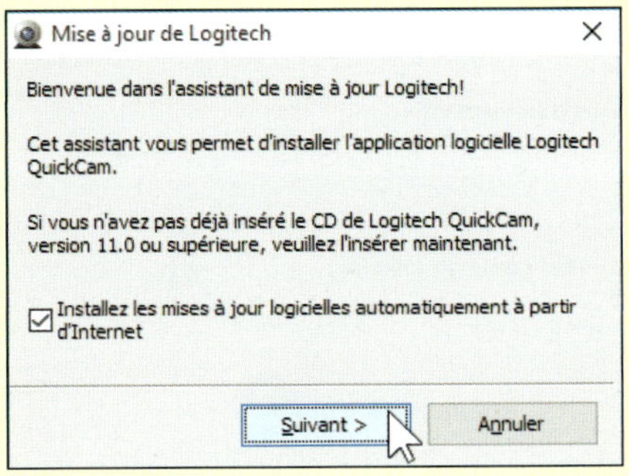

Ouvrir le centre de Sécurité et maintenance

1 Cliquez avec le bouton droit de la souris le bouton **Démarrer**, puis cliquez **Panneau de configuration** dans le menu contextuel.

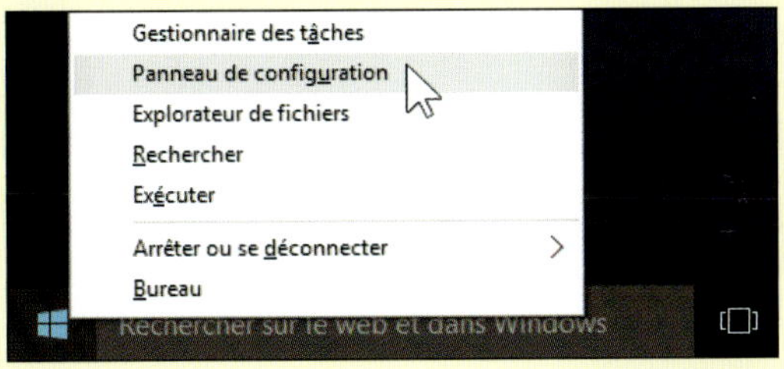

2 Cliquez le lien **Sécurité et maintenance** (affichage par icônes) ou le lien **Consulter l'état de votre ordinateur** (affichage par catégories).

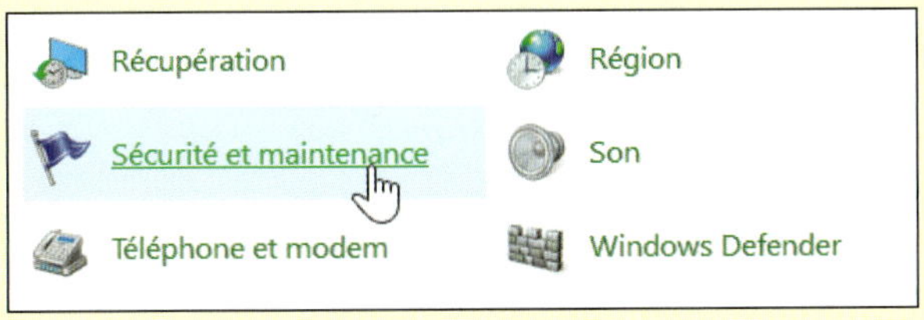

3 Cette fenêtre vous indique d'un seul coup d'œil le niveau de sécurité de chaque fonction selon sa couleur. Elle propose des boutons pour activer certaines fonctionnalités et résoudre les problèmes de sécurité (pour afficher le détail des autres fonctions qui, elles, ne posent pas de problème, cliquez le bouton ⌄ en regard).

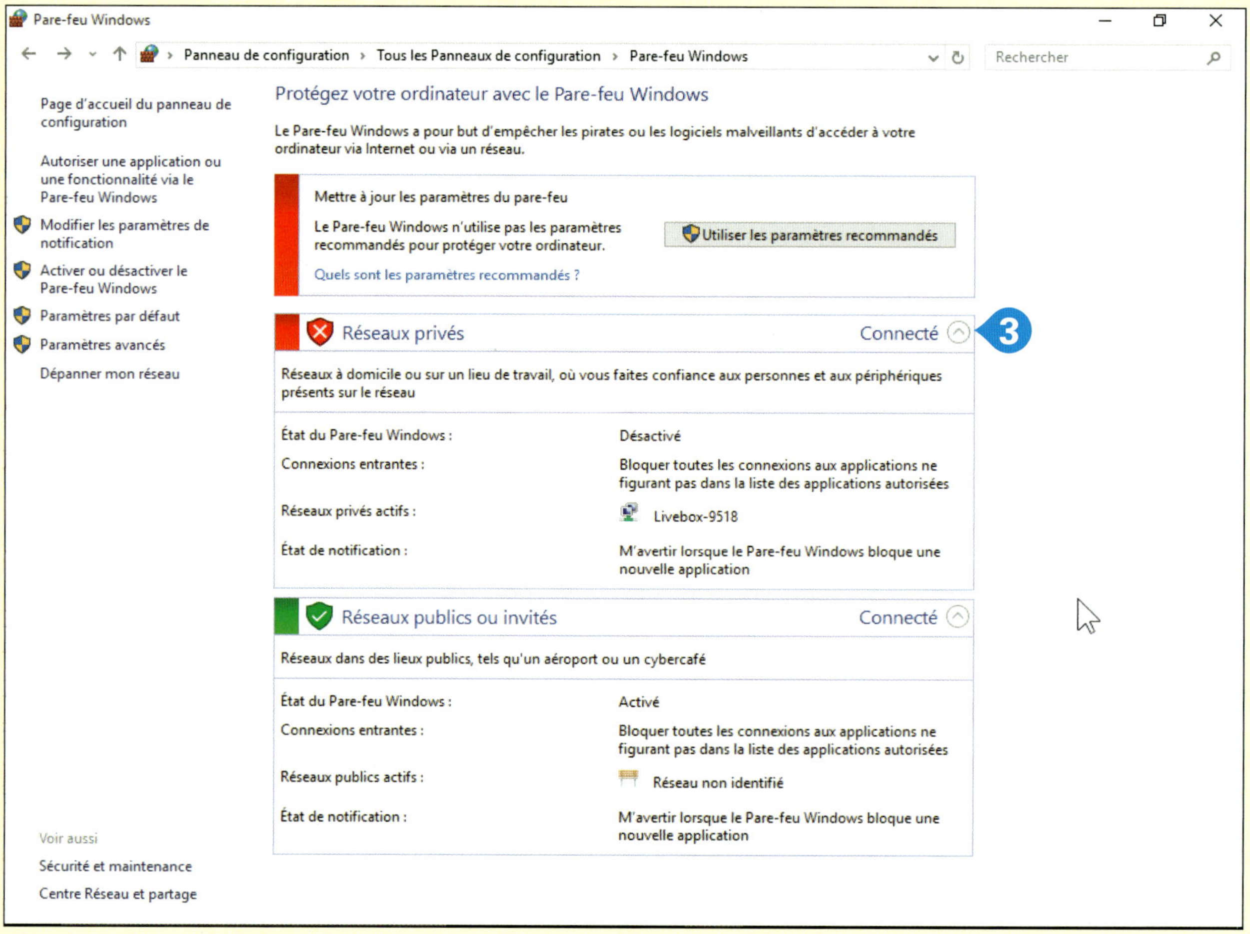

Définir les avertissements du centre de Sécurité et maintenance

1 Cliquez le lien **Modifier les paramètres du centre de Sécurité et maintenance** dans le volet gauche.

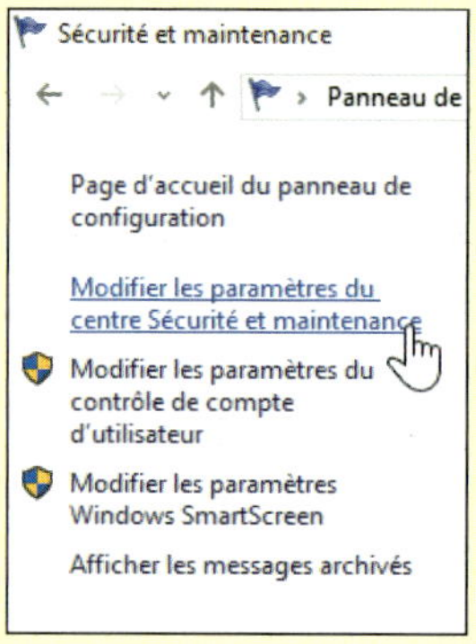

2 Cochez dans cette boîte les éléments que doit surveiller Windows et décochez les autres (par exemple, pour un antivirus que Windows ne détecte pas, mais qui est fonctionnel).

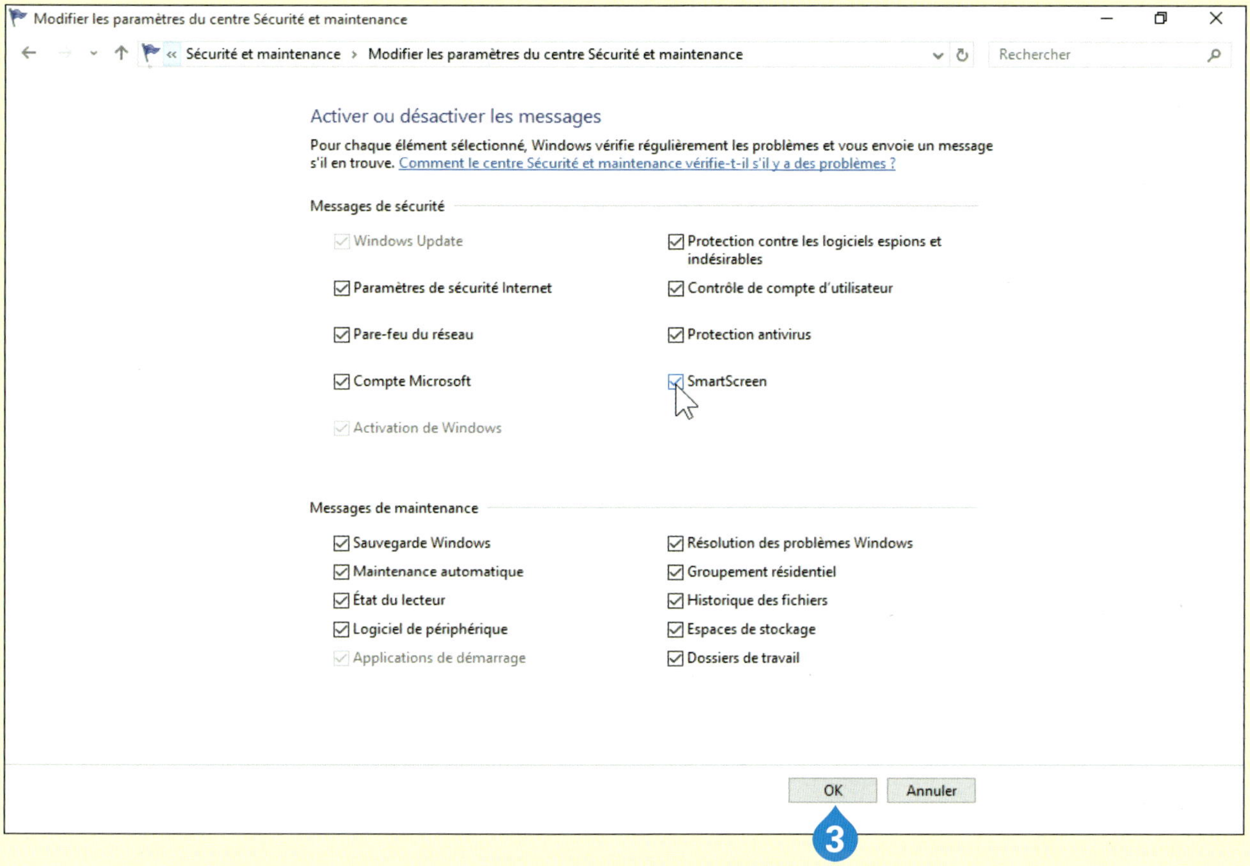

3 Cliquez le bouton **OK**.

Reportez-vous au chapitre **13** pour en savoir plus sur les mises à jour automatiques (Windows Update).

Activer le pare-feu

Le pare-feu évite que des personnes non autorisées ne prennent le contrôle de votre ordinateur *via* Internet. Vous pouvez utiliser celui proposé par Windows ou en installer un autre.

1 Cliquez avec le bouton droit de la souris le bouton **Démarrer** ⊞, puis cliquez **Panneau de configuration** dans le menu contextuel.

2 Cliquez le lien **Pare-feu Windows** dans le Panneau de configuration.

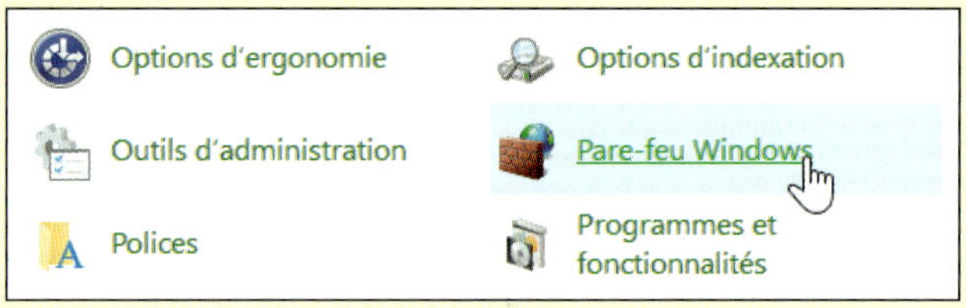

3 Une boîte vous indique l'état du pare-feu.

4 Cliquez le lien **Activer ou désactiver le Pare-feu Windows** dans le volet gauche.

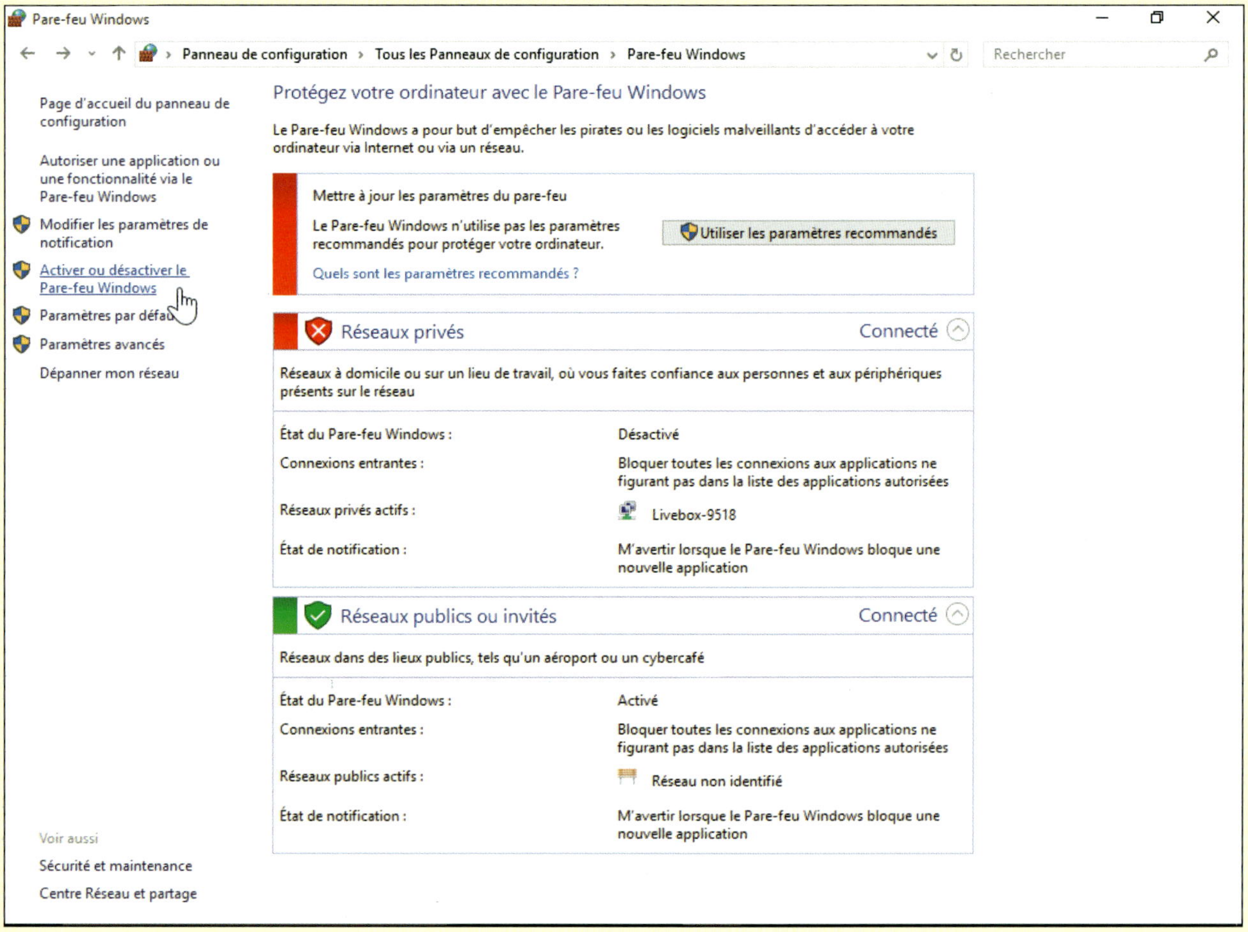

5 Si Windows le demande, cliquez le bouton **Oui** pour donner votre autorisation.

6 Si vous désirez utiliser le pare-feu proposé par Windows pour votre réseau domestique (options du haut), cochez l'option **Activer le Pare-feu Windows**. Si vous avez un autre pare-feu, cochez l'option **Désactiver le Pare-feu Windows (non recommandé)**.

Sachez que les modems ADSL livrés par les fournisseurs d'accès à Internet contiennent déjà un pare-feu. C'est le cas, par exemple, des Freebox, Bbox, Livebox, *etc.* Il n'est donc pas nécessaire dans ce cas d'activer celui de Windows. L'installation de plusieurs pare-feu peut ralentir votre navigation sur Internet.

7 En revanche, si vous utilisez un ordinateur portable pour vous connecter à Internet dans des lieux publics (hôtel, gare, aéroport, *etc.*), il est recommandé d'activer le pare-feu. Si vous désirez utiliser le pare-feu proposé par Windows pour des emplacements publics (options du bas), cochez l'option **Activer le Pare-feu Windows**.

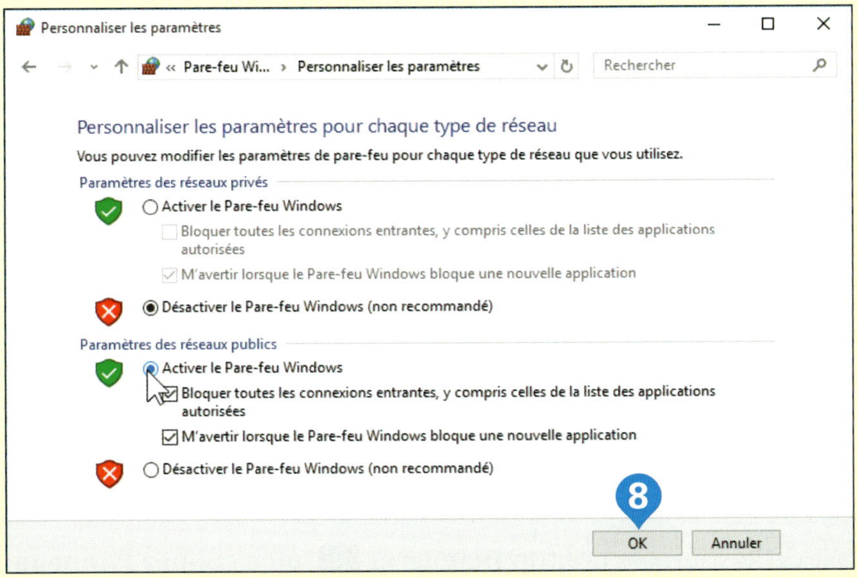

8 Cliquez le bouton **OK** pour valider vos choix.

9 Si vous avez un autre pare-feu que celui de Windows, vous devez l'indiquer pour éviter les alertes du centre de Sécurité et maintenance. Dans les paramètres du centre de Sécurité et maintenance (voir la rubrique précédente, « Consulter le centre de Sécurité et maintenance »), décochez la case **Pare-feu du réseau**.

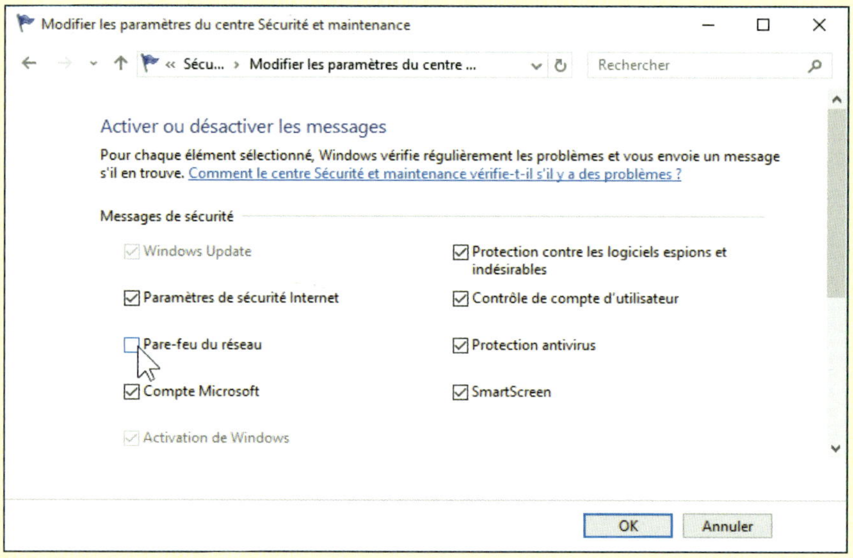

Se protéger des virus

À moins que vous n'utilisiez pas Internet ou un autre réseau, votre ordinateur sera peut-être un jour confronté à des virus. Comme il en apparaît de nouveaux tous les mois, il est nécessaire d'installer un logiciel antivirus qui soit mis à jour périodiquement.

Utiliser Windows Defender

Depuis Windows 8, l'antivirus Microsoft Security Essentials est intégré dans l'application Windows Defender. Ce dernier élimine les virus et les logiciels malveillants.

1. Cliquez avec le bouton droit de la souris le bouton **Démarrer** ⊞, puis cliquez **Panneau de configuration** dans le menu contextuel.
2. Cliquez le lien **Windows Defender** dans le Panneau de configuration.

3 La page d'accueil de Windows Defender vous donne l'état de la dernière analyse de votre ordinateur. Cette analyse est effectuée régulièrement sans que vous ayez à intervenir.

4 Pour vérifier si votre disque dur contient des virus ou des logiciels malveillants, cochez l'option du type de vérification dans la zone **Options d'analyse**, puis cliquez le bouton **Analyser maintenant**.

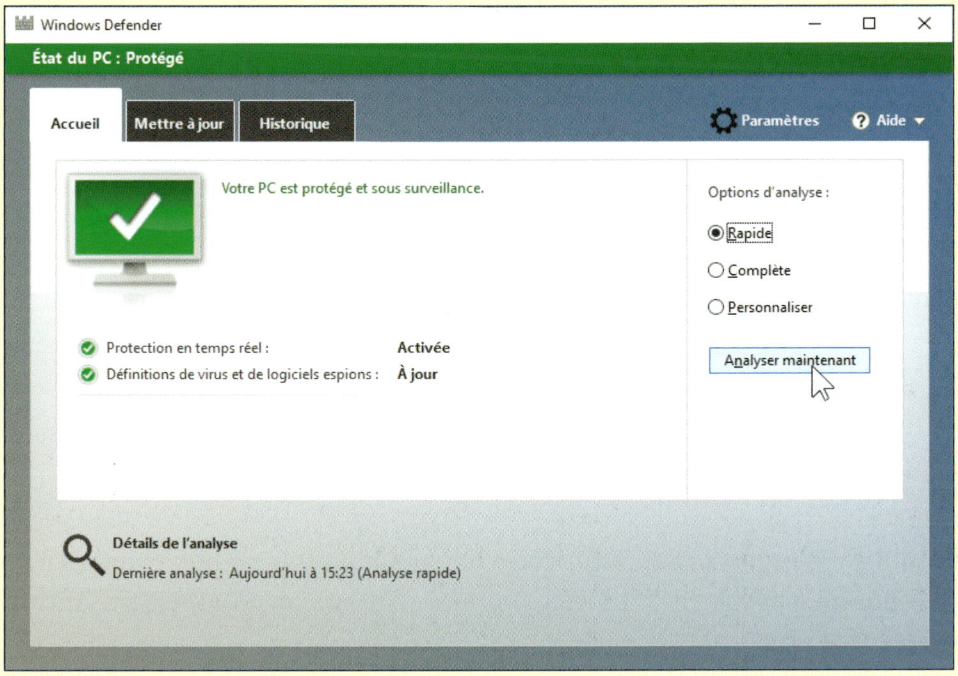

5 Windows Defender parcourt immédiatement votre disque dur à la recherche de menaces potentielles.

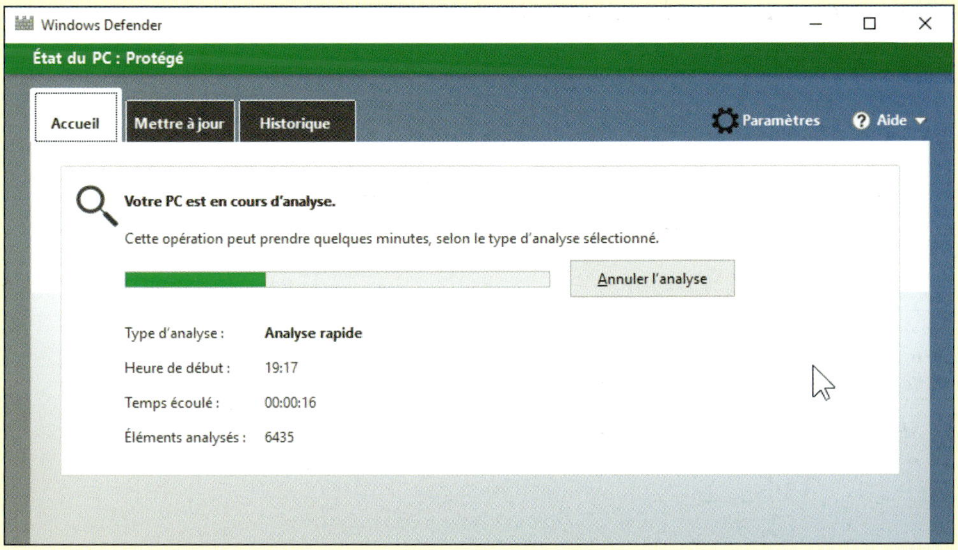

6 Après l'analyse, Windows Defender affiche le rapport de ses investigations.

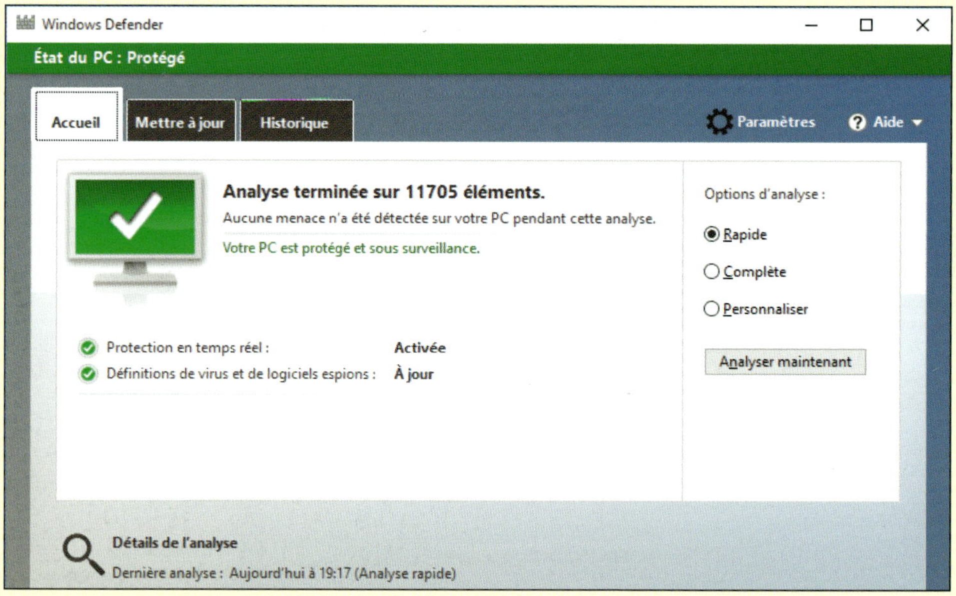

Installer un antivirus

Si vous ne souhaitez pas utiliser Windows Defender, vous pouvez installer un autre antivirus. Parmi les plus connus, citons Symantec Norton Antivirus, McAfee VirusScan, Kaspersky Antivirus et Avast! Antivirus. Ce dernier est gratuit.

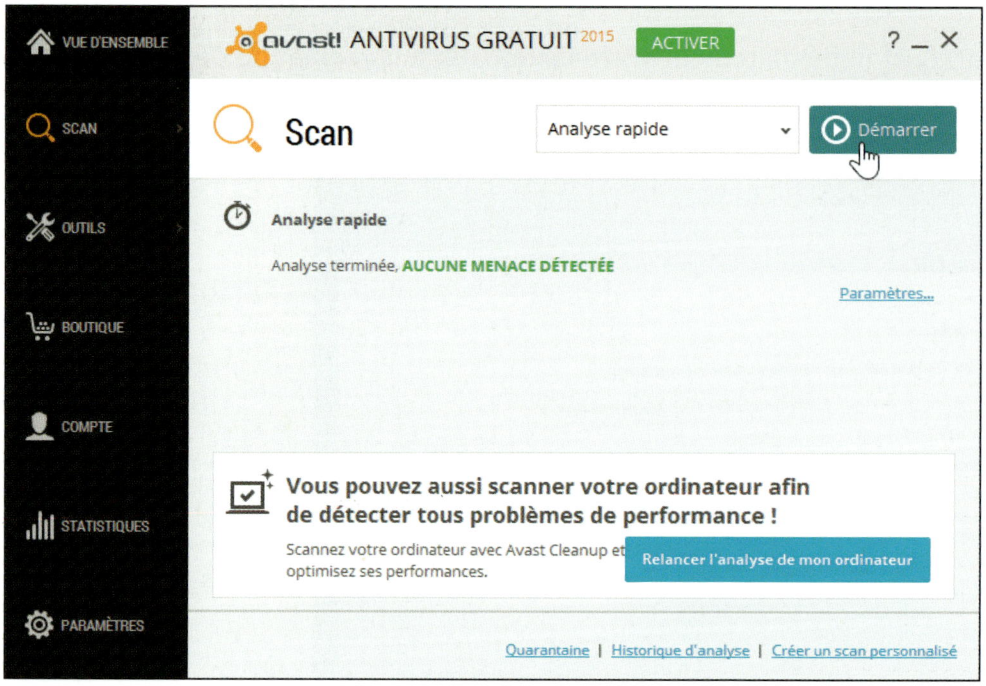

Sécuriser votre navigation sur Internet

Pour naviguer sereinement, modifiez les options Internet ou supprimez des données personnelles (cookies, mots de passe, *etc.*).

Gérer les cookies

Les cookies sont des fichiers enregistrés sur votre disque dur par les sites Web que vous consultez. Ils contiennent des renseignements vous concernant, comme la date de votre dernière visite, les pages visitées, les produits que vous avez choisis, *etc.* Si vous ne souhaitez pas que les sites Web consultés abusent des cookies, contrôlez leur utilisation.

1. Cliquez **Edge** dans la barre des tâches.

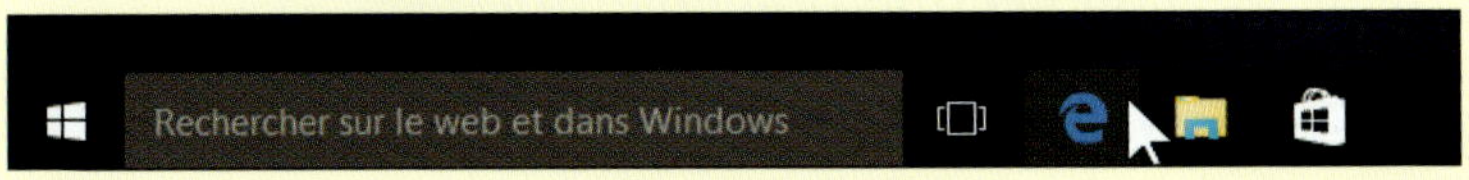

2. Cliquez le bouton ··· ➜ **Paramètres**.

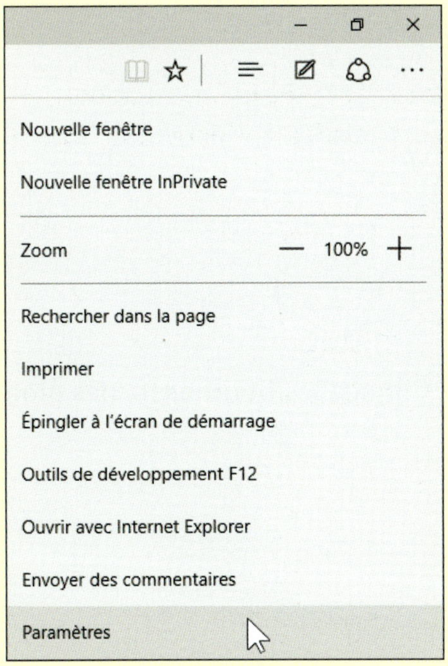

3. Cliquez le bouton **Afficher les paramètres avancés** en bas de la liste.

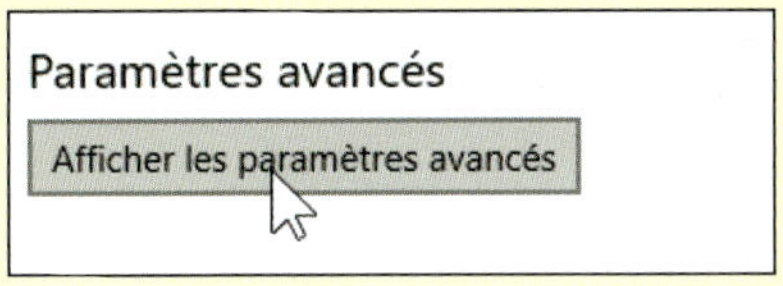

4 Sélectionnez dans la liste **Cookies** si vous désirez accepter ou non les cookies.

Les cookies tiers sont ceux enregistrés par des services Web externes au site que vous consultez, généralement des publicités.

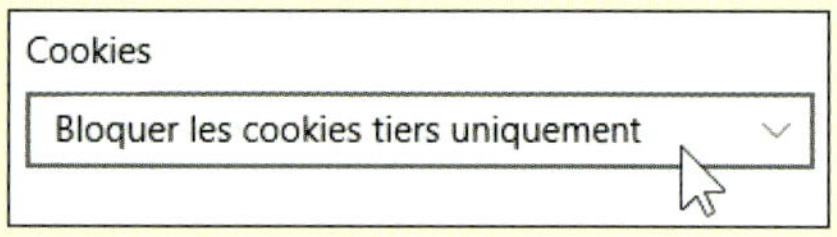

Gérer les mots de passe

1 Affichez dans Edge les paramètres avancés (voir section précédente).

2 Cliquez l'option **Proposer d'enregistrer les mots de passe** pour l'activer ou la désactiver.

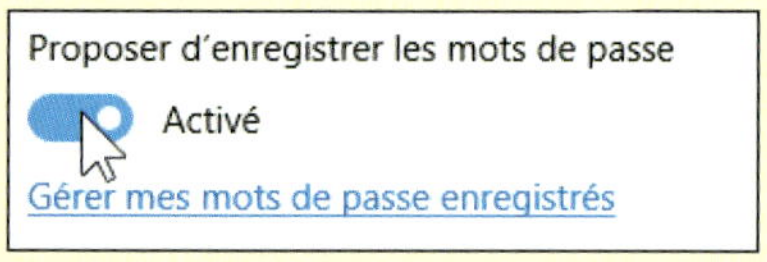

3 Cliquez le lien **Gérer mes mots de passe enregistrés**.

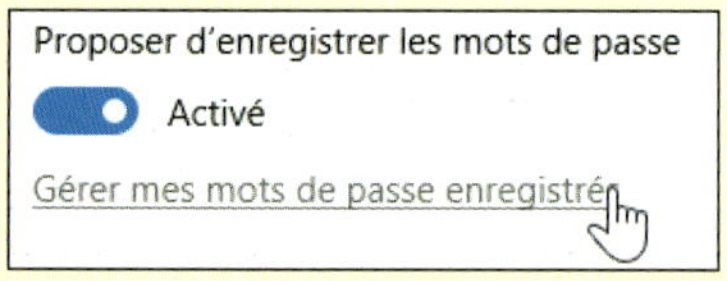

4 Edge liste les sites dont il a conservé les mots de passe. Cliquez les boutons × des mots de passe à supprimer.

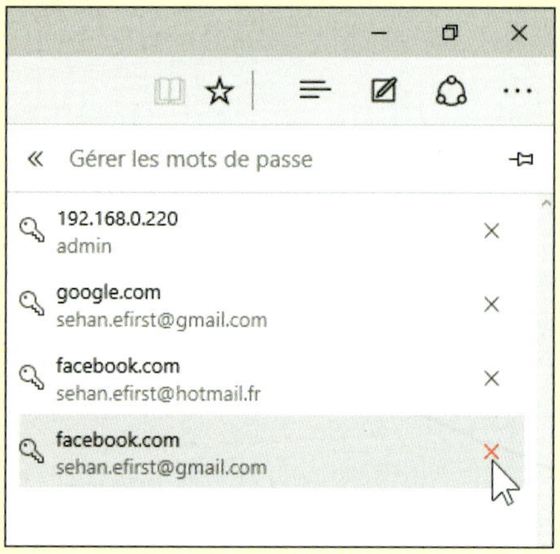

Supprimer l'historique de votre navigation

Si vous ne souhaitez pas que Edge conserve l'historique de votre navigation ainsi que des éléments confidentiels (cookies, mots de passe, *etc.*), supprimez-les du disque dur de votre ordinateur.

1. Dans Edge, cliquez le bouton ··· → **Paramètres**.

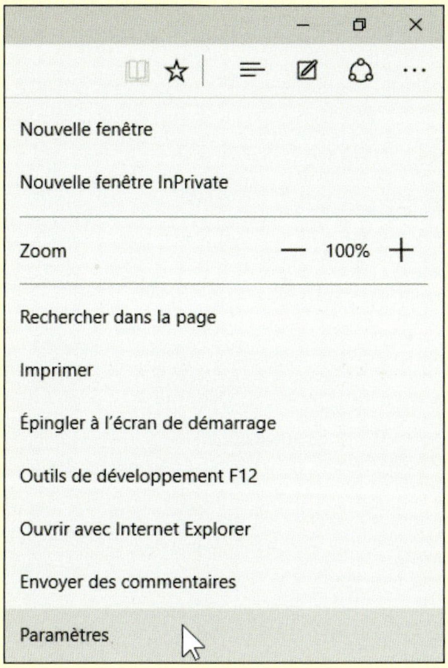

2. Dans la section Effacer les données de navigation, cliquez le bouton **Choisir les éléments à effacer**.

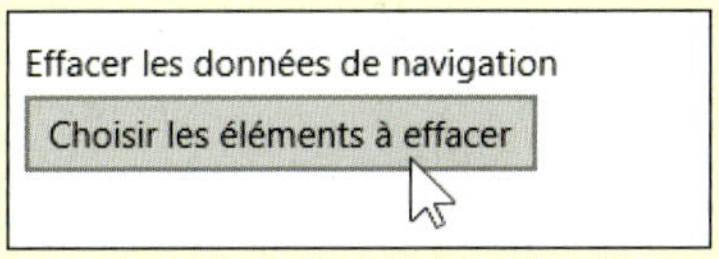

3. Cochez les éléments à supprimer (cookies, historique, *etc.*), et décochez ceux à conserver.

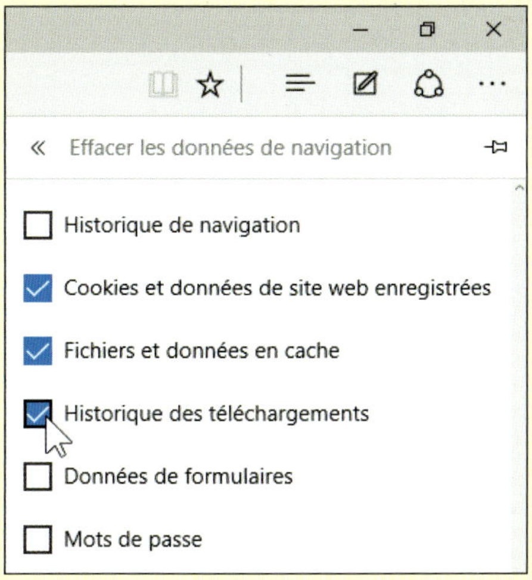

4 Cliquez le bouton **Effacer**.

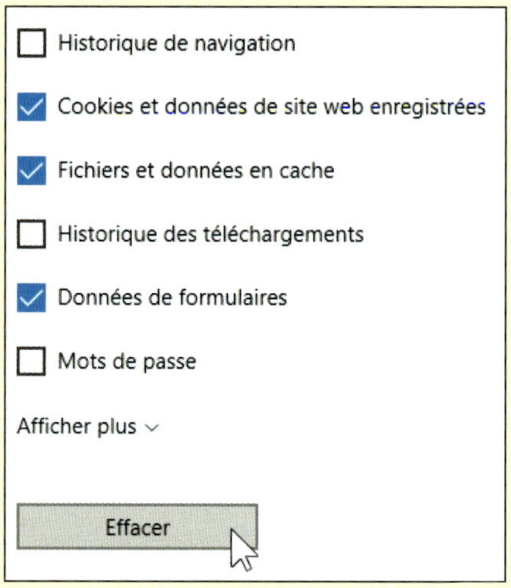

5 Les éléments cochés à l'étape **3** sont supprimés.

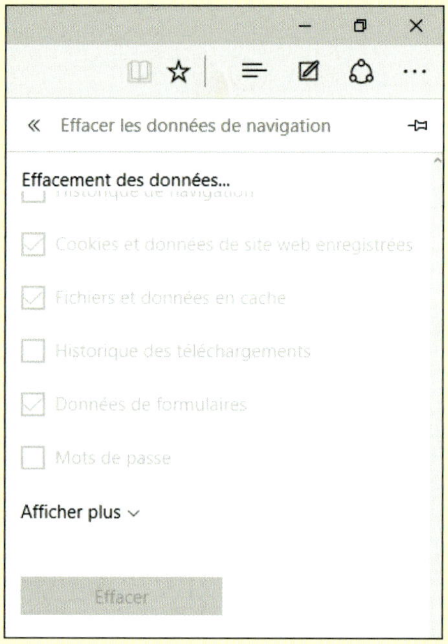

Pour naviguer sur Internet sans laisser aucune trace (cookies, historique, *etc.*), consultez la section « Naviguer en toute confidentialité » à la fin du chapitre **9** (navigation InPrivate).

Partager l'ordinateur en famille

15

Vous n'êtes désormais plus le seul à la maison à avoir découvert les joies de l'informatique, et tous, petits et grands, sont maintenant passionnés ! Le partage permet à chaque utilisateur d'avoir un compte qui lui est propre, dans lequel il pourra à sa guise modifier son bureau et enregistrer ses données.

Dans ce chapitre

- Partager l'ordinateur
- Créer un compte d'utilisateur
- Ajouter des mots de passe
- Changer de session et d'utilisateur
- Créer un compte à accès affecté
- Modifier le contrôle du compte utilisateur

Partager l'ordinateur

Le partage permet à tous les utilisateurs d'accéder à l'ordinateur sans pour autant mélanger leurs documents ou avoir une configuration de Windows commune. Chaque utilisateur peut modifier le bureau à sa guise et enregistrer des données dans des dossiers qui lui sont propres. Il existe trois types de comptes.

1. **Administrateur** : c'est le superviseur de l'ordinateur. Il est le seul à pouvoir créer de nouveaux comptes ou à en supprimer. Par défaut, c'est la première personne qui utilise l'ordinateur qui obtient ce titre. L'administrateur a accès à tous les paramètres de l'ordinateur, ce qui lui permet de modifier toutes les données techniques.

2. **Standard** : ce sont toutes les autres personnes qui se servent de l'ordinateur. Elles peuvent modifier les paramètres courants de Windows (menu Démarrer, bureau, *etc.*) et possèdent leurs propres dossiers de sauvegarde pour leurs documents (dossiers Documents, Images, Musique, *etc.*). Elles ne peuvent pas modifier les comptes ni les paramètres de sécurité de Windows.

3. **Compte à accès affecté** : c'est un compte limité à une seule application du Windows Store.

4. Si une personne tente de modifier des données réservées à l'administrateur avec un autre type de compte, elle aura systématiquement une boîte de refus, comme celle ci-dessous. Les accès réservés à l'administrateur sont identifiés par l'icône .

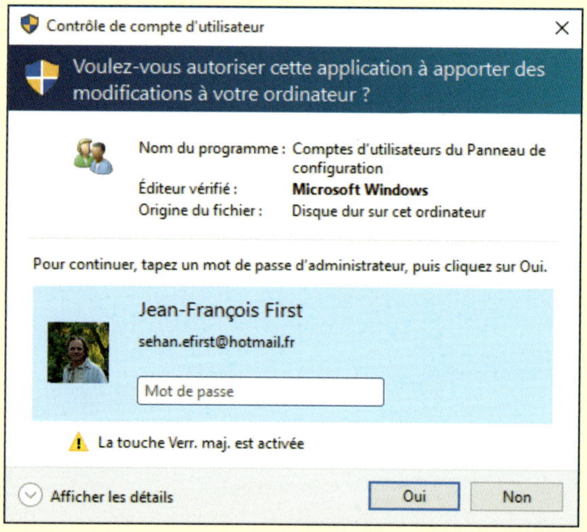

5. Chaque ouverture de Windows par un utilisateur est appelée une *session*. Nous verrons plus loin dans ce chapitre les changements d'utilisateurs et les fermetures de sessions.

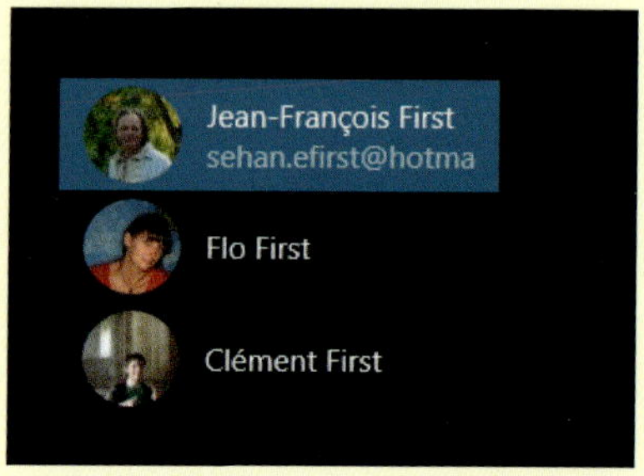

Créer un compte d'utilisateur

Vous devez créer un compte pour chacune des personnes qui utilisent l'ordinateur. Ne créez que des comptes standard pour éviter une modification de l'ordinateur par d'autres personnes.

1. Ouvrez une session en tant qu'administrateur.

2. Cliquez le bouton **Démarrer** → **Paramètres** → **Comptes** → **Famille et autres utilisateurs**.

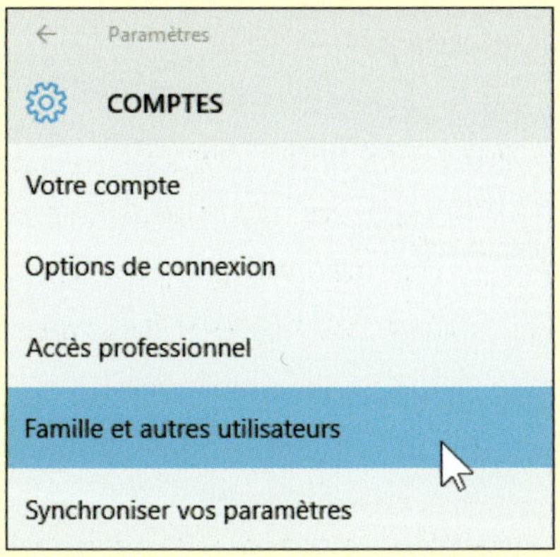

3. Cliquez **Ajouter un autre utilisateur sur ce PC**.

Le bouton **Ajouter un membre de la famille** permet de créer des comptes pour des enfants et des comptes pour les adultes qui pourront gérer ceux des enfants.

4 Éventuellement, tapez l'adresse e-mail du nouveau compte.

Pour définir un utilisateur avec un compte Microsoft, consultez le début du chapitre **10**.

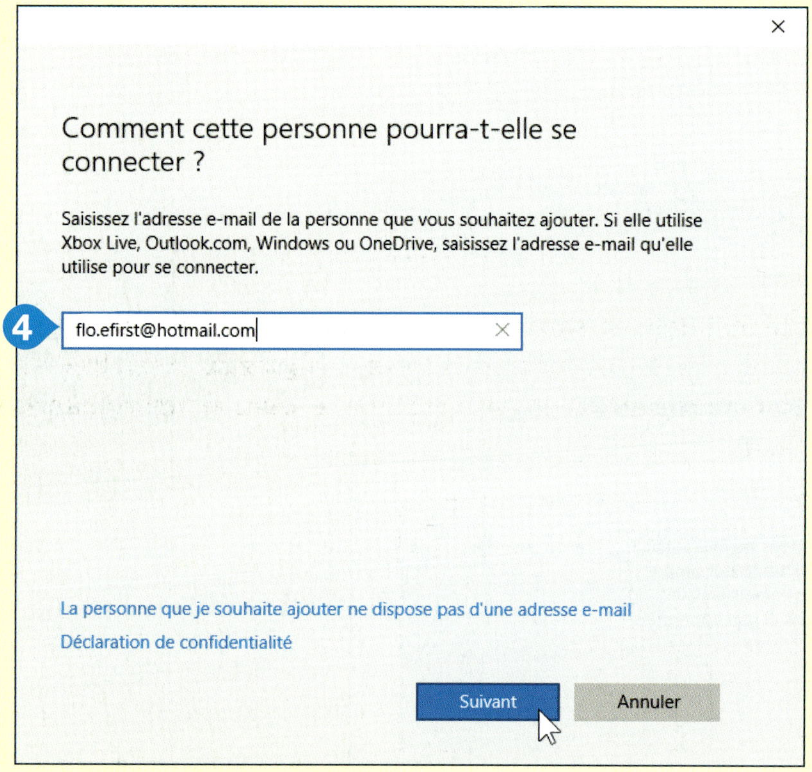

5 Si vous avez saisi une adresse e-mail valide, cliquez les boutons **Suivant** puis **Terminer**. Sinon, cliquez le lien **La personne que je souhaite ajouter ne dispose pas d'une adresse e-mail**.

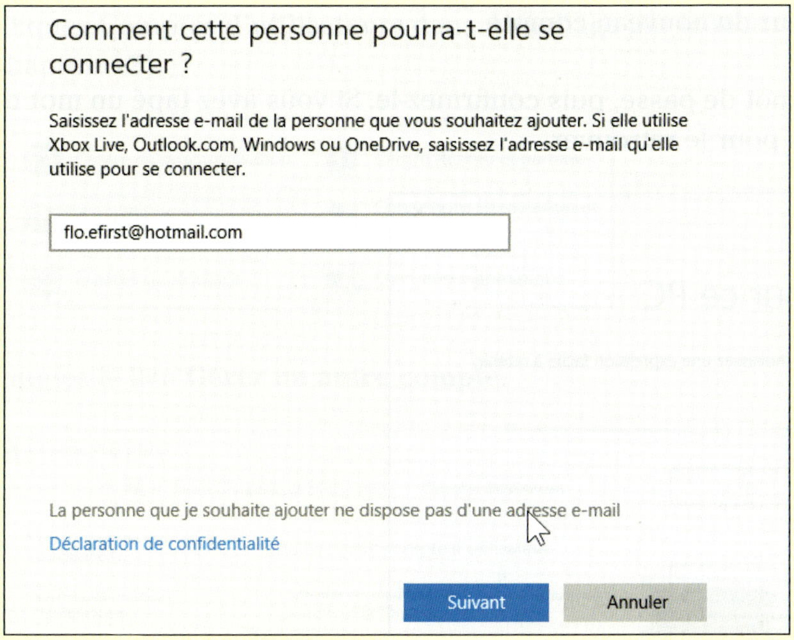

6 Si vous désirez créer un compte maintenant, saisissez les renseignements demandés, puis cliquez le bouton **Suivant**. Si vous n'avez pas encore d'adresse, cliquez au préalable le lien **Obtenez une nouvelle adresse e-mail** pour en créer une. Sinon, cliquez le lien **Ajouter un utilisateur sans compte Microsoft**.

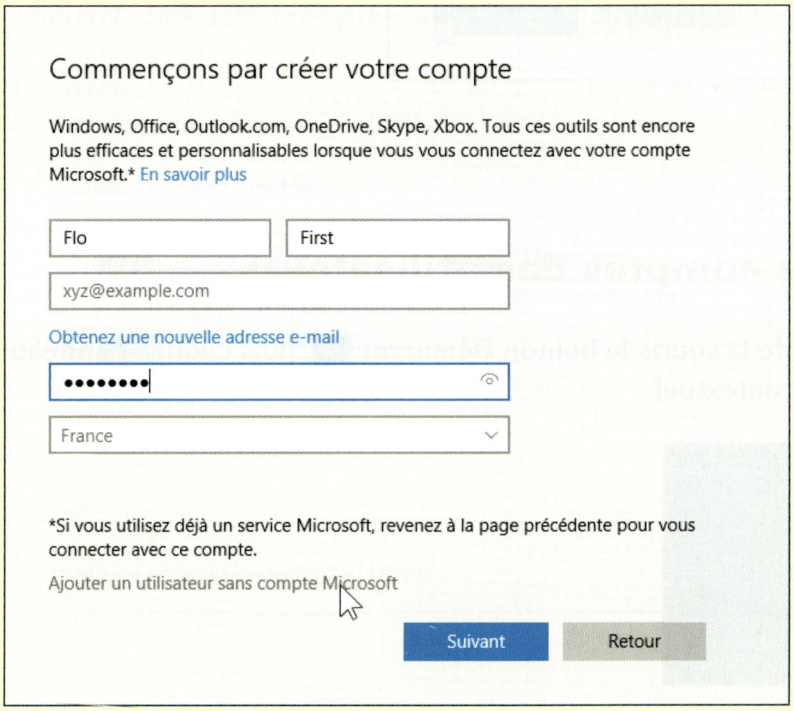

Ajouter des mots de passe

Sans mot de passe, toute personne qui allume l'ordinateur peut cliquer le compte de l'administrateur et modifier des paramètres de sécurité. Il est donc indispensable d'ajouter un mot de passe pour ce compte. C'est un point important à ne pas négliger. Mais ce n'est pas tout. Si les utilisateurs standard n'ont pas de mot de passe, chacun peut ouvrir une session avec un autre compte et accéder aux documents de ce dernier. Dernier point : si vous désirez ajouter un compte avec un contrôle parental, il est indispensable d'ajouter des mots de passe pour tous les autres comptes. Sans cela, vos chérubins pourront ouvrir une session sur un autre compte qui, lui, n'aura pas de protection parentale.

1. Ouvrez une session pour le compte à modifier.

2. Cliquez le bouton **Démarrer**, cliquez votre nom ou votre avatar, puis la commande **Modifier les paramètres du compte** dans le menu contextuel.

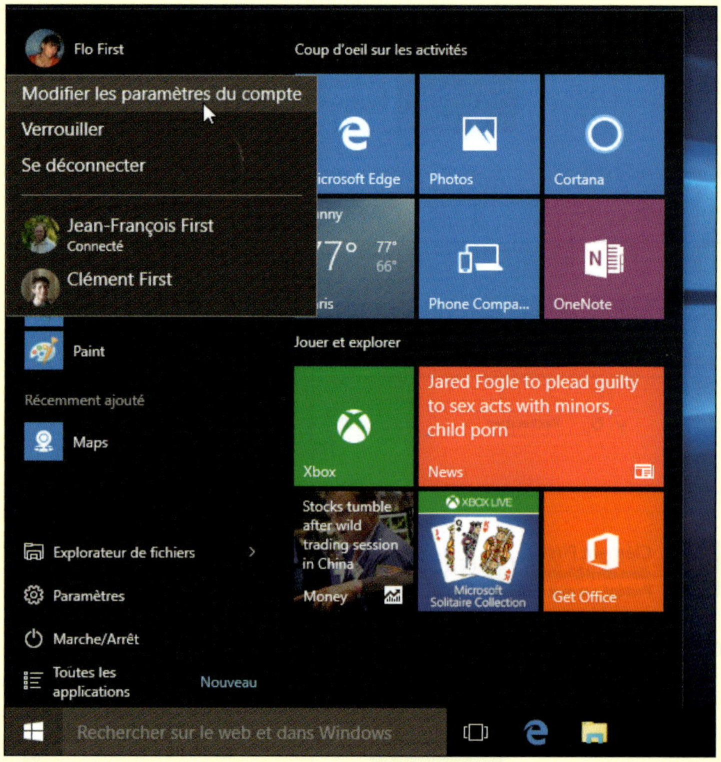

3. Cliquez **Options de connexion** dans la liste de gauche.

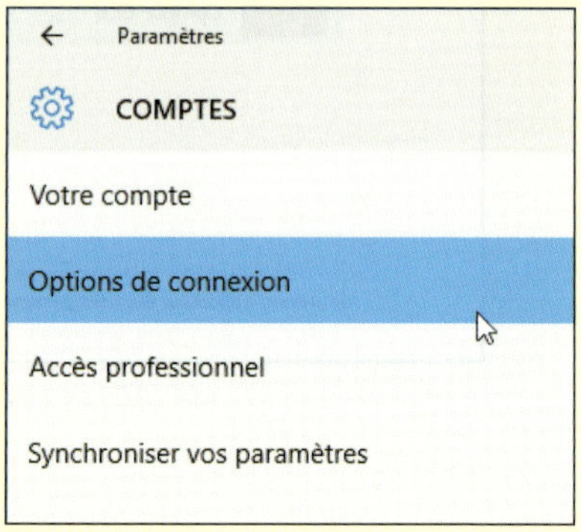

4 Cliquez **Ajouter**.

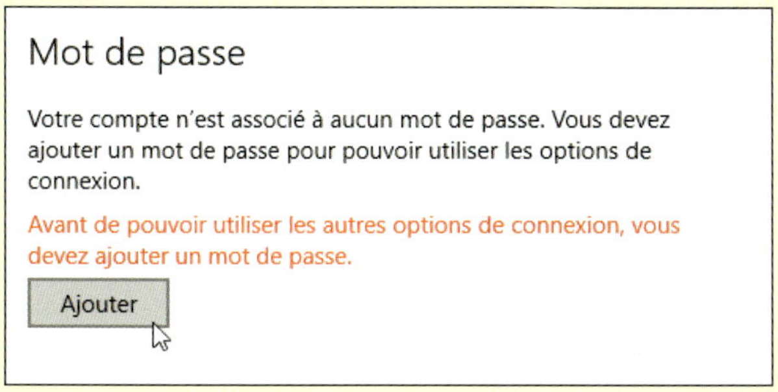

5 Tapez le mot de passe dans la première zone de texte. Retenez que Windows tient compte des majuscules et des minuscules dans les mots de passe.

6 Saisissez de nouveau le mot de passe dans la deuxième zone.

7 Tapez, dans la troisième zone de texte, un mot ou une phrase qui vous permettra de vous souvenir du mot de passe en cas d'oubli.

8 Cliquez le bouton **Suivant**.

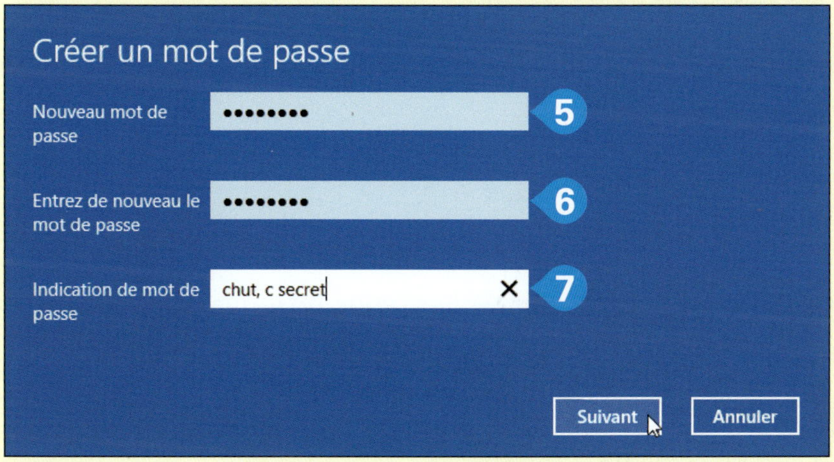

9 Cliquez le bouton **Terminer**.

Pour supprimer votre mot de passe, ne saisissez rien aux étapes **6** et **7**. Cliquez directement les boutons **Suivant** puis **Terminer**.

Changer de session et d'utilisateur

Lors de l'ouverture ou de la fermeture de session, du changement d'utilisateur ou de l'arrêt de l'ordinateur, plusieurs cas se présentent.

Ouvrir une session

1 Quand l'ordinateur est partagé entre plusieurs personnes, vous retrouvez au démarrage de Windows l'écran d'ouverture de session.

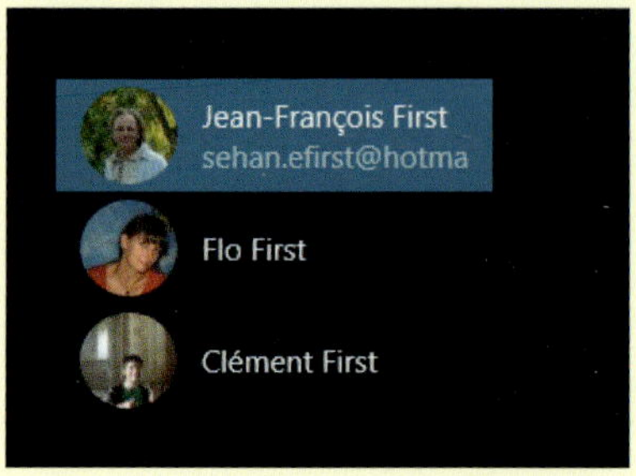

2 Chaque utilisateur doit cliquer son compte pour ouvrir une nouvelle session, et saisir son mot de passe s'il y a lieu.

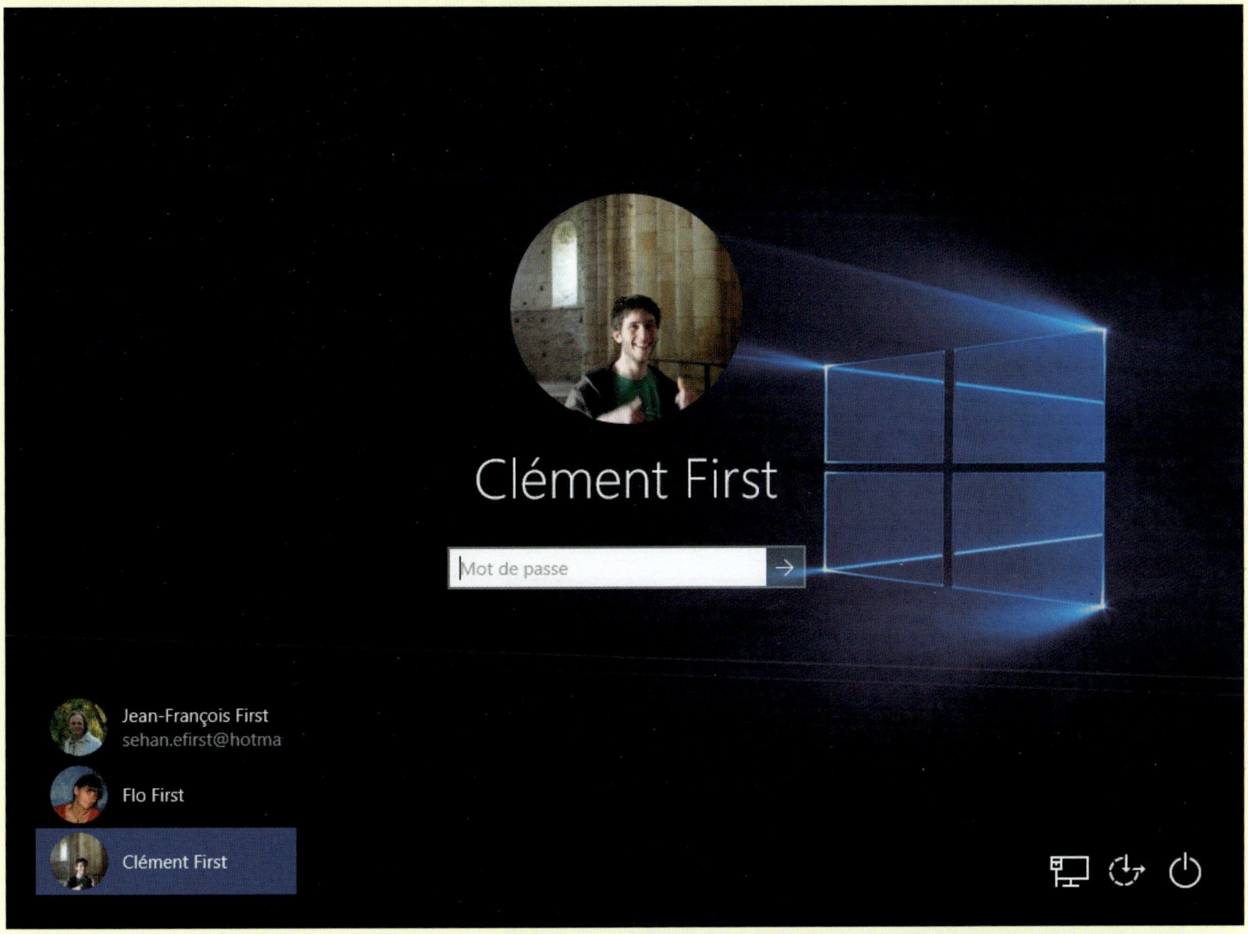

Fermer l'ordinateur et conserver la session

Vous pouvez arrêter l'ordinateur, tout en conservant votre session. Les autres utilisateurs devront redémarrer l'ordinateur.

1 Cliquez le bouton **Démarrer** ➜ **Marche/Arrêt** ➜ **Mettre en veille** (l'ordinateur reste allumé mais consomme peu d'énergie) ou **Mettre en veille prolongée** (l'ordinateur est éteint mais votre session et éventuellement celles des autres utilisateurs sont enregistrées sur le disque dur).

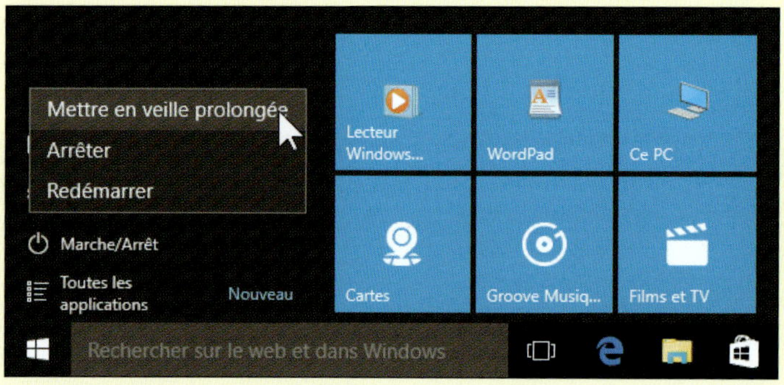

Fermer la session et garder l'ordinateur allumé

Vous pouvez fermer votre session sans arrêter l'ordinateur. Cela permet à un autre utilisateur d'ouvrir une session sans redémarrer.

1. Cliquez le bouton **Démarrer** ⊞, cliquez votre avatar, puis la commande **Se déconnecter**.

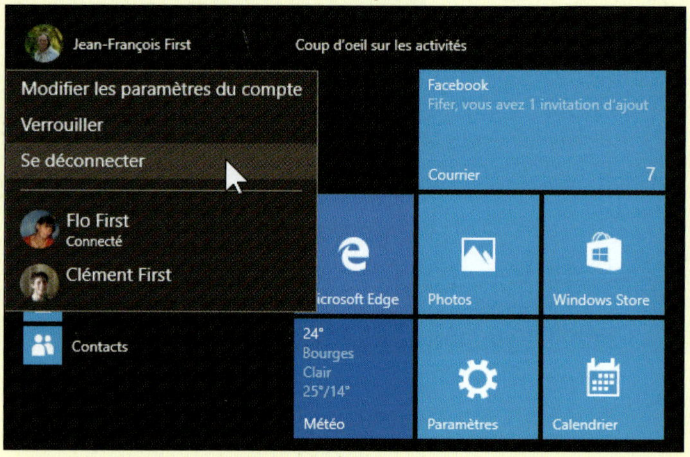

2. Windows revient alors à la fenêtre d'ouverture de session.

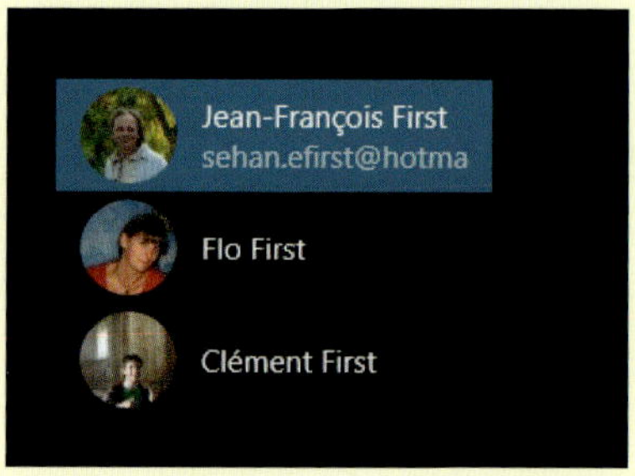

Conserver la session et verrouiller l'ordinateur

Si vous désirez retrouver vos applications telles qu'elles sont ouvertes actuellement, par exemple après une pause-café, vous pouvez verrouiller l'ordinateur.

1. Cliquez le bouton **Démarrer**, cliquez votre avatar, puis la commande **Verrouiller**.

2. Pour ouvrir de nouveau votre session, saisissez éventuellement votre mot de passe.

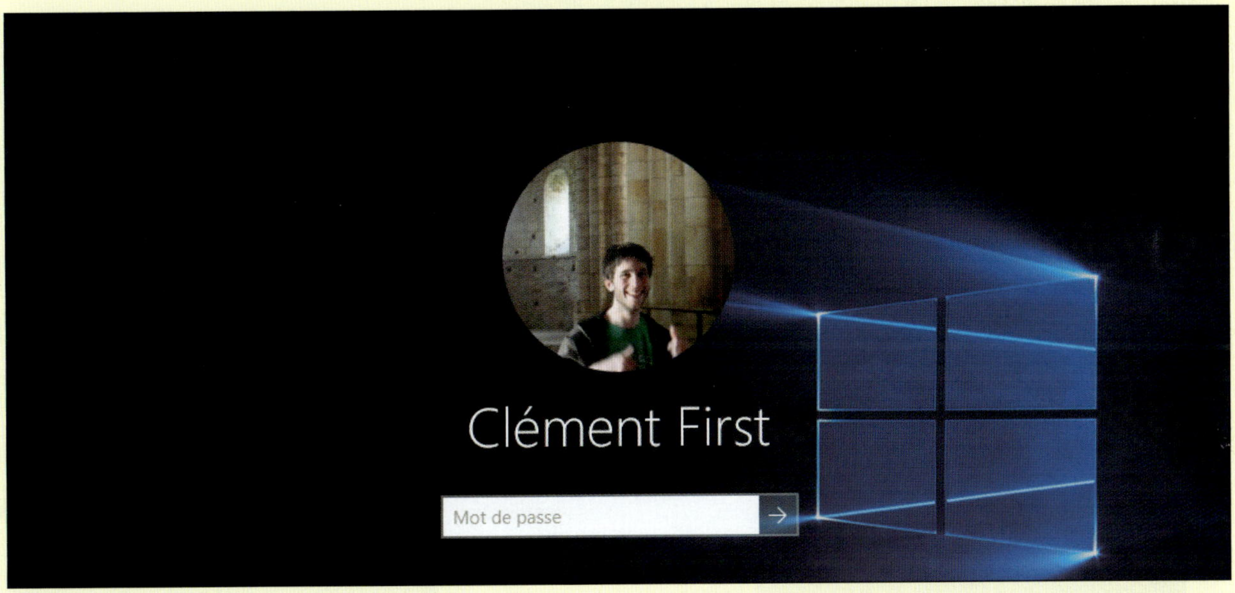

En cas de verrouillage de l'ordinateur, un autre utilisateur peut cliquer son avatar pour ouvrir sa propre session indépendamment de la vôtre.

Ouvrir une session tout en conservant la vôtre

Vous pouvez laisser l'ordinateur à un autre utilisateur sans pour autant fermer votre session.

1 Cliquez le bouton **Démarrer** , cliquez votre avatar, puis cliquez le nom de l'autre utilisateur.

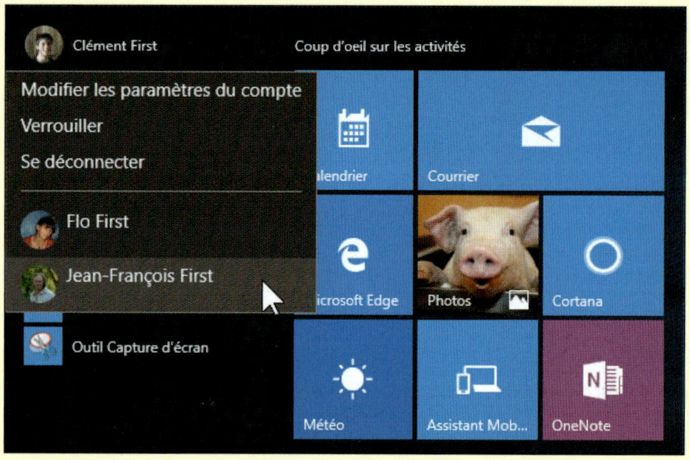

2 Si nécessaire, le nouvel utilisateur doit saisir son mot de passe.

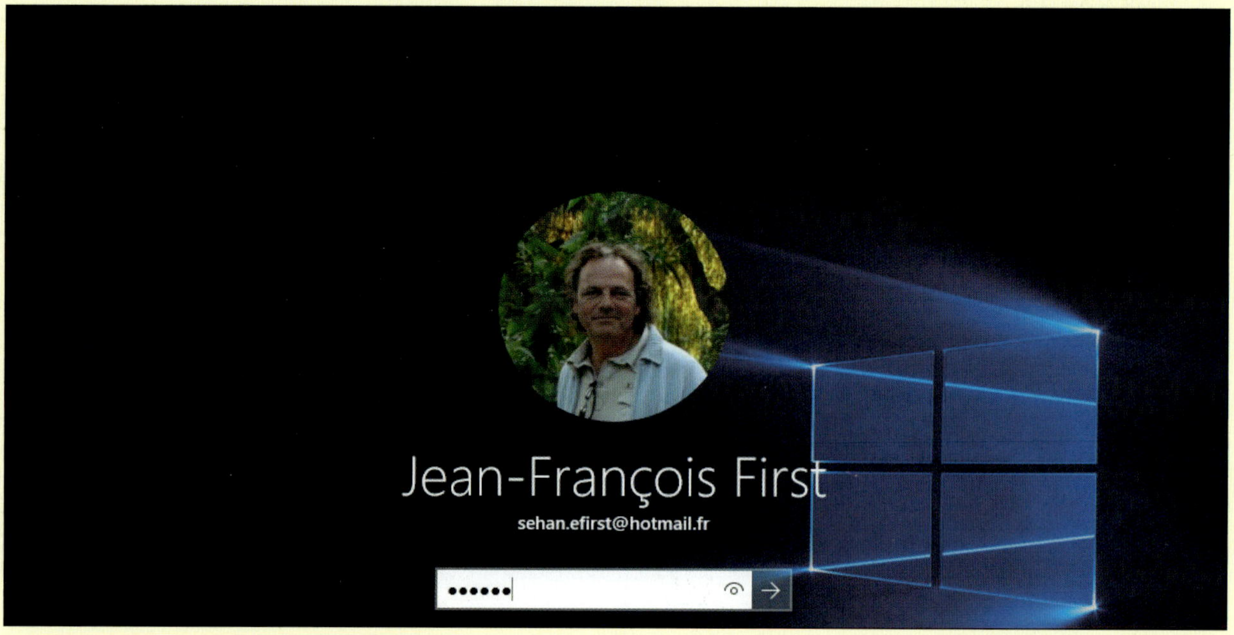

Fermer une session et l'ordinateur

Si vous ne désirez plus vous servir de l'ordinateur pendant longtemps, par exemple si vous avez fini votre journée de travail, vous pouvez fermer votre session et l'ordinateur.

1. Cliquez le bouton **Démarrer** ➜ **Marche/Arrêt** ➜ **Arrêter**.

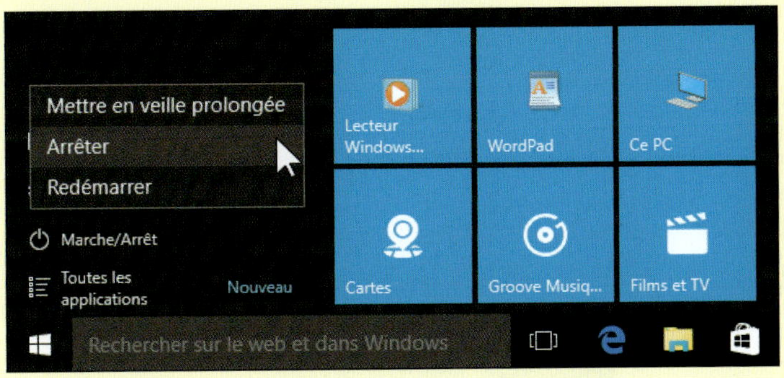

2. Si une autre session est ouverte, un message vous en informe.

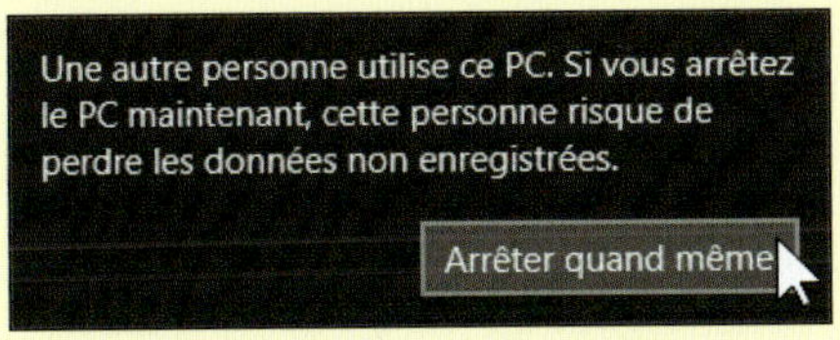

3. Éventuellement, cliquez le bouton **Arrêter quand même**.

Modifier et personnaliser les comptes

1. Ouvrez une session en tant qu'administrateur.
2. Cliquez avec le bouton droit de la souris le bouton **Démarrer**, puis cliquez **Panneau de configuration** dans le menu contextuel.

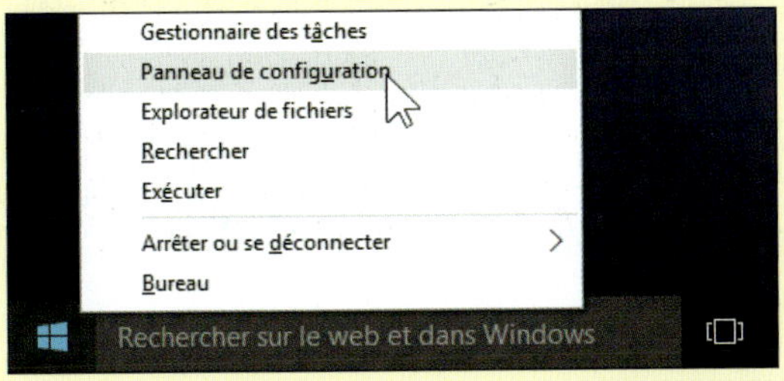

3 Cliquez **Comptes d'utilisateurs** dans l'affichage par icônes.

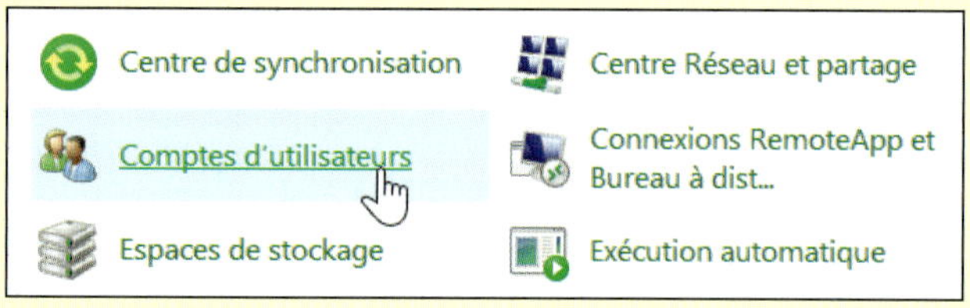

4 Cliquez le lien **Gérer un autre compte**.

5 Cliquez le bouton **Oui** si Windows demande une autorisation.

6 Cliquez le compte que vous désirez modifier.

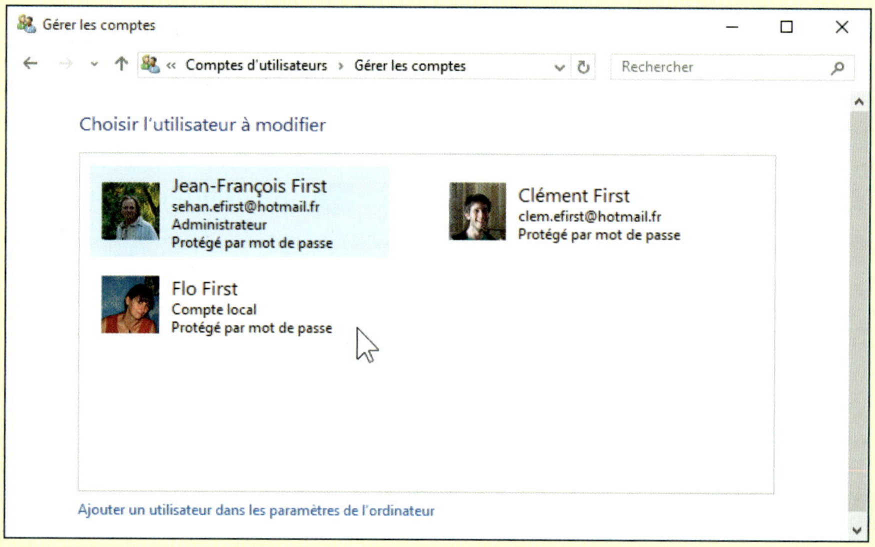

7. Cliquez un des liens de la liste à gauche en fonction de ce que vous désirez modifier (nom, mot de passe, type de compte, *etc.*).

8. Quand vous avez terminé de modifier le compte, cliquez le lien **Gérer un autre compte**.

Créer un compte à accès affecté

Les comptes à accès « affecté » sont limités à l'utilisation d'une seule application du Windows Store. Ils ne peuvent pas accéder à d'autres éléments de l'ordinateur (bureau, explorateur, *etc.*). Vous pouvez ainsi laisser votre ordinateur à d'autres utilisateurs pour qu'ils consultent des informations précises (météo, cartes géographiques, actualités, jeux, *etc.*).

1. Ouvrez une session en tant qu'administrateur.
2. Créez un nouveau compte standard comme vu précédemment. Il n'est pas nécessaire d'affecter un mot de passe à ce compte. Vous devez ouvrir au moins une session pour ce compte, pour que Windows crée les éléments de base (dossiers, applications Windows Store par défaut, *etc.*).

> Vous n'êtes pas obligé de créer un nouveau compte. Vous pouvez aussi limiter un compte existant à une seule application. Pour nos exemples, nous avons créé un nouveau compte intitulé « Seulement la météo ».

3 Cliquez le bouton **Démarrer** , cliquez votre avatar, puis cliquez **Modifier les paramètres du compte**.

4 Cliquez **Famille et autres utilisateurs** dans la liste à gauche.

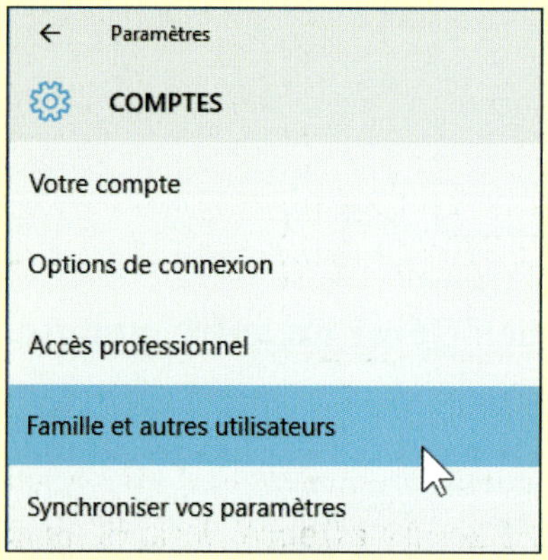

5 Cliquez le lien **Configurer un accès affecté**.

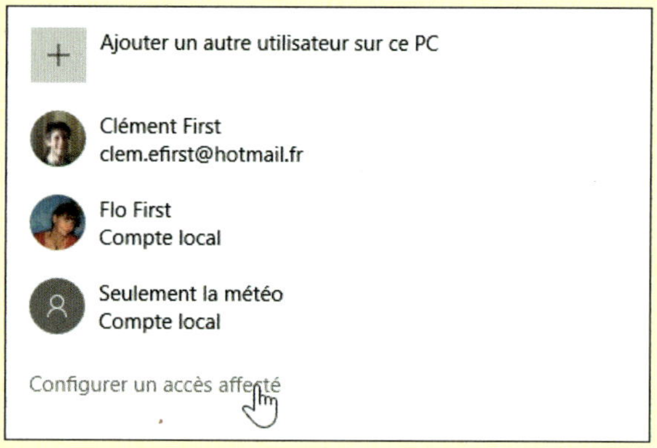

6 Cliquez le bouton + **Choisir un compte**.

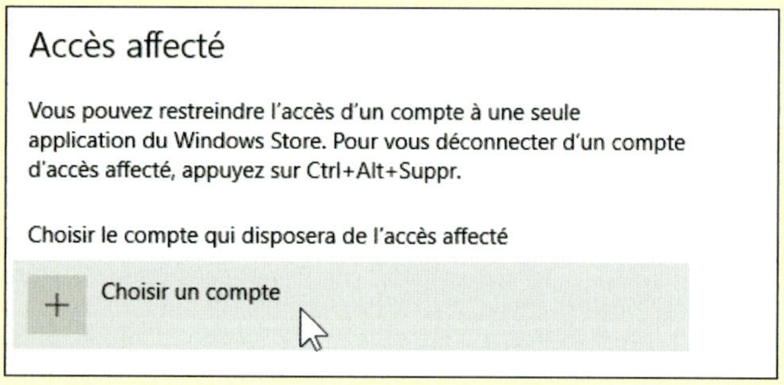

7 Cliquez le nom du compte dans la liste.

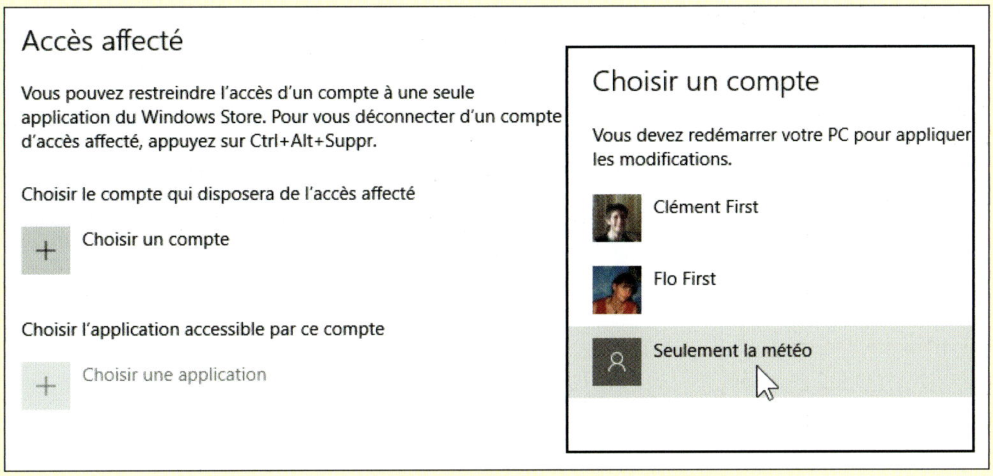

Pour supprimer l'accès affecté, cliquez le lien **Ne pas utiliser l'accès affecté** dans la liste à l'étape **7**.

8 Cliquez le bouton + **Choisir une application**.

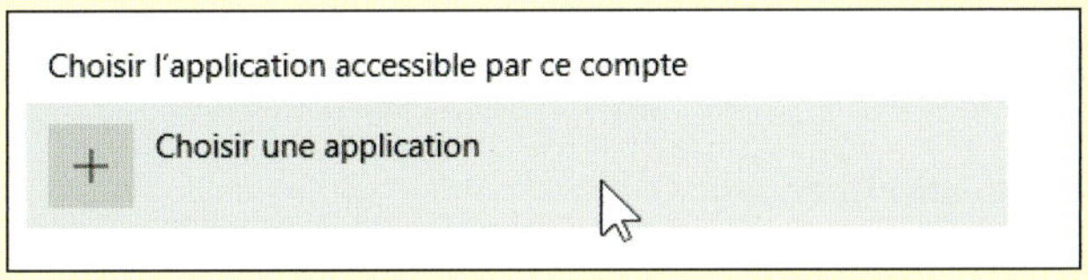

9 Cliquez l'application Windows Store dans la liste.

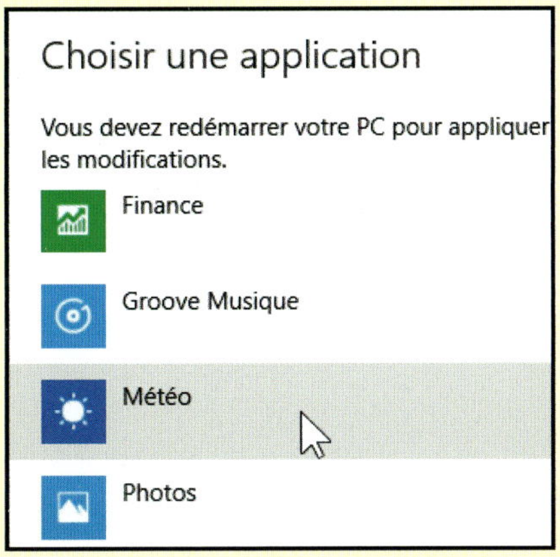

10 Fermez les sessions ouvertes et redémarrez votre ordinateur.

11 Maintenant, si vous ouvrez le compte à accès affecté, vous serez limité à l'application Windows Store choisie. Pour fermer la session, appuyez rapidement cinq fois sur la touche .

Si vous ne pouvez pas fermer la session avec la touche , appuyez simultanément sur les touches **Alt** + **Ctrl** + **Suppr**, puis cliquez **Se déconnecter**.

Modifier le contrôle du compte utilisateur

En cas de modification des paramètres de Windows ou en cas d'installation d'un nouveau programme, vous aurez des boîtes de dialogue différentes si vous êtes l'administrateur ou si vous êtes un utilisateur standard. Il est possible de déterminer si Windows doit vous avertir de certaines actions en modifiant les paramètres de contrôle du compte d'utilisateur.

1 Ouvrez une session en tant qu'administrateur.

2 Cliquez avec le bouton droit de la souris le bouton **Démarrer** , puis cliquez **Panneau de configuration** dans le menu contextuel.

3 Cliquez **Comptes d'utilisateurs** dans l'affichage par icônes.

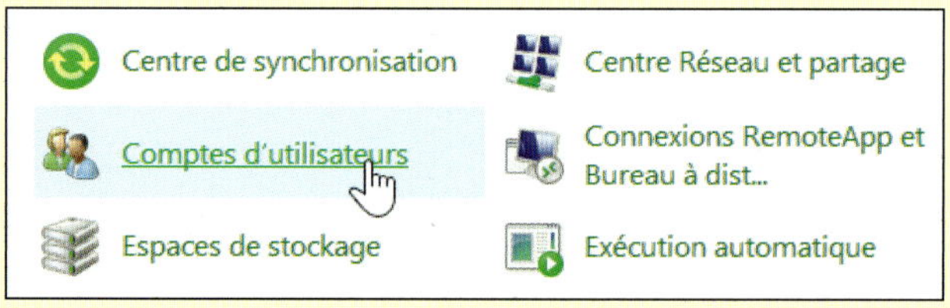

4 Cliquez le lien **Modifier les paramètres de contrôle du compte d'utilisateur**.

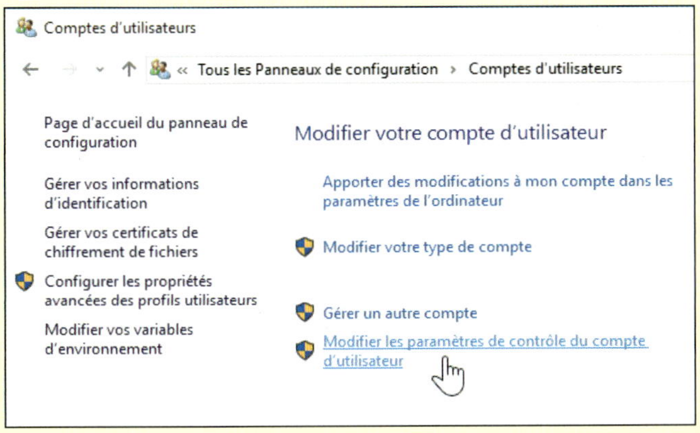

5. Cliquez le bouton **Oui** si Windows demande une autorisation.

6. Faites glisser le curseur pour choisir le niveau de contrôle. Windows affiche en regard des informations sur le niveau choisi.

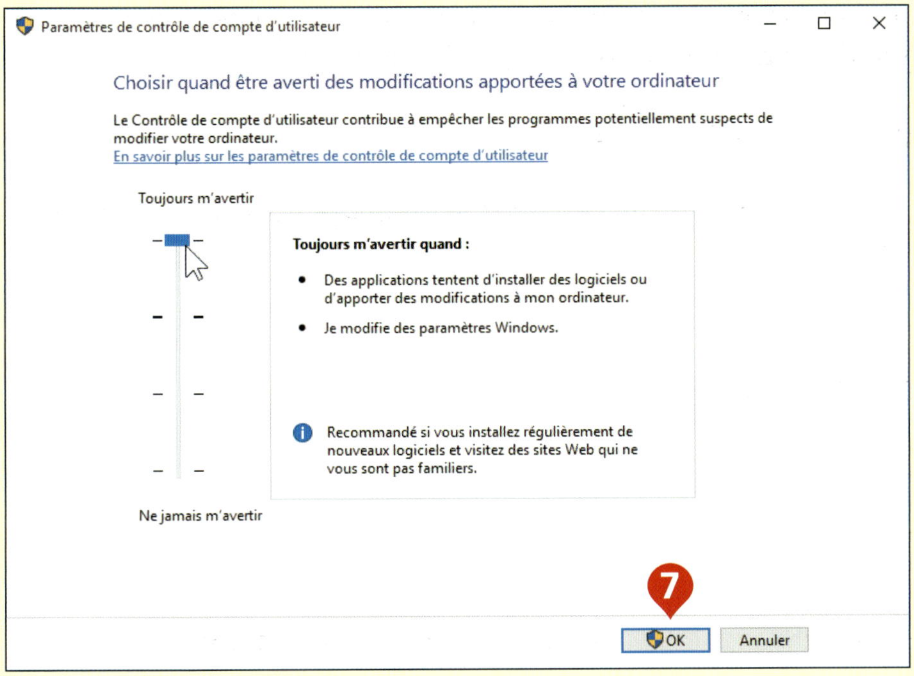

7. Cliquez le bouton **OK** pour valider.

8. Cliquez le bouton **Oui** pour confirmer les modifications.

Index

B

C

D

E

F

J

L

M

N

O

P

Q

R

S

T

U

V

W

Y

Z